대승기신론 공부

대승기신론 공부
A study of
Mahāyāna śraddhotpāda śāstra

성열 지음

도·서·출·판
문 화 문 고

들어가는 말

　불교는 초기불교(初期佛敎), 소승불교(小乘佛敎), 대승불교(大乘佛敎), 선불교(禪佛敎) 등 여러 가지 이름으로 불리고 있지만 어떤 이름의 불교일지라도 그 뿌리는 결국 석가모니(釋迦牟尼)에 두고 있습니다. 따라서 어떤 이름의 불교라도 근본바탕이 달라질 수 없다고 봅니다.
　대승불교(大乘佛敎)라는 말은 소승불교(小乘佛敎)에 상대되는 말로 대승불교 이전의 불교를 폄하(貶下)하는 뜻을 담고 있지만 대승불교도 불교인만큼 역사적으로 석가모니의 가르침에 기반을 두고 있음을 부인할 수 없습니다. 그런데 대승불교 이전의 불교를 폄하하는 만큼 대승불교는 그 이전의 불교와 프레임(frame)을 달리합니다. 『대승기신론』은 이제까지와는 다른 새로운 입장의 불교, 원래의 불교와 프레임이 다른 불교가 무엇인지, 그 불교에 대한 믿음과 그 믿음에 따른 실천을 어떻게 할 것인가를 체계적으로 설명하는 대승불교의 입문서(入門書)라 하겠습니다.
　사실 우리나라 불교는 전래 초기부터 대승불교로 시작하였던 탓에 대승불교라는 것을 자부하면서 소승불교를 소홀하게 여기거나 무시(無視)하는 경향이 없지 않았습니다. 소승불교에 대한 경시(輕視)는 결국 불교의 뿌리인 석가모니의 가르침을 간과(看過)하는 우(愚)를 범(犯)하고 말았습니다. 모든 불교는 석가모니에 뿌리를 두고 있다는 사실에서 초기 불교에 대한 튼튼한 이해가 없이는 대승불교도 사상누각(沙上樓閣)을 벗어나기 어렵습니다. 따라서 대승불교에 대한 바른 이해를 위해서라도 초기 불교에 대한 바른 이해와 불교가 전개되는 역사의 과정을 살펴보고 이해할 필요가 있습니다.

대승불교가 아무리 사상적으로 발달한 불교라고 하더라도 불교의 기본적인 입장은 석가모니의 가르침에 뿌리를 두고 있으므로 석가모니 부처님의 가르침에서 완전히 벗어날 수는 없습니다. 석가모니 부처님의 가르침을 벗어나서는 불교(佛敎)라고 말할 수조차 없습니다. 그러니까 정통(正統)의 불교공부는 석가모니에 대한 연구이고 석가모니의 사상을 본받으려는 것에 지나지 않습니다.

　이 책은 초기 불교사상과 연결하여 대승불교를 이해해 보려고 합니다. 아무리 대승불교라고 해도 그것이 불교를 표방하고 있는 한 석가모니 부처님의 사상에서 아주 벗어날 수는 없다고 보기 때문이요, 또 『대승기신론』이 마명보살(馬鳴菩薩)의 저작이라고 한다면 산스끄리뜨로 쓰여졌을 것이 분명하므로 중요한 술어들을 산스끄리뜨로 이해해 보려고 했습니다.

　솔직히 말해 필자로서는 아직까지도 『대승기신론』이 붓다짜리따(Buddhacarita:佛所行讚)의 저자인 아쉬와고샤(Aśvaghoṣa;馬鳴)라는 인도 출신의 고승(高僧)에 의해 쓰였다는 확신을 가지지 못하고 있습니다. 다만 아쉬와고샤가 썼다면 산스끄리뜨로 썼을 것이 분명하다고 보아 중요한 술어들을 산스끄리뜨를 통해 이해해보고자 했을 뿐입니다. 그래서 『대승기신론』의 중요한 술어의 원뜻을 산스끄리뜨로 이해하는데 아끼라 히라까와[平川 彰]의 『Buddhist Chinese-Sanskrit Dictionary(佛敎漢梵大辭典)』를 이용했고, 그 의미를 풀이하는 데는 영국 옥스포드(Oxford)대학 출판부에서 나온 『A Sanskrit-English Dictionary(梵英辭典)』를 이용했음을 밝혀둡니다. 여러 가지 어려움에도 불구하고 이 책을 간행해 주신 도서출판 문화문고의 고진숙 사장님께 감사드립니다.

불기2561년 3월
강남포교원에서
성열 쓰다

차 례

들어가는 말/5
차례/7
일러두기/11
산스끄리뜨 표기용례/12
『대승기신론』 공부에 앞서/13
  ㉮ 대승/15
    ① 석가모니 가르침/15
    ② 아비다르마(abhidharma)/19
    ③ 대승불교/20
    ④ 대승불교와 소승불교의 차이/23
    ⑤ 선종(禪宗)의 출현/28
    ⑥ 석가모니 부처님의 가르침을 회복하자/29
  ㉯ 법(法:dharma)/30
    ① 다르마(dharma)/30
    ② 알쏭달쏭한 말/32
    ③ 법이란 말의 내용들/36
    ④ 법계(法界)/42
    ⑤ 법성(法性)/43
    ⑥ 법신(法身)/44
  ㉰ 진여(眞如)/46
    ① 진여(眞如)는 무엇을 말하는가?/46
    ② 진여(眞如)는 정확하게 표현할 수 없다/49
    ③ 불교는 형이상학(形而上學)이 아니다/54
왜 오늘날에도 『대승기신론』인가?/59

『대승기신론』의 저자와 역자/64
A 【서분(序分)】/67
　A-Ⅰ 귀명삼보게(歸命三寶偈)/68
　A-Ⅱ 저술의 뜻/75
B 【정종분(正宗分)】/77
　B-Ⅰ　인연분(因緣分)/82
　B-Ⅰ-1　저술의 8가지 동기/83
　B-Ⅰ-2 『기신론』의 특징/95
　B-Ⅱ　입의분(立義分)/101
　B-Ⅱ-1 대승(大乘)/103
　B-Ⅱ-2 대승의 의미/111
　 B-Ⅱ-2-① 체대(體大)/112
　 B-Ⅱ-2-② 상대(相大)/114
　 B-Ⅱ-2-③ 용대(用大)/116
　B-Ⅲ　해석분(解釋分)/118
　B-Ⅲ-1 현시정의(顯示正義)/119
　B-Ⅲ-1-① 심진여문(心眞如門)/123
　B-Ⅲ-1-①-㉮ 이언진여(離言眞如)/132
　B-Ⅲ-1-①-㉯ 의언진여(依言眞如)/140
　B-Ⅲ-1-② 심생멸문(心生滅門)/146
　B-Ⅲ-1-②-㉮ 각(覺)/152
　B-Ⅲ-1-②-㉮-㉠ 각(覺)의 네 단계/159
　B-Ⅲ-1-②-㉮-㉡ 각상(覺相)의 네 가지 비유/177
　B-Ⅲ-1-②-㉯ 불각(不覺)/184
　B-Ⅲ-1-②-㉯-㉠ 불각(不覺)의 현상/190
　　　　삼세(三細)① 무명업상(無明業相)/191
　　　　　　　 ② 능견상(能見相)/195
　　　　　　　 ③ 경계상(境界相)/196
　　　육추(六麤)① 지상(智相)/199

　　　　육추(六麤)② 상속상(相續相)/200
　　　　　　　③ 집취상(執取相)/201
　　　　　　　④ 계명자상(計名字相)/202
　　　　　　　⑤ 기업상(起業相)/203
　　　　　　　⑥ 업계고상(業繫苦相)/204
B-Ⅲ-1-②-다 각(覺)과 불각(不覺)/206
B-Ⅲ-1-③ 생멸인연(生滅因緣)/210
　　　　① 업식(業識)/212
　　　　② 전식(轉識)/213
　　　　③ 현식(現識)/214
　　　　④ 지식(智識)/216
　　　　⑤ 상속식(相續識)/217
B-Ⅲ-1-④ 삼계유심(三界唯心)/218
B-Ⅲ-1-⑤ 무명(無明)/229
B-Ⅲ-1-⑥ 염심(染心)/241
B-Ⅲ-1-⑦ 생멸상(生滅相)/245
B-Ⅲ-1-⑧ 훈습(薰習)/251
B-Ⅲ-1-⑨ 진여 자체상(眞如自體相)/284
B-Ⅲ-1-⑩ 진여작용(眞如作用)/295
B-Ⅲ-1-⑪ 색(色)과 심(心)의 관계/308
B-Ⅲ-1-⑫ 생멸(生滅)에서 진여(眞如)로/316
B-Ⅲ-2 대치사집(對治邪執)/319
B-Ⅲ-2-① 인아견(人我見)/323
　　　　첫째 오해/325
　　　　둘째 오해/330
　　　　셋째 오해/332
　　　　넷째 오해/334
　　　　다섯째 오해/337

B-Ⅲ-2-② 법아견(法我見)/339
　　B-Ⅲ-2-③ 그릇된 집착을 벗어나라/342
　　B-Ⅲ-3 분별발취도상(分別發趣道相)/345
　　B-Ⅲ-3-① 신성취발심(信成就發心)/347
　　B-Ⅲ-3-①-㉮ 신성취발심의 네 가지 방편/359
　　B-Ⅲ-3-①-㉯ 신성취발심의 공덕/367
　　B-Ⅲ-3-② 해행발심(解行發心)/372
　　B-Ⅲ-3-③ 증발심(證發心)/375
　B-Ⅳ 수행신심분(修行信心分)/389
　　B-Ⅳ-1 신심(信心)/391
　　B-Ⅳ-2 수행(修行)/400
　　B-Ⅳ-2-① 보시(布施)/402
　　B-Ⅳ-2-② 지계(持戒)/405
　　B-Ⅳ-2-③ 인욕(忍辱)/409
　　B-Ⅳ-2-④ 정진(精進)/411
　　B-Ⅳ-2-⑤ 선정(禪定)/417
　　B-Ⅳ-2-⑥ 진여삼매(眞如三昧)/432
　　B-Ⅳ-2-⑦ 마사(魔事)/436
　　B-Ⅳ-2-⑧ 선정수행의 이익/446
　　B-Ⅳ-2-⑨ 염불/467
　B-Ⅴ 권수이익분(勸修利益分)/470
　　B-Ⅴ-1 불신죄(不信罪)/475
C 【유통분(流通分)】/481
　C-Ⅰ 회향게(廻向偈)/481

참고문헌/484

일러두기

1. 텍스트는 대정신수대장경(大正新修大藏經)에 수록된 진제(眞諦)의 번역본을 기본으로 하였습니다. 이해를 돕기 위해 실차난타(實叉難陀)의 번역을 진제의 번역문 밑에 첨부하여 비교할 수 있게 하였습니다. 진제의 번역을 구역(舊譯)이라 하고, 실차난타의 번역을 신역(新譯)이라 하였습니다.
2. 역은 한문원문의 번역이고, 참은 번역한 문장을 이해하기 위한 참고적인 설명이며, 【해】는 그 문단에 대한 종합적인 해설입니다. 내용의 이해를 돕기 위해 하께다(Hakeda)가 영역(英譯)한 『The Awakening of Faith』를 부기(附記)하였습니다.
3. 본문의 현토는 필자가 임의로 하였으므로 얼마든지 견해를 달리할 수도 있습니다.
4. 단어의 산스끄리뜨는 아끼라 히라까와의 『佛敎漢梵大辭典』을 따랐고, 그 의미의 풀이는 『A Sanskrit-English Dictionary』를 따랐습니다. 영문 약호는 아래와 같습니다.

    P.E.D.   =Pāli English Dictionary
    S.E.D.   =Sanskrit English Dictionary
    Sn   =Sutta-nipāta <trsl. V. Fausböll>
    ⓟ   =Pāli
    ⓢ   =Sanskrit

5. 인용한 글은 출전(出典)과 원문(原文)을 낱낱이 실었습니다. 근거 없는 말은 사설(邪說)일 뿐이라 보기 때문이고, 원문을 실은 것은 번역은 사람마다 다를 수도 있기 때문입니다. 필자와 다르게 번역할 수도 있습니다.
6. 산스끄리뜨나 빨-리를 로마자화(romanize)하여 적을 때 단어의 중간이 그 줄의 마지막에 걸리면 '-'로 표시하고 줄을 바꾸어 썼습니다.

산스끄리뜨 표기용례

a·ā	i·ī	u·ū	e	o	au	ai	
아·아-	이·이-	우·우-	에	오	아우	아이	
g	gh	d	dh	b	bh	j	jh
ㄱ	ㄱ	ㄷ	ㄷ	ㅂ	ㅂ	ㅈ	ㅈ
c	ch	k	kh	t	th	p	ph
ㅉ	ㅊ	ㄲ	ㅋ	ㄸ	ㅌ	ㅃ	ㅍ
ṭ	ṭh	ḍ	ḍh	l·ḷ	r·ṛ	v	
ㄸ	ㅌ	ㄷ	ㄷ	ㄹ	ㄹ	ㅇ·ㅂ	
s	śa	ṣa	ya	m	ṅa	ṇa	ña
ㅅ	샤	샤	야	ㅁ	나	나	냐
ṁ·ṅ·ṃ·ṇ							
ㅇ·ㅁ·ㄴ							

1. ā·ī·ū는 장음이므로 우리말에서는 '아-·이-·우-'로 통일했습니다.
2. c·k·t·p는 센 소리 'ㅉ·ㄲ·ㄸ·ㅃ'로 하였고, ch·kh·th·ph는 'ㅊ·ㅋ·ㅌ·ㅍ'로 하였습니다.
3. b·bh, d·dh, g·gh, j·jh는 연음(連音) h와 관계없이 'ㅂ·ㄷ·ㄱ·ㅈ'로 하였습니다.
4. r·l은 우리말로 구분하기 어려우므로 māra는 '마-라'로, mala는 '말라'와 같이 구분하였습니다.
5. v는 Vipaśyanā는 위빠쉬야나-, veda는 '베다'와 같이 'ㅇ'나 'ㅂ'로 혼용하였습니다.
6. ḥ는 위사르가(visarga)라고 하며 산스끄리뜨의 단어에서는 보통 모음 다음에 오며 앞의 모음을 동반하는 형태로 발음됩니다. 마히-빠띠히(mahīpatiḥ), 짜-쁘라자하(cāprajaḥ), 그라하아(grahaḥ), 헤또호(hetoḥ)와 같습니다.
7. 산스끄리뜨를 로마자화(romanize)하여 적을 때 단어의 중간이 그 줄의 마지막에 걸리면 '-'로 표시하고 줄을 바꾸어 썼습니다.
8. ya가 자음 뒤에 오는 경우는 자음에 모음 'i'를 주어 발음합니다. 예를 들어 Ārya는 '아-리야', pratyakṣa는 '쁘라띠야끄샤'로 읽습니다.

『대승기신론』의 공부에 앞서

　인간은 말을 사용한다는 점에서 다른 동물과 다르고, 인간세계는 말로 가르치고 배웁니다. 따라서 호모로퀜스(Homo loquens)인 인간은 말을 통해 자기 의사를 드러내고, 또한 역사(歷史)와 문화(文化)를 만듭니다.
　말소리는 입에서 나오자마자 사라지고 말지만 그 말이 의미하는 뜻은 사라지지 않고 뒤에까지 남습니다. 말에 숨겨져 있는 뜻은 순수하게 개인적인 것도 있지만 그 시대를 산 이들의 공통적인 생각도 담겨져 있습니다. 역사나 문화는 함께 살아온 사람들의 말과 행동의 축적(蓄積)이라고 볼 때 역사나 문화를 보다 잘 이해하기 위해서는 그 시대에 살았던 사람들이 썼던 말이 담고 있는 내용이 무엇인지를 파악(把握)할 수 있어야 합니다.
　말에는 유명유실(有名有實)한 것과 유명무실(有名無實)한 것이 있는데,1) 일찍이 이를 간파하고 있었던 불교에서는 두 말을 구분하여 썼습니다. 이름만을 빌린 유명무실한 말은 눈에 보이는 사실(事實)을 의미하는 것이 아니라 그 사람의 의도(意圖)를 말하는 것이므로 그 말이 가지고 있는 뜻을 이해하지 못한 상태에서는 말하는 사람과 듣는 사람사이에 많은 오해를 낳을 수 있습니다. 그래서 경에 저 어리석은 사람은 음성(音聲)은 생겼다가 이내 사라지지만 뜻은 생멸(生滅)하지 않는다는 것을 알지 못한다거나2) 말을 따라 뜻을 취하면 미혹을 일으켜 소승(小乘)이나 외도(外道)의 행동에 집착하게 된다고 하였습니다.3) 만약 소리[聲]를 취하여 사실[實]로 여긴다면 마치 누에가 고치에다 자신을 꽁꽁 얽어매는 것과 같다고도 하여4) 유명무실(有名無實)한 말을 사용할 때

---

1) 大般涅槃經 13:<12-443상> 或復有法有名有實 或復有法有名無實.
2) 入楞伽經 6:<16-551중> 彼愚癡人不知音聲卽生卽滅義不生滅.
3) 大乘入楞伽經 1:<16-589중> 隨言取義而生迷惑 執取二乘外道之行.

는 쓰는 말에 집착하지 않아야 한다는 것을 『금강경』에서는 즉비(卽非)의 논법을 통해서 누누이 역설하였습니다.5)

통발을 놓아 물고기를 잡았으면 통발은 버리고, 말을 말미암아 뜻을 구하려거든 뜻을 얻었으면 말을 잊으라고 하였고,6) 『기신론』에서는 말을 통한 설명의 극치는 말로 말을 버리는 것[言說之極 因言遣言]이라고 했지만 아직 깨달음에 이르지 못한 우리네에게는 부득이 말로 하는 설명이 필요합니다. 그래서 연수(延壽:904~975) 스님은 이렇게 말합니다.

　　세간의 모든 법은 모두가 의도적인 말의 분별[意言分別]로 그 이름[名]과 모양[相]을 붙인 것으로 어디에도 사실적 의미가 없는데도 중생들은 이것을 깨닫지 못하고 망령되게 얻을 것이 있다면서 그 속에서 빠져 벗어나지 못하고 있다. 그래서 부처님은 방편으로 인법이공(人法二空)과 유식(唯識)의 바른 뜻을 설명하여 허울뿐인 이름[名]과 모양[相]에서 구출할 수 있었다.7)

『대승기신론』에는 대승(大乘), 법(法), 진여(眞如)가 저변(底邊)을 이루고 있는데 이 말들의 굴레에서 벗어나기 위해서도 그 말이 담고 있는 의미를 역사 사회적 환경을 통해서 이해하는 것이 필요하다고 봅니다.

---

4) 入楞伽經 5:<16-545중> 若取聲爲實 如蠶繭自纏.
5) 필자의 『산스끄리뜨문 금강경강의』 49쪽<문화문고:2014>
6) 破相論:<48-369상> 因筌求魚 得魚忘筌 因言求意 得意忘言.
7) 宗鏡錄 66;<48-786상> 世間凡所有法 皆是意言分別 立其名相 都無實義 衆生不了妄有所得 沒在其中 不能出離 是以諸佛方便說人法二空唯識正義 於虛詐名相中而能拔出.

가 대승(大乘:Mahāyāna)

　대승(大乘:Mahāyāna)이란 말은 소승(小乘:Hīnayāna)이란 말의 상대적 개념으로 쓰이는 말인데,8) 초기불교 시대인 석가모니 부처님이 살아계셨을 때에는 소승이나 대승이란 개념조차 없었습니다. 초기불교 시대에는 쓰이지 조차 않던 말이 어떤 까닭으로 쓰이게 되었는지 개략적이나마 생각해 볼 필요가 있습니다.

① 석가모니의 가르침

　초기불교(初期佛敎), 부파불교(部派佛敎), 소승불교(小乘佛敎), 대승불교(大乘佛敎), 선불교(禪佛敎) 등과 같이 여러 이름으로 불교가 불리더라도 결국 석가모니 부처님에 뿌리를 두고 있으니 불교가 어떻게 불리더라도 불교 자체가 여러 가지가 될 수는 없습니다. 불교(佛敎)는 글자 그대로 '부처님[佛]의 가르침[敎]'입니다. 여기서 말하는 부처님은 석가모니(B.C.566~B.C.486)를 뜻합니다.

　석가모니는 기원전 566년에 까삘라왓뚜(Kapilavatthu)의 부족장(部族長) 숫도다나(Suddhodana)의 맏아들로 태어난 싯닷타(Siddhattha)가 생사문제(生死問題)로 고민하다가 스물아홉 살에 출가하여 여섯 해 뒤 서른다섯 살에 깨달음을 얻어 인류 역사상 최초로 부처님[Buddha]이 되셨습니다. 지금 우리나라에서는 싯닷타가 태어난 날을 부처님 오신 날이라고 하여 법정공휴일(法

---

8) 대승은 마하-야-나(Mahāyāna)의 번역이고, 소승은 히-나야-나(Hīnayāna)를 번역한 것입니다. 마하-(Mahā)는 '크다, 많다, 훌륭하다'는 뜻을 가지고 있는 형용사이고, 히-나(hīna)는 '버리다, 떠나다'라는 제3류동사 어근(√ha)의 과거분사로 '불충분한, 열등한'이란 의미의 형용사입니다. 그리고 야-나(yāna)는 '가다, 움직이다'라는 뜻을 가지고 있는 제2류동사 어근(√ya)에서 온 중성명사로 '타는 것'이란 의미에서 한문으로 승(乘)이라 하였습니다.

定公休日)로 정하고 봉축행사를 하고 있지만 실은 부처님이 이 세상에 출현하신 것은 싯닷타가 깨달아 부처가 된 날이 바로 이 세상에 부처님이 출현하신 날입니다. 따라서 싯닷타가 태어나서 서른다섯 살이 되어 성도(成道)한 날을 부처님 오신 날이라고 불러야 맞습니다. 다시 말해 성도재일(成道齋日)이 세상에 부처님이 오신 날입니다.

싯닷타는 부처님[Buddha]으로 태어난 것이 아니라 숫도다나의 아들 싯닷타라는 한 인간(人間)으로 태어난 것입니다. 그러니까 보리수 아래에서 깨달음을 얻은 서른다섯 살까지는 고따마 싯닷타였고, 깨달음을 얻고 세상을 떠나실 때까지를 고따마 부처님이나 석가모니라 부르게 되었다는 뜻입니다. 깨달음을 얻기 전에는 고따마 싯닷타(ⓟGotama Siddhattha; ⓢGautama Siddhārtha)로 불러야하고 깨달음을 얻고 나서는 고따마 붓다(Gotama Buddha)나 석가모니(Śakyamuni)라 부르는 것이 맞습니다.

고따마는 씨족(氏族)의 이름이니,9) 고따마 부처님은 고따마라는 성(姓)을 가진 부처님이라는 뜻입니다. 석가모니는 석가족 출신(釋迦族出身)의 성자(聖者:muni)라는 뜻입니다. 부처님이 속한 부족(部族)이 샤-끼야(Śākya)인데,10) 중국에서 이를 석가(釋迦)라고 썼습니다. 고따마(Gotama)를 보통 구담(瞿曇)이라 한역(漢譯)하고 부처님을 흔히 사문구담(沙門瞿曇)이라고 하였는데, 그것은 부처님이 당시 인도 사회의 정통사상(正統思想)인 바라문교(婆羅門敎)를 비판했던 진보적인 사상가들을 통틀어 슈라마나(Śramaṇa:ⓟSamaṇa) 즉 사문(沙門)이라 불렀기 때문입니다. 바라문교는 오늘날 힌두교의 전신입니다.

부처님의 출가나 깨달음은 생사문제(生死問題)와 직결(直結)되어 있기 때문에 생사(生死)를 떠나서는 석가모니의 가르침을 언

---

9) 고(go)는 '소'를 의미하고 따마(tama)는 최상급을 의미하는 말이니, 고따마(Gotama)는 '제일 좋은 소'라는 뜻입니다.
10) S.E.D. P-1045에 의하면 śākya라는 말은 śaka에서 유래되는데, 이 말은 '흰 피부를 가진 종족(white-skinned tribe)'을 의미합니다.

급할 수 없습니다. 기원전 486년 석가모니 부처님이 돌아가셨을 때, 그를 따르던 제자들은 깊은 충격을 받았지만 슬픔과 충격 속에서도 할 일을 해냈습니다. 제자들이 제일 먼저 한 일은 스승의 장례(葬禮)를 치르는 것이었습니다. 물론 이때의 장례는 다비(茶毘:ⓟJhāpita)라 하여 화장(火葬)입니다.

　화장을 한 뒤에 유골(遺骨)을 수습하게 마련인데, 이때 부처님의 제자들은 스승인 부처님의 유골과 일반인들의 유골은 같을 수가 없다는 생각에서 부처님의 유골을 '바가와또 사리-라(ⓟ Bhagavato sarīra)' 또는 '불사리[佛舍利]'라고 불렀습니다.11) 바가와또는 흔히 세존(世尊)이라 번역하는 말이니, '바가와또 사리-라'는 세존(世尊)의 유골(遺骨), '세상에 존귀한 분의 뼈'라는 뜻입니다.

　석가모니 부처님이 살아계셨을 때 부처님을 존경해마지 않던 사람들은 석가모니 부처님의 사리만이라도 자기들의 땅에 모셔야 되겠다고 생각하고 석가모니 부처님이 임종한 꾸시나-라-(ⓟ Kusinārā)로 앞 다투어 사신(使臣)들을 파견하였습니다. 부처님을 화장하고 수습(收拾)한 유골을 분배받기 위해서였습니다. 그러나 꾸시나-라-의 말라-(Mallā)족인 꼬시나-라까-(Kosinārakā)는 석가모니 부처님의 유골을 독차지하려고 하였습니다. 부처님이 자기들 땅에 와서 열반에 드신 것은 자기들의 복(福)이니, 부처님의 유골을 누구에게도 나누어줄 수가 없다는 것이었습니다.

　그 당시 가장 센 국력을 가지고 있었던 마-가다-(Māgadhā)국의 아자-따삿뚜(Ajātasattu) 왕은 석가모니 부처님의 유골을 분배받기를 간절히 바랐지만 그것이 뜻대로 되지 않자 무력(武力)을 동원해서라도 석가모니 부처님의 유골을 탈취(奪取)해야 되

---

11) 도선(道宣:596-667)은 『집신주삼보감통록(集神州三寶感通錄)』에서 '사리는 서쪽 인도의 말이며, 중국말로는 골신(骨身)이란 뜻이다. 함부로 범부의 뼈라고 생각할까 염려되어 본래의 명칭에 의지하여 그것을 구별하였다'고 하였습니다. 그러니까 사리는 부처님의 유골(遺骨)인데, 범부들의 유골처럼 생각하여 함부로 대할까 염려되어 번역하지 않고 인도말 그대로 쓴다는 것입니다.

겠다고 위협했습니다. 그러자 사리를 분배받기를 원했던 다른 부족들도 아자-따삿뚜를 동조하고 나섰습니다.

부처님의 유골을 놓고 일촉즉발(一觸卽發)의 순간에 도나(Doṇa)라는 사람이 중재자로 나섰고, 그의 의견대로 사리를 원하는 나라나 부족에게 골고루 분배하기에 이르렀는데, 이때 여덟 등분(等分)되어 분배되었습니다.

이때 사리를 분배 받은 이는 ① 마-가다-국의 아자-따삿뚜, ② 까뻴라왓투(Kapilavatthu)의 석가족(釋迦族), ③ 라-마(Rāma) 촌의 꼴리아(Koliya)족, ④ 웨살-리(Vesāli)의 릿차-위(Licchāvi)족, ⑤ 알라깝빠(Allakappa)의 불리-(Bulī)족, ⑥ 웨타디-빠(Veṭhadīpa)의 바라문, ⑦ 빠-와-(Pāvā)의 말라-족[Pāveyyaka Mallā], ⑧ 꾸시나-라-의 말라-족[Kosinārakā] 등입니다.

석가모니 부처님의 사리를 분배하고 난 뒤에 마하가섭(摩訶迦葉: Mahā Kassapa)을 비롯한 5백 명의 고승들은 마-가다-국 왕사성(王舍城) 근교의 웨바-라(Vebhāra) 산의 삿다빵니구하-(Sattapaṇṇiguhā), 즉 칠엽굴(七葉窟)이라는 곳으로 자리를 옮겨 7개월에 걸쳐 석가모니 부처님의 가르침을 정리하는 작업에 들어갔습니다.

이것을 제일결집(第一結集)이라 하는데, 오백 명의 고승들이 참여했다고 해서 오백결집(五百結集)이라고도 합니다. 결집(結集)이란 다른 견해가 있을 때 토론을 통해 결론을 내어 모았다는 뜻입니다. 그러니까 오백결집이란 석가모니 부처님의 말씀을 들었던 5백 명의 고승들이 모여 이견(異見)이 없이 석가모니 부처님의 말씀으로 합의(合議)를 보았다는 말입니다. 결집(結集)을 상기-띠(saṃgīti)라고도 하는데, '함께 노래한다(singing together)'는 뜻에서12) 합송(合誦)이라 합니다. 오백 명의 고승들이 부처님의 말씀으로 합의(合議)한 것을 불교도들이 이견(異見) 없이 받아들여 외웠다는 의미입니다.

---

12) S.E.D. p-1129.

이때에 정리된 석가모니 부처님의 말씀이 훗날 지금의 스리랑카에서 문자화(文字化)한 것이 빨-리 니까-야(Pāli Nikāya)이고, 그것을 한역(漢譯)한 것이 아함경(阿含經)입니다.13) 따라서 빨-리 니까-야나 아함경(阿含經)은 불교 최고(最古)의 경전으로 권위를 가지며14) 부처님 가르침에 대한 이론(異論)이 있을 때 판단(判斷)의 근거(根據)가 됩니다.15)

② 아비다르마(abhidharma)

석가모니 부처님의 말씀은 다양한 사람들을 상대로 한 것이기 때문에 언제 어디서 누구를 위해 말씀 하셨는가에 따라 내용이 천차만별(千差萬別)하였습니다. 석가모니 부처님은 상대가 이해하고 알아듣는 정도에 맞추어 말씀하셨기 때문입니다. 부처님의 설법을 의사가 환자의 상태에 따라 약을 처방한 것과 같다고 하여 응병여약(應病與藥)이라 하거나 응기접물(應機接物) 또는 응기선교(應機善巧)라고 합니다.

가르침이 천차만별하여 횡설수설(橫說竪說)로 비쳐진 석가모니 부처님의 가르침을 논리적(論理的)으로 설명하여 교리적(敎理的)으로 체계를 세울 필요가 있게 되었습니다. 그러한 작업은 아무나 할 수 있는 일이 아니어서 당시 학식이 높은 고승들이 나서서 했습니다. 그러한 작업의 결과로 나타난 불교를 흔히 아비달마(阿毘達磨:Ⓢabhidharma;Ⓟabhidhamma)라고 합니다. 석가모니 부처님의 가르침인 다르마(dharma:法)를 설명하는 것인데, 이 또한 설명하는 입장에 따라 내용이 달랐기 때문에 부파

---

13) 니까-야(nikāya)가 'collection'이라는 뜻이듯이 한역 아함경은 단일(單一)한 경전이 아니라 경전군(經典群)으로 잡아함경(雜阿含經), 중아함경(中阿含經), 장아함경(長阿含經), 증일아함경(增一阿含經) 등으로 번역되었고, 여러 개의 경전들이 분류되어 편찬되었습니다. 자세한 것은 필자의 『고따마 붓다』 443-444쪽을 읽기바랍니다.
14) 唯識論:<31-66중> 言阿含者 謂佛如來所說言敎.
15) 唯識論:<31-78상> 凡有諍事 欲求決定 須藉二門 一順阿笈摩 二符正理 阿笈摩者便成正理所託之處.

불교(部派佛敎)라고도 합니다.

 아비다르마(abhidharma)는 아비담(阿毘曇)으로 음역(音譯)되며 석가모니 부처님의 말씀인 경(經:sūtra)이나 율(律:vinaya)을 설명하는 것이라 하여 논(論)이라고도 불렀습니다. 경율론(經律論)을 삼장(三藏;Tripiṭaka)이라 하고, 삼장은 불교의 모든 전적(典籍)을 일컫는 말이 되어 대장경(大藏經)이라고 합니다. 장(藏)이라 번역하는 삐따까(piṭaka)는 바구니(basket)라는 뜻입니다.16)

 그러나 석가모니 부처님의 가르침을 설명하고 해석하는 아비달마불교는 다분히 현학적(衒學的)이어서 일부 전문가들이나 이해할 정도로 난해(難解)하였습니다.

③ 대승불교

 전문가들이나 이해할 정도로 난해해진 불교는 일반 대중과 거리가 멀어지면서 불교는 점차 일부 출가자들만의 전유물(專有物)처럼 되어갔습니다. 석가모니 부처님의 가르침이 일부 전문가들의 전유물이 될 정도로 난해해지자 이에 대해 반기(反旗)를 들고 비판(批判)하는 이들이 자연적으로 생겨나기 시작했습니다.
 많이 배웠거나 그렇지 못했거나 지위가 높았거나 그렇지 못했거나를 가리지 않고 모든 사람들이 알아듣기 쉽게 말씀하신 부처님의 자비로운 가르침이 왜 이렇게 어렵고 까다로운 가르침이 되었느냐며 석가모니 부처님의 뜻을 되살려야 한다는 취지에서 어려워질 대로 어려워진 기존의 불교에 대한 비판이 많은 사람들의 지지를 얻으면서 이 비판은 점차 사회적으로 큰 영향력을 발휘하기에 이르렀습니다. 이 비판에 앞장섰던 이들은 주로 재가자(在家者)들이었고, 그 비판의 결과로 새로 등장하는 불교를 마하-야-나(Mahāyāna), 즉 대승(大乘)이라고 불렀습니다. 그러

---

16) P.E.D. p-457

니까 대승(大乘:Mahāyāna)이란 말은 소승(小乘:Hīnayāna)이란 말의 상대적 개념으로 쓰인 말이라는 것을 알 수 있습니다.17) 초기불교 시대인 석가모니 부처님이 살아계셨을 때에는 소승이나 대승이란 개념조차 없었던 말입니다.

이들은 처음 사리탑(舍利塔)의 주위에 모여 석가모니 부처님의 거룩하고 위대하심을 찬탄하며 공양하는 것이 중심을 이루다가 불상(佛像)을 조성(造成)하여 모시면서 누구라도 옛날의 그 거룩하고 위대한 석가모니 부처님을 떠올리고 떠받드는 숭배운동(崇拜運動)으로 변모하더니, 급기야 칭명염불(稱名念佛)로까지 변하였습니다.

'법을 보는 자가 나를 볼 것[ⓟYo kho dhammaṃ passati so maṃ passati]'이라고 했던 이지적(理智的)인 불교가 불상(佛像)을 숭배하는 감정적(感情的)인 불교로 전환(轉換)한 것입니다. 따라서 대승불교(大乘佛敎)라는 의미 속에는 대중적인 불교, 사회적인 불교, 모두를 포섭하는 쉬운 불교라는 의미를 담고 있다고 하겠습니다.

자기들이 떠받드는 불교를 마하-야-나라고 자칭(自稱)한 그들은 그 이전의 현학적(衒學的)이고 전문적(專門的)인 불교를 히-나야-나(Hīnayāna)라고 깎아내리기를 꺼려하지 않았습니다. 히-나야-나라는 말에는 마하-야-나 이전의 불교가 모두 포함되어 부처님 당시의 불교마저 포함하고 있습니다. 석가모니 부처님을 제외한 모두를 평가절하하며 비판하였습니다.

처음에는 조심스러운 태도(態度)와 언사(言辭)로 이제까지의 불교를 비판하고 깎아내렸지만 점차 세력이 확대되면서 비판의

---

17) 대승은 마하-야-나(Mahāyāna)의 번역이고, 소승은 히-나야-나(Hīnayāna)를 번역한 것입니다. 마하-(Mahā)는 '크다, 많다, 훌륭하다'는 뜻을 가지고 있는 형용사이고, 히-나(hīna)는 '버리다, 떠나다'라는 제3류동사 어근(√hā)의 과거분사로 '불충분한, 열등한'이란 의미의 형용사입니다. 그리고 야-나(yāna)는 '가다, 움직이다'라는 뜻을 가지고 있는 제2류동사 어근(√yā)에서 온 중성명사로 '타는 것'이란 의미에서 한문으로 승(乘)이라 하였습니다.

정도가 심해졌고 마침내는 소승을 저주(詛呪)하는 단계에까지 이르러 이렇게 말합니다.

> 만약 대승의 법과 가르침을 설하는 것을 듣고 따라 기뻐하지도 않고, 듣기를 좋아하지도 않고, 깨달아 들어가는 것도 구하지 않고, 믿고 받아들이지도 못하면서 도리어 업신여겨 비웃고 헐뜯고 능멸(凌蔑)하여 이간(離間)하고 헐뜯고 미워하며 매질하고 핍박하고 배척한다면 이들이야말로 모두가 마군(魔軍)이라는 것을 알아야 할 것이다.
> 이들은 비법(非法)을 좋아하는 자들이요, 성격이 비열(鄙劣)한 자들이며, 외도(外道)를 추구하는 이들이며, 사행(邪行)을 하는 자들이며, 정견(正見)을 무너뜨리는 자들이라 할 것이니, 이들은 대승을 비방하고 헐뜯어 장차 지옥에 떨어져 극심한 고통을 당할 자들이라는 것을 알아야 하리라.
> 지옥(地獄)에서 벗어나서는 아귀(餓鬼) 가운데 태어나 백겁 천겁을 지나며 항상 더러운 것들을 먹게 되고, 뒤에 사람 가운데 태어나도 장님 귀머거리 벙어리 또는 지체불구자(肢體不具者)가 될 것이다.[18]

마하-야-나라는 새로운 불교를 선언하고 나선 이들은 그 이전의 불교와는 많은 점에서 차별화(差別化)를 시도하였고, 그들이 생각하는 불교를 경전으로 엮어 유포(流布)시켜 더욱 더 저변(底邊)을 확대해 나갔습니다. 이 일련의 새로운 풍조(風潮)의 불교를 대승불교(大乘佛敎)라고 하고, 그들이 생각하는 불교를 엮어낸 경전이 대승불교경전(大乘佛敎經典)입니다. 그 대표적인 것들이 『화엄경(華嚴經)』과 『법화경(法華經)』 또는 『유마경(維摩經)』 등입니다.

---

[18] 稱讚大乘功德經:<17-911중> 若有聞說大乘法教 不生隨喜 不樂聽聞 不求悟入 不能信受 反加輕笑 毀訾凌蔑 離間謗讟捶打驅擯 應知此等皆是魔軍 是則名爲樂非法者 性鄙劣者 求外道者 行邪行者 壞正見者 應知此等謗毀大乘 當墮地獄受諸劇苦 從彼出已 生餓鬼中 經百千劫 常食糞穢 後生人中 盲聾瘖瘂 肢體不具.

이러한 운동은 석가모니 부처님 사후 많은 세월이 지나 본격화되었고, 그 운동은 부처님이 사셨던 지역에서보다 그 밖의 지역에서 더 활발하게 전개되었습니다. 특히 중앙아시아를 거쳐 중국에 들어오면서 본격적으로 꽃을 피웠기 때문에 오늘날 북방불교(北方佛敎)라고 일컬어지는 중국불교(中國佛敎), 한국불교(韓國佛敎), 일본불교(日本佛敎) 등은 대승불교가 대세를 이루고 있습니다. 그러나 초기 시대의 석가모니 부처님의 가르침과는 거리가 멀어져버린 것들도 없지 않습니다.

④ 대승불교와 소승불교의 차이

 기존의 현학적(衒學的)인 불교를 소승이라 평가절하(平價切下)하고 새로운 불교를 대승이라 선전(宣傳)하였는데, 두 개의 불교가 드러내는 사상적 차이를 간략하게 정리하면 다음과 같습니다.
 첫째로 불타관(佛陀觀)의 변화를 가져왔습니다. 초기불교에서는 부처님은 오직 석가모니뿐이라는 일불사상(一佛思想)이었는데, 대승에서는 과거·현재·미래 언제 어디서나 부처가 있을 수 있다는 다불(多佛)로 바뀌어 삼세제불(三世諸佛)이라고 말합니다. 석가모니는 역사적으로 실재했던 분이고, 그 밖의 부처님들은 교리적인 부처님, 즉 이론상의 부처님입니다.
 인간을 계급으로 나누고 불평등을 당연한 것으로 여겼던 시대와 사회에 살았던 석가모니 부처님은 만인(萬人)의 평등을 주장하였는데, 대승불교도들은 이것을 모든 중생은 불성(佛性)을 가지고 있다거나 중생은 부처가 잠재된 창고와 같다는 뜻에서 여래장(如來藏)이라 하여, '누구라도 부처가 될 수 있다'고 주장했습니다. 이러한 논리에서 볼 때, 과거에도 부처가 있었고, 현재에도 있을 수 있으며, 미래에도 부처님은 있을 수 있다고 하여 자연스럽게 삼세제불(三世諸佛)을 말하게 되었습니다. 불성(佛性)은 부처가 될 수 있는 가능성(可能性=覺性)이므로 옛날 석가모니 부처님이 했던 것처럼 수행만 한다면 언제 어디서라도 부처는 나올 수 있다고 보았던 것입니다. 그래서 믿음과 원력(願力)이 강조되었습니다.

이 믿음은 나도 부처님과 같은 자질(資質)을 구비(具備)하고 있다는 것에 대한 확신(確信)이며, 원력(願力)은 내속에 잠재되어 있는 부처님과 같은 자질을 현실적으로 구현하기 위해서 옛날 석가모니 부처님이 했던 것과 같은 수행을 해내고야 말겠다는 굳은 각오(覺悟)와 행동(行動)을 의미합니다.

『대승기신론』은 부처님과 같은 자질을 가진 중생이 어떻게 하여 윤회(輪廻)하는 범부중생(凡夫衆生)으로 전락하였는가를 말하고, 수행을 통해 다시 부처의 자질을 회복하는 길을 밝히고 있습니다. 다시 말해 『대승기신론』은 대승적 입장에서 부처가 되는 길을 밝히고 있습니다.

둘째로 이상적 구도자상(理想的 求道者像)의 변화를 가져왔습니다. 이제까지는 아라한(阿羅漢)을 가장 존경받는 구도자로 보아 석가모니 부처님을 대아라한(大阿羅漢)이라 하였으나 대승불교에서는 아라한(Arhan)은 이기적이고 오직 저만을 생각하는 속이 좁은 구도자인 이승(二乘=聲聞・緣覺)에 지나지 않는다고 깎아 내리고 보디삿뜨와(Bodhisattva), 다시 말해 보살(菩薩)을 가장 이상적인 구도자라고 선전(宣傳)하였습니다. 보살은 부처님이 되겠다는 원대한 포부를 가지고 중생들을 위해 헌신적으로 자기를 바치는 불교수행자를 말합니다. 어쩌면 이미 부처가 되었지만 부처로 존경받기를 마다하고 중생의 편에 남아 중생을 부처의 세계로 인도하는데 자신을 바치는 이타적 희생정신(利他的 犧牲精神)의 상징인물(象徵人物)이기도 합니다. 흔히 상구보리(上求菩提)하고 하화중생(下化衆生)하는 것이 보살의 핵심사상이라 합니다.

상구보리란 내면적으로 부처님의 지혜를 터득하는 내증불지(內證佛智)의 구도의 삶을 말하고, 하화중생은 겉으로 부처님의 덕을 드러내는 외현불덕(外現佛德)하는 자비실현의 실천적 삶을 말합니다.

　마하살(摩訶薩)은 마하-보디삿뜨와(Mahābodhisattva)로 앞에 말한 보살보다 더 훌륭한 보살입니다. 원래 초기 경전에서 말하는 보살은 부처가 되기 전의 석가모니, 즉 출가하여 깨달음을 얻고자 간난신고(艱難辛苦)하는 고따마 싯닷타가 보살이었는데,19) 대승불교에서는 수없이 많은 보살마하살(菩薩摩訶薩)이 등장하면서 신행(信行)의 대상이 제불보살(諸佛菩薩)로 확대되었습니다. 그러니까 대승불교는 보살을 불격화(佛格化)하여 섬기는 불교요, 보살도실천(菩薩道實踐)의 불교라고 하겠습니다. 대승불교는 역사적으로는 '힌두화된 불교'라고 말할 수도 있습니다. 석가모니 일불(釋迦牟尼 一佛)에서 다불다보살(多佛多菩薩)로의 변화는 끝내 신행 대상의 무분별한 확대로 결국에는 중심이 없는 불교로 비쳐지기에 이르렀다고 하겠습니다. 오늘날 대승불교권에서 흔히 볼 수 있는 전각(殿閣)은 판테온(pantheon), 즉 만신전(萬神殿)이 되는 경향이 강합니다. 우리나라의 경우 큰 절에서는 여러 이름의 전각들이 안치(安置)되어 있고, 작은 절에서는 전각 하나에 단(壇)을 나누어 온갖 신격(神格)들을 안치하고 있습니다. 도대체 누가 주(主)인지조차 구분하기 어려울 정도입니다. 그러다보니 중심이 없는 가르침으로 비쳐지기도 합니다.

　셋째로 중요수행덕목(重要修行德目)의 변화를 가져왔습니다. 이른바 소승불교는 출가자 중심의 불교였기 때문에 출가자의 삶을 단속하고 규정하는 계율(戒律)이 엄격하게 지켜지기를 요구했고, 좌선수행(坐禪修行)을 통해서만 깨달음을 여는 지혜를 얻을 수 있다고 보아 좌선(坐禪)이 수행의 핵심이었으나 마하-야-나는 재가자(在家者)가 중심이 되어 출발하다보니 계율보다는 물질적 베풂인 보시(布施)나 참고 인내하는 인욕(忍辱)을 통해 덕(德)

---

19) 增一阿含經 14 ;<2-616중> 世尊告曰 昔我未成道時 曾爲菩薩.

을 쌓고, 부처님의 중생구제(衆生救濟)의 본원(本願)을 통해 청정한 불국세계인 정토(淨土)에 태어날 수 있다는 것을 조금도 의심하지 않는 믿음이 중심이 되었습니다. 지혜 획득의 불교에서 믿음 성취의 불교로 전환하였고, 구체적인 수행덕목은 팔정도(八正道)에서 육바라밀(六波羅蜜)로 바뀌었습니다.

넷째로 수행의 목표가 달라졌습니다. 이제까지의 불교에서는 각자의 노력으로 지금의 몸으로 부처가 되는 성불(成佛)이었는데, 마하-야-나에서는 부처님의 중생구제의 본원력(本願力)에 의지하여 지금의 세상에서 선행을 많이 쌓아 죽은 다음에 불국토(佛國土)에 태어나 그때 가서 성불한다는 것입니다. 수행의 궁극적인 목표가 성불(成佛)이라는 점에서는 같았지만 그 목표의 달성이 차생(此生)이냐? 내생(來生)이냐?로 갈라졌습니다. 그러니까 대승교도들은 지금의 몸으로 부처의 꿈을 이룬다는 것은 너무 힘들고 어려운 일이니 이 몸으로는 덕을 많이 쌓고 죽어서 부처님 곁에 태어나 부처의 꿈을 이루는 쉬운 일을 하자는 것입니다. 출가자 중심의 좌선수행을 난행도(難行道)라 말하고, 재가자 중심의 염불수행을 이행도(易行道)라고 말했습니다. 이행도란 누구라도 가기 쉬운 길이란 뜻입니다.

다섯째로 불교를 고통에서 벗어나 행복을 얻는 이고득락(離苦得樂)의 가르침이라 하는데, 우리가 벗어나야 할 고(苦)를 보는 시각에 변화가 생겼습니다. 이제까지의 불교는 고(苦:duḥkha)라는 것을 개인적인 심리(個人的 心理)의 문제라고 보았다면 새로운 불교를 들고 나온 이들은 고(苦)는 개인의 문제가 아니라 사회제도(社會制度)의 문제라고 보았습니다. 고통의 발생이 개인적인 심리에서 비롯된다고 보면 개인의 지혜계발(智慧啓發)을 통해 고통을 극복할 수 있다고 볼 수 있지만 중생이 벗어나야할 고통의 발생이 사회적(社會的)이고 구조적(構造的)인 문제에서 비롯된다고 보는 새로운 불교운동에서는 불국정토(佛國淨土)를 이룩하는 것이 급선무라고 볼 수밖에 없는 것입니다. 따라서 구제(救濟)의 문제가 개인적 차원(個人的 次元)에서 사회적 차원(社會的 次元)으로 방향이 바뀌었습니다.

여섯째로 인식의 변화를 가져왔습니다. 초기불교는 경험론적(經驗論的)이었는데, 대승불교는 유식학(唯識學)의 발달로 관념론적(觀念論的)으로 전환했습니다. 부처님은 드리슈따 에와 다르메(dṛṣṭa eva dharme)라 하여 우리의 오관(五官)이 경험할 수 있는 현실 안에서 옳고 그름을 말했는데, 부처님이라는 신(神)의 입장이 된 대승불교는 이성적 경험(理性的 經驗)의 영역(領域)을 넘어서는 문제들(ⓟsamparāyika dhamma)까지 모두 언급합니다. 색심(色心)으로 말하자면 초기불교의 색(色) 우선의 불교에서 대승불교는 심(心) 우선의 불교로 바뀌었다는 뜻입니다. 이러한 경향은 부처님 시대에 없었던 것은 아니었지만 부처님은 자신의 입장을 정리하여 '나는 한결같이 이것을 말했으니, 이것이란 말할 수 없는 것은 말하지 않고 말할 수 있는 것을 말한다'는 것입니다.[20]

이상으로 볼 때 소위 소승불교(小乘佛敎)와 대승불교(大乘佛敎)는 많은 점에서 관점(觀點)을 달리하고 있으므로 대승불교는 새로운 입장에서 재해석(再解釋)한 불교요, 믿음을 가장 중시한 불교이며, 보다 개방적(開放的)이고 진보적(進步的)인 불교이며, 사회적 차원의 불교요, 누구라도 쉽게 접근할 수 있는 불교라고 말할 수 있을 것입니다. 한마디로 대승불교는 석가모니 부처님의 가르침으로 돌아가자는 불교회복(佛敎回復運動)이었습니다. 그러나 누구나 쉽게 접근하려는 것을 강조하다 보니 불교 본래의 취지에서 빗나가 버리는 경향이 곳곳에서 나타나 급기야는 그 이전의 불교인 소승불교와 프레임(frame)을 달리하는 불교가 되어 마침내 불교신학(佛敎神學)이 되어 버렸습니다.

대승불교는 부처님에 대한 믿음을 역설하고 부처님의 본원력

---

[20] 箭喩經:<中阿含經 60:1-805하> 我一向說此 是爲不可說者則不說 可說者則說.

(本願力)에 의지하여 구제를 받으려다 보니 부처님을 신격화(神格化)하기에 이르렀고, 급기야(及其也) 부처가 되기 위해서는 오늘날 천문학에서조차 쓰지 않는 삼아승기(三阿僧祇)라는 엄청난 수(數)의 겁(劫)에 걸쳐 보살행(菩薩行)을 닦아야 한다고 말하기에 이르렀습니다.

겁(劫:Ⓢkalpa;Ⓟkappa)이라는 말은 장시(長時)나 대시(大時)라고 번역하는데, 우리가 쓰는 연월일(年月日)의 개념으로는 말을 할 수조차 없어 비유(比喩)로 말하게 됩니다. 개자겁(芥子劫)과 반석겁(盤石劫)이 그것입니다. 4방 40리의 성안에 겨자씨를 가득 채우고 100년마다 하나씩 끄집어내어 겨자씨가 다 없어져도 겁은 다하지 않는다는 것이 개자겁이고, 4방 40리 되는 바위산이 있는데 엷고 부드러운 옷으로 100년마다 한 번씩 스쳐서 그 바위가 다 닳아 없어져도 겁은 다하지 않는다는 것이 반석겁입니다.21)

⑤ 선종(禪宗)의 출현

석가모니 부처님이 표방하였던 애초의 목표인 깨달음을 잃어버리자 이에 대한 비판적 해석이 등장하였는데, 그것은 서역(西域)이 아닌 중국(中國)에서 꽃을 피우게 됩니다. 성불이란 목표는 삼아승기겁(三阿僧祇劫)이라는 상상하기조차 어려운 길고긴 수행이 반드시 필요한 것이 아니라 산만(散漫)한 마음을 하나로 끌어 모아 일념(一念)이 된다면 그 순간에 얻을 수 있는 사건이라고 수행에 대해 새로운 해석을 천명하고 나선 일단의 고승들이 바로 벽안(碧眼)의 이방인(異邦人)을 필두(筆頭)로 한 중국선종(中國禪宗)입니다. 선불교(禪佛敎)는 대승불교의 기본적 골격을 이어받으면서 깨달음에 대해서 점(漸)이 아니라 돈(頓)이라

---

21) 大智度論 38;<25-339중>

해석하는 불교입니다. 중국 선종은 인도불교의 깨달음에 대해 중국적으로 해석하는 새로운 불교인 것입니다.

하지만 아무리 새로운 차원의 불교라고 해도 그 뿌리는 석가모니의 가르침이었기 때문에 석가모니 부처님의 가르침을 정확하게 이해할 필요가 있습니다. 만약 그렇지 못할 경우에는 뿌리가 없는 불교, 역사성이 없는 불교가 되기 쉽습니다. 실제로 대승불교 경전에서 서술되는 부처님은 석가모니라고 밝히지 않아 애매모호한 경우가 많고, 더욱이 선종(禪宗)에서는 불교(佛敎)에 대칭되는 개념으로 조교(祖敎)라고 말하기도 합니다.22) 한마디로 불교의 중심이 흔들렸습니다.

⑥ 석가모니 부처님의 가르침을 회복하자

누구라도 쉽게 접근하는 알기 쉬운 불교가 되어야 한다고 출발한 대승불교는 여러 가지 면에서 불교본래의 취지에서 이탈하고 말았습니다. 불교를 하나의 건물로 비유하면 대승불교는 소승불교라는 그 이전의 건물 위에 증축(增築)하여 확대한 건물이라 할 수 있습니다. 따라서 증축하기 전의 건물이 튼튼하지 못하면 새로 증축한 건물마저 붕괴할 위험을 갖게 됩니다. 그래서 대승불교를 공부하기 전에 초기불교를 깊이 이해할 필요가 있는 것입니다.

『대승기신론』은 초기불교와 프레임이 다른 새로운 불교의 사상적 터전을 형성하는 이론적 입문서라고 할 수 있습니다. 이제까지의 불교를 비판하고 출발하는 새로운 불교의 입문서이므로 비판하기 전의 불교를 더욱 더 깊이 이해할 필요가 있습니다. 그러한 이해를 가지고 출발해야 확대(擴大)하고 심화(深化)하여 재해석(再解釋)한 불교가 튼실하게 꽃을 피울 수 있을 것입니다.

---

22) 보조지눌(普照知訥;1158-1210)의 『진심직설(眞心直說)』에 '불교는 이미 알았고, 조교는 어떤가[佛敎已知 祖敎如何]'라고 하였다.<48-999하>

간단하게 요약하면 『대승기신론』은 석가모니 부처님의 가르침을 대승적 차원에서 심화확대(深化擴大)하여 해석하고 실천하려는 새로운 차원의 불교운동 입문서이므로 역사적으로 이해할 필요가 있습니다. 또한 거기에 문제가 있다면 반드시 고쳐나가야 할 것입니다.

나 법(法:dharma)

법(法)이라는 말은 『대승기신론』뿐만 아니라 불교 전반에 걸쳐 가장 많이 쓰고, 가장 다양한 의미로 쓰이는 말 가운데 하나이므로 불교의 이해는 법이라는 말의 이해와 밀접하다고 할 것입니다.

① 다르마(dharma)

법(法)은 빨-리(Pāli)로는 담마(Dhamma), 산스끄리뜨(Sanskrit)로는 다르마(Dharma)인데, 의역(意譯)하여 법(法)이라 하고, 음역(音譯)하여 담마(曇摩), 담무(曇無), 달마(達磨)라고 합니다. 이 중에 달마(達磨)가 가장 일반화되었는데, 송(宋)나라 이전까지는 달마(達摩)로 쓰다가 송나라 이후부터 지금의 달마(達磨)로 쓰고 있습니다.

산스끄리뜨로 다르마(Dharma)의 어근(語根)은 드리(√dhṛ)라는 제1류 동사인데, 여기에는 '보유하다'라는 뜻을 비롯하여 꽤나 다양한 의미를 가지고 있습니다.23) 특히 그 중에서도 인간의 행위를 인간답게 유지하게 하는 어떤 원칙과 같은 것이란 뜻을 내포하고 있습니다.

법이라는 말이 쓰이는 경우를 간략하게 살펴보면 '원칙'이나

---

23) S.E.D. p-519.

'이치' 또는 '지혜롭고 권위 있는 이의 가르침' 나아가 '보통 … 라고 말하는 것'이란 의미로 쓰기도 합니다. 도법자연(道法自然) 이라고 할 때의 법은 '본받는다'는 뜻입니다. 따라서 법이란 말은 이 말이 쓰이는 앞뒤의 사정(事情)을 미루어 의미를 파악해야 될 경우들이 많아서 불교를 어렵게 생각하는지도 모르겠습니다.

용수(龍樹)보살은 이렇게 말했습니다.

일체법(一切法;㉔)은 두 가지 것 가운데 들어간다. 이른바 명(名)과 색(色)이요, 색(色)과 무색(無色)이며, 가견(可見)과 불가견(不可見)이며, 유대(有對)와 무대(無對)이며, 유루(有漏)와 무루(無漏)이며, 유위(有爲)와 무위(無爲)이다.24)

이상을 도표로 정리하면 다음과 같습니다.

	일체법(一切法)	
1	명(名)	색(色)
2	무색(無色)	색(色)
3	불가견(不可見)	가견(可見)
4	무대(無對)	유대(有對)
5	유루(有漏)	무루(無漏)
6	유위(有爲)	무위(無爲)

수(隋)나라 때 천태지의(天台智顗:538~597)가 말하기를, '일체제법 가운데는 오직 명(名)과 색(色)이 있을 뿐이다. 만약 여실(如實)하게 관(觀)하려면 역시 명색(名色)을 관해야 한다. 비록 어리석은 마음과 많은 생각으로 제법(諸法)을 분별한다고 하더라도 무엇하나도 명(名)과 색(色)을 벗어나는 것은 없다'고 했습니다.25)

---

24) 大智度論 第18;<25-195상> 一切法 攝入二法中 所謂名色 色無色 可見不可見 有對無對 有漏無漏 有爲無爲.
25) 釋禪波羅蜜次第法門;<46-479상> 一切諸法中 但有名與色 若欲如實觀 亦當觀名色 雖癡心多想 分別於諸法 更無有一法 出於名色者.

지의 대사의 이 말은 불교수행은 명(名:nāma)과 색(色:rūpa)을 여실지(如實知)하는 것이요, 여실관(如實觀)하는 것임을 말합니다. 제법(諸法)은 명색(名色)을 벗어나는 것이 없다고 하였으니, 수행은 명(名)에 대해 여실지(如實知:understand as it really is)하고, 색(色)에 대해서 여실견(如實見:see as it really is)하는 것입니다. 여실견하고 여실지하기 위해 지관(止觀)을 연마하는 것입니다. 지관(止觀)에 대해서는 뒤[B-IV-2-⑤]에서 말합니다.

② 알쏭달쏭한 말

요진(姚秦)의 구마라집(鳩摩羅什)이 한역(漢譯)한 『유마힐소설경(維摩詰所說經)』 제자품(弟子品)에 다음과 같은 내용이 있습니다.26)

夫說法者 當如法說 ⓐ 法無衆生離衆生垢故 ⓑ 法無有我離我垢故 ⓒ 法無壽命離生死故 ⓓ 法無有人前後際斷故 ⓔ 法常寂然滅諸相故 ⓕ 法離於相無所緣故 ⓖ 法無名字言語斷故 ⓗ 法無有說離覺觀故 ⓘ 法無形相如虛空故 ⓙ 法無戲論畢竟空故 ⓚ 法無我所離我所故 ⓛ 法無分別離諸識故 ⓜ 法無有比無相待故 ⓝ 法不屬因不在緣故 ⓞ 法同法性入諸法故 ⓟ 法隨於如無所隨故 ⓠ 法住實際諸邊不動故 ⓡ 法無動搖不依六塵故 ⓢ 法無去來常不住故 ⓣ 法順空隨無相應無作 ⓤ 法離好醜 ⓥ 法無增損 ⓦ 法無生滅 ⓧ 法無所歸 ⓨ 法過眼耳鼻舌身心 ⓩ 法無高下 ㊀ 法常住不動 ㊁ 法離一切觀行

ⓐ, ⓑ, ⓒ 등은 내용을 구분하기 위해 필자가 삽입한 것입니다. 이에 대한 한글대장경의 번역은 아래와 같습니다.27)

'설법'이라고 하는 것은 마땅히 법 그대로 설해야 합니다.

ⓐ 법에는 중생이 없습니다. 중생의 때를 떠났기 때문이며,

ⓑ 법에 자아의 존재[有我]가 없는 것은 <나[我]>의 때[垢]

---

26) 維摩詰所說經:<14-540상>
27) 한글대장경 57: 50쪽. <東國譯經院: 1985.12.5.>

를 떠났기 때문이며,
ⓒ 법에 수명(壽命)이 없는 것은 생사를 떠났기 때문이며,
ⓓ 법에 개아(個我-人)가 없는 것은 과거의 생과 미래의 생이 끊어졌기 때문인 것입니다.
ⓔ 법이 항상 적연(寂然)한 것은 모든 모습[相]을 없애기 때문이며,
ⓕ 법이 모습을 떠난 것은 인식의 대상[所緣]이 없기 때문이며,
ⓖ 법에 이름이 없는 것은 언어(言語)가 끊어졌기 때문인 것입니다.
ⓗ 법에 말[說]이 없는 것은 크고 작은 생각[覺觀]을 떠났기 때문이며,
ⓘ 법에 모양이 없는 것은 허공과 같기 때문이며,
ⓙ 법에 부질없는 말이 없는 것은 필경공(畢竟空)이기 때문인 것입니다.
ⓚ 또 그것은 개체(個體)로서의 자아에 속한 것[我所]과 관계가 없으므로 그러한 것은 없으며,
ⓛ 법에 분별이 없는 것은 식별(識別)하는 작용이 없기 때문이며,
ⓜ 법에는 상대(相對)하는 것이 없으므로 비교(比較)되는 것이 없으며,
ⓝ 간접적인 원인[緣]과는 관계하지 않으므로 직접적인 원인[因]에도 속하지 않으며,
ⓞ 모든 존재에 골고루 나타나 있으므로 사물의 진실한 본성[法性]과 같으며,
ⓟ ⓠ 그것 스스로가 타자(他者)에 의하여 종속되는 것이 아니므로 사물의 진실[眞如]에 따르는 법이 어떠한 환경[邊際]에도 움직이지 않기 때문에 궁극적인 진실[實際]에 머물러 있는 것입니다.

ⓡ 또 법이 동요하지 않는 것은 여섯 가지 대상[六塵]에 의하여 생긴 것이 아니기 때문이며,
ⓢ 법에 오고 감이 없는 것은 그것이 시간[常] 속에 머물러 있지 않기 때문입니다.
ⓣ 법은 공을 따르고 차별을 떠났으며, 바라고 구하는 생각이 없습니다.
ⓤ 법은 아름다움과 더러움을 떠났으며,
ⓥ 법은 더하거나 덜함이 없으며,
ⓦ 법은 생멸(生滅)이 없으며,
ⓧ 법은 돌아가는 바도 없습니다.
ⓨ 법은 눈·코·혀·몸·마음을 여의였고,
ⓩ 법에는 높고 낮음이 없습니다.
㊀ 법은 상주(常住)하여 움직이지 않으며,
㊁ 법은 일체의 분별하는 관찰(觀察)과 소행에서 떠났습니다.'
영산법화사(靈山法華寺)의 이법화(李法華)는 이에 대한 번역을 다음과 같이 하고 있습니다.28)
'법을 설하는 사람은 마땅히 법과 같이 설해야하오,
ⓐ 법에는 중생(衆生)이 없나니, 중생의 때(垢)를 떠났기 때문이오,
ⓑ 법에는 아유(我有)가 없나니, 아구(我垢)를 떠났기 때문이오,
ⓒ 법에는 수명(壽命)이 없나니, 생사(生死)를 떠났기 때문이오,
ⓓ 법에는 사람(人)이 없나니, 앞뒤가 끊어졌기 때문이오,
ⓔ 법은 항상 적연(寂然)하니, 모든 상(相)을 멸했기 때문이오,
ⓕ 법은 상(相)을 떠났으니, 인연하는 바가 없기 때문이오,
ⓖ 법에는 명자(名字)가 없나니, 언어가 끊어졌기 때문이오,
ⓗ 법에는 설(說)이 없나니, 각관(覺觀)을 떠났기 때문이오,
ⓘ 법에는 형상(形相)이 없나니, 허공 같기 때문이오,

---

28) 李法華 譯 『維摩經講義 上』 228 이하. <靈山法華寺出版部:1992.>

ⓙ 법에는 희론(戱論)이 없나니, 필경은 공(空)이기 때문이오,
ⓚ 법에는 아소(我所)가 없나니, 아소를 떠났기 때문이오,
ⓛ 법에는 분별(分別)이 없나니, 모든 식(識)을 떠났기 때문이오,
ⓜ 법에는 비(比)가 없나니, 생대(相待)가 없기 때문이오,
ⓝ 법은 인(因)에 속하지 않나니, 연(緣)에 있지 않기 때문이오,
ⓞ 법은 법성(法性)과 같으니, 모든 사물에 들어가기 때문이오,
ⓟ 법은 여(如)에 따르나니, 따르는 바가 없기 때문이오,
ⓠ 법은 실제(實際)에 머무르나니, 모든 변(邊)에 움직이지 않기 때문이오,
ⓡ 법에는 동요가 없나니, 육진(六塵)을 의하지 않기 때문이오,
ⓢ 법에는 오고 감이 없나니, 항상 머물러 있지 않기 때문이오,
ⓣ 법은 공(空)에 순응하고 무상(無相)에 따르고 무작(無作)에 응하오,
ⓤ 법은 좋고 추함(好醜)을 떠나고,
ⓥ 법은 더하고 덜함(增損)이 없고,
ⓦ 법은 나고 멸함(生滅)이 없고,
ⓧ 법은 돌아가는 데가 없오,
ⓨ 법은 눈·귀·코·혀·몸·마음을 지나쳐 가오,
ⓩ 법에는 고하(高下)가 없고,
㊀ 법은 항상 머물러 있어 움직이지 않고,
㊁ 법은 일체의 관행(觀行)을 떠나오.'

무려 28회에 걸쳐 법이라는 말이 쓰였지만 모두가 같은 내용이라 볼 수는 없으므로 구분이 필요합니다. 사실 법에 대한 이해가 불교 전체의 이해와 밀접한 관계를 맺고 있다는 점에서 법이라는 말이 구체적으로 무엇을 의미하는지를 파악하지 않으면 안 됩니다.

③ 법이란 말의 내용들

법이란 말의 내용을 ㉮·㉯·㉰·㉱·㉲의 다섯 가지 예문을 통해 나누어 봅니다.

㉮ 일체제법은 본래 인연(因緣)이요 공(空)이며 무주(無主)다.29)
　　　[一切諸法本 因緣空無主]
㉯ 일체제법은 마음에서 비롯되지 않은 것이 없다.30)
　　　[一切諸法 無不由心]
㉰ 일체제법은 마치 대지로 말미암아 생기는 초목들과 같다.31)
　　　[一切諸法 如因大地 生草木等]
㉱ 일체제법은 먹기 때문에 존재한다.32)
　　　[一切諸法 由食而存]
㉲ 일체제법은 모두 불법이다.33)
　　　[一切諸法 皆是佛法]

이상의 다섯 가지의 예문들에서 각각의 경우에 일체제법(一切諸法)이 의미하는 내용은 같다고 할 수 없습니다. 따라서 일체제법이 무엇을 의미하는지 구체적으로 구분하지 않고 두루뭉술하게 그냥 '일체제법(一切諸法)'이라고 하면 애매(曖昧)하기 짝이 없습니다. 명확하게 이해되어야 할 말을 애매모호(曖昧模糊)하게 얼버무리게 되면 불교 전체의 의미를 놓쳐버리게 됩니다.

이제 앞의 예문에서 '일체제법'이란 말이 구체적으로 무엇을 뜻하는지 따져보기로 하겠습니다. 먼저 일체제법은 본래 인연(因緣)이요 공(空)이며 무주(無主)라고 한 ㉮의 일체제법(一切諸

---

29) 中本起經 1:<4-255하>
30) 大乘本生心地觀經 4:<3-306하>
31) 大般涅槃經 12:<12-684상>
32) 增一阿含經 31:<2-719상>
33) 大寶積經 76:<11-432하>

法)은 부처님이 보리수 아래에서 깨달았다는 연기(緣起)를 말합니다. 연기(緣起)의 이치(理致)를 법이라고 한 것입니다. 이때의 법은 이법(理法)을 의미합니다. 연기(緣起)가 바로 이치요, 진리라는 의미에서 흔히 연기법(緣起法)이라고 합니다.

초기 경전에 이르기를, 연기법은 내가 만든 것이 아니요 또한 다른 어떤 이가 만든 것도 아니다. 그러므로 그것은 부처가 세상에 나오거나 세상에 나오지 않거나 법계(法界)는 상주(常住)한다. 저 부처가 스스로 이 법을 깨달아 등정각(等正覺)을 이루었고, 모든 중생들을 위하여 분별(分別)하여 연설(演說)하고 가르쳐 인도하며 분명하게 드러내 보인 것이라 하였고,34) 이들 제법(諸法)은 법주(法住)요 법공(法空)이며 법여(法如)요 법이(法爾)이니, 법은 여(如)를 어긋나지 않고, 법은 여(如)와 다르지 않다고 하였습니다.35) 또한 대승경전에 모든 여래가 증득한 법성(法性)·법주(法住)·법위(法位)는 여래가 세상에 출현하거나 출현하지 않거나 상주(常住)하여 바뀌지 않는다거나36) 만약 부처님이 세상에 출현하거나 출현하지 않거나 법주(法住)·법위(法位)·법계(法界)·법성(法性)은 모두 다 상주(常住)한다고 하였습니다.37)

『화엄경』에 이렇게 말합니다.

　　모든 법을 관찰하면 자성(自性)은 있지 않다. 만약 생멸(生滅)의 모양을 말한다면 단지 이는 가명설(假名說)일 뿐이다. 일체법은 무생(無生)이요 일체법은 무멸(無滅)이다. 만약 이와 같이 깨닫는다면 모든 부처님이 항상 목전에 나타나리라.
　　법성(法性)은 본래 공적(空寂)하여 취할 수도 없고 또한 볼 수도 없으니 성공(性空)이 바로 부처님이나 생각하고 헤아림으로 얻을 수 없느니라.

---

34) 雜阿含經 12:<2-85중> 緣起法者 非我所作 亦非餘人作 然彼如來出世及未出世 法界常住 彼如來自覺此法 成等正覺 爲諸衆生 分別演說開發顯示.
35) 雜阿含經 12:<2-84중> 此等諸法 法住法空法如法爾 法不離如 法不異如.
36) 大乘入楞伽經 5:<16-619중> 諸佛如來所證法性法住法位 如來出世若不出世常住不易.
37) 大乘入楞伽經 4:<16-608중> 若佛出世 若不出世 法住法位 法界法性 皆悉常住.

만약 모든 법의 체성(體性:svabhāva)은 모두가 이와 같음을 안다면 이 사람은 번뇌에 물들거나 집착하지 않을 것이니라. 그러나 범부가 모든 법을 봄에 단지 모양을 따라 옮겨 다녀 법에 모양이 없음을 알지 못해 이 때문에 부처를 보지 못하느니라.38)

가명(假名)이라는 말은 쁘라즈납띠(prajñapti)로 그 의미는 '마음으로 상상(想像)하는 것을 가리키는 말'이라는 뜻입니다. 그러니까 가명설(假名說)이란 실재(實在)하는 것을 말하는 것이 아니라 그렇게 상상(想像)하여 설명한다는 뜻입니다. 위의 경은 이치로서 연기법이 어떤 것인지 잘 설명하고 있습니다.

다음으로 일체제법은 마음에서 비롯되지 않은 것이 없다고 한 ⑭의 일체제법(一切諸法)은 우리가 마음에서 그려내는 생각들을 의미합니다. 소위 심법(心法)을 말합니다. 대부분의 사람들이 외우고 있는 『반야심경(般若心經)』에 색성향미촉법(色聲香味觸法)이라는 말이 있는데, 이때에 말하는 법이 바로 심법(心法)입니다.

심법은 우리의 주관적 의지[意]로 분별하는 것들을 말합니다.39) 그래서 하고자 하는 의욕[欲]이 모든 법[諸法]의 바탕이 된다고 말하기도 하고,40) 의욕은 자기가 생각하는 것을 상상하므로 제법(諸法)은 망상(妄想)에서 생긴다고도 말합니다.41) 『대승기신론』에서 일체제법(一切諸法)은 오직 망념(妄念)에 의지하여 차별(差別)이 있게 된다[一切諸法 唯依妄念而唯差別]고 말합니다.

심법을 심소유법(心所有法), 심소법(心所法) 또는 심소(心所)라고도 하는데,42) 심소유법은 '마음과 결합되어 만들어진 것'이란 의미에서43) 심상응행(心相應行)이라거나 심상응법(心相應法)이라

---

38) 大方廣佛華嚴經 16:須彌頂上偈讚品:<10-81하> 觀察於諸法 自性無所有 如其生滅相 但是假名說 一切法無生 一切法無滅 若能如是解 諸佛常現前 法性本空寂 無取亦無見性空即是佛 不可得思量 若知一切法 體性皆如是 斯人則不爲 煩惱所染著 凡夫見諸法 但隨於相轉 不了法無相 以是不見佛.
39) 讚禪門詩:<85-1292상> 意知名法.
40) 諸法本經:<1-602하> 一切諸法以欲爲本.
41) 大乘心地觀經 8:<3-327중> 一切諸法從妄想生.
42) 구역(舊譯)에서는 심소유법(心所有法)을 심수법(心數法), 심소(心所)를 심수(心數)라 한다.

고 말하기도 합니다. 심법(心法)을 '마음과 결합되어 만들어진 것'이라고 하였듯이 선악(善惡)이나 미추(美醜) 등 우리가 마음으로 상상하거나 생각하는 것들은 모두 심법입니다. 그러니까 선악(善惡)이나 미추(美醜)는 가명(假名)이라는 뜻입니다.

초기불교의 해석이라고 할 수 있는 구사학(俱舍學)에서는 제법(諸法)을 오위칠십오법(五位七十五法)으로 나누었는데, 그 중에 심소법(心所法)으로 46가지를 들었고, 대승불교에 대한 해설이라 할 수 있는 유식학(唯識學)에서는 제법(諸法)을 오위백법(五位百法)으로 나누었는데, 그 가운데 심소법(心所法)으로 51가지를 들고 있습니다. 이것을 보더라도 대소승(大小乘) 전체 불교를 통해 법이란 말이 심법(心法)이란 의미로 쓰는 경우가 대부분이라는 것을 알 수 있습니다.

심상응법(心相應法)이라하듯이 주관적 의지인 마음이 법의 근원이므로44) 일체제법은 마음을 말미암지 않은 것이 없다고 말합니다.45) 일체제법은 다만 허망할 뿐이라 진실(眞實)이 없어 잠시도 머물지 못하니 견고(堅固)함이 없다고도 합니다.46) 흔히 제법무아(諸法無我)라고 할 때의 제법(諸法)이 바로 심법(心法)입니다. 마음이 만들어내기 때문에 고정 불변하는 실체가 없다는 의미입니다. 구사학(俱舍學)이나 유식학(唯識學)에서 심소법이 차지하는 부분이 많듯이 불교에서는 주로 마음이 그려내는 심법을 말합니다. 마음이 그려내기 때문에 번뇌와 연결되고 고(苦)로 이어지게 됩니다.

세 번째로 일체제법은 마치 대지로 말미암아 생기는 초목들과 같다고 한 ㉯의 일체제법(一切諸法)은 우리가 눈으로 목격하는

---

43) 심소유법(心所有法)은 산스끄리뜨로 'citta-saṃprayukta-saṃskāra'인데 여기서 'citta'는 '마음'이며, 'saṃprayukta'는 '~과 결합된'이란 뜻으로 흔히 '상응'(相應)이라 번역되는 말이며, 'saṃskāra'는 오온(五蘊)에서 행(行:predisposition)이라 번역되는 말로 '만들어진 것', '형성된 것'이란 뜻이다. 심소(心所)를 'caitasika'라고도 하며, 이는 '마음과 관련된(relating to the mind)'이란 뜻이다.
44) 禪源諸詮集都序:<48-412하> 心是法源.
45) 大乘本生心地觀經 4:<3-306하> 一切諸法無不由心.
46) 60華嚴 11:<9-467중> 一切諸法 但是虛妄 無有眞實 須臾不住 無有堅固.

물질적 존재를 말합니다. 소위 색법(色法)이라는 뜻입니다. 제법(諸法)의 속성은 선(善)도 없고 악(惡)도 없다거나47)법은 원망도 미워함도 없다고 할 때48) 또는 모든 법은 본래부터 항상 스스로 적멸상(寂滅相)이라고 할 때의49) 법은 모두 다 색법(色法)을 말하는 것입니다. 제행무상(諸行無常)이라고 할 때의 제행(諸行)이 색법(色法)과 같은 개념입니다.

네 번째로 일체제법은 먹기 때문에 존재한다고 한 ㉣의 일체제법은 무엇인가를 먹어야만 하는 것들을 의미하고 있으니 이 경우의 일체제법은 일체중생(一切衆生), 즉 몸뚱이를 가지고 살아가는 생명체(生命體)라는 뜻입니다.

다섯 번째로 일체제법은 모두 불법이라고 한 ㉤의 일체제법은 부처님의 가르침이란 의미로 불법(佛法), 즉 붓다다르마(Buddha-dharma)를 의미하고 있습니다. 다르마(dharma)라는 말은 불교에서만 사용하는 말이 아니고, 인도에 뿌리를 두고 있는 모든 사상의 근간을 형성하는 말이기 때문에 외도(外道)들이 말하는 다르마와 부처님이 말하는 다르마가 다르다는 뜻에서 '붓다다르마'라거나 번역하여 불법(佛法)이라고 말합니다. 예를 들면 힌두교에서 말하는 법은 힌두다르마(Hindu-dharma)인데, 불교에서는 부처님의 가르침을 붓다다르마(Buddha-dharma)라고 합니다.

이상의 다섯 가지 예문에서 생명체를 의미하는 ㉣의 경우나 불법을 의미하는 ㉤의 경우는 그 의미가 쉽게 드러나는 특별한 경우지만 이법(理法)을 뜻하는 ㉠의 경우나, 심법(心法)을 의미하는 ㉡의 경우, 색법(色法)을 의미하는 ㉢와 같은 경우는 법이 뜻하는 의미는 이치(理致=㉠), 심리적인 것[名=㉡], 물질적인 것[色=㉢] 등으로 전혀 다르기 때문에 정확하게 구분할 필요가 있습니다.

---

47) 60華嚴 5:<9-427하> 諸法性無善無惡.
48) 大乘集菩薩學論 23:<32-136하> 法無怨嫉.
49) 妙法蓮華經 1:<9-8중> 諸法從本來 常自寂滅相.

다시 말해 ㉮에서 말하는 이법(理法)은 이치(理致)가 법[理卽法]이란 뜻이고, ㉯에서 말하는 심법(心法)은 마음이 곧 법[心卽法]이라는 의미이며, ㉰에서 말하는 색법(色法)은 눈에 보이는 형상(形象)들이 바로 법[色卽法]이란 뜻으로 쓰고 있습니다. ㉮·㉯·㉰와 같은 경우는 경전을 비롯하여 불교 관계의 글들에서 자주 쓰는 말인 만큼 그 차이를 분명하게 가릴 수 있어야만 합니다.

이 책에서는 법이란 말을 만날 때 그때 말하는 법의 의미를 ㉮·㉯·㉰로 구분하였는데, ㉮는 이법(理法)을 말하는 것이고, ㉯는 심법(心法)을 의미하고, ㉰는 색법(色法)을 의미합니다.

불교는 한마디로 부처님이 깨달은 법인 연기(緣起)로 우리가 경험하는 세계를 설명하는 가르침입니다. 부처님이 가르친 법을 연기법(緣起法㉮)이라고 하는데, 이 말은 연기가 진리(眞理)라는 뜻입니다. 우리가 경험하는 세계는 물리적 세계[色法㉰]와 심리적 세계[心法㉯]로 되어 있습니다. 물질적 세계는 그 자체로 존재할 뿐 선악(善惡)이나 미추(美醜) 또는 정사(正邪)와 같은 인간 위주(人間爲主)의 가치와는 별개의 존재입니다. 그에 비해 심리적 세계는 말로 설명할 수밖에 없는 관념(觀念)의 세계, 다시 말해서 의미(意味)의 세계를 말합니다. 인간 위주의 가치와 별개의 존재였던 색법(色法㉰)이 인간 위주의 어떤 가치의 대상이 되는 것은 우리의 의식(意識)이 규정하는 심법(心法㉯)입니다.

불교에서 이들 세계 모두를 명색(名色)이라고 합니다. 명색을 일체법(一切法)이라 하며, 깨달음은 바로 이 명색(名色)에 대한 사실적 파악(事實的 把握)을 의미합니다.

눈으로 확인할 수 있는 물질적 세계가 색(色)이고, 말로 설명하는 심리적 세계, 다시 말해 의미의 세계가 명(名)입니다. 그러니까 부처님이 보리수 아래에서 깨달아 터득한 이법(理法㉮)인 연기(緣起)로 심리적 세계인 심법(心法㉯)을 설명하면 내연기(內緣起)가 되고, 물리적 세계인 색법(色法㉰)을 설명하면 외연기(外緣起)가 되는 것입니다.

④ 법계(法界)

『대승기신론』을 공부하면서 자주 만나는 말로 법과 관계되는 것으로 법계(法界)・법성(法性)・법신(法身) 등이 있습니다.

먼저 법계란 말을 살펴보면, '이 법은 상주(常住)하니 법주(法住)요 법계(法界)이다.'라고 할 때의50) 법계는 부처님이 보리수 아래에서 깨달은 법인 연기(緣起)를 의미합니다. 이때의 법계는 이법계(理法界)로 연기계(緣起界㉠), 즉 연기로 펼쳐지는 세계란 뜻입니다.

경에 '이때 여래께서 장애가 없는 청정한 지혜의 눈으로 두루 법계의 모든 중생들을 살펴보았다'고 하였는데,51) 이 경우의 법계는 중생들이 살고 있는 세계, 즉 중생계(衆生界㉡)라는 뜻입니다.

당(唐)나라 때 선종(禪宗)의 거목이었던 황벽(黃蘗:?~850) 스님의 속가제자(俗家弟子)에 배휴(裵休:797~870)라는 사람이 있었습니다. 배휴가 쓴 글에 '법계의 진짜 속성[法界眞性]은 감정을 초월했고 견해를 넘었다. 생각을 움직이면 사이가 벌어지고, 억지로 말하면 어그러진다'고 하였는데,52) 배휴가 말하는 법계는 자연계(自然界)로 색법계(色法界㉢)라는 뜻입니다.

그리고 경에 '과거・현재・미래의 모든 부처님을 알고자 하면 당연히 법계의 속성은 모두 다 마음이 만든다고 살펴야 한다'고 하였는데,53) 여기서 말하는 법계는 의법계(意法界)로 의식계(意識界㉣)라는 뜻입니다. 경에 오온(五蘊)에서 법계를 나타낼 수 있으니, 법계가 바로 오온(五蘊)이라고 한 것도54) 마찬가지입니다.

그러니까 법계(法界)라는 말도 내용에 따라 연기계[緣起界㉠], 중생계[衆生界㉡], 색법계[色法界㉢], 의식계[意識界㉣] 등 다양

---

50) 雜阿含經 12:<2-84중> 此法常住 法住法界 彼如來自覺知 成等正覺.
51) 大方廣佛華嚴經 51:<10-272하> 爾時如來 以無障礙 淸淨智眼 普觀法界一切衆生.
52) 注華嚴法界觀門序:<45-683하> 法界眞性超情離見 動念則隔 彊言則乖.
53) 大方廣佛華嚴經 19<10-102상> 若人欲了知 三世一切佛 應觀法界性 一切唯心造.
54) 金光明最勝王經 5:<16-425상> 謂於五蘊 能現法界 法界卽是五蘊.

한 뜻이므로 법계라는 말이 연기의 세계를 의미할 때는 ㉠으로 표시했고, 중생계를 의미할 때는 ㉡으로 구분하였으며, 자연계나 색법의 세계를 뜻할 때는 ㉢으로 표하였으며, 의식계라는 의미일 때는 ㉣로 구분하였습니다. 이렇게 법계라는 말도 쓰이는 내용에 따라 여러 가지 뜻을 가지고 있음을 알 수 있습니다.

⑤ 법성(法性)

그리고 법성(法性)이라는 말이 있는데, 여기서는 성(性)이라는 의미를 먼저 생각해 볼 필요가 있습니다. 불교에서는 성(性:prakṛti: svabhāva)을 상(相:lakṣaṇa)의 상대적인 개념으로 쓰는데 상(相)이 눈에 보이는 구체적인 것이면서도 변화가 많은 모습들이라는 의미인데 비해 성(性)은 구체적으로 파악되는 것들의 내면에 잠재하는 어떤 성질이나 바탕으로 변화하지 않고 영속되는 본질적인 것이란 의미로 쓰이고 있습니다. 다시 말해 성(性)은 본체(本體)의 뜻으로 쓰고 상(相)은 현상(現象)이라는 의미로 주로 사용합니다.

예를 들어 심상(心相)이란 말은 마음이 나타내는 이런 저런 모습들이라면 심성(心性)은 변화하지 않는 마음의 본질적인 바탕이란 의미이고, 자상(自相)이란 말은 어떤 것이 나타내는 겉모습이란 의미라면 자성(自性)은 그 자체의 변화하지 않는 성질이라는 의미입니다. 이와 같은 의미의 연장선상에서 법상(法相)이나 법성(法性)이라는 말도 이해되어야 할 것입니다. 법성이라는 말 역시 이 말이 쓰이는 글의 전후를 살펴 이해해야 좋을 것 같습니다.

용수보살은 법성(法性)에 대해 이렇게 말합니다.

> 만약 법성(法性)을 벗어나 법(法)이 있다면 색성(色性)이 법성(法性)을 깨버릴 수 있을 것이다. 일체법의 실상(實相)을 법성(法性)이라 한다. 그러므로 모든 법은 빠짐없이 법성(法性) 가운데 들어간

다. 색성(色性)의 참다운 성품이 바로 법성(法性)과 동일(同一)한 성품이다. 어찌하여 색성(色性)이 법성(法性)을 파괴할 수 있다고 부처님이나 현성(賢聖)이 다시 인연을 설하셨겠는가? 모든 부처님과 현성(賢聖)들은 법성(法性)을 벗어나 어떤 법을 보지 못하였다.55)

⑥ 법신(法身)

법신(法身)이란 말 자체는 원래 석가모니 부처님의 임종과 관련이 있는 말입니다. 그러니 석가모니 부처님이 살아서 활동할 때는 법신이란 개념 자체가 필요하지 않았습니다. 부처님이 세상을 떠나시게 되자 부처님이 안 계신 세상에 과연 부처님 가르침이 얼마나 지속될 것인지 제자들에겐 큰 관심거리였습니다. 경에 의하면, 부처님이 세상을 떠나시면 부처님이 말씀하신 법이 얼마나 갈 수 있겠느냐는 물음에 육신(肉身)은 소멸하지만 법신(法身)은 상주한다고 하였습니다.56) 따라서 법신이란 부처님의 가르침을 인격화한 것임을 알 수 있습니다. 대승경전에 이렇게 설하고 있습니다.

　　육신 또한 부처가 아니고 부처 역시 이 육신이 아니다. 다만 법으로 몸을 삼아서 일체법(一切法㉮)에 통달했나니, 만약 이 부처의 몸이 청정하기가 마치 법성(法性)과 같다는 것을 볼 수 있다면 이 사람은 불법(佛法㉯)에서 어떤 의혹(疑惑)도 없을 것이다.
　　만약 일체법(一切法㉮)의 본래 속성이 열반(涅槃)과 같다고 본다면 이는 여래(如來)를 보는 것이니, 끝끝내 집착하는 것이 없으리라.57)

---

55) 大智度論 89:<25-692상> 若有法出法性者 色性應壞法性 一切法實相名爲法性 是故一切法皆入法性中 色性實相卽是法性同一性 云何色性能壞法性 佛更說因緣 諸佛賢聖不見出法性 更有法者.
56) 增一阿含經 44:<2-787중> 肉身雖取滅度 法身存在.
57) 大方廣佛華嚴經 19:<10-102상> 身亦非是佛 佛亦非是身 但以法爲身 通達一切法 若能見佛身 淸淨如法性 此人於佛法 一切無疑惑 若見一切法 本性如涅槃 是則見如來 究竟無所住.

용수보살(龍樹菩薩)은 이렇게 말하고 있습니다.

 만약 어떤 중생이 여실지(如實知)하면 이 사람은 제법(諸法㉮)이 온다거나 간다거나 생긴다거나 없어진다고 분별하지 않으니, 제법을 분별하지 않으면 부처님이 말씀한 제법실상(諸法實相)을 알 수 있어서 이 사람이 반야바라밀을 행하고, 아눗따라삼약삼보리에 가깝고 진실한 부처님의 제자라 한다. 사람들이 믿음으로 베푸는 것을 헛되이 먹지 않으니 이 사람은 마땅히 공양을 받아 세상 사람들의 복밭[福田]이 된다.58)

---

58) 大智度論 99:<25-745상> 若有衆生如實知 是人不分別諸法若來若去若生若滅 若不分別諸法若來若去若生若滅 則能知佛所說諸法實相 是人行般若波羅蜜 近阿耨多羅三藐三菩提 名爲眞佛弟子 不虛妄食人信施 是人應受供養爲世間福田.

따 진여(眞如)

『대승기신론』의 또 하나의 키워드(key word)인 진여(眞如)에 대해 지각선사(智覺禪師) 연수(延壽:904~975)가 말했습니다.

> 진여(眞如)에 미혹하여 이름[名]과 모양[相]을 이루고, 여기에서 망상(妄想)이 생긴다. 이름과 모양의 근본이 진여라는 것을 깨달으면 망상은 문득 지혜가 되어 이름과 모양이 불러오는 망상은 없어지고 오직 여여(如如)한 지혜뿐이다.
> 지혜는 진여로 말미암아 성립되므로 지혜 자체도 역시 텅 비게 되고, 진여는 지혜를 빌려 밝아지므로 본래부터 고요하다. 그러므로 진여도 지혜도 모두 공(空)이다.[59]

① 진여(眞如)는 무엇을 말하는가?

지금 눈앞에 존재하는 것들을 가리켜 '이것'이라 하고, 지금 당장 눈앞에는 있지 않지만 존재하는 것들을 '그것'이라 말합니다. '이것'을 지칭하는 대명사가 에따드(etad)이고[60] '그것'을 가리키는 대명사가 따드(tad)입니다.[61] 지시대명사 따드(tad)의 단수(單數) 중성(中性) 주격(主格)이 따뜨(tat)이고, 모든 존재의 진실한 모습인 제법실상(諸法實相)을 땃뜨와시야 락끄샤나(tattvasya lakṣaṇa)라고 합니다.

땃뜨와시야(tattvasya)는 지시대명사 따뜨(tat)의 추상명사 땃뜨와(tattva)의 속격(屬格:genitive)으로 '땃뜨와의'라는 뜻입니다. 땃뜨와(tattva)는 '있는 그대로의 사실(事實)이나 진실(眞實)을 의

---

59) 宗鏡錄 41:<48-656상> 迷如以成名相 妄想是生 悟名相之本如 妄便稱智則無名相妄想 唯如智矣 智因如立 智體亦空 如假智明 本來常寂 故並空矣.
60) '이것(this)'이라는 지시대명사 에다뜨(etad)의 단수 남성 주격은 에샤하(eṣaḥ)이고, 단수 중성 주격은 에따뜨(etat)이며, 단수 여성 주격은 에샤-(eṣā)이다.
61) '그것(that, it)'이라는 지시대명사 따드(tad)의 단수 남성 주격은 사하(saḥ)이고, 단수 중성 주격은 따뜨(tat)이며, 단수 여성 주격은 사-(sā)이다.

미하는데, 진여(眞如), 진실(眞實), 진리(眞理) 등으로 한역합니다. 그리고 랔끄샤나(lakṣaṇa)는 특징을 나타낸다는 뜻을 가지고 있는 제1류동사 어근(√lakṣ)에서 온 중성명사로 특징, 상징, 뛰어난 모습을 말합니다. 그러니까 제법실상(tattvasya lakṣaṇa)은 존재하는 것의 특징을 나타낸다는 의미입니다.

존재한다는 것은 부-따(bhūta)로 이 말은 '…된다'거나 '존재한다'는 제1류동사어근(√bhū)의 과거수동분사로 형용사일 때는 '눈에 보이는 것과 내용이 일치하여 가짜나 가공(架空)의 것이 아닌 진짜'라는 뜻이고, 중성명사일 때는 '사실(事實)'이라는 뜻입니다.

석가모니 부처님은 우리가 목격하고 인지할 수 있는 것들은 영원하지 못하다하여 무상(無常:anitya)이라 하고, 무상(無常)하기 때문에 고정된 모습이 없다고 하여 무상(無相:alakṣaṇa)이라 합니다. 용수보살은 이렇게 말합니다.

> 깨닫는 이가 있거나 깨닫는 이가 없거나 모든 존재의 속성[諸法性]은 상주(常住)한다. 세상 모든 존재의 속성은 바로 모든 존재 진실한 모습이다. 모든 존재의 진실한 모습을 파악하는 것은 바로 반야바라밀(般若波羅蜜)이다. 만약 영원하다[常], 영원하지 못하다[無常]와 같은 개념으로 모든 존재의 진실한 모습을 찾는다면 이는 착각이 되고 만다.62)

그러니까 우리가 목격하는 세계의 모습은 오직 변화요 흐름이기 때문에 '있다[有:asti:常]'고 말해도 허위(虛僞)이고, 반대로 '없다[無:nāsti:無常]'고 말하더라도 허위입니다. 논리적(論理的)으로는 있음[有:常]과 없음[無:無常]은 절대적으로 구별되는 모순관계지만 사실(事實)의 세계에서는 있음과 없음은 분리되어 있지도 않고

---

62) 大智度論 65:<25-516하> 有佛無佛 諸法性常住 世間諸法性者 卽是諸法實相 諸法實相者 卽是般若波羅蜜 若以常無常等 求諸法實相 是爲錯.

분리될 수도 없어서 조건에 따라 있음은 없음으로 진행(進行)하고, 없음은 있음으로 지향(指向)하기 때문에 생멸(生滅:pravṛtti)[63]은 변증법적(辨證法的:dialectically)으로 발전(發展)하는 현재진행형(現在進行形)입니다.

한마디로 우리가 목격하고 인지할 수 있는 경험세계는 있는 것이 아니면서 없는 것도 아닌 비유이비무(非有而非無)요, 없는 것도 아니면서 있는 것도 아닌 비무이비유(非無而非有)라는 모순적인 표현이 현상계의 실상(實相:bhūta lakṣaṇa)을 드러냅니다. 생멸(生滅)이야말로 현상계의 존재를 구체적으로 실현시키는 근본 계기(根本契機)이자 변증법적 사유(辨證法的 思惟)의 핵심입니다. 이와 같이 부단(不斷)히 생성하고 소멸하는 목전(目前)의 역동적(力動的:dynamic)인 상태를 산스끄리뜨로 따타-(tathā)라고 하는데, '그렇다'는 뜻에서 한문으로 여(如)라고 번역합니다.

진여(眞如)는 여(如:tathā)를 강조한 말인데, 산스끄리뜨로 따타-(tathā)의 추상명사(抽象名詞)인 따타-따-(tathātā), 따타-뜨와(tathātva),[64] 지시대명사(指示代名詞) 따뜨(tat)의 추상명사 땃뜨와(tattva), 존재의 궁극적 형태를 의미하는 부-따 꼬띠(bhūta koṭi)라고 합니다.

따타-(tathā)는 지시대명사 따드(tad)의 어간(語幹)인 따(ta)에 어떤 상태나 방법을 나타내는 부사(副詞) 타-(thā)를 붙여 '그 상태'라거나 '그렇다'라는 뜻의 형용사적 표현(形容詞的 表現)으로 그 때 바로 그 순간의 상황일 뿐 정지되어 있는 순간의 모습이 아닙니다. 한마디로 잠시도 정지되지 않고 물이 출렁거리듯이 움직이는 변화무쌍(變化無雙)한 현실을 함축적으로 표현하는 말이 바로 여(如)요, 따타-(tathā)이며, 이 말의 추상적이고 형이상학적 용어가 진여(眞如)요, 따타-따-(tathātā)입니다. 그러니까 진여(眞如)라는 말이 추상적(抽象的)이고 형이상적(形而上學的)

---

63) S.E.D. P-694. col. 1. pravṛtti= moving onwards advance. progress.
64) 산스끄리뜨에서 추상명사를 나타내는 접미사는 따-(tā)와 뜨와(tva) 둘뿐이다.

이긴 하지만 우리들이 일상적으로 경험하고 인지할 수 있는 것 [tat]을 통해 설명함으로써 우리의 현실과 전혀 동떨어진 허구(虛構)가 아니라는 것을 암시(暗示)하고 있습니다.

② 진여(眞如)는 정확하게 표현할 수 없다

변화무쌍(變化無雙)한 모습을 상징적으로 따타-(tathā)나 여(如) 또는 '그렇다'고 하는데, 이것을 사실대로 파악하는 인식이 바로 반야(般若)입니다. 그리고 변화무쌍을 직관하려면 무념(無念)이 되어야 합니다.[65]

우리가 말로 무엇을 표현한다는 것은 말하는 사람의 주관적 의식이 개입되게 마련이고, 무엇이라고 말하는 바로 그 순간 그 말의 의미에 갇혀 버리는데 비해 표현되는 대상은 이미 다른 모습으로 바뀌었기 때문입니다. 그것은 마치 출렁이는 물을 사진으로 찍었을 때 카메라에 찍힌 사진과 실제로 출렁이는 물은 같을 수가 없는 것과 같습니다. 그래서 저 어리석은 사람들은 말소리는 생겼다가 이내 없어지지만 그 의미는 생멸(生滅)하지 않는 것을 알지 못한다고 했습니다.[66]

현상계의 있는 사실 그대로의 참모습인 진여는 언어(言語)나 사유(思惟) 그리고 행위(行爲)를 매개로 하여 무엇이라고 규정하기 이전에 우리 앞에 즉자적(卽自的)으로 주어지는 것들의 거짓 없는 모습을 의미합니다. 따라서 변화무쌍한 상태인 진여(眞如)는 언어로는 그대로 들어낼 수 없습니다.[67]

역사적으로 볼 때 사실 진여(眞如)라는 말은 초기 불교에서는 별로 쓰지 않던 말입니다. 초기 불교에서는 연기(緣起)가 많이

---

65) 無量壽經優婆提舍願生偈註:<40-842하> 般若者 達如之慧名…達如則心行寂滅.
66) 入楞伽經 6:<16-551중> 彼愚癡人 不知音聲卽生卽滅 義不生滅.
67) 華嚴經 16:<10-83상> 言語說諸法 不能顯實相.
　　入楞伽經 2:<16-524상> 言說離眞實 眞實離名字.

쓰였고, 점차 대승불교로 발전해가면서 법성(法性)·실제(實際)·제법실상(諸法實相)이란 말이 주로 쓰이다가 진여(眞如)라는 말이 자주 쓰이게 되었습니다. 그러니까 연기(緣起)·법성(法性)·실제(實際)·제법실상(諸法實相)·진여(眞如) 등의 말은 의미상으로 같은 것을 설명하는 말들입니다. 대승경론(大乘經論)에서는 보편적 진리라거나 만유(萬有)의 본체라는 의미로 사용하고 있습니다. 모든 차별상을 초월한 평등일미(平等一味)한 것이고, 사유(思惟)도 언어(言語)도 미치지 않으며, 끊임없이 생기(生起)하고, 온갖 변화와 불일불이(不一不異)의 관계이면서 불변(不變)이고 있는 그대로의 진실한 모습이라고 합니다. 비로 형이상학적인 개념이지만 실증(實證)되어야 할 구체적인 것임을 암시하고 있습니다.

경에 이르기를, '진여가 바로 여래다. 일체 모든 법[㊁]은 바로 진여이다. 실제(實際)가 바로 여래이다. 일체 모든 법[㊁]이 바로 실제'라고 하였고,68) '여(如)로써 부처라 한다'고 하였고,69) '여래는 진여(眞如)의 다른 이름'이라 하였습니다.70) 그래서 징관(澄觀:738~839)은 말하기를, '『금강경』에 여래는 모든 법(諸法㊁)의 여(如)라는 뜻이라 하였고, 이미 여(如)로 부처를 삼는다고 했으니, 일체법(一切法㊁)이 모두 여(如)이거늘 세상의 어떤 것[何法㊁]이 부처가 아니겠는가?'라고 하였습니다.71)

징관의 제자 규봉종밀(圭峰宗密:781~841)은 '부처님의 설법은 다만 여(如)를 드러내는 것'이라고 했습니다.72) 이 여(如)라는 말이 여래(如來)라고 할 때의 여(如)이고, 이 말은 제법실상(諸法實相)이라는 말과 통하는 말입니다.73) 용수보살은 이렇게

---

68) 大寶積經 69:<11-391하> 眞如者卽是如來 一切諸法 卽是眞如 實際者卽是如來 一切諸法 卽是實際.
69) 不退轉法輪經 4:<9-248하> 以如名爲佛.
70) 金剛般若波羅蜜經:<8-765상> 如來者眞如別名.
71) 大方廣佛華嚴經隨疏演義鈔 85:<36-667상> 金剛云 如來者卽諸法如義 旣以如爲佛 一切法皆如也 何法非佛耶.
72) 金剛般若疏論纂要 제1:<33-156상> 聖人說法但爲顯如.

말했습니다.

    제법실상(諸法實相)은 생기는 것도 아니고 없어지는 것도 아니며 더러운 것도 아니고 청정한 것도 아니며 유(有)도 아니고 무(無)도 아니며 취할 수 있는 것도 아니고 버릴 수 있는 것도 아니다. 항상 고요하여 진정(眞淨)하기가 허공과 같다.
    보여줄 수도 없고 설명할 수도 없으니 일체 언어의 길을 넘었다. 일체 마음으로 헤아리고 행하는 것을 벗어나 열반(涅槃)과 같다. 이것이 불법(佛法)이다.74)

경에서는 이렇게 말하기도 합니다.

    큰 덕을 가지신 세존께서 제법실상(諸法實相)을 깨달으시니 이른바 제법(諸法㋎)은 인연을 따라 있는 것이기에 법이랄 것도 없고 법이 아니랄 것도 없다. 아무리 헤아리고 찾아보아도 손에 잡히는 것이 없으니, 만약 설할 수 있는 법이 있다면 그것은 오로지 가명(假名)일 뿐이다. 이와 같은 모습들은 본래가 적정(寂靜)하여 이름 붙일 것도 없고[無名], 이렇다고 모양을 지을 것도 없다[無相]는 것이 부처님의 말씀이다. 설사 설명을 한다고 하더라도 설명한 것이 없는지라 손에 잡히는 것은 아무것도 없다. 설한 사람이 이미 없거니 들은 사람 역시 그렇다. 이와 같은 뜻을 잘 통달하여 그 무엇에도 집착하지 않아야 크게 행하는 진불자(眞佛子)라 하리라.75)

'이것 즉 연기는 현상계를 존립시키는 이치로 세상의 모습으로 항상 머문다'고 하였으니,76) 깨닫는다는 것은 바로 변화무쌍

―――――――――
73) 大智度論 <25-639상> 如名諸法實相.
74) 大智度論 23:<25-235상> 諸法實相不生不滅不垢不淨非有非無非取非捨常寂滅眞淨如虛空 不可示不可說一切語言道過 出一切心心數法所行 如涅槃是則佛法.
75) 父子合集經 3:<11-927하> 大威德世尊 了諸法實相 所謂諸法者 從因緣故有 無法無非法 尋求不可得 若有法可說 此說唯假名 如是種種相 本來常寂靜 無名亦無相 牟尼之所說 雖說而無說 少分不可得 說者既亦無 聽者亦如是 善達如是義 不著一切法 則能行大行 是名眞佛子.
76) 法華經 제1:<9-9중> 是法住法位 世間相常住.

하게 생멸하는 현상계의 참모습을 직시(直視)하는 것이므로 우리가 현상계를 직시(直視)하기까지는 부처와 함께 살면서도 정작 부처를 모르고 있는 셈입니다.

그래서 양(梁)나라 때의 지공(誌公) 스님은 '대도(大道)는 언제나 눈앞에 있다. 비록 눈앞에 있다고 해도 보기 어렵다'고 말했으며,77) 선종(禪宗)의 제3조 승찬(僧瓚:?~606)은 '깨달음에 이르는 것이 어려운 것이 아니라 오직 가리고 선택[揀擇]하는 것을 꺼릴 뿐'이라고 하였으며,78) 우리나라 조선초(朝鮮初)의 함허 기화(涵虛己和:1376~1433)는 '깊고 깊은 오묘한 법[㗳]은 미묘하여 말하기조차 어려우니 눈을 들어 밝히기 전에 이미 앞에 드러나 있다'고 하였는데,79) 여(如)와 함께 살아가면서 그것을 눈 뜨지 못하고 있음을 지적하는 말이라 하겠습니다.

  부처라고 말하는 것은 사실대로 보는 중생이다. 사실대로 보는 중생은 바로 실제(實際)를 본다. 실제는 바로 법계(法界㉢)이다. 법계는 드러내 보여줄 수가 없다. 다만 이름일 뿐이요 풍습(風習)일 뿐이다. 다만 이것은 일반적 개념일 뿐이며, 다만 말의 설명이 있을 뿐이며, 단지 편의상 일시적으로 차려놓았을 뿐이다. 마땅히 이와 같이 살펴야 할 것이다.80)

여기서 말하는 법계는 다르마다-뚜(dharma-dhātu)로 연기(緣起)하는 이치를 의미합니다. 경에 이르기를, '일체의 법[㗳]은 다 여(如)다. 모든 부처의 경지 역시 그렇다. 나아가 무엇 하나

  ※ 是法住法位는 '이법은 법위에 머문다'는 뜻이 아니라 '이것이 법주요 법위'라는 말입니다. 그러니까 법주나 법위는 하나의 고유개념입니다. 법주, 법위에 대해서는 필자의 『붓다 다르마』 제3부 다르마를 읽으시기 바랍니다.
77) 景德傳燈錄 29:<51-449중> 大道常在目前 雖在目前 難覩.
78) 信心銘:<51-457상> 至道無難 唯嫌揀擇.
79) 大方廣圓覺修多羅了義經說誼 上:<韓國佛敎全書: 7-126중> 甚深妙法妙難宣 擧目分明已現前.
80) 大寶積經 76:<11-432하> 所言佛者 如實見衆生也 如實見衆生者 卽是見實際 實際者卽是法界 法界者不可顯示 但名但俗 但是俗數 但有言說 但假施設 應如是觀.

도 여(如) 가운데서 생기거나 없어짐이 있을 수 없다'고 하였듯이,81) 이 여(如)만이 현상세계의 변함없는 사실이라는 의미에서 진여(眞如)입니다.

『기신론』의 저자는 말하기를, '진여라고 말하는 것은 정해진 어떤 모습이 따로 없다. 말로 설명하는 최고의 경지는 말로 말을 버리는 것이다. 하지만 이 진여 자체를 부정할 수는 없다. 일체법[댜]은 모두 다 진실하기 때문이다. 또한 나타낼 수 없으니 일체법[댜]은 모두가 같은 여(如)이기 때문이다. 일체법[댜]은 설명할 수 없고 생각할 수도 없기 때문에 진여라고 한다'고 했습니다.82)

또 다른 경전에서는 이렇게 말하고 있습니다.

> 만약 인연(因緣)을 본다면 법[갸]을 볼 것이고, 만약 법[갸]을 본다면 여래를 보게 될 것이다. 만약 여래를 본다면 여(如)를 볼 것이다.
> 만약 여를 보는 사람은 단견(斷見)에 막히지 않을 것이고, 상견(常見)에도 집착하지도 않을 것이다.83)

부처님을 본다는 것은 여(如:tathā)를 보는 것이라 했는데 그것은 진여(眞如)를 보게 된다는 뜻입니다.84) 대승불교에서는 진여를 형이상학적인 추상명사로 주로 쓰고 있지만 원래 진여의 여(如)는 우리 목전에 펼쳐지는 삼라만상의 변화무쌍한 상태를 표현하는 말이었다는 것을 명심해야 합니다. 경에 말합니다.

> 일체법이 생멸한다는 것은 오로지 가명자(假名字)에 집착하는 것

---

81) 60華嚴經 14:<9-487하> 80華嚴經 23:<10-123하> 一切法皆如 諸佛境亦然 乃至無 一法 如中有生滅.

82) 大乘起信論:<32-576상> 言眞如者 亦無有相 謂言說之極 因言遣言 此眞如體無有可遣 以一切法皆悉眞故 亦無可立 以一切法皆同如故 當知 一切法 不可說 不可念故 名爲眞如.

83) 大方等大集經 27:<13-116하> 若見因緣則見法 若見法則見如來 若見如來則見如 若見如者則不滯於斷亦不執於常.

84) 金剛般若波羅密經註解:<33-234하> 如者眞如也.

이다. 일체법은 무생이고 일체법은 무멸이다. 만약 이와 같이 깨달으면 제불이 항상 목전에 드러난다.85)

일체법은 모두 진여다. 모든 부처의 경지 역시 그렇고, 나아가 한 법도 진여 가운데 생멸(生滅)은 없다. 중생들이 공연히 이것은 부처다 이것은 세계라고 분별하지만 법성(法性)을 깨달으면 부처도 따로 없고 세계도 따로 없다.86)

그러니까 법성인 제법실상을 깨달으면 부처이지 부처가 따로 없다는 뜻입니다. 법성(法性)이 제법실상(諸法實相)이며, 제법실상이 바로 진여(眞如)요, 그것은 우리의 목전(目前)에 펼쳐지고 있는 변화무쌍한 삼라만상(森羅萬象)입니다.

③ 불교는 형이상학(形而上學)이 아니다

부처님은 무슨 질문을 받아도 속 시원하게 척척 대답해 주었을 것이라 믿는 사람들이 많이 있지만 초기 경전을 보면 질문을 받고서 대답하지 않고 침묵하는 일들이 많습니다. 심지어 말한 것보다는 말하지 않은 것이 훨씬 많다고까지 했습니다.87) 부처님은 누가 물어도 침묵할 뿐 말씀하시지 않은 것들이 있다는 것을 분명히 밝히신 경전이 '독화살의 비유'라는 『전유경(箭喩經)』입니다.

말-룽키아뿟따(Māunkyaputta)가 부처님을 찾아와 말하기를 '만약 세존께서 나를 위해 이런 것에 대해 거짓 없이 대답해 준다면 세존을 따라 수행하겠지만 만약 그렇지 않다면 욕을 하고 떠날 것'이라고 했음에도88) 부처님은 끝내 말씀하지 않아 그가

---

85) 大方廣佛華嚴經 7:<9-442중> 一切法生滅 但著假名字 一切法無生 一切法無滅 若能如是解 諸佛常現前.
86) 大方廣佛華嚴經 14:<10-487하> 一切法皆如 諸佛境亦然 乃至無一法 如中有生滅 衆生妄分別 是佛是世界 了達法性者 無佛無世界.
87) 雜阿含經 제16: 404경:<2-108상> 爾時世尊 手把樹葉 告諸比丘 此手中葉爲多耶 大林樹葉爲多 比丘白佛言 世尊 手中樹葉甚少 彼大林中樹葉無量 百千億萬倍 乃至算數譬類不可爲比 如是諸比丘 我成等正覺 自所見法 爲人定說者 如手中樹葉.

떠나게 하였습니다. 부처님이 침묵했던 문제를 무기(無記)라고 합니다. 무기는 산스끄리뜨로 아위야-끄리따(avyākṛta)인데,88) 이 말은 부정의 접두사 아(a)와 위야-끄리따(vyākṛta)로 나눌 수 있고, 위야-끄리따는 '분명하게 설명한다'는 뜻을 가진 동사(vy-ā-√kṛi)의 과거수동분사이니,90)무기는 '분명하게 밝힐 수 없었다'는 뜻입니다. 부처님은 무기에 대해 말하지 않은 까닭을 밝히셨는데, '그것은 이치와 맞지 않고, 법과 맞지 않으며, 근본적으로 거룩한 삶과 관계가 없고, 지혜로 나가지도 않고, 깨달음으로 나아가지 않으며 열반으로 나아가지도 않기 때문'이라고 했습니다.91)

부처님은 자신이 설하는 법이 어떤 것인지에 대하여 다섯 가지로 말했는데,

① 법은 현실(現實)에서 사실(事實)로 경험(經驗)되는 것(ⓟsandiṭṭhika)이며,
② 법은 어느 시대나 적용될 수 있는 것(ⓟakālika)이며,
③ 법은 누구라도 와서 보라고 말할 수 있는 것(ⓟehipassika)이며,
④ 법은 열반으로 잘 인도하는 것(ⓟopanayika)이며,
⑤ 법은 지혜(智慧)에 의해 스스로 경험(經驗)될 수 있는 것(ⓟ paccattaṁ veditabbo viññūhī)이라고 했습니다.92)

그러니까 부처님이 말씀하신 것은 이 다섯 가지 틀에서 벗어나지 않는 것임을 알 수 있습니다. 이를 보다 구체적으로 설명하면 부처님의 깨달음이나 설법은 딧테 와 담메(diṭṭhe va dhamme)에서 이루어지고 있다는 말입니다.93) 빨-리인 이 말에 해당하는 산스끄리뜨는 드리슈따 에와 다르메(dṛṣṭa eva dharme)인데 문자

---

88) 箭喩經:<1-804중> 若世尊爲我一向說此是眞諦餘皆虛妄言者 我從彼學梵行 若世尊不爲我一向說此是眞諦餘皆虛妄言者 我當難詰彼捨之而去.
89) S.E.D. p-112   unexpounded.
90) S.E.D. p-1035 to expound, explain, declare.
91) 箭喩經:<1-805중> 以何等故 我不一向說此 此非義相應 非法相應 非梵行本 不趣智不趣覺不趣涅槃 是故我不一向說此.
92) 필자의 『부처님말씀』 164쪽 <현암사>
93) P.E.D. P-320. already or even in the present existence.

그대로 번역하면 '눈에 보인 것이 바로 법'이라는 말입니다. 드리슈따 에와 다르메(dṛṣṭa eva dharme)는 문법상 처격(處格)이므로 '어현법중(於現法中)'이라고 한역(漢譯)합니다. 우리가 인지(認知)하고 목격(目擊)할 수 있는 범위 안에서(in this visible world)라는 뜻입니다.

초기 경전에 '현실에서 몸소 깨달음을 이루고 스스로 중생을 교화하며 마(魔)의 경계를 넘어 무위(無爲)의 경지에 이르렀다'거나94) '현실에서 궁극적인 깨달음을 얻어 번거롭지 않고 흥분하지 않고 항상 머물러 변하지 않는다. 이것이 성자(聖者)가 알아야 할 것이고 성자가 보아야 할 것'이라고 했습니다.95) 그런가 하면 석가모니 부처님이 임종(臨終)에 들기 직전(直前)에 찾아와 설법을 듣고 아라한(阿羅漢)이 된 수밧다(Subhadda)에 대해 이르기를, '현실에서 몸소 깨달음을 이루어 생사는 이미 마쳤고 청정한 삶은 이미 섰으며 해야 할 일을 이미 갖추었고 여실지(如實智)를 얻어 다시는 생을 받지 않게 되었다. 그날 밤 머지않아 아라한을 이루었으니 이 사람이 부처님의 마지막 제자가 되었다'고 했습니다.96)

부처님은 목격(目擊)하고 인지(認知)할 수 있는 현실 안에서 [於現法中] 분명하게 말씀하시고, 그것을 넘어서는 것들은 무기(無記)라고 하여 침묵(沈黙)했습니다. 그러니까 얼마든지 말로 설명할 수는 있지만 동시에 파악(把握)할 수는 없는 것들은 우리가 현실에서 경험할 수 있는 영역(領域)을 넘어서는 것으로 부처님은 이런 문제에 대해 말씀하시지 않고 침묵했다는 뜻입니다. 부처님의 침묵(沈黙)은 그런 것들은 말해보았자 의미가 없으니 차라리 말하지 않겠다는 것이었습니다.

부처님의 이러한 태도는 옛날 중국(中國)의 장주(莊周:B.C.369

---

94) 增一阿含經 39:<2-761하> 於現法中 以身作證 而自遊化度魔境界 至無爲處.
95) 中阿含經 4:<1-445상> 於現法中而得究竟 無煩無熱 常住不變 是聖所知聖所見.
96) 遊行經:<1-25중> 於現法中 自身作證 生死已盡 梵行已立 所作已辦 得如實智 更不受有時夜未久卽成羅漢 是爲如來最後弟子.

~B.C.286)가 '육합(六合) 밖은 성인(聖人)이 관심을 가지면서도 설명하지 않는다'고 한 것이나97) 오스트리아 출신의 언어철학자 비트겐슈타인(Wittgenstein:1889~1951)이 '말할 수 없는 것은 말하지 않는다'고 한 것과 상통하는 것이라 하겠습니다.

부처님은 신(神)들의 권위(權威)가 인간(人間)의 이성(理性) 위에 군림(君臨)하던 시대에 태어나 인간의 이성이 확인(確認)할 수 있는 것만 믿을 수 있을 뿐 이성으로 확인(確認)하거나 규명(糾明)할 수 없는 것은 허구(虛構)에 지나지 않는다고 보고 언급(言及)하지 않았습니다. 불교에서 말하는 믿음[信]은 이성적으로 납득할 수 있는 것[解]이므로 무조건 받아들이고 복종하는 신앙(信仰)과는 다릅니다. 불교를 깨달음의 종교라고 말한 까닭이 여기에 있습니다. 따라서 부처님의 가르침은 우리의 경험할 수 있는 것을 넘어서는 순수사변적(純粹思辨的)인 형이상학(形而上學)을 제외하고 있었다는 것을 알아야 불교교리를 바르게 이해할 수 있게 됩니다.

부처님은 말하기를, '나는 언제나 이것을 말한다. 이것은 말할 수 없는 것을 말하지 않는 것이요, 말할 수 있는 것을 말하는 것이다. 이와 같이 지켜져야만 하고, 이와 같이 배워야만 한다'고 했음을 알아야 할 것입니다.98)

깨달음은 목전에 현전하는 것들을 있는 사실 그대로 파악하는 것이지 보이지도 않는 것을 믿고 받아들이는 것이 아닙니다. 그래서 진(晉)의 혜달(惠達)이 말하기를, '보고 이해하는 것이 깨달음이요, 듣고서 이해하는 것은 믿음이다. 믿고 이해하는 것은 참이 아니므로 깨달음을 열면 믿음은 물러난다'고 하였던 것입니다.99)

부처님은 진위(眞僞)를 분명하게 말할 수 있는 것을 우리가 오관(五官)으로 파악할 수 있는 것으로 제한(制限)하였는데 우리

---

97) 『莊子』「齊物論」:六合之外 聖人存而不論.
98) 箭喩經:<1-805하> 我一向說此 是爲不可說者則不說 可說者則說 當如是持 當如是學.
99) 肇論疏:<卍續藏經:150-858상> 見解名悟 聞解名信 信解非眞 悟發信謝.

가 오관으로 파악할 수 있는 것을 위샤이-부-따(viṣayī bhūta)라고 하였고,100) 오관으로 파악할 수 없는 것은 '오로지 말로 하는 설명만 있을 뿐 물어도 알지 못하여 의혹만 증가시키는데, 그 까닭은 오관으로 파악할 수 있는 대상[境界]이기 때문'이라고 하였습니다.101) 우리의 오관으로 파악되지 않는 이것이 바로 아위쉬야(aviṣya)입니다.

사실 우리가 오관으로 경험할 수 없는 것은 그것을 말하는 사람의 생각일 뿐이라서 사실이지 거짓인지를 검증(檢證)할 수가 없어서 그런 것을 가지고 옳고 그름을 따진다는 것은 지루한 말싸움[戱論:prapañca]만 불러오기 때문에 말하지 않아야 한다는 것입니다. 만약 검증이 불가능한 것을 놓고 패를 나누어 네가 옳으니 그르니 따지는 것 자체가 문제라는 것입니다.

> 이것은 진실이고 그 밖의 것은 거짓이다. 이런 식의 말을 깨달은 사람은 용납하지 않는다. 왜냐하면 이런 식의 견해에는 각기 허물이 있기 때문이다.102)

부처님은 누구라도 목격(目擊)할 수 있는 것들, 즉 누구라도 오관(五官)으로 파악할 수 있는 현상계(現象界) 안에서 깨달음을 얻었고, 그러한 범위 안에서 말했습니다.

---

100) S.E.D. p-997 bhūta는 동사 bhū의 과거분사로 목전에 생생하게 존재하는 것을 말한다<S.E.D. p-761>
101) 雜阿含經 13:<2-91중> 彼但有言說 問已不知 增其疑惑 所以者何 非其境界故.
102) 淸淨經:<長阿含經 第12: 1-76상> 此實餘虛耶 如此語者佛所不許 所以者何 此諸見中各有結使.

왜 오늘날에도 『대승기신론』인가?

과학문명의 발달은 우리의 삶을 보다 풍부하고 편리하게 만들어 주었습니다. 그러나 그 편리함을 누리는 사이 자신도 모르게 자기 자신을 잃어가고 말았습니다. 비유하자면 약의 효과만 믿고 마구 먹어대다가 자신도 모르는 사이에 약에 중독되어버린 것이나 다를 게 없습니다. 이것을 인간소외(人間疎外)라고 한다면 오늘 우리는 심각한 소외현상에 빠져 있습니다.

일찍이 석가모니 부처님은 깨달음을 얻고부터 '잃어버린 재물을 찾는 것이 중요한가? 잃어버린 자신을 되찾는 것이 중요한가?'라고 물었을 정도로[103] 인간소외를 염려하고 줄기차게 그 극복의 길을 말해 온 것이 불교라고 하겠습니다. 그러나 그 말은 세상을 일깨우는 데는 역부족(力不足)이었습니다. 예나 지금이나 사람들은 자신에 대해 눈뜨기보다 자기 밖의 것들에 더 큰 가치를 부여하고 그것을 좇기에 바빴습니다. 풍요(豊饒)란 이름으로, 잘 산다는 이름으로, 선진(先進)이라는 이름으로 자기소외를 미화(美化)하고 자신을 망각(忘却)하는 길에 더욱 깊이 빠져들었습니다. 인간에게 있어서 인간 자신보다 더 소중한 것이 어디 있으랴마는 우리는 그것에 신경 쓸 겨를도 없이 자기 밖의 것들을 움켜잡는 데만 너무 마음이 바빴습니다. 자기 밖의 것들을 얼마나 많이 움켜 잡았느냐로 인생의 성공여부(成功與否)를 따지다 보니 자기 밖의 것을 움켜잡기 위해서라면 자신을 망각하는 것쯤은 대수롭지 않게 여기는 일이 다반사(茶飯事)였습니다. 어찌 보면 이 땅에 살고 있는 우리 모두는 정도의 차이가 있을 뿐 정신적으로 돌았음이 분명합니다.

온갖 편리함을 안겨주는 물건들을 빠짐없이 갖추고 남들의 부

---

103) 四分律 32:<22-793중>, Mahāvagga:I,14.

러움을 사는 귀중품을 가지고 있음에도 행복하다는 만족감보다는 허전함을 토로(吐露)하는 이 모순적인 현상을 어찌 설명하겠습니까? 이제 이 비정상(非正常)에서 벗어나 자신의 소중함을 눈뜨는 길에 나침반(羅針盤)이 될 수 있는 것이 있다면 부처님의 가르침이요. 그 중에서도 중국을 비롯한 한문권(漢文圈)의 불교사상에 크게 기여한 『대승기신론』(大乘起信論)』을 먼저 들지 않을 수 없습니다. 대승의 사상을 천명하고 있는 한 경전의 이야기를 들어봅니다.

> 이 세상의 모든 중생의 묘명원심(妙明元心)이 본래 청정하여 물들거나 더럽혀진 일이 없이 온 세상에 가득하다. 잠잠하고 고요함이 마치 허공과 같아 본래 먼지에 가려진 일이 없이 고요하고 맑고 깨끗하지만 중생의 눈병으로 헛꽃[空華]이 생겼다.
> 헛꽃이 생기고 없어지는 것이 눈병 때문에 보이는 것이니, 눈병이 없어지면 헛꽃 역시 없어져서 하늘은 전과 다름없이 맑고 깨끗할 것이다.
> 사람들의 묘명원심(妙明元心)도 그와 같아서 본래 청정하건만 중생들이 잘못된 생각으로 깨달음을 등지고 번뇌와 어우러져 객관대상을 분별하는 마음이 생겨, 눈으로 사물을 보고, 귀로 소리를 듣고, 코로 냄새를 맡고, 혀로 맛을 보며, 피부로 촉감을 느끼고, 마음으로 이런 저런 생각을 한다.
> 이 눈·귀·코·혀·피부·마음[六根]이 각기 대하는 것들[六境=色聲香味觸法]에 대해 부질없는 생각을 하고, 거기에 매달려 온갖 업을 짓고 그 대가를 받는 괴로움으로 빠져들어 고통의 언저리를 맴도는 것이 그칠 날이 없다.104)

다른 경에는 이렇게 말합니다.

---

104) 大乘隨轉宣說諸法經 上:<15-774하> 世間 一切衆生妙明元心 本來淸淨 無諸垢染 圓滿十方 湛然寂靜 猶如虛空 本無塵翳 寂然淸淨 衆生眼病 空華發生 華生華滅 病眼所見 眼翳旣消 空華亦滅 淸淨虛空 本來不動 妙明元心 亦復如是 本來淸淨 無諸垢染 衆生顚倒 背覺合塵 於諸塵境 分別心生 眼見於色 耳聞於聲 鼻嗅諸香 舌嘗於味 身受諸觸 意了法塵 此六根識 各各自偶諸塵境界 於諸塵境 妄想執着 便生愛染 造種種業 業成受報 墮諸苦海 生死輪廻 受大苦惱 如旋火輪 無有休息.

내가 부처의 눈으로 모든 중생을 살펴보니, 지나친 욕망과 성냄과 어리석음이란 번뇌 속에 여래의 지혜, 여래의 안목, 여래와 같은 몸이 가부좌를 틀고 꿈쩍 않고 의젓하게 앉아 있더라.

선남자야, 일체중생이 비록 육도(六道)를 윤회하는 번뇌의 몸 속에는 항상 물들지 않고 더럽혀지지 않아 여래와 다름없는 덕상(德相)을 갖추고 있는 여래장(如來藏)이 있더라.

또 선남자야, 비유하면 마치 천안(天眼)을 가진 사람이 아직 활짝 피지 않은 꽃을 살피니, 그 꽃들 속에 여래의 몸이 가부좌하고 앉은 것을 보고, 시들은 꽃을 제거하고 겉으로 드러내는 것과 같으니라.

이와 같이 선남자야, 부처가 중생의 여래장을 보고서, 그것을 드러내 꽃피우려고 설법하여 번뇌를 제거하고 불성을 드러내려는 것이다.

선남자야, 모든 부처의 법은 이와 같아 부처가 세상에 나오거나 나오지 않거나 모든 중생의 여래장은 항상 머물러 변함이 없으나 다만 중생들이 번뇌에 덮여있기 때문에 여래가 세상에 나와 널리 설법하여 번뇌에 시달림을 없애고 일체지(一切智)를 청정하게 하느니라.

선남자야, 만약 보살이 이러한 법을 믿고 기뻐하면서 전심(專心)으로 닦고 배우면 곧 해탈을 얻고 등정각(等正覺)을 성취하여 널리 세상을 위해 불사(佛事)를 일으킬 것이니라.[105]

이것이 중생들을 향해 던지는 대승불교의 메시지입니다. 『대승기신론』은 이러한 메시지를 정교한 논리로 설파하는 불교의 철학서(哲學書)입니다.

2천 5백여 년 전 부처님으로부터, 역대 고승들이 너 자신을 떠나 너보다 더 소중한 것을 찾으려 하지 말라고 말했지만 현실의 중생들은 크게 귀를 기울이지 않고, '중생들은 너나할 것 없이 자기 자신은 살펴보지도 않고 오로지 밖을 응시할 뿐'이었습니다.[106]

---

105) 大方等如來藏經:<16-457중> 我以佛眼 觀一切衆生 貪欲恚癡諸煩惱中 有如來智如來眼如來身 結跏趺坐儼然不動 善男子 一切衆生 雖在諸趣煩惱身中 有如來藏常無染汚相備足如我無異 又善男子 譬如天眼之人 觀未敷花見諸花內有如來身結跏趺坐 除去萎花便得顯現 如是善男子 佛見衆生如來藏已 欲令開敷爲說經法 除滅煩惱顯現佛性 善男子 諸佛法爾 若佛出世若不出世 一切衆生如來之藏常住不變 但彼衆生煩惱覆故 如來出世廣爲說法 除塵勞淨一切智 善男子 若有菩薩信樂此法 專心修學便得解脫 成等正覺 普爲世間施作佛事

106) 大佛頂如來密因修證了義諸菩薩萬行首楞嚴經 제1:<19-107중> 一切衆生不見身中獨

불교가 중생세계를 향해 던지는 메시지는 분명했음에도 그것이 잘 알려지지 않은 것은 불교인들이 불교에 보다 더 철저하지 못했기 때문이라고 말할 수밖에 없습니다. 그 책임의 가장 큰 몫은 출가한 비구(比丘), 비구니(比丘尼)에게 있고, 자칭(自稱) 타칭(他稱) 큰 스님이나 고승(高僧)이라 불렸던 이들에게 더 무거운 책임이 있었음을 부인할 수 없습니다.

자기 수행에 안주(安住)하여 깊은 산속에 머무는 것을 가장 큰 미덕(美德)으로 여겼다면 대승(大乘)을 들먹일 자격조차 없습니다. 그런데도 우리나라 불교는 대승불교임을 자랑하면서 대승에 대해 연구나 사상의 전개에 진력(盡力)하기보다는 소승불교를 깔보고 평가절하(平價切下)하는데 열심이었습니다. 이제 깊은 자각(自覺)과 참회(懺悔)가 있어야 할 것입니다.

당(唐)나라 때의 고승 도선율사(道宣律師:596~667)는 이렇게 말합니다.

> 부처님을 숭배하는 것을 으뜸으로 여기면서 부처라는 글의 근원[佛字之源]을 연구하는 것을 부끄럽게 여기고, 석가모니를 잇는 것을 근본으로 여기면서 석가모니의 말씀이 지향하는 것[釋語之趣]을 탐구하기를 부끄럽게 여기니, 기껏 경전을 보기는 하지만 공경하는 마음과 우러르는 마음을 일으키지 못하고, 청정한 스님을 보고 업신여겨 도리어 얕보고 오만함을 내어 근본을 물리치고 지엽적인 것이나 뒤쫓고 있다.107)

『대승기신론』은 자기소외에서 벗어나 자기의 참된 가치를 눈뜨고 그 실현에 나서라고 호소하는 불교적 메시지입니다. 『대승기신론』은 불교사상서이니 누구보다 먼저 불교인들이 깊이 이해해야할 고전(古典)이지만 그렇다고 불교인만이 읽어야할 책은

見身外.
107) 續高僧傳 2:<50-439중> 崇佛爲主 羞討佛字之源 紹釋爲宗 恥尋釋語之趣 空覲經葉 弗興敬仰 忽見梵僧 倒生侮慢 退本追末.

아닙니다. 누구라도 주체적 인간(主體的 人間)이기를 희망한다면 꼭 읽어야할 양서(良書) 중의 양서입니다.

『대승기신론』이 세상에 나온 것은 서력기원 후 6세기경이라고 합니다. 그러니까 줄잡아 1400여 년 전에 쓴 글입니다. 이렇게 오래전에 나온 글임에도 불구하고 여전히 세인의 관심을 끄는 까닭은 바로 여기에 있습니다. 한마디로 『대승기신론』은 예나 지금이나 생명력이 살아 있는 글로 이에 대한 연구는 현재진행형입니다.

우리는 무엇보다 먼저 부처님이 중생들을 향해 던진 메시지를 귀담아 들어야 합니다. 그와 같은 메시지를 대승불교도들은 어떤 식으로 말하는지 다시 귀를 귀울려야만 합니다. 부처님이 아득한 옛날에 던진 메시지라고 해서 낡고 묵은 것이라 일고(一考)의 가치도 없는 것이라고 말할 수는 없습니다. 설령 지자(智者)요, 각자(覺者)인 부처님이 선언한 메시지라고 해도 오늘 우리의 이성(理性)에 비추어 낡고 묵은 것에 지나지 않는다면 던져버려 마땅할 것입니다. 그러나 그렇지 않다면 그것이 우리에게 무엇을 일깨우는지 깊은 관심을 가져야만 할 것입니다. 불교는 2천 5백여 년 전의 메시지가 아니라 현대를 살아가는 이성적 인간을 향한 메시지입니다.

『대승기신론』의 저자와 역자

 불교 전적에 『미린다빵하(Milindapañha)』라는 것이 있습니다. 이 경은 기원전 160년에서 기원전 140년까지 서북인도의 샤-깔라(Śākala)에 머물면서 아프가니스탄에서 중인도까지를 통치했던 그리스인 인도총독인 메난드로스(Menandros)와 불교승려인 나-가세나(Nāgasena)가 불교사상을 가지고 토론한 내용을 전하고 있는데, 여기에는 대승불교에 관한 언급이 없는 것으로 보아 대승불교는 최소한 그 이후에 등장한 것으로 보는 것이 타당할 것입니다.
 그 후 중국에서 월지족(月支族)이라 불렀던 기마민족(騎馬民族)인 꾸샤-나(Kuṣāṇa)족이 서기 60년경 힌두쿠시 산맥을 넘어 서북인도 간다-라-(Gandhārā)에 들어와 자리를 잡더니 제3대왕인 까니슈까(Kaniṣka) 때에는 그 이전의 아쑈까(Aśoka)가 통치한 마우리야제국에 버금가는 대제국 꾸샤-나(Kuṣāṇa)제국을 건설하였습니다. 까니슈까가 지배하는 꾸샤나 제국시대에 그 이전과는 사뭇 다른 불교가 발전하는데, 이 새로 등장하는 불교를 흔히 대승불교(大乘佛敎)라고 합니다.
 『대승기신론』은 제목 그대로 대승불교에 대한 믿음을 일으키게 하는 대표적인 논서(論書)입니다. 간단히 말해서 대승불교에 대한 입문서(入門書)라고 할 수 있습니다. 대승불교는 석가모니 부처님의 가르침에 대한 새로운 해석으로 석가모니 부처님의 대비심(大悲心)을 중생구원(衆生救援)의 일반적 원리(一般的 原理)로 심화(深化)하여 해석(解釋)하는 새로운 불교입니다.
 대승불교는 지역적으로 중국이나 한국 나아가 일본을 아우르는 동북아시아에 보편화된 불교인데, 『대승기신론』은 이 지역 불교의 저변에 깔려 있는 자기 구원의 사상과 이타적 실천을 이론적으로 밑받침하는 불교사상서(佛敎思想書)라 하겠습니다. 바꾸어 말하면 『대승기신론』을 이해하지 않고서는 중국불교나 한국불교, 또는 일본불교를 깊이 있게 이해하기 어렵다는 말이기도 합니다.

한역(漢譯) 『대승기신론』은 두 가지가 있습니다. 하나는 양(梁)나라 때 진제(眞諦:Paramārtha:500~569)가 번역한 것인데, 보통 구역(舊譯)이라 합니다. 다른 하나는 당(唐)나라 때 실차난타(實叉難陀:Śikṣānanda:652~710)가 번역한 것으로 신역(新譯)이라 합니다. 이제까지 『대승기신론』에 대한 많은 해설서들이 나왔는데, 대개 진제(眞諦)가 번역한 구역을 중심으로 한 것들입니다. 구역(舊譯)과 신역(新譯)을 비교한 결과 분명 원전(原典)이 있었음이 분명하다고 하겠는데, 아직까지는 어디에서도 부분적으로나마 산스끄리뜨 원전(原典)이 발견되지 않고 있다는 것이 『대승기신론』이 안고 있는 미스터리(mystery)라 하겠습니다.

요진(姚秦:384~417) 벌제마다(筏提摩多)가 번역한 『석마하연론(釋摩訶衍論)』은 바로 『대승기신론』의 해석서인데, 저자가 용수(龍樹)인 것으로 되어 있습니다. 만약 그것이 맞는다면 용수보살 이전에 『대승기신론』이 있었음이 분명합니다. 그러나 이상하게도 용수보살의 다른 저서에는 『기신론』에 대한 언급조차 없습니다. 이런 것이 오늘의 우리가 부딪치는 난관(難關)입니다.

『석마하연론』에 의하면 마명(馬鳴)이란 이름을 가졌던 이가 여섯이나 있었다고 합니다.108) 그 가운데 불멸후(佛滅後) 600년 경에 태어나 『불소행찬(佛所行讚)』을 썼다는 마명을 『대승기신론』의 저자라고 말하지만 산스끄리뜨 원본은 아직까지 어디에서도 발견되지 않고 있는 실정입니다. 더구나 마명의 저작으로 전해지는 목록에도 『대승기신론』은 보이지 않고 있어 아직까지는 한문본(漢文本)이 유일한 원전인 셈입니다.

---

108) 釋摩訶衍論 1<32-594중> 總有六馬鳴.

산스끄리뜨로 쓴 원본(原本)이나 이본(異本)이라도 발견되었으면 『대승기신론』을 보다 정확하게 이해하는데 훨씬 보탬이 되었겠지만 불행히도 그렇지를 못한 실정입니다. 이러한 이유로 『대승기신론』은 중국에서 만들어진 것으로 의심받기도 합니다. 어느 학자는 번역자로 전해지는 진제(眞諦) 삼장(三藏)이 쓰고 마명보살(馬鳴菩薩)의 저작으로 가탁(假託)하였다고 보기도 합니다.109) 그렇다면 실차난타의 번역본은 어떻게 보아야할지 설명이 필요합니다.

중국 밖에서조차 원본(原本)이나 이본(異本)조차 발견할 수 없다는 점에서 볼 때, 필자의 생각에는 아마도 중국 위작(僞作)이 아닌지 의심스럽습니다. 중국인들은 『대승기신론』 이외에도 자기들의 문화전통이나 취향에 맞게 경전을 위작하는 일이 흔했기 때문입니다.

설사 『대승기신론』이 중국에서 위작(僞作)된 것이라 할지라도 그 자체로서 대단한 것임에는 의심의 여지가 없습니다. 불교를 바탕에 둔 동북아시아의 문화의 꽃을 피우는 밑거름이 되고 있다는 사실에는 변함이 없을 터이니 말입니다.

『대승기신론』은 저자의 말대로 '많은 뜻을 가지고 있는 간략한 글을 가지고 이해 가능한 사람들'을 위한 글임에 틀림이 없습니다. 『대승기신론』에 대한 해설서들이 과거에는 물론이요 오늘에도 나올 수밖에 없는 까닭은 '간략한 문장 속에 숨겨져 있는 다양한 뜻'을 찾아내는 작업이라 할 것입니다. 어쩌면 불교라는 가르침이 존재하는 한 『대승기신론』에 숨겨져 있는 뜻을 찾아내 풀이하는 일은 계속될 수도 있을 것이요, 산스끄리뜨 원전이 발견되기까지에는 원저자(原著者)에 대한 의혹 역시 끊어지지 않을 것입니다. 원저자에 대한 의혹에도 불구하고 『대승기신론』이 담고 있는 사상이 전하는 메시지는 달라짐이 없을 것입니다.

---

109) 『이평래 교수의 『대승기신론』강설』20쪽 <민족사, 2014.>

A 【서분(序分)】

【해】 석가모니 부처님이 열반에 드신 것은 기원전 486년이고, 기록을 통해 볼 때 중국에 불교가 최초로 전래된 것은 후한 명제 영평 십 년(後漢明帝 永平十年)이라 했으니,110) 서기 67년에 불교가 중국에 전래된 셈입니다. 따라서 인도에서 출발한 불교가 중국에 전해지기까지는 대략 5백 년의 시간이 필요했습니다. 중국불교는 처음 인도(印度)나 서역(西域)에서 온 승려들에 의해 전래되고, 경전이 번역되다가 진(晉)의 도안(道安:312~385) 스님 때부터 중국인들에 의해 불교가 연구되기 시작했습니다. 그러니까 도안 스님은 중국인으로서 불교를 개척한 사람이라 할 수 있습니다.

출가한 스님들의 성(姓)을 석(釋) 씨로 통일해야 한다고 주장했던 도안 스님은 특히 불교경전을 해석하면서 서분(序分)·정종분(正宗分)·유통분(流通分) 등 세 개의 분단으로 나누었는데, 서분은 서설(序說)이라고도 하는데, 경의 전체적인 취지(趣旨)를 밝히고, 정종분은 경의 중요한 부분이 설명된 부분이고, 유통분은 그 경이 세상에 오래도록 유포(流布)되기를 바라는 뜻을 당부(當付)하는 것인데, 이처럼 경을 삼분(三分)으로 나누어 설명하는 것은 지금까지도 그 전통이 이어지고 있습니다.

그것은 오늘날 글을 쓸 때 서론(序論)·본론(本論)·결론(結論)으로 나누는 것과 같다고 하겠습니다. 이 책에서도 도안 스님이 경전을 해설할 때 썼던 분류법에 따라 서분, 정종분, 유통분으로 나누었습니다. 서분(序分)을 A로, 정종분(正宗分)을 B로, 유통분(流通分)을 C로 구분하였습니다.

---

110) 歷代三寶記 12:<49-104하> 後漢明帝永平十年 經法初來.

A-I
귀명삼보게(歸命三寶偈)

【해】 서분은 서론(緖論)에 해당하지만 일반적으로 불교에서는 믿음의 뜻으로 삼귀의(三歸依)를 두고 있습니다.

> 歸命盡十方의 最勝業遍知시며
> 귀명진시방　　최승업변지
> 色無礙自在로 救世大悲者와
> 색무애자재　　구세대비자
> 及彼身體相이시며 法性은 眞如海라
> 급피신체상　　　법성　　진여해
> 無量功德藏이며 如實修行等하옵니다
> 무량공덕장　　　여실수행등
> 　　　　歸命盡十方　普作大饒益
> 　　　　智無限自在　救護世間尊
> 　　　　及彼體相海　無我句義法
> 　　　　無邊德藏僧　勤求正覺者
>
> <온 세상을 두루 이롭게 하시며, 지혜가 무한하고 자유자재하시며, 세상을 구제하고 보호하시는 부처님, 그 본체와 모습이 바다와 같은 무아(無我)의 가르침과 무변한 공덕을 갖추고 부지런히 정각(正覺)을 구하는 승가에 귀명하나이다.>

【역】 온 세상에서 가장 훌륭하게 활동하시니
빠짐없이 두루 살피시고 그 모습 자유자재하시어
크나크신 대비(大悲)로 세상을 구제하시는 분이라 그 거룩하신
몸뚱이마저도 우러러 공경하나이다.　　　　　[歸依佛]
가르침의 성격은 바다와 같은 진여라, 한량없는 공덕을 간직하
였으니 그 법 우러러 공경하나이다.　　　　　[歸依法]
진실하게 수행하는 스님들 우러러 공경하나이다. [歸依僧]

참▶ 귀명(歸命)은 나무(南無)라고 음역하는 나마스(namas)의 번역입니다. 나마스는 중성명사로 인사, 경례(敬禮)라는 뜻입니다.111) 나마스가 복합어를 만들 때는 나모(namo)가 되는데 흔히 남무(南無)라고 쓰고 '나무'라고 읽습니다. 나무석가모니불(南無釋迦牟尼佛), 나무아미타불(南無阿彌陀佛), 나무관세음보살(南無觀世音菩薩)이 그러한 예입니다.

또한 나마스는 귀의(歸依)나 귀경(歸敬)으로도 번역합니다. 귀의는 원래 샤라나(śaraṇa)지만 나마스와 같은 뜻으로 씁니다. 그러니까 귀명(歸命)이나 귀의(歸依)나 귀경(歸敬)은 나마스라는 말의 번역이지만 귀명(歸命)·귀경(歸敬)·귀의(歸依)라는 말이 주는 뉘앙스(nuance)는 조금씩 다르다고 하겠습니다.

귀경(歸敬)은 떠받드는 마음에 무게를 두는 것 같고, 귀의(歸依)는 의지하는 자세에 무게를 둔다고 하겠습니다. 귀의(歸依)라고 할 때는 의지해야 할 대상이 자기 밖의 존재인 부처님이 되지만, 귀명(歸命)은 자기 자신으로 돌아가는 것을 말합니다.112)

귀명을 다른 말로 하면 너 자신의 부처 성품을 회복하라는 뜻입니다. 너 밖에서 부처를 찾으려 할 것이 아니라 너 자신이 바로 부처라는 것을 깨닫고 부처의 삶으로 성숙해 나아가라는 뜻입니다. 그런 면에서 귀경(歸敬)은 귀의(歸依)보다 귀명(歸命)에 가깝다고 하겠습니다. 자귀의(自歸依)·자등명(自燈明)의 사상을 강조하는 것이라 볼 수 있습니다.

또한 이 번역어들이 쓰이는 빈도(頻度)로 볼 때는 나무(南無)가 가장 많이 쓰였고, 귀명(歸命)이란 말보다는 귀경(歸敬)이나 귀의(歸依)라는 말이 더 선호되는 것 같습니다. 오늘날에는 귀의(歸依)라는 말이 가장 일반적이고 익숙합니다.

▶ 시방(十方)은 동서남북(東西南北) 사방(四方)과 그 사이 간방

---

111) S.E.D. P-528.
112) 起信論疏:<44-203중>歸命者還源義 所以者 衆生六根 從一心起而背自原 馳散六塵 今擧命總攝六情 還歸其本一心之原 故曰歸命.

(間方)인 사유(四維:사우四隅라고도 한다), 그리고 상하(上下) 등 열 방향을 통틀어 이르는 말입니다. '열'이라는 의미의 '십(十)'을 시왕(十王)이나 시방세계(十方世界), 또는 시방정토(十方淨土)와 같이 '시'라고 읽는 것이 불교의 전통입니다. 사방(四方)과 사유(四維)를 합치면 팔방(八方)이라 합니다.

▶ 최승업(最勝業)은 최승업자(最勝業者)로 부처님을 지칭하는 말입니다.『기신론』의 저자는 부처님의 뛰어난 업[最勝業]으로 변지(遍知)와 색무애자재(色無礙自在)와 구세대비(救世大悲)를 들고 있습니다.

▶ 변지(遍知:parijña)는 부처님의 지혜를 말하는데, 일체지(一切智)와 일체종지(一切種智)를 말하며, 보통 부처님의 뛰어난 지혜를 지덕(智德)이라 합니다. 부처님을 십력존(十力尊)이라고 말하는데, 이때 열 가지 힘[十力]은 부처님의 열 가지 지혜의 능력을 의미합니다. 부처님을 지혜로운 분이라는 뜻에서 지자(智者:paṇḍita)라고도 합니다.

▶ 색무애(色無礙)의 색(色)은 부처님의 육신을 말합니다. 색무애는 부처님의 행동이 걸림이 없는 자유로움을 의미하는데, 그 자유로움이 자재(自在)이고 구세대비(救世大悲)이며 신체의 모습[身體相]에까지 미칩니다.

▶ 구세대비자(救世大悲者) 급피신체상(及彼身體相)에서 급(及)은 '이르다', '도달하다', '…에 미치다'라는 뜻으로 색(色)의 무애자재(無礙自在)하심이 구세대비자(救世大悲者)이시고 저 신체의 모습[彼身體相]에까지 귀명함이 미친다는 뜻입니다. 신체의 모습에까지 미치는 육신의 걸림이 없는 자유로움을 부처님의 육신이 나타내는 덕(德)이라 하여 흔히 색덕(色德)이라고 합니다. 부처님은 태어날 때부터 32상(相)을 구비하였다고 하니 육체적으로 누구보다도 장부다운 모습을 가졌음을 알 수 있습니다.

▶ 구세대비(救世大悲)는 부처님이 되시고 나서 중생들 속에 파고들어 중생들을 부처님의 세계로 이끌어주는 구원자(救援者)로

서 부처님이고, 대비(大悲)는 구원자로 나서는 부처님의 마음을 말하므로 부처님의 심덕(心德)이라 합니다.

대승불교에서는 부처님의 위덕(威德) 가운데서도 중생을 연민(憐憫)하는 마음인 대비(大悲)를 가장 중시하고 있는데, 이 연민하는 마음이 역사의 현장에서 구체적으로 표출되는 것이 바로 세상을 구원하는 구세(救世:loka nātha)이기 때문에 부처님을 구세대비자(救世大悲者)라 했고, 구세대비하시는 분의 거룩한 육신의 모습까지 귀경하는 마음이 미친다는 것이 급피신체상(及彼身體相)입니다.

부처님은 이 세상 누구보다도 못나고 처지는 이들에 대해 불쌍하게 여기는 마음을 가졌기에 대비(大悲:mahā karuṇā)라 하고, 그 대비가 세상을 구원하는 동기였기에 구세대비자(救世大悲者)라 하며, 대비(大悲)로 세상을 구원하자면 구원되어야 할 대상에 따라 그 모습을 맞추어줄 필요가 있어서 몸뚱이를 자유자재로 나타낼 수 있어야 하기 때문에 색무애자재(色無礙自在)하시니 귀경이 저 신체의 모습에까지 미치게 됩니다.

심덕(心德)·색덕(色德)·지덕(智德)으로 말해지는 심색지 삼덕(心色智 三德)이 온 누리에서 가장 뛰어 나므로 진시방최승업(盡十方最勝業)이라 말했습니다.

▶ 법성진여해(法性眞如海)는 무량공덕장(無量功德藏)과 함께 법보(法寶)를 말합니다. 법성(法性)이나 진여(眞如)는 이미 앞에서 말했고, 법성진여해(法性眞如海)의 해(海)나 무량공덕장(無量功德藏)의 장(藏)은 비유입니다. 바다[海]는 진여를 비유한 것이고, 창고[藏]는 공덕을 비유한 것입니다.

바다는 넓고 크며 예나 지금이나 변함이 없을 뿐만 아니라 넘치지도 않고 고갈되지도 않아 무궁무진하여 앞으로도 변하지 않을 것이라는 뜻을 암시하고 있습니다. 또한 창고에는 많은 물건들이 보관되어 있어서 언제든지 꺼내다 쓸 수 있다는 뜻을 암시하고 있습니다. 부처님의 가르침이 바다와 같고 창고와 같다는 비유입니다.
　모든 지혜로운 사람은 비유로 이해할 수 있으니, 지금 마땅히 너를 위해 비유를 이끌어다 그것을 이해시키겠다거나113)모든 지혜로운 사람들은 뜻을 설함에 그 비유를 듣고 적합하게 깨닫고 이해한다고 하였듯이,114) 깨달음을 얻게 하기 위한 방법으로 비유를 들어 뜻을 일깨우려는 것입니다.
　『기신론』의 저자는 가르침의 성격을 예나 지금이나 변함없이 그렇게 출렁거리며 우리 앞에 있는 바다에 비유하여 진여(眞如)라고 말했습니다. 바다에는 온갖 보물이 숨겨져 있듯이 진여(眞如)도 한량없이 많은 공덕을 보관하는 창고와 같다는 것입니다. 그러나 법성진여해 무량공덕장(法性眞如海 無量功德藏)이라는 말을 '법성은 참으로 바다와 같아 한량없는 공덕의 창고'라고 번역할 수도 있겠습니다.
　▶ 여실수행등(如實修行等)은 승보(僧寶)에 귀의하는 것을 말하는데, 어미(語尾)의 등(等)은 불보나 법보와 '마찬가지'라는 의미입니다. 따라서 등(等)은 생략되어도 좋습니다.

　【해】불교신행(佛敎信行)은 처음도 삼보에 귀의하는 것이요, 마지막도 삼보에 귀의하는 것입니다. 저자가 말한 귀의하는 마음을 아래와 같이 고쳐 쓸 수 있겠습니다.
　'온 세상에 가장 훌륭하시니, 지혜로움이 미치지 않는 곳이 없으시고, 무애자재(無礙自在)한 몸으로 대자비(大慈悲)를 펼치시어 세상을 구원하시니 그 거룩한 육신의 모습에 까지 귀의합니다.' ……………………[歸依佛].
　'정말로 바다와 같고 한량없는 공덕의 창고[藏]이신 법성(法性)에 귀의합니다.'……[歸依法].
　'여실(如實)하게 수행(修行) 하는 이들에게 귀의합니다.'…

---

113) 弊宿經:<1-43상> 諸有智者 以譬喩得解 今當爲汝引喩解之.
114) 大般若波羅蜜多經 제516:<7-639상> 諸有智者於所說義聞其譬喩便得悟解.

.......................[歸依僧].

부처님 당시 재가신자로서 부처님을 받들어 공양하는데 누구보다 앞섰던 수닷따(Sudatta)의 귀의하는 마음을 들어봅시다.

수닷따에게 부처님이란 도대체 어떤 분이냐고 물었을 때 그의 대답을 한문 경전에 이렇게 전하고 있습니다.

前覩無窮하고 却覩無極하시니 三界中尊이시라
전도무궁   각도무극   삼계중존
諸天世人이 皆共敬仰합니다.115)
제천세인   개공경앙

이 말을 우리말로 바꾸면 아래와 같을 것입니다.

앞에 가까이 다가서서 보아도 그 거룩함을 어찌 다 말할 수 없고, 돌아가 멀리서 보아도 거룩함이 한이 없으시니 온 누리에서 가장 높으신 분이시라. 저 하늘의 신들이나 세상 사람들이 모두 함께 공경하고 우러른답니다.

전도무궁(前覩無窮)하고 각도무극(却覩無極)하다는 이 말보다 더 간결하고 아름다운 말이 있을까!
『대장엄논경』에는 이렇게 말합니다.

육신의 모습은 이 세상 어떤 사람과도 같을 수 없고,
말솜씨 역시 이 세상에 있는 이가 아닌 듯하다.
세존은 때와 장소를 잘 파악하여 말씀하시고
청아하고 우렁찬 말씀은 은근하고 아름답다.
부질없는 말씀일랑 한마디도 없으시니
그 말씀 듣는 이들마다 좋은 결과를 얻게 된다.116)

---
115) 撰集百緣經 제1:<4-206상>
116) 大莊嚴論經 제8:<4-301중> 色貌無等倫 才辯非世有 世尊知時說 梵音辭微妙 所說終不虛 聞者盡獲果.

필재(筆才)가 부족한 필자로서는 더 이상 그 거룩함을 어찌 표현해야 할지 모르겠습니다. 그 이상은 독자들의 무한한 상상력에 맡겨두고자 합니다.
　『대승기신론』의 귀경게(歸敬偈)를 보면 귀의하는 마음이 삼보에 균등하지 않고 불보(佛寶)로 치우치는 것 같습니다. 초기불교에서 부처님은 지혜가 뛰어나고 덕이 많으신 스승님이었을 뿐인데, 대승불교로 진행해 갈수록 부처님에 대한 추앙은 더 짙어져 인간의 굴레를 넘어서고 있습니다. 그 극단적인 모습이 오늘날 천문학(天文學)에서조차 쓰지 않는 삼아승기겁(三阿僧祇劫)이라는 상상을 초월하는 긴 세월에 걸쳐 보살행을 해야 부처가 될 수 있다는 이야기입니다. 부처님의 신격화는 부처님을 우러러 떠받들게는 만들었지만 나도 깨달아 부처가 되어보겠다는 도전의지는 꺾어버리고 말았습니다. 절대자 앞에 서는 인간은 한없이 왜소(矮小)해질 수밖에 없었습니다.
　부처님의 가르침을 바다에 비유하여 진여(眞如)라고 추상화하는 것 역시 리얼(real)하고 현실적이던 것이 아득하게 멀어진 모습입니다. 출가자들에 대한 언급이 간략한 것은 대승불교가 출현하고 진행하는 과정상 자연스런 현상인지도 모르겠습니다. 이는 삼보의 균형이 무너져 불보(佛寶)로 무게 중심이 옮아가는 모습이라 하겠습니다. 그러나 불보(佛寶)가 법보(法寶)나 승보(僧寶)와 다르다고 말한다면 삼귀의가 성립될 수 없다고[117]하여 대승불교도 자신이 염려하든 것이었음을 알아둘 필요가 있습니다. 이러한 흐름은 대승불교가 출가자 중심의 불교를 소승(小乘)이라 평가절하하고 출발하였다는 것을 고려해야 할 듯합니다.

---

117) 大般涅槃經 3:長壽品:<12-622하> 若言如來異法僧者則不能成三歸依處.

A-Ⅱ
저술의 뜻

> 爲欲令衆生으로 除疑捨邪執하고
> 위 욕 령 중 생   제 의 사 사 집
> 起大乘正信하여 佛種不斷故니라
> 기 대 승 정 신   불 종 부 단 고
> 爲欲令衆生 除疑去邪執
> 起信紹佛種 故我造此論
> <중생들의 의심을 없애고 그릇된 집착을 없애고자 믿음을 일으키며 부처의 씨앗을 이어가게 하기 위하여 나는 이 글을 씁니다.>

[역] 중생들이 의혹을 없애고 그릇된 집착을 버려 대승의 바른 믿음을 일으켜 부처님을 잇는 후손들이 끊어지지 않도록 하기 위함이다.

[참]▶ 대승정신(大乘正信)이란 대승에 대한 바른 믿음이라는 뜻입니다. 사람은 누구나 부처가 될 수 있는 가능성의 존재라는 것을 확신하는 것을 대승의 바른 믿음이라 봅니다. 대표적인 대승 경전의 하나인 『화엄경』에 이렇게 말합니다.

> 어느 한 중생도 부처의 지혜를 갖추고 있지 않은 사람이 없건만 다만 망상(妄想)과 전도(顚倒)와 집착(執著) 때문에 부처의 지혜를 증득(證得)하지 못한다.
> 만약 망상과 전도와 집착을 떨쳐버릴 수만 있다면 일체지(一切智)·자연지(自然智)·무애지(無礙智)를 목전(目前)에서 얻을 수 있을 것이다.[118]

바로 이러한 견해를 확신하는 것이 대승으로서 바른 믿음이라

---

118) 80華嚴 51:<10-272하> 無一衆生而不具有如來智慧但以妄想顚倒執著而不證得 若離妄想 一切智自然智無礙智則得現前.

하겠습니다.

▶ 불종(佛種)은 붓다왕샤(buddha vaṃśa)로 부처가 될 수 있는 종자(種子)를 말합니다. 중생 모두가 불성(佛性)을 가지고 있다거나 중생은 여래장(如來藏)이라는 말은 모두가 중생은 불종(佛種)이라는 말과 같습니다. 논석(論釋)에, 시방의 한량없는 모든 중생이 생각 생각에 이미 부처님의 과위(果位)를 증득했으니 그이가 장부라면 나 또한 그렇거니 자신을 가볍게 여겨 퇴굴(退屈)해선 안 되리라고 했습니다.119)

【해】 저자가 『대승기신론』을 쓰는 동기와 목적을 밝히고 있습니다. 중생은 누구나 부처가 될 수 있는 기질을 가지고 있음에도 부처와는 먼 거리에 있는 것을 너무도 안타깝게 생각하기 때문에 『기신론』을 쓴다는 것입니다.

그렇다면 저자가 가슴 아프게 여긴 까닭이 무엇일까? 경에 이르기를, '모든 중생들이 너와 나를 가르고 구별하여 서로서로 파괴(破壞)하고 투쟁(鬪爭)하고 분노하고 원통해 하는 것이 불꽃처럼 타올라 그치지 않는다'고 하였는데,120) 이러한 중생의 현실을 저자는 너무도 안타깝게 생각하고 그 극복의 길을 제시하고자 대승의 입장에서 글을 쓰게 된 것은 아닐까요?

---

119) 攝大乘論釋 6:<31-414중> 十方無量諸有情 念念已證善逝果 彼旣丈夫我亦爾 不應自輕而退屈.
120) 80華嚴 35:<10-186상> 一切衆生分別彼我 互相破壞 鬪爭瞋恨 熾然不息.

B 【정종분(正宗分)】

【해】 정종분은 『기신론』의 가장 중심이 되는 부분으로 보통 본론(本論)에 해당합니다. 저자는 『기신론』의 본론을 다섯 부분으로 나누어 서술하는데, 여기에는 다른 경(經)이나 논서(論書)에서 볼 수 없는 『기신론』만의 특별한 견해를 제시하고 있습니다.

> 論曰 有法이 能起摩訶衍信根하니 是故로 應說이니라 說에 有五分이니 云何爲五닛고 一者는 因緣分이요 二者는 立義分이며 三者는 解釋分이고 四者는 修行信心分이며 五者는 勸修利益分이니라
> 論曰 爲欲發起 大乘淨信 斷諸衆生疑暗邪執 令佛種性相續不斷 故造此論 有法能生 大乘信根 是故 應說 說有五分 一作因 二立義 三解釋 四修信 五利益
> <논하되 대승의 청정한 믿음을 일으켜 중생의 의심과 그릇된 집착을 끊고 부처종자의 성(性)이 이어져 끊어지지 않도록 하기 위해 이 논을 쓴다. 어떤 법이 있어 대승을 믿는 뿌리가 되게 하므로 마땅히 설명하려고 한다. 다섯 부분으로 나누어 설할 것이니, 첫째, 인연을 짓고[作因], 둘째, 뜻을 세우고[立義], 셋째, 뜻을 해석하고[解釋], 넷째, 수행과 신심을 말하고[修信], 다섯째, 이익이 됨을 말한다[利益].>

[역] 대승의 믿음이 뿌리를 내리는 문제를 설명하는데 있어서 다섯 가지 측면이 있으니,

    첫째는 인연의 측면이요, [因緣分:B-I]

    둘째는 의미를 세우는 것이며, [立義分:B-II]

    셋째는 풀이하여 설명하는 것이고, [解釋分:B-III]

넷째는 신심을 내어 수행하는 측면이고[修行信心分:B-IV],

다섯째는 수행의 이익을 말해 수행을 권고하는 것이다[勸修利益分:B-V].

참▶ 유법(有法)에서 유(有)는 어조사(語助辭)로 쓰였습니다. 이때의 유(有)는 구태여 해석할 필요가 없습니다. 굳이 번역한다면 '어떤' 정도의 뜻이니, 유법(有法)은 '어떤 법'이란 말입니다.

▶ 능기마하연신근(能起摩訶衍信根)에서 능(能)은 조동사로 어떤 일을 할 수 있는 능력이나 그렇게 할 수 있는 조건이 된다는 것을 나타내는데, 동사 앞에 놓일 때 '충분히…할 수 있다'라는 뜻입니다. 즉 대승의 믿음[信根]을 일으킬 수 있다는 말입니다.

▶ 신근(信根)은 슈랏덴드리야(śraddhendriya)인데, 원래 이 말은 슈랏다- 인드리야(śraddhā indriya)의 연성(連聲)입니다.121) 슈랏다-(śraddhā)는 '신뢰한다'는 말이며,122) 인드리야(indriya)는 '…위하여 알 맞는다'는 뜻입니다.123)

믿음을 뿌리[根]에 비유한 것은 뿌리는 날이 갈수록 더 깊이 더 넓게 뻗어나가는 것이므로 마하연신근(摩訶衍信根)이란 나무의 뿌리가 더 깊고 넓게 뻗어나가 나무가 튼튼하듯이 대승에 대한 믿음이 더 튼튼해진다는 의미입니다.

【해】『기신론』의 저자는 정종분에서 저자가 쓸 글의 내용을 다섯 가지 분야로 나누었습니다.

여기서 믿음에 대해 생각해 보겠습니다.

믿음에는 정신(正信)도 있고 사신(邪信)도 있으며, 지신(智信)도 있고 우신(愚信)이나 맹신(盲信)도 있습니다. 불교에서는 믿음이 마음의 갈등을 초래할 수도 있다고 하여 정신(正信)이나

---

121) 앞단어의 말미와 뒷단어의 처음 음 사이에서 일어나는 음변화로 발음을 원활하게 하기 위해 일어나는 변화를 말하는데, 여기서는 a와 i가 만나 e가 된 것을 말한다.
122) S.E.D. p-1095.
123) S.E.D. p-167 fit for or belonging to or agreeable to Indra.

지신(智信)을 말하고, 신해(信解)를 가르칩니다.
 불교에서 말하는 믿음은 신(神)을 믿는 믿음과는 전혀 다릅니다. 신을 믿는다는 것은 자기 밖에 있는 절대자를 조금도 의심함이 없이 무조건 받아들이고 매달리는 것, 즉 신앙(信仰:faith)이지만 불교에서 말하는 믿음은 부처님의 말씀을 듣고 이성적으로 납득하고 긍정하는 신뢰, 즉 신해(信解:confidence)를 말합니다. 신앙은 복종(服從)이지만 신해는 긍정하는 확신(確信)입니다. 따라서 불교에서는 '불합리하니까 믿는다'는 식의 신학적 믿음은 있을 수 없습니다.
 필자가 과문(寡聞)한 탓인지는 모르겠으나 초기 경전에서 신앙(信仰)이란 말을 보지 못했습니다. 그 대신 신수봉행(信受奉行)이나 신해수지(信解受持)라는 말을 자주 볼 수 있습니다. 신수봉행(信受奉行)은 믿고 받아들여 받들어서 실천한다는 뜻이며, 신해수지(信解受持)는 믿고 이해하고 받아들여 지킨다는 의미입니다. 따라서 여기서 말하는 믿음은 '세존(世尊)이 법을 잘 말씀하셨으니 너희들은 듣고 나서 믿고 이해하고 받아들여 의지하라'고 했듯이,124) 권위(權威)를 받아들이는 복종(服從)이 아니라 그 이치를 충분히 납득(納得)하고 받아들인다는 뜻입니다. '듣고서 믿고 이해하고 받아들여 의지하는[聞已信解受持]' 일련의 과정이 불교에서 말하는 믿음이 성숙(成熟)되어가는 과정입니다.
 석가모니 부처님은 '에히 빠시꼬(ⓅEhi Passiko)'라고 하여, '와서 보라'고 하였지 '와서 믿으라'고 하지 않았습니다. 이해되지도 않는 것을 부처님의 말씀이라고 무조건 복종하려 하지 말고 와서 네 눈으로 확인하라는 뜻입니다. 이해되지 않는 것을 무조건 따르고 복종하는 것은 또 하나의 심리적 갈등을 낳게 되어 번뇌가 된다는 것을 명심할 필요가 있습니다.
 이해하지 못하고 무조건 받아들여 복종하는 것은 불교의 믿음

---

124) 大生義經:<1-846상> 世尊善說此法 汝等聞已信解受持.

이 될 수 없습니다. 이해도 없이 무조건 믿고 받아들이는 것은 맹신(盲信)이요, 그러한 신봉의 자세는 신앙(信仰)인데, 결국에는 마음에 갈등이나 번민을 초래하고 말 것이니 불교의 믿음과는 거리가 멀다고 하겠습니다.

정수주(淨水珠)라는 구슬이 있다고 합니다. 더러운 물을 맑게 하는 구슬입니다. 아무리 더럽고 탁한 물이라도 정수주만 넣으면 물이 맑고 깨끗하게 되는데, 믿음이라는 것도 그와 같다고 하였습니다. 그런데 믿음이 오히려 갈등이나 번민을 초래한다면 그것은 정수주라 할 수 없을 것입니다. 그래서 경에 이와 같이 말합니다.

> 믿음은 도의 근원이요 공덕의 모체이니
> 세상의 일체 모든 착함을 기르고 키운다.
> 의심을 끊어 없애고 애착을 벗어나게 하며
> 니르와나[涅槃]의 더 없는 길을 열어 보여준다.
> 믿음은 더러움이나 탁함을 없애 마음을 청정케 하며
> 교만함을 없애버려 공경의 근본이 되고
> 또한 법의 창고에서 첫째가는 재산이라
> 청정한 손이 되어 온갖 보살행을 받아들인다.
> 믿음은 은혜로 베풀어 인색함을 없애고
> 믿음은 기쁘고 즐겁게 불법에 들게 하며
> 믿음은 지혜의 공덕을 늘리고 키워
> 믿음은 반드시 부처의 경지에 이르게 한다.[125]

하지만 믿음이 옳다고 불교의 신행(信行)이 완성되는 것은 아닙니다. 불교의 신행은 자신의 삶을 통해 실천으로 옮겨져야 하기 때문에 믿음은 반드시 납득(納得)이 따르고 행동(行動)이 그

---

125) 大方廣佛華嚴經 14:<10-72중>
　　 信爲道元功德母　長養一切諸善法　斷除疑網出愛流　開示涅槃無上道
　　 信無垢濁心淸淨　滅除憍慢恭敬本　亦爲法藏第一財　爲淸淨手受衆行
　　 信能惠施心無吝　信能歡喜入佛法　信能增長智功德　信能必到如來地.

뒤를 따라야만 합니다. 행동하기에 앞서 충분한 이해가 있어야 행동에 나서는 것을 망설이지 않을 수 있습니다. 흔들리지 않는 행동을 위해 충분한 납득이 필요한 것입니다.

세친(世親:약 320~400년경) 보살이 이르기를, 믿는다는 것에 네 가지가 있는데, 첫째는 직접 보는 현견(現見pratyakṣa dṛṣṭa)이고, 둘째는 추론하는 것[比知:anumāna]이니, 비교하여 아는 것이며, 셋째는 비유하는 것[譬喩:upamāna], 넷째는 아함(阿含:āgama)이다. 그러나 이 네 가지 중에 직접 보는 것이 제일 낫다고 했습니다.126)

직접 본다는 현견(現見)은 쁘라띠야끄샤 드리슈따(pratyakṣa dṛṣṭa)로 '눈앞에 펼쳐지고 있는 현실'[pratyakṣa]을127) 보았다[dṛṣṭa]는 뜻입니다. 드리스따(dṛṣṭa)는 '보다'라는 동사어근(√dṛś)의 과거분사입니다.

자기의 눈으로 직접 보는 것이란 머리에 떠오르는 생각이나 남들이 말하는 것을 받아들여 믿는 것이 아님을 의미합니다. 쁘라띠야끄샤 다르쉰(pratyakṣa-darśin)을 직관(直觀)이라 하므로 본다는 동사가 동명사[darśin]인지 과거분사[dṛṣṭa]인지의 차이뿐이므로 직관(直觀)과 현견(現見)은 내용적으로 같습니다. 그러니까 불교에서는 목전의 현실을 직접 본 것이 가장 믿을 만하다는 것입니다.

불교에서는 깨달음을 흔히 증득(證得)이라고 하는데, 이 말은 '쁘라-쁘띠 사-끄샤-뜨 끄리띠(prāpti-sākṣāt-kṛti)'로 '자신의 눈을 가지고 직접 보아 더 이상 의심할 여지가 없이 명확함을 얻었다'는 뜻입니다.

---

126) 唯識論 :<31-68중> 信者有四種　一者現見　二者比知　三者譬喩　四者阿含　此諸四信中現信最勝.
127) S.E.D. P-674: present before the eyes. perceptible.

B-Ⅰ
인연분(因緣分)

【해】 정종분의 첫째 항목입니다. 인연분은 『기신론』을 쓰는 이유를 여덟 가지로 자세하게 밝히고 있습니다. 『대정신수대장경(大正新修大藏經)』에 「초설인연분(初說因緣分)」이라 했으나 B-Ⅰ 인연분(因緣分)으로 정리했습니다. B는 도안(道安)의 분류법에서 정종분(正宗分)을 말하고, Ⅰ는 정종분의 첫 번째로 인연분을 말합니다.

問曰 有何因緣으로 而造此論이닛고
문왈 유하인연   이조차론
答曰 是因緣이 有八種이니 云何爲八이닛고
답왈 시인연   유팔종   운하위팔
此中作因有八
<여기 작인(作因) 가운데 여덟 가지가 있다.>

㉥ ㉲ 어떤 인연으로 이 『기신론』을 쓰는가?
㉢ 이 인연에 여덟 가지가 있으니, 여덟 가지 인연이란 어떤 것인가?

㉵▶ 유하인연(有何因緣)의 유(有)는 우(又)로 보아도 좋으나 해석하지 않아도 됩니다.

【해】 서분[A-Ⅱ]에서 『기신론』 저술의 뜻을 간단히 밝히고, 다시 여덟 가지로 나누어 세부적으로 언급하고 있습니다.

B-I-1
저술의 8가지 동기

> 一者는 因緣總相이니 所謂爲令衆生으로 離一切
> 일자   인연총상   소위위령중생   이일체
> 苦하고 得究竟樂이언정 非求世間名利恭敬故니라
> 고   득구경락   비구세간명리공경고
> 一總相 爲令衆生離苦得樂 不爲貪求利養等故
> <첫째, 총상이다. 중생들을 이고득락(離苦得樂)하도록 하고, 이양(利養) 등에 너무 지나치게 구하지 않도록 하기 위해서이다.>

【역】 첫째는 인연의 전체적인 모습[因緣總相]이니, 중생들이 모든 고(苦)에서 벗어나 궁극적으로 즐거움을 얻게 함일지언정 세속적인 명예나 이익, 공경을 추구하지 않도록 하기 위해서이다.

【해】 한마디로 불교 공부의 궁극적인 목표가 무엇인가를 말하고 있습니다. 불교 공부의 최종적인 목적은 고(苦)에서 벗어나 즐거움을 얻으려는 것[離苦得樂]인데, 그 궁극적인 즐거움[究竟樂]이란 열반(涅槃)이나 해탈(解脫)을 말합니다. 그러니까 열반이나 해탈을 얻도록 하기 위해 불교를 수행하는 것이지 세속적인 명예나 이익 또는 세상 사람들의 공경을 추구하는 것은 불교 공부의 이상이 될 수 없다는 뜻입니다. 그러나 필자는 이에 대해 조금 견해를 달리합니다.

『기신론』을 쓰는 저자의 입장과 『기신론』을 읽는 재가자의 입장이 같을 수는 없다는 것을 간과해서는 안 될 것입니다. 『기신론』을 쓰는 사람은 보살의 원력을 세우는 입장이니, 세간의 명예나 이익이나 공경과 같은 것을 바라지 않는 것이 당연하겠지만 『기신론』을 읽는 재가자들까지 명예도 경제적 이익도 사람들의 존경도 바라지 않아야 한다는 것을 너무 지나친 독선이 아닐까 생각합니다. 『기신론』을 오직 출가자들을 위해서만 썼다고

하면 몰라도 재가자를 포함한 모든 중생들이 읽기를 바란 것이라면 더욱 그렇습니다. 재가자들이 『기신론』을 통해 명예나 이익을 얻을 수 있다면 좋은 일이요 권고되어야 할 일이지 추구(追求)해서는 안 된다고 할 수는 없다고 봅니다. 재가자를 위해 말씀하신 『선생경(善生經)』에서도 명리(名利)나 공경(恭敬)을 추구해서는 안 되는 것으로 말씀하셨다고 볼 수 있을까요? 출가자는 명예나 물질적 소유에서 벗어나는 것이 청정(淸淨)을 유지할 수 있는 길이지만 가족(家族)을 부양(扶養)해야 할 재가자는 물질적 소유가 삶의 중요한 목표일 수 있습니다. 대승(大乘)이란 자체가 출가나 재가를 두루 아우르는 것이고, 재가자의 삶에 있어서 중요한 가치나 목표의 하나는 경제적 활동을 활발하게 하여 풍요한 삶을 누리도록 하는 것이라면 '세상의 명리나 공경을 추구하지 않는다'는 것은 『기신론』 저자의 뜻이어야지 재가자를 포함한 『기신론』 독자 모두를 위한 것일 수는 없다고 봅니다.

二者는 爲欲解釋如來根本之義하야 令諸衆生으로
이 자   위 욕 해 석 여 래 근 본 지 의   령 제 중 생
正解不謬故니라
정 해 불 류
二爲顯如來根本實義 令諸衆生生正解故
<둘째, 여래의 근본실의(根本實義)를 드러내 중생들이 바른 이해[正解]토록 하기 위해서이다.>

[역] 둘째로 부처님의 근본적인 뜻을 풀이하여 모든 중생이 바르게 이해하도록 하여 그릇되지 않게 한다.

【해】 부처님의 근본적인 뜻은 무엇일까? 사실 고따마 싯닷타는 자신이 당면한 고(苦)를 해결하고자 출가하였고, 늙고 병들고 죽는 문제를 해결하고자 우리가 상상하기조차 어려운 난행고행(難行苦行)을 했습니다. 그의 나이 서른다섯 살 때 마침내 부다가야의 보리수 아래에서 정각(正覺)을 얻어 붓다(Buddha)로 발돋

움하게 되었습니다. 그 깨달음은 인류 역사상 그 어떤 이도 경험하지 못한 그만의 특별한 체험(體驗)이었습니다. 이 체험을 통해 이제까지와는 전혀 차원이 다른 삶을 열게 됩니다. 깨달음을 얻기까지는 오로지 자신을 위한 자리 위주(自利爲主)의 삶이었지만 붓다(Buddha)가 되어 자신을 여래(如來:Tathāgata)라고 호칭하면서 이타적(利他的)이고 헌신적(獻身的)인 길을 걷게됩니다. 그 헌신적인 삶이 여래근본지의(如來根本之義)라고 보지 않을 수 없는데, 부처님 자신이 말하기를, '전이나 지금이나 내가 단호하게 주장하는 것은 오로지 고통에 가득한 인생을 직시하고 그 고통에서 벗어나는 길을 말할 뿐'이라고 했듯이,128) 성자(聖者)가 되고 난 후 부처님의 가장 큰 관심사는 중생들을 고(苦:duḥkha)에서 벗어나도록 하는 것이었습니다.

『법화경(法華經)』에는 이렇게 말합니다.

내가 본래 세운 서원(誓願)은 일체중생들로 하여금 나와 평등하여 다름이 없게 하려는 것이었다.129)

또 『화엄경(華嚴經)』에는 이렇게 말합니다.

이때 부처님께서 장애가 없는 맑고 깨끗한 지혜의 눈으로 법계(法界)의 중생들을 빠짐없이 고루 살펴보시고 말씀하셨다.
'참으로 놀랍고 기특하구나! 저 모든 중생들이 나와 같은 지혜를 가지고 있건만 어리석고 미혹하여 알지 못하고 보지도 못하니 어찌 된 일인가! 내 마땅히 성도(聖道)를 가르쳐 저들이 망상(妄想)과 집착(執著)을 영원히 벗어나도록 하여 자기 자신 속에서 내가 가진 광대(廣大)한 지혜를 터득 하도록 하여 부처인 나와 다름없도록 하리라.
저 중생들을 성도(聖道)를 가르쳐 성도(聖道)를 닦고 익혀 망상에서 벗어나도록 하고, 망상에서 벗어나서는 여래의 한량없는 지혜

---

128) 성열 엮음, 『부처님말씀』 현암사, 2002, 18쪽.
129) 法華經 제1:<9-8중> 我本立誓願 欲令一切衆 如我等無異.

를 증득(證得)하여 일체중생을 이익이 되고 안락하게 하리라.'130)

모든 중생들을 깨달음으로 이끌어 부처님과 같은 경지의 삶을 누리게 하려는 것이 부처님의 본원(本願)이요, 『대승기신론』의 저자가 글을 쓰게 되는 동기라 봅니다. 다시 말해 중생들을 미혹함을 바꾸어 깨달음을 열개하고[轉迷開悟], 범부들의 낡은 사고방식을 혁신(革新)하여 성자의 삶을 이루게 하며[革凡成聖], 범부중생이나 성자인 부처님 사이에는 차별이 없는 평등한 삶[凡聖平等]으로 이끌려는 세계사적 사명(世界史的 使命)이 대승불교에서 보는 여래근본지의(如來根本之義)라 하겠습니다. 대승불교는 부처님의 구도(求道)의 과정보다 구도의 뜻을 성취한 부처님이 중생 속에 파고들어 깨달음의 길로 인도(引導)하는 것을 부처님의 위대함의 표상(表象)으로 삼았으니 당연한 귀결(歸結)이라 할 것입니다.

> 三者는 爲令善根成熟衆生으로 於摩訶衍法에 堪
> 삼자   위령선근성숙중생   어마하연법   감
> 任不退信故니라
> 임불퇴신고
> 三爲令善根成熟衆生不退信心 於大乘法有堪任故
> <셋째, 선근이 성숙한 중생들이 신심에서 물러나지 않도록 하여 대승법(大乘法)을 감당할 수 있도록 하기 위해서이다.>

[역] 셋째는 선근(善根)이 성숙(成熟)한 중생들로 하여금 대승의 가르침에서 믿음을 잃지 않고 감당(堪當)할 수 있도록 하려는 것이다.

[참] 선근성숙중생(善根成熟衆生)의 선근(善根)의 근(根)은 뿌리라

---

130) 80華嚴 51:<10-272하> 爾時如來 以無障礙 淸淨智眼 普觀法界一切衆生而作是言 奇哉奇哉 此諸衆生 云何具有如來智慧 愚癡迷惑 不知不見 我當教以聖道 令其永離妄想執著 自於身中 得見如來廣大智慧 與佛無異 即教彼衆生 修習聖道 令離妄想 離妄想已 證得如來無量智慧 利益安樂一切衆生.

는 의미보다 자질, 능력 등을 의미하는 근기(根機)로 보는 것이 좋습니다. 선근성숙중생은 뒤의 네 번째에 나오는 선근미소중생(善根微少衆生)과 상반됩니다.

대승불교의 대중생(對衆生) 메시지(message)는 '모든 중생이 부처의 심성을 가지고 있다'는 것이며,131) 중생이 바로 여래장(如來藏)이라는 선언입니다.132) 그러나 이 메시지는 희망적이지만 중생에게는 놀라움이요 언뜻 감당하기 어려운 메시지입니다. 그래서 중국 선종의 고승은 이 메시지를 이렇게 일깨웁니다.

한 젊은 스님이 귀종지상(歸宗智常)이라는 고승에게 여쭈었습니다.

"무엇이 부처입니까?"

"글쎄, 내가 자네에게 말해주면 자네가 믿을 수 있을지 모르겠네."

"스님의 말씀을 어찌 감히 믿지 않겠습니까."

"그래, 자네가 바로 부처일세."133)

귀종지상 선사는 마조도일(馬祖道一:709~788)의 제자로 조주종심(趙州從諗:778~897)의 스승인 남전보원(南泉普願:748~834) 스님의 도반이었다고 합니다. 자신이 부처라는 사실을 받아들이지 못하는 제자에게 내 말을 믿겠느냐고 물었던 것입니다. 한 대승경에 이르기를 지혜가 없는 이들에게 말하지 말라. 어리석은 무리들은 듣고 반드시 의심을 일으켜 마음이 불신(不信)할 것이라고 했습니다.134)

한 젊은 스님이 영봉지은(靈峯知恩) 선사에게, "어떤 것이 부처입니까?"라고 여쭈었더니, 선사가 대답하기를 "글쎄, 여기에 자네 말고 또 누가 있는가?"라고 하였습니다.135)

---

131) 大般涅槃經 9:<12-419상> 一切衆生 悉有佛性.
132) 央掘魔羅經:<2-531중> 一切衆生 皆以如來藏.
133) 大慧普覺禪師語錄제2:<47-820상> 僧問歸宗 如何是佛 宗云 我向汝道 汝還信否 僧云 和尙誠言安敢不信 宗云 卽汝便是.
134) 大乘本生心地觀經 3:<3-304중> 無智人中勿宣說 一切凡愚衆生類 聞必生疑心不信.

젊은 스님과 고승 사이에 이와 같은 문답은 바로 선근(善根)을 성숙시켜 감당키 어려운 것을 기꺼이 감당하고 물러서지 않도록 하려는 의도가 숨겨져 있다고 하겠습니다.

'결코 부처가 될 수 없다고 가볍게 말해서는 안 된다'고 하였고,136) '한번 발심(發心)을 하였으면 의혹을 일으켜 성불할 수 없다고 말하지 말라'고 하였습니다.137)

四者는 爲令善根微少衆生으로 修習信心故니라
  사 자   위 령 선 근 미 소 중 생   수 습 신 심 고
四爲令善根微少衆生 發起信心至不退故
<넷째, 선근이 미약한 중생들이 신심(信心)을 일으켜 물러서지 않는 경지에 이르게 하기 위해서다.>

[역] 넷째는 선근이 미약한 중생들로 하여금 신심(信心)을 닦고 익히려는 것이다.

【해】 우리에게 중요한 믿음의 하나는 바로 자기 자신에 대한 신뢰요 자신의 존엄성을 자각하는 일입니다.

신앙(信仰:viśvāsa:faith)은138) 자기 밖에 절대자를 설정(設定)하고 그 앞에 절대복종하는 것이므로 신앙인은 절대자 앞에서 왜소해지지 않을 수 없습니다.

그러나 불교에서 말하는 신심(信心:adhyāśaya)은 자기 자신에 대한 존엄성을 눈뜨고 그 존엄한 가치를 스스로 구현(具現)하려는 것이니 존엄함을 일깨운 부처님 앞에 왜소해질 필요가 없습니다. 그래서 경에 이르기를 '각자 서로 부처님과 다름없다고 보라. 부처님은 위대하신데 나는 보잘 것 없다고 보지 말라'고 했습니다.139)

---

135) 景德傳燈錄 제24:<51-402상> 問如何是佛 師曰更是阿誰.
136) 優婆塞戒經 제3:<24-1050중> 終不自輕言 不能得菩提果.
137) 大方廣佛華嚴經 14:<9-488상> 若發一道心 汝莫生疑惑 自謂不成佛.
138) S.E.D. p-995.
139) 思益梵天所問經 제2:<15-43하> 各各相見 如佛無二 不見佛身爲大己身爲小.

서산대사(西山大師:1520~1604)는 『선가귀감(禪家龜鑑)』에서 '뜻을 세워 마음을 닦는 수행자는 비굴하지도 말고 교만하지도 말라[得意修心者不自屈不自高]'고 했는데, 비굴하지 않아야 한다는 말은 바로 자신의 존엄을 눈뜨고 기죽지 말라는 뜻이라 하겠습니다.

부처님은 차별이 당연한 것으로 받아들여지던 사회에서 태어나 교육을 받았지만 깨달음을 얻고 나서 모든 인간은 태어나는 환경이 다를지라도 모두가 존엄하고 평등하다고 일깨웠습니다. 부처님보다 앞서 만인의 평등을 가르친 이는 인류 역사에 없었습니다. 불교에서 말하는 범성불이(凡聖不二)나 범성평등(凡聖平等)은 범부와 성자(聖者)마저도 평등하다는 가르침입니다.

```
五者는 爲示方便하야 消惡業障하고 善護其心하야
오 자    위 시 방 편    소 악 업 장    선 호 기 심
遠離癡慢하고 出邪網故니라
원 리 치 만    출 사 망 고
五爲令衆生消除業障 調伏自心離三毒故
<다섯째, 중생들의 업장을 소멸하고 자신의 마음을 조복하여 삼독(三毒)을 벗어나도록 하기 위해서이다.>
```

[역] 다섯째는 방편을 보여 나쁜 업의 장애를 없애고 신심을 잘 보호하여 어리석음과 태만함을 멀리 하고 삿됨에서 벗어나게 하려는 것이다.

[참]▶ 방편(方便)은 '우빠-야(upāya)'의 번역으로 가까이 간다거나 목적에 도달하는 것이란 뜻으로[140] 목적을 이루기 위한 수단(手段)이나 방법(方法)을 말합니다. 목적달성을 위한 수단이나 방법이므로 목적에 가까이 다가갈 수 있는 수단이나 방법이면 올바른 방편[正方便]이고, 아무리 그럴 듯한 수단이나 방법을 동원하더라도 불교의 목적인 깨달음에 접근해 갈 수 없다면 그릇된

---

140) S.E.D. p-215. col.2

방편[邪方便]에 지나지 않습니다. 그래서 우두산 충화상(牛頭山 忠和尙)이 학인에게 이르기를, 깨닫고자 하는 사람은 방편을 행하지 말고 마음의 근원을 문득 깨달으라고 했습니다.141)

▶ 업장(業障)은 까르마 아-와라나(karma āvaraṇa)로 지난날 자신의 행동이 지금 무엇인가 하려는 것을 가로막는다는 뜻입니다. 까르마(karma)는 보통 업(業)이라 번역하는 말이며, 아-와라나(āvaraṇa)는 '덮어 가리다, 방해하다, 막아서…을 못하게 하다'라는 동사(ā-√vṛi)에서 온 중성명사로 '숨김, 가로막는 행위'를 의미합니다.142)

▶ 치(癡)를 어리석음이라 번역하지만 우(愚:mūḍha)라는143) 어리석음과는 다릅니다. 비유하면 우(愚)는 지능지수(知能指數)가 낮아 사리판단을 제대로 하지 못하는 멍청함이지만 치(癡:moha)는144) 지능지수는 정상이라 사리판단을 제대로 할 수 있음에도 불구하고 이기심(利己心)이 앞서 판단을 그르치는 것을 의미합니다.

어벙한 어리석음[愚]은 지(智:jñāna)로 대치(對治)하지만, 이기주의적인 어리석음[癡]은 혜(慧:prajñā)로 대치하게 됩니다. 지(智)와 혜(慧)는 지혜로움이지만 그 차이는 비유로 말하는 것이 좋을 것 같습니다.

여기 과일이 한 상자 있는데, 상자 안의 과일이 상한 것도 있고 상하지 않는 것도 있다고 하면, 지(智)는 상한 과일과 상하지 않은 과일을 가릴 줄 아는 안목이고, 혜(慧)는 상한 것과 상하지 않은 것을 가려서 상한 것들을 상자에서 없애버리는 바른 행동으로 이어지는 안목을 말합니다.

썩은 과일과 썩지 않은 과일을 아무리 가릴 줄 알아도, 썩은

---

141) 宗鏡錄 98:<48-945중> 求佛之人 不作方便 頓了心原.
142) S.E.D. p-156
143) S.E.D. p-825. col. 2.
144) S.E.D. p-836. col.1.

과일을 골라내 버리지 않는다면 결국 상자 안의 과일은 모두 썩어버리고 말 것이니 아는 것만으로는 아무런 가치가 없습니다. 썩은 것을 알았으면 가려내는 행동으로 이어져야 아는 것의 가치와 보람이 있게 되는 것입니다.

아는 것에 걸맞은 행동이 따르려면 그만한 결단과 용기가 있어야 합니다. 달마대사는 멈칫거리고 망설이는 것이 죄가 된다고 했습니다.145) 일체 모든 법은 결국 비니(毘尼)라고 했는데,146) 비니는 율(律)을 뜻하는 위나야(vinaya)의 음사(音寫)이니, '모든 법은 결국 비니(毘尼)'라는 말은 모든 가르침은 윤리학으로 귀결된다는 것이요, 그것은 모든 가르침은 행동으로 연결되어야 한다는 의미입니다. 행동으로 나아가지 않는 가르침은 말의 성찬(盛饌)일 뿐입니다.

불교에서는 보통 지(智)는 등불[燈:dīpa]에 비유하고, 혜(慧)는 칼[劍:śastra]에 비유하여 지혜등(智慧燈), 반야검(般若劍)이라 합니다. 지혜와 반야를 거의 같은 의미로 쓰고 있지만 그 의미를 구분하기 위하여 사리판단을 내리고 그릇됨을 배척하는 칼과 같은 지혜를 반야(般若:ⓅPaññā, ⓈPrajñā)라고 하고, 그 반야를 더 높이 평가하여 깨달음을 여는 앎으로 여기고 있습니다.

깨달음을 얻기 위해서는 반야(般若)를 터득하는 것이 반드시 필요하기 때문에 불교에서는 반야의 성취를 수행의 중요한 덕목으로 여깁니다. 반야는 흔들림이 없는 마음을 유지할 때 터득할 수 있다고 보기 때문에 불교의 수행은 요동치는 마음을 침착하게 가라앉히는 마음의 안정으로 이어지고 있습니다.

징관(澄觀:738~839)이 이르기를, 반야(般若)는 마음 밖에서 새롭게 생기는 것이 아니고 지성(智性)은 사람마다 본래 갖추어져 있다고 했습니다.147)

---

145) 悟性論:<48-371하> 疑卽成罪.
146) 大寶積經 90:<11-517하> 一切諸法 畢竟毘尼.
　※ 비니는 위나야(vinaya)로 율(律)이라 번역하는 말이다.
147) 五臺山鎭國大師澄觀答皇太子問心要:<51-459하> 般若非心外新生 智性乃本來具足.

▶ 출사망(出邪網)이란 그물과 같은 그릇됨[邪]을 벗어난다는 뜻인데 그릇됨을 '그물[網]'에 비유한 것이 재미있습니다. 그물에 걸린 물고기는 그물을 벗어나기 어렵습니다. 사망(邪網)이란 그릇됨에서 벗어나기가 용이하지 않다는 것을 의미합니다. 그것은 바로 앞에서 말한 치만(癡慢)인데, 치(癡)는 이기주의적인 어리석음이요, 만(慢)은 '그 어리석음을 놓아두고 느슨하게 대처하는 것'을 말합니다. 그렇기 때문에 그러한 잘못을 척결하는 칼과 같은 반야를 말했던 것입니다. 출사망(出邪網)이란 그릇됨의 그물에 걸려 벗어나기 쉽지 않겠지만 그래도 벗어나야만 한다는 의미입니다. 그래야만 반야를 연마하는 불자다울 수 있기 때문입니다.

六者는 爲示修習止觀하고 對治凡夫二乘心過故니라
육자   위시수습지관   대치범부이승심과고
六爲令衆生修正止觀 對治凡小過失心故
<여섯째, 중생들이 바르게 지관(止觀)을 닦도록 하여 범부나 소승의 그릇된 마음을 다스리기 위해서이다.>

역 여섯째는 지(止)와 관(觀)을 닦고 익히는 것을 보여, 범부(凡夫)나 이승(二乘)의 잘못된 마음을 개선하려는 것이다.

참▶ 지(止)나 관(觀)은 깨달음을 열어주는 지혜인 반야(般若)를 터득하는 가장 권위 있고 전통적인 방법입니다. 또한 부처님을 비롯하여 부처님의 혜명(慧命)을 이은 인도의 고승, 중국 선종(禪宗)의 고승들이나 우리나라의 고승들까지 이 방법을 통해 깨달음을 얻은 부처가 되기도 하고, 한 시대를 이끄는 혜안(慧眼)을 가진 고승이 될 수 있었으니 역사적으로 검증을 마친 가장 효과적인 수행의 방법이라 할 것입니다.

이에 대한 구체적인 설명은 뒤의 수행신심분(修行信心分)의 지관문(止觀門)[B-IV-2-⑤]에서 할 것입니다.

▶ 범부(凡夫)는 깨달음을 얻지 못한 미성숙한 중생을 말합니다.

우치범부중생(愚癡凡夫衆生)을 줄인 말이라 하겠습니다.

▶ 이승(二乘)은 성문(聲聞)과 연각(緣覺)을 말하는데, 대승불교에서 소승(小乘)으로 평가하는 수행자들입니다. 그러니까 아라한을 수행의 목표로 하는 사람들을 말하는데, 대승불교에서는 이승(二乘)을 중생구제의 큰 원력이 없는 이기주의적인 수행자라고 평가하고 있습니다. 대승불교를 선언하고 나선 이들은 그 전의 수행자들을 자기의 깨달음만을 위해 노력하고 중생들을 외면하는 이기적인 수행자라고 혹평(酷評)하는 뜻에서 소승(小乘)이라고 평가절하(平價切下)하여 불렀습니다. 소승이라는 말은 대승불교를 주장한 이들이 그 이전 시대의 불교를 폄하(貶下)하는 의미로 쓴 말이지 부처님이나 초기의 수행자들이 쓰던 말은 아니었습니다.

七者는 爲示專念方便하야 生於佛前하고 必定不
칠자 위시전념방편   생어불전   필정불
退信心故니라
퇴신심고
七爲令衆生於大乘法 如理思惟 得生佛前究竟不退大乘信故
〈일곱째, 중생들이 대승법에서 이치답게 사유하여 부처님 전에 태어나 끝내 대승의 믿음에서 물러나지 않도록 하기 위해서이다.〉

[역] 일곱째는 전념(專念)할 방편(方便)을 가르쳐 부처님 앞에 태어나 후퇴하지 않은 신심을 일깨우려는 것이다.

【해】전념할 방편이란 뒤의 B-Ⅳ 수행신심분에서 시문(施門), 계문(戒門), 인문(忍門), 진문(進門), 지관문(止觀門) 등 오문(五門)을 말한 다음에 '신심의 성취가 어렵다고 생각하여 의욕을 상실한 이들[懼謂信心難可成就 意欲退者]'에게 '염불에 전념하는 인연으로 바라는 대로 타방불토에 태어나는 것[以專意念佛因緣隨願得生他方佛土]'을 말합니다. 한마디로 의욕(意欲)이 위축되지 않도록 서방극락세계에 태어나는 길로 염불(念佛)을 가르치

겠다는 것입니다. 그러니까 정토신앙(淨土信仰)은 의욕상실자(意慾喪失者)를 위한 방편이라는 뜻입니다.

의욕(意欲)은 아비쁘라-야(abhiprāya)로 남성명사로 목적, 의도, 의향의 뜻이며, 이 말의 뿌리에는 '…한 생각으로 접근해 간다(to approach with one's mind)는 의미가 있습니다.148)

```
八者는 爲示利益하야 勸修行故니라 有如是等因
팔 자   위시이익      권 수 행 고    유 여 시 등 인
緣으로 所以造論이니라
연        소 이 조 론
八爲顯信樂大乘利益 勸諸含識令歸向故
<여덟째, 대승의 이익을 믿고 좋아하여 모든 중생들에게 귀의하도록 권하기 위해서이다.>
```

역 여덟째는 이렇게 할 때 얻는 이익을 보여 수행을 권하려는 것이다. 이와 같은 여덟 가지 이유로 『기신론』을 쓰게 되었다.

【해】 이 여덟 가지는 앞의 서분에서 '중생들로 하여금 의혹을 없애고 그릇된 집착을 버리게 하여 대승(大乘)에 대한 바른 믿음을 일으켜 깨달음을 잇는 이들이 단절되지 않도록 하기 위해서[爲欲令衆生 除疑捨邪執 起大乘正信 佛種不斷]'라고 한 것을 부연(敷衍)하여 설명함과 동시에 강조하는 것이라 하겠습니다.

---

148) S.E.D. P-66.

B-I-2
『기신론』의 특징

> 問曰 修多羅中에 具有此法이거늘 何須重說이닛고
> 문왈 수다라중 구유차법   하수중설
> 答曰 修多羅中에 雖有此法이나 以衆生根行이 不
> 답왈 수다라중 수유차법   이중생근행 부
> 等하야 受解緣別하나니 所謂如來在世에는 衆生이
> 등   수해연별   소위여래재세   중생
> 利根하고 能說之人의 色心業이 勝하여 圓音一演이
> 이근   능설지인 색심업 승   원음일연
> 면 異類가 等解하니 則不須論이었다.
>   이류   등해   즉불수론
> 此諸句義大乘經中雖已具有 然由所化根欲不同待悟緣別 是故造
> 論 此復云何 謂如來在世所化利根 佛色心勝 一音開演無邊義味
> 故不須論
> <이 모든 글의 뜻이 대승경전에 이미 갖추어져 있다. 그러나 교화할 중생의 근기와 욕망이 같지 않고 깨달음을 대비하는 인연도 다르기 때문에 논을 쓴다. 이 또한 무슨 까닭인가? 이른바 여래께서 세상에 계실 때 교화할 중생들의 근기는 예리했다. 부처님의 육신과 마음이 뛰어나 한마디 말씀으로 많은 뜻을 열어주었기 때문에 논이 필요하지 않았다.>

역문 경에 이런 가르침이 갖추어져 있는데 왜 거듭하여 설명할 필요가 있는가?

답 경에 비록 이 가르침이 있지만 중생들의 능력과 행동이 같지 않기 때문에 이해하고 받아들이는 조건들이 천차만별이다. 부처님이 살아 계실 때는 사람들의 이해력이 뛰어나고 가르치는 사람 역시 행동거지나 마음씀씀이가 뛰어나 한 번 설명하면 모든 중생들이 이해하는 것이 같았기 때문에 이런 글을 쓸 필요가 없었다.

참▶ 수다라(修多羅)는 수-뜨라(sūtra)의 음역이고, 수-뜨라는 '묶다, 연구하다'라는 동사 어근(√sūtr)에서 온 중성명사로 '바느질 실, (이야기 등의) 줄거리'를 의미하지만 불교에서는 보통 경(經)으로 번역합니다. 부처님과 같은 성자(聖者)의 가르침을 기록한 문서가 경입니다.

　중국불교에서는 어떤 고승의 말씀도 경이라 말하지 않았는데, 육조혜능(六祖慧能:638~713)의 설법집을 단경(壇經)이라 하여 경(經)이라 하였습니다. 그것은 혜능 스님을 공자(孔子)와 같은 성자(聖者)로 추앙하고 있다는 것을 의미합니다.

▶ 하수중설(何須衆說)에서 수(須)는 하지 않아도 괜찮은데 꼭 할 필요가 있겠느냐는 뜻입니다.

▶ 수유차법(雖有此法)에서 수(雖)는 앞의 하수중설(何須重說)의 수(須)에 대응하는 접속사로 앞에서 말한 것이 사실이지만 그렇다고 뒤에 말하는 것이 성립되지 않는 것은 아니라는 뜻을 나타내므로 '비록…일지라도'라는 뜻입니다.

▶ 중생근행부등(衆生根行不等)에서 근(根)은 뿌리라는 뜻이 아니고 '능력'을 말하고, 행(行)은 '행동'입니다. 그러니까 중생들은 능력과 행동이 같지 않다는 말입니다. 불교에서는 모든 인간은 가능성(可能性)으로서 자질은 같지만 현실적으로 무엇을 해내는 능력이나 행동은 천차만별일 수 있다고 봅니다. 다시 말해 인격적 평등이 능력의 평등일 수는 없다는 뜻입니다. 그래서 사람들을 구분하게 되는데, 그 구분을 크게 상중하(上中下)로 나누었습니다. 이타적 원력이나 수행의 방식에 따라 수행자를 성문(聲聞), 연각(緣覺), 보살(菩薩)로 구분하고, 그 수행자들이 획득하는 지혜를 문혜(聞慧), 사혜(思慧), 수혜(修慧)로 나눕니다. 그러나 이러한 나눔은 과정상에서 구분이지 결과에서는 같다고 말합니다. 그래서 일승(一乘)이라거나 그 하나는 깨달음을 얻은 부처라는 뜻에서 일불승(一佛乘)이라 합니다.

▶ 능설지인 색심업승(能說之人 色心業勝)에서 능설지인은 부처

님을 말하고, 색심업승(色心業勝)이란 색(色)·심(心)·업(業)이 뛰어났다는 것이니 부처님은 육체적[色]으로 삼십이상(三十二相)을 가지고 태어났으니, 몸뚱이가 뛰어났고, 부처님의 마음은 누구와 비교할 수 없는 지혜를 가졌으니 마음이 뛰어났으며, 부처님의 행동은 중생을 가엾게 여기는 크나큰 사랑의 실천이었으니 업(業)이 뛰어났습니다.

서분(序分)의 A-I 삼보귀경게(三寶歸敬偈)에 '진시방(盡十方)의 최승업변지(最勝業遍知)시며 색무애자재(色無礙自在)로 구세대비자(救世大悲者)와 급피신체상(及彼身體相)이시다'라고 한 것을 말합니다.

▶ 이류(異類)는 와이루-삐야(vairūpya)로 서로 다르다는 말인데,149) 생명을 가졌으면서 사는 세계가 다른 것들로 축생이나 아귀를 말하거나 소질이나 성격이 다른 사람을 말하기도 합니다.
▶ 원음(圓音)이란 부처님의 말소리의 완벽함을 의미합니다. 원음일연 이류등해(圓音一演 異類等解)는 부처님의 완벽한 말로 한번만 말씀하셔도 인간을 비롯한 부류가 다른 중생인 축생(畜生)이나 조류(鳥類) 나아가 하늘의 신들까지도 알아듣는 것이 같다는 뜻입니다.

부처님의 말씀을 원음(圓音)이라고 한 것은 초기 경전에서는 보지 못한 말입니다. 바로 이런 것이 대승불교로 갈수록 인간 석가모니를 신(神)의 차원으로 밀어 넣는 모습이라 할 것입니다. 대승불교는 문학적(文學的)으로 그려지는 불교를 말하고, 대승불교의 불타관(佛陀觀)은 '부처님의 신격화'라고 말해도 될 것입니다. 그러니까 시공(時空)을 초월하여 영원(永遠)의 부처님을 신앙(信仰)하는 것이 대승불교라 하겠습니다. 하지만 신격화는 석가모니 부처님의 뜻에서 꽤나 벗어난 모습입니다.

여래 재세 시(如來在世時)라 하여 '부처님이 살아 계셨을 때'라

---

149) S.E.D. P-1025.

면서 이렇게 말하는 것은 아무리 보아도 지나친 과장(誇張)인 것 같습니다. 부처님은 도나(Doṇa)가 '당신은 신(神)이냐?'고 물었을 때 '아니요'라고 분명히 말했고, 심지어는 우빠까(Upaka) 같은 사람은 부처님이 '나는 깨달음을 얻은 부처'라고 했을 때에 '납득할 수 없다'(Ⓟhupeyya)고[150] 고개를 갸웃하고 지나쳐버리기도 하였습니다. 부처님은 걸식을 나가 밥을 얻지 못해 빈 발우를 들고 마을에서 나올 때 악마(惡魔)의 속삭임을 들었다고도 합니다. 부처님이 들었다는 악마의 속삭임은 인간적 번민의 다른 표현이라 생각됩니다.

若如來滅後에는 或有衆生이 能以自力으로 廣聞
약여래멸후   혹유중생   능이자력   광문
而取解者하며 或有衆生이 亦以自力으로 少聞而
이취해자   혹유중생   역이자력   소문이
多解者하며 或有衆生이 無自心力이나 因於廣論
다해자   혹유중생   무자심력   인어광론
而得解者며 自有衆生이 復以廣論을 文多爲煩이
이득해자   자유중생   부이광론   문다위번
라하야 心樂總持하니 少文而攝多義로 能取解者니
        심락총지   소문이섭다의   능취해자
라 如是此論은 爲欲總攝如來廣大深法無邊義故
   여시차론   위욕총섭여래광대심법무변의고
로 應說此論이니라
   응설차론

佛涅槃後 或有能以自力少見於經而解多義 復有能以自力廣見諸經乃生正解 或有自無智力因他廣論而得解義 亦有自無智力怖於廣說樂聞略論攝廣大義而正修行 我今爲彼最後人故 略攝如來最勝甚深無邊之義 而造此論

---

150) P.E.D. p-732, it may be.

> <그러나 부처님이 열반하신 뒤, 혹 어떤 사람은 스스로의 능력으로 경을 조금만 보아도 많은 뜻을 이해하고, 다시 어떤 이는 자신의 능력으로 널리 모든 경을 보고서야 바른 이해를 내기도하며, 혹 어떤 이는 스스로 지혜의 힘이 없어 다른 이의 광범위한 논으로 말미암아 뜻을 이해하고, 또 어떤 사람은 스스로 지혜의 힘이 없어 광범위한 설명을 겁내 간략한 논을 즐겨 들으며 넓고 큰 뜻을 받아들여 바르게 수행한다. 내 이제 저 최후의 사람을 위해 여래의 가장 훌륭하면서 매우 깊고 끝이 없는 뜻을 간략하게 다 잡아 아 논을 쓴다.>

[역] 그러나 부처님이 세상을 떠나신 뒤에는 어떤 이는 자기의 능력으로 널리 들어 이해할 수 있고, 어떤 이 역시 자기 능력으로 적게 듣고서도 많은 것을 이해할 수 있다. 어떤 이는 자신의 능력은 없지만 장황하게 설명함으로 말미암아 이해할 수 있으나 어떤 중생은 도리어 더 더욱 장황하게 설명하는 것을 글이 많아 번거롭게 여겨 마음에 다라니(陀羅尼:dhāraṇi)를 좋아하니 글은 적으나 많은 뜻을 내포한 것으로 이해할 수 있는 사람이다. 이와 같이 이 논서는 부처님의 넓고 크며 깊은 가르침의 한량없이 많은 뜻을 빠짐없이 거두어들이려 하기 때문에 이 『기신론』을 설명해야만 했다.

[참]▶ 자유중생부이광론문다위번(自有衆生復以廣論文多爲煩)에서 문두(文頭)의 자유중생(自有衆生)은 '도리어 어떤 중생'이나 '어떤 중생은 도리어'란 뜻이고, 그 다음의 부(復)는 '더 더욱'이란 뜻이니 위문장은 '도리어 어떤 중생은 더욱이 장황한 설명은 글이 많다고 번거롭게 여긴다'는 말입니다.

▶ 총지(總持)는 다-라니-(Dhāraṇī)를 말하며,151) 글은 적지만 많은 뜻을 내포하고 있어 '모두 지녔다'고 말합니다. 신비적 의미로 해석되는 다라니는 초기 불교에서 잘 보이지 않다가 대승불교에서 주문(呪文)으로 나타나더니 뒷날 밀교(密敎)가 발전하면서 진언(眞言:mantra)으로 사용되었습니다.

---
151) S.E.D. P-515.

【해】 인연분(因緣分)은 부처님 살아계셨을 때와 달리 사정이 복잡해졌음을 말하고, 이 복잡해진 사정 때문에 부득이 논을 설하지 않을 수 없었다는 저자의 소견을 밝히고 있습니다. 저자는 부처님 시대의 사람들은 근기가 뛰어났기 때문에 이런 글이 필요하지 않았으나 지금은 그렇지 못하므로 이런 글이 필요하다고 보았는데, 필자는 이에 동의하지 않습니다.

필자는 옛날 부처님 시대의 중생들이 특별히 근기가 뛰어났던 것이라기보다 부처님의 가르침을 사람들에게 잘 전달할 수 있었기 때문이라 봅니다. 부처님은 먼저 상대방의 마음속 생각들을 파악하고 상대방의 이해의 정도에 맞추어 가르쳤지만 오늘날에는 배우는 사람들의 입장보다는 가르치는 사람의 입장에서 설명하기 때문에 이해하는 사람도 있고, 이해하지 못하는 사람도 있게 되는 것이라 봅니다.

불교를 생활의 지침서가 아닌 학문으로 대하는 이들은 부처님 말씀을 설명하면서 현학적 태도(衒學的 態度)를 가지고 있어서 불교가 더 어렵게 되는 것은 아닌지 반성할 일입니다. 부처님이 돌아가신 뒤에 재가자들을 중심으로 일어난 새로운 불교운동, 즉 대승을 선언한 불교개혁운동(佛敎改革運動)이 일어났던 사정을 보아도 그렇습니다. 대표적인 대승경전의 하나인 『법화경(法華經)』 「방편품(方便品)」은 남녀노소유무식(男女老少有無識)을 떠나 누구라도 성불의 길이 열려 있다고 하지 않았습니까? 한마디로 부처님은 설법자로서 색심업(色心業)이 뛰어났지만 지금의 우리는 그렇지를 못한 탓이라 봅니다.

B-Ⅱ
입의분(立義分)

【해】 정종분의 두 번째 항목입니다. 입의(立義)라는 말은 대의(大義)를 제시한다는 뜻입니다. 다시 말해『기신론』에서 말하고자 하는 총체적인 의미를 제시한다는 말입니다.『대정신수대장경』에는 '인연분을 마치고 다음 입의분을 말한다[已說因緣分 次說立義分]'고 했으나 이를 줄여 'B-Ⅱ 입의분'이라고 정리했습니다.

摩訶衍者는 總說하면 有二種이니 云何爲二이닛고
마하연자   총설   유이종   운하위이
一者는 法이요 二者는 義이니라.
일자 법   이자   의
云何立義分 謂摩訶衍略有二種 有法及法
<어찌하여 입의분인가? 소위 마하연에 두 가지가 있으니 유법(有法)과 법(法)이다.>

[역] 마하연을 통틀어 말하면 두 가지가 있으니 하나는 법(法:the principle)이고, 또 하나는 의미[義:the significance]이다.

[참]▶ 마하연(摩訶衍)은 산스끄리뜨 마하-야-나(Mahāyāna)를 음역(音譯)한 것입니다. 마하-야-나의 상대적 개념은 소승(小乘)이라 번역하는 히-나야-나(Hīnayāna)입니다. 용수보살은 대승은 이승(二乘)보다 위[上]가 되기 때문에 대승(大乘)이라 한다고 했습니다.152)

마하-(Mahā)는 '의기양양하게 하다, 기쁘게 하다, 확대하다'는 뜻을 가진 제1류동사 어근(√mah)에서 온 형용사 마하뜨(mahat)의153) 복합어형으로 '크다, 많다, 훌륭하다'는 뜻을 가지고 있습니다. 히-나(hīna)는 '버리다, 떠나다'라는 제3류동사 어근(√hā)

---
152) 十二門論:觀因緣門:<30-159하> 摩訶衍者 於二乘爲上故 名大乘.
153) S.E.D. p-794.

의 과거분사로 '불충분한, 열등한'이란 의미의 형용사입니다.154)
그리고 야-나(yāna)는 '가다, 움직이다'라는 뜻을 가지고 있는
동사어근(√yā)에서 온 중성명사로 '타는 것'이란 의미에서 한문
으로 승(乘)이라 하였습니다.

 그런데 야-나(yāna)에는 '타는 것'이라는 의미 이외에도 '길·
행로·과정·수단·방법'이란 다양한 뜻을 가지고 있으니,155)
마하-야-나는 '큰 길'이나 '훌륭한 길', '훌륭한 방법' 정도로 이
해하면 좋을 것 같고, 소승이란 '열등한 길'이나 '버려진 방법'
정도로 이해하면 좋을 것 같습니다.

 대승불교의 꽃은 중국 선종(禪宗)의 고승들에 의해 만개(滿開)
할 수 있었는데, 중국 선종의 초석(礎石)을 다진 육조혜능(六祖
慧能:638~713)은 승(乘)은 '행한다는 뜻'이라고 해석하였습니
다.156) 그런 의미에서 본다면 대승은 큰 행동이나 아름다운 행
동이라 볼 수 있고, 소승은 작은 행동이나 충분하지 못한 행동
이라 말할 수 있습니다.

 또한 마하연(摩訶衍)에서 하(訶)는 가욕(訶辱)이나 가척(訶斥)
과 같이 보통 '가'라고 읽지만 집운(集韻)에 호하절(虎何切)이라
하여 본음(本音)은 '하'라는 것입니다. 그러니까 불교계에서는 본
음으로 읽어왔다는 것을 알 수 있습니다.

▶ 운하위이(云何爲二)는 '무엇이 둘인가?'라는 뜻인데 문맥상 필
요하지 않아 번역에서 생략하였습니다.

▶ 의(義)는 아르타(artha)로 어디에 들어간다거나 요청한다는 뜻
을 가진 제10류동사 어근(√arth)에서 온 중성명사로 목적이나
드러내려는 의미를 의미합니다.157)

---

154) S.E.D. p-1296.
155) S.E.D. p-849.
156) 法寶壇經:<48-356하> 乘是行義.
157) S.E.D. p-90.

【해】입의분(立義分)은 대승(大乘)에 대한 전체적인 의미를 제시하는 부분으로 간단하지만 중요한 부분입니다.

여기서 법(法)이란 말은 '일반적으로 대승이라고 말하는 것'이라는 뜻이며, 의(義)는 '그렇게 말하는 의미'라는 뜻입니다. 특히 진제(眞諦)가 번역한 구역(舊譯)과 실차난타(實叉難陀)가 번역한 신역(新譯)의 차이를 보면, 구역에서 법(法)이라 한 것을 신역에서는 유법(有法)이라 했고, 구역에서 의(義)라고 한 것을 신역에서는 법(法)이라고 했습니다.

그렇게 번역한 까닭을 중국 명(明)나라 때의 천태종 출신 스님인 지욱(智旭:1599~1655)은 불교논리학이라고 할 수 있는 인명(因明)의 서술방식을 들었는데, 인명에서는 앞에서 진술한 것을 유법(有法)이라 하고 종의(宗依)로 삼아 인연(因緣)으로 생긴 법을 가리켜, 살펴야 할 대상으로 삼고, 뒤에 진술하는 것을 법(法)이라고 하여 종체(宗體)로 삼아 드러난 이치[理諦]를 가리켜, 대승의 뜻을 밝히는 것과 같다고 하고, 통틀어 말하자면 인연으로 생긴 것은 모두가 유법(有法)이라고 했습니다.158)

B-Ⅱ-1
대승(大乘)

所言法者는 謂衆生心이니 是心이 則攝一切世間
소언법자   위중생심   시심   즉섭일체세간
法과 出世間法하니 依於此心하야 顯示摩訶衍義이
법   출세간법   의어차심   현시마하연의
니라 何以故오 是心의 眞如相이 卽示摩訶衍體故
    하이고   시심   진여상   즉시마하연체고
며 是心의 生滅因緣相이 能示摩訶衍의 自體相用
   시심   생멸인연상   능시마하연   자체상용

---

158) 大乘起信論裂網疏 1:<44-427상> 有法者 梁本云法 猶因明所謂前陳 有法以爲宗依 乃指因緣生法 以爲所觀境也 法者 梁本云義 猶因明所謂後陳宗體 指所顯理諦 以明大乘義也…統論因緣所生 皆是有法.

> 故니라
> 고
> 言有法者 謂一切衆生心 是心則攝一切世間出世間法 依此顯示
> 摩訶衍義 以此心眞如相 卽示大乘體故 此心生滅因緣相 能顯示
> 大乘體相用故
> <유법이라 말하는 것은 모든 중생의 마음을 말한다. 이 마음이 일체 세간
> 과 출세간의 법을 모두 내포하고 있다. 이 마음에 의거하여 마하연의 뜻을
> 드러내 보이려는 것이다. 이 마음의 진여상이 대승 자체를 나타내 보이기
> 때문이다. 이 마음의 생멸하는 인연의 모습이 대승의 체·상·용을 나타내
> 보일 수 있기 때문이다.>

역 대승이라고 말하는 것은 이른바 중생의 마음(the Mind of the sentient being)을 일컫는다. 이 마음은 세속 사람들의 입장에서 말하는 것이지만 출가한 사람의 입장에서 말하는 것들도 모두 내포하고 있다. 바로 이러한 마음에 근거하여 대승의 의미를 드러내 보이려는 것이다. 왜냐하면 이 마음의 순수하고 변함없는 모습[眞如相:the absolute aspect of this Mind]이 바로 대승의 근본바탕[the essence(svabhāva)of Mahāyāna]을 보여주기 때문이요, 이 마음이 들어났다가 없어지는 인연의 모습[生滅因緣相]이 대승 자체의 모습이나 작용을 보여줄 수 있기 때문이다.

참▶ 소언법자(所言法者)는 소언대승법자(所言大乘法者)입니다.
  앞에서 법(法)이라는 말의 다양한 뜻을 가지고 있음을 말했으나, 소언법자라고 할 때의 법의 의미는 '…라고 말하는 것' 정도의 뜻입니다. 따라서 소언법자는 '소위 대승이라고 말하는 것'이라는 의미입니다.
▶ 대승은 바로 중생심(衆生心)을 말한다고 하였는데, 그 중생심이란 무엇인지 생각해 보겠습니다. 8세기 중반에 건강사문(建康沙門) 담광(曇曠)이 이렇게 말했습니다.

　　　중생들의 한 마음의 본성은 동(動)도 아니고 정(靜)도 아니며, 생

(生)도 아니고 멸(滅)도 아니며, 정(淨)도 아니고 염(染)도 아니다. 무명(無明)으로 말미암아 동(動)이 스며들어 망념(妄念)이 되어 생사(生死)를 흐르고 돌며 온갖 고(苦)를 고루 받게 된다. 이제 중생이 자기 본래의 마음이 애초부터 적멸(寂滅)이라는 것을 깨닫도록 하여 흔들리거나 망념이 없도록 할 것이다.

 흔들린다는 것은 모두가 무명이 스며들어 생각을 흔드는 것이지만 무명이라는 것 역시 일어난다는 것이 없으니 마음은 본래 동(動)이 없다는 것을 알아서 망념을 일으키지 않으면 본래 마음의 근원에 부합하도록 깨달아 영원히 나고 죽음에 흘러 구르는 일이 없을 것이다.159)

▶ 중생심(衆生心)은 산스끄리뜨로 삿뜨와 찟따(sattva citta)인데, 삿뜨와(sattva)는 사뜨(sat)의 추상명사입니다. 사뜨는 '살다, 존재하다'라는 뜻을 가진 제2류동사 어근(√as)에서 온 중성명사로 '살아 존재하는 것'이란 말입니다.160) 사뜨(sat)의 추상형 중성명사인 중생은 '생명을 가지고 존재하는 것들'이란 뜻입니다.

 생명을 가지고 존재하는 것들이란 의미의 중생은 아직 깨달음을 얻지 못해 온갖 번뇌를 안고 살아가는 범부들이나 이미 깨달음을 얻은 성자(聖者)들까지 모두 포함하는 말이지만 일반적으로 중생이라고 말할 때는 범부중생(凡夫衆生)이라는 의미로 쓰고 있습니다.『기신론』의 저자 역시 중생(衆生)이라는 말을 '범부(凡夫)에서 성자(聖者)까지를 포함하는 뜻'으로 쓰고 있습니다. 살아 있는 것들의 마음은 여러 가지 형태가 있다는 것을 다음과 같이 말합니다.

 마음은 세간이나 출세간을 아우르는 모든 법의 총체적인 모습이다. 그러니까 만법(萬法)은 바로 마음의 다른 모습이기도 하다. 마

---

159) 大乘起信論略述 卷上:<85-1089중> 諸衆生一心本性非動非靜非生非滅非淨非染 由無明熏動成妄念 流轉生死備受諸苦 今令衆生了自心性本來寂滅 令無動念 有動者 皆是無明動念 無明亦無所起 知心無動不起念者契證心源 永無流轉.
160) S.E.D. p-1134 col.2.

음에는 다섯 가지의 다름이 있으니,

첫째 육단심(肉團心)으로 생김새가 마치 파초의 꽃봉오리 같아 육신에서 생겨 무정(無情)을 거두어들이는데 영향을 미친다.

둘째는 연려심(緣慮心)으로 생김새는 도깨비불과 같아 문득 생기고 문득 사라지며 망상(妄想)에 나아가는데 영향을 미친다.

셋째는 집기심(集起心)으로 생김새는 풀과 같아 의식에 잠재되어 습기(習氣)로 나아가는데 영향을 미친다.

넷째는 뢰야심(賴耶心)으로 생김새는 기름진 밭과 같아 종자를 받아들임에 싫어함이 없고 무명(無明)으로 나아가는데 영향을 미친다.

다섯째는 진여심(眞如心)으로 생김새는 허공과 같아 법계(法界)를 막힘없이 꿰뚫어 적조(寂照)로 나아가는데 영향을 미친다.

이러한 다섯 개의 마음에서 앞의 네 가지-<肉團心. 緣慮心. 集起心. 賴耶心>-는 모두 허망하여 순간순간 생멸하지만 뒤에 하나는 -<眞如心>- 순수한 마음이라 과거·현재·미래에 한결같다. 만약 이를 가려 분명히 밝히지 않으면 마치 망(妄)을 진(眞)으로 잘못 알아 잃는 것이 적지 않을까 염려된다.161)

마음이란 말은 찟따(citta)인데 질다(質多)나 질제(質帝)라고 음역하고, 연려심(緣慮心)이나 심(心)이라 의역합니다. 주의해야 할 것은 『반야심경(般若心經)』의 심(心)은 찟따(citta)가 아니고 오율타(汚栗馱)로 음역하는 흐리다야(hṛdaya)로 핵심이나 줄기라는 뜻입니다.162)

찟따(citta)는 원래 '오관(五官)으로 지각하다(to perceive)'라는 동사 찌뜨(cit)의 과거수동분사입니다.163) 사전적 의미로 볼 때, 찟따는 오경(五境)인 사물[色]·소리[聲]·냄새[香]·맛[味]

---

161) 眞心直說 後跋:<48-1005중> 夫心者 是世間出世間萬法之總相也 萬法卽是心之別相 然其別有五 一肉團心 狀如蕉蕾 生色身中 係無情攝 二緣慮心 狀若野燒 忽生忽滅 係妄想攝 三集起心 狀如草子 埋伏識田 係習氣攝 四賴耶心 狀如良田 納種無厭 係無明攝 五眞如心 狀如虛空 廓徹法界 係寂照攝 已上五心 前四皆妄念念生滅 後一是眞 三際一如 若不揀辯分明 猶恐認妄爲眞 其失非小.

162) 摩訶止觀:<46-4상> 質多者天竺音此方言心 卽慮知之心也 天竺又稱汚栗馱 此方稱是草木之心也.

163) S.E.D. p-395.

・촉감[觸]이 오관(五官)인 눈[眼]・귀[耳]・코[鼻]・혀[舌]・피부[身]에 의해 지각(知覺)되어진 것을 의미합니다. 오경(五境)을 오진(五塵)이라고도 하고, 오관(五官)은 오근(五根)이라고도 말합니다. 그래서 '근진(根塵)이 상대(相對)하여 한 생각 마음이 생긴다'거나164) '마음은 홀로 일어나지 않고 대상에 의지하여 비로소 생긴다'거나165) '마음은 본래 생기는 것이 아니라 대상으로 말미암아 생기므로 앞에 대상이 없으면 마음 역시 없다'고 말하게 됩니다.166) 바로 대상을 만나야 생기는 마음이 연려심(緣慮心)입니다.

연려라는 말은 산스끄리뜨로 아디얄-람바나(adhyālambana)인데, 접두사 아디(adhi)가 알-람바나(ālambana)라는 형용사에 붙여져 연성(連聲)한 것입니다.167) 접두사 아디(adhi)는 '…에 겹쳐, …을 둘러싸고, …에다가 또'라는 의미이고, 그리고 알-람바나(ālambana)는 '붙들고 늘어지다, 꽉 움켜쥐다'라는 뜻의 동사(ā-√lamb)에서 온 형용사로 '의존하는, 지지하는, 의(意)에 관계되는 생각'이란 뜻입니다. 그러니까 연려심이란 자기 밖의 대상에 대해 어떤 목적의식을 가지고 생각하는 마음이요, 대상을 자기의 감정을 가지고 인식하는 것을 말합니다. 감정으로 대상을 인식하는 것이 분별(分別)이요 지(知)인데, 이 지(知)로 마음의 바탕을 삼는다고 하였습니다.168) 그런데 이 지(知)가 부처이지, 지(知)를 떠나 별개의 존재로서 부처는 없다고 했습니다.169) 그러니까 분별하는 마음은 갈등을 낳기도 하지만 그 분별하는 마음이 깨달음을 얻어 부처가 되기도 한다는 뜻입니다.

젊어서 유학(儒學)을 공부하고, 출가하여 도원(道圓)에게 불교를

---

164) 妙法蓮華經玄義:<33-696상> 根塵相對一念心起.
165) 禪源諸詮集都序:<48-404상> 心不孤起 託境方生.
166) 景德傳燈錄 1:<51-205상> 心本無生因境有 前境若無心亦無.
167) 아디(adhi)의 끝에 있는 아이(i)가 알-람바나(ālambana)의 첫음 아-(ā)와 만나 아이(i)가 와이(y)로 바뀐 것을 모음연성(母音連聲)이라 한다.
168) 宗鏡錄 78:<48-846상> 知卽一心也 以知爲心體.
169) 景德傳燈錄 1:<51-205상> 佛不見身知是佛 若實有知別無佛.

배우고, 다시 징관(澄觀:738~839)을 만나 화엄경을 연구하고 나서 선교일치(禪敎一致)를 주장했던 규봉종밀(圭峰宗密:780~841)은 '텅 비고 고요한 마음이 신령스럽게 알아 어둡지 않다'고 하였는데,170) 텅 비고 고요한 마음[空寂之心]은 존재의 측면에서 본 본연(本然)의 마음이고, 신령스러워 어둡지 않은 것[靈知不昧]은 마음의 역할에서 보는 긍정적인 마음이라 하겠습니다. 신령스러워 어둡지 않은 것이 바로 지(知)입니다.

  그런데 선종(禪宗)에서는 마음의 바탕이라고 한 이 지(知)를 보는 견해가 극단적으로 갈라졌습니다. 육조혜능의 문하생인 하택신회(荷澤信會:670~762)는 지(知)를 온갖 미묘함을 낳는다[衆妙之門]고 했지만 훗날 임제종의 황룡사심(黃龍死心:?~1115)은 반대로 온갖 재앙을 낳는다[衆禍之門]고 했습니다.171) 그러니까 하택신회는 지(知)의 인식 기능으로 긍정적인 면을 강조하였다면 황룡사심은 지(知)의 분별로 부정적인 면을 강조하였다고 하겠습니다.

  하지만 남전보원(南泉普願:748~834)은 조주종심(趙州從諗:778~897)에게 말하기를, '도(道)는 지(知)에 속(屬)하는 것이 아니다. 그렇다고 아무 것도 모르는 부지(不知)에 속한 것도 아니다. 안다는 것은 착각(錯覺)이요, 아무 것도 모르는 부지(不知)는 멍청함'이라고 했습니다.172) 남전보원은 지(知)와 부지(不知)에 치우치지 않아야 한다는 것을 말 한 것입니다.

  그러나 신회(信會)나 사심(死心), 남전(南泉)의 말은 우리의 마음이 가지고 있는 양면일 뿐이지 전혀 다른 것은 아닙니다. 그러니까 중생심(衆生心)을 의미하는 대승은 마음의 긍정적인 면과 부정적인 면을 모두 아울러 포섭하고 있는 것입니다.

  이렇게 다양하고 폭넓은 마음을 통틀어 아우르는 것이 바로

---

170) 禪源諸詮集都序:<48-402하> 空寂之心 靈知不昧.
171) 大慧普覺禪師語錄 16:<47-879중> 圭峰謂之 靈知 荷澤謂之知之一字衆妙之門 黃龍死心云 知之一字衆禍之門.
172) 指月錄 권11:<卍續藏經:143-250상> 道不屬知 不屬不知 知是妄覺 不知是無記.

대승(大乘)이라는 뜻에서 시심즉섭일체세간법출세간법(是心則攝一切世間法出世間法)이라고 말합니다.

연수(延壽:904~975)가 말하기를, 이 마음이 범부와 성인의 집이요 감관(感官)과 경계의 근원이다. 다만 범부는 집착하여 아뢰야식(阿賴耶識)만 만들어, 나고 죽는 고뇌의 원인을 이루고, 성자(聖者)는 통달하여 여래장의 마음이 되게 하여 열반의 영원한 즐거움의 과보를 누린다고 했습니다.173)

▶ 세간법(世間法)은 롤까 다르마(loka dharma)인데, 롤까는 '보다, 식별할 수 있다'는 의미를 가지고 있는 제1류동사 어근(√lok)에서 온 중성명사로174) 눈에 보이는 세상이니, 세간이란 우리가 보고 식별할 수 있는 것입니다. 다시 말해 세속의 사람들이 말하는 것은 감각적인 것들이라는 의미입니다. 이때의 다르마(dharma)는 '사람들이 일반적으로 말하는 것'이라는 의미입니다.

▶ 출세간법(出世間法)은 롤꼿따라 다르마(lokottara dharma)로 롤꼿따라는 롤까(loka)와 웃따라(uttara)가 합성된 말로 웃따라는 '위쪽의, 더 높은, ~을 초월한'이라는 의미의 형용사이니, 출세간이라는 말은 '우리가 눈으로 보고 식별할 수 있는 것을 초월한 것', '우리가 눈으로 보고 식별할 수 있는 것보다 더 높은 것'이라는 뜻입니다.

보살마하살은 두 가지 진리 가운데 머물며 중생을 위해 법을 설하니 세제(世諦)와 제일의제(第一義諦)라고 하였는데,175)세제(世諦)는 세속 사람들의 입장에서 말하는 세간법(世間法)이고, 제일의제(第一義諦)는 출가한 사람들의 입장에서 말하는 출세간법(出世間法)입니다. 세간법을 속제(俗諦)라고 하고, 출세간법을 진제(眞諦)나 승의제(勝義諦)라고도 합니다.

제일의제는 빠라마-르타 사띠아(paramārtha-satya)인데, 빠

---

173) 宗鏡錄 34:<48-611하> 此心是凡聖之宅 近境之原 只爲凡夫執作賴耶之識 成生死苦惱之因 聖者達爲如來藏心 受涅槃常樂之果.
174) S.E.D. p-906.
175) 摩訶般若波羅蜜經 25:<8-405상> 菩薩摩訶薩住二諦中 爲衆生說法世諦第一義諦.

라마-르따는 다시 빠라마 아르타(parama artha)로 나눌 수 있습니다. 여기서 빠라마(parama)는 '최고의, 최상의'라는 뜻이고, 아르타(artha)는 '요점, 목적, 목표, 본질'이란 뜻이며, 사띠야(satya)는 흔히 '진리'라는 뜻에서 제(諦)로 번역되는 말입니다. 따라서 빠라마-르타 사띠야는 '최상의 요점을 지향하는 진리, 진짜 진리, 온전한 진리'라는 뜻입니다. 그에 비하여 세제는 상브리띠 사띠야(saṃvṛti-satya)인데, 상브리띠(saṃvṛti)는 '덮어 가리다'라는 뜻을 가진 동사(saṃ-√vṛ)의 과거분사로 '덮어 가려진'이라는 상브리따(saṃvṛta)에서 온 여성 형용사입니다.176) 여성 형용사 상브리띠(saṃvṛti)는 '덮어 가리는, 비밀을 지닌'이란 뜻입니다. 그러니까 상브리띠 사띠야는 불교의 핵심요점이 덮어 가려진 진리, 즉 낮은 차원의 가르침이란 뜻입니다.

위산영우(潙山靈祐:771~853)가 말하기를, 실제리지(實際理地)에서는 띠끌 하나도 받아들일 수 없으나 만행문(萬行門)에서는 어느 한 법도 버리지 않는다고 했는데,177) 제일의제(第一義諦)가 실제이지(實際理地)이고, 세제(世諦)가 만행문(萬行門)입니다. 그러니까 대승은 부처도 될 수 있고, 범부도 될 수 있는 모든 마음을 아우르는 중생의 마음에서 말하는 법이라는 뜻입니다. 다시 말해서 만행문의 입장이요, 세제적 입장에서는 범성(凡聖)을 가리지 않고 모두를 포섭하므로 그것이 바로 대승이라는 의미입니다. 범성(凡聖)을 가리지 않고 모두를 포섭하는 것이 자비심(慈悲心)이요 부처님의 덕[佛德]을 실현하는 것입니다. 대승(大乘)이란 말이 생겨난 과정을 생각해 보면 이해하기 쉬울 것입니다.

경에 이르기를, '잡업(雜業)을 일으키기 때문에 마음이라 한다. 잡된 인연을 분별할 수 있으므로 마음이라 한다. 순간순간 일어났다 사라지면서도 서로 이어지고 단절되지 않기 때문에 마음이라 한다'고 했습니다.178) 잡업을 일으키는 마음이 만들어내는

---

176) S.E.D. p-1116.
177) 潭州潙山靈祐禪師語錄:<47-577하> 實際理理 不受一塵 萬行門中 不捨一法.

것이 법이니, 이 법은 앞에서 말한 심법(心法:㉕)을 말합니다.

종밀(宗密)이 말하기를, 본마음을 떠나 밖에서 따로 구하는 것이 있게 되면 허망함을 보았다거나 진실함을 보았다거나 모두 사견(邪見)이 된다고 했습니다.179)

B-Ⅱ-2
대승의 의미

```
所言義者는 則有三種이니 云何爲三이닛고
소 언 의 자    즉 유 삼 종    운 하 위 삼
所言法者 略有三種
<법이라 말하는 것은 대략 세 가지가 있다.>
```

㊡ 대승의 뜻에 세 가지가 있으니, 그 셋은 무엇인가?

【해】 의(義)는 대승이라는 말의 뜻인데,180) 저자는 대승의 의미를 체(體:svabhāva)·상(相:lakṣana)·용(用:kriyā)이라는 세 가지 측면에서 다시 설명하고 있습니다.

체(體:essence)·상(相:attribute)·용(用:influence)을 간단히 비유로 설명하자면, 체(體)는 대승의 바탕으로 대승 그 자체이고, 상(相)은 대승이 드러내는 모습이고, 용(用)은 대승의 활동상입니다. 체·상·용으로 설명하는 것이 『대승기신론』의 논법의 한 특징입니다.

---

178) 持世經 3:<14-658중> 起雜業故說名爲心 能識雜緣故說名爲心 念念生滅相續不斷故說名爲心.
179) 大方廣圓覺修多羅了義經略疏註:<39-531중> 離本心外別有所求 見妄見眞並爲邪見.
180) 大乘起信論別記:<44-226중> 義者是大乘之名義.

B-Ⅱ-2-①
체대(體大)

> 一者는 體大이니 謂一切法이 眞如요 平等하야 不
> 일자   체대   위일체법   진여   평등   부
> 增減故니라
> 증감고
> 一體大 謂一切法眞如在染在淨性恒平等 無增無減無別異故
> <첫째, 체대(體大)인데, 일체법이 진여로서 물든 상태에 있거나 청정한 상태에 있거나 본질적으로 항상 평등하다. 증가함도 없고 감소함도 없으며 차별이 없기 때문이다>

역 첫째는 대승 자체의 훌륭함이니, 일체법(一切法㉮)이 진여(眞如)로서 평등하여 늘거나 줄어드는 일이 없기 때문이다.

참▶ 체대(體大)·상대(相大)·용대(用大)라고 할 때의 대(大)는 작다는 소(小)의 상대적인 의미가 아니라 마하-야-나라고 할 때 '대(大)'를 뜻하는 '마하-(Mahā)'와 같습니다. 마하-가 '크다, 훌륭하다'는 의미의 형용사이듯이 체대(體大)라고 할 때의 대(大) 역시 '아름답다'거나 '훌륭하다'는 의미입니다. 질그릇을 비유하여 말하면, 질그릇의 체(體)는 '흙'이니, 질그릇의 체대(體大)는 질그릇의 바탕인 흙의 위대함이나 아름다움을 뜻합니다.
▶ 진여(眞如)는 따타-따-(Tathātā)나 땃뜨와(tattva)인데, 그 의미에 대해서는 이미 앞에서 말하였습니다.
한 반야경에 이렇게 말합니다.

　　여래는 오는 곳이 없고 또한 가는 곳도 없습니다. 왜냐하면 진여(眞如)는 움직임이 없으니 진여가 바로 여래입니다.
　불생법(不生法)은 옴도 없고 감도 없으니 불생법이 바로 여래입니다.
　실제(實際)는 옴도 없고 감도 없으니 실제가 바로 여래입니다.
　공성(空性)은 옴도 없고 감도 없으니 공성이 바로 여래입니다.
　무염법(無染法)은 옴도 없고 감도 없으니 무염법이 바로 여래입니다.

적멸(寂滅)은 옴도 없고 감도 없으니 적멸이 바로 여래입니다.
허공(虛空)은 옴도 없고 감도 없으니 허공이 바로 여래입니다.
선남자여, 이와 같은 법을 떠나서 여래라고 부를 만한 별도의 법이 없습니다. 이 또한 무슨 뜻인가? 소위 여래는 진여라서 일체법이 진여이니 하나의 진여에서 같습니다. 이는 분별이 없어 둘도 없고 또한 셋도 없습니다.181)

▶ 평등(平等)이란 산스끄리뜨로 사마(sama)인데, '동일하다'는 뜻으로 '하나'를 의미합니다.182) '모든 인간은 평등하다'와 같이 사회학이나 철학적 개념으로 사용하는 말이 아닙니다. 평등의 상대개념은 위샤마(viṣama)로 '차이(差異)'이지 '차별(差別)'이 아닙니다. 차이(差異)는 아니야타-(anyathā)로 존재론적 개념이고, 차별(差別)은 베다(bheda)로 사회학적 개념입니다. 예를 들어 학(鶴)의 다리는 길고 오리의 다리는 짧은 것이 차이라면 학이나 오리는 모두 동물이라는 점에서 하나입니다. 그러나 학은 귀하고 오리는 흔하므로 학은 보호하고 오리는 잡아먹는 것이 차별입니다. 불교에서는 차이(差異)는 인정하지만 차별(差別)은 시정되어야 한다고 보고 있습니다. 차이인 아니야타-(anyathā)는 일치하지 않는다는 뜻이지만 차별인 베다(bheda)는 쪼개거나 찢어서 떼어낸다는 분할(分割)의 의미를 가졌습니다. 그러니까 깨닫지 못한 범부와 깨달은 성자는 차이는 있지만 차별해서는 안 되는 것이기 때문에 불교에서는 범성불이(凡聖不二)를 말합니다. 이 범성불이의 차원에서 불교를 전개하는 것이 바로 대승이라는 의미입니다.

---

181) 佛母出生三法藏般若波羅蜜多經 25:<8-673하> 如來者 無所從來 亦無所去 何以故 眞如無動 眞如卽是如來 不生法無來無去 不生法卽是如來 實際無來無去 實際卽是如來 空性無來無去 空性卽是如來 無染法無來無去 無染法卽是如來 寂滅無來無去 寂滅卽是如來 虛空無來無去 虛空卽是如來 善男子 離如是等法無別有法可名如來 此復云何 所謂如來眞如 一切法眞如同是一眞如 是如無分別無二亦無三.

182) S.E.D. P-1152.

【해】『기신론』의 저자는 대승(大乘) 자체가 크다는 것을 강조합니다.

　대승이 바로 일체법(一切法)이고, 진여(眞如)이고, 평등(平等)이고, 늘거나 줄어드는 일이 없다는 것입니다. 그러니까 일체법(一切法)·진여(眞如)·평등(平等)·부증감(不增減)은 마하-야-나 자체를 설명하는 독립된 개념이라 보아도 좋습니다.

B-Ⅱ-2-②
상대(相大)

```
二者는 相大이니 謂如來藏이 具足無量性功德故니라
이자      상대      위여래장      구족무량성공덕고
二者相大 謂如來藏本來具足無量無邊性功德故
<둘째는 상대(相大)인데, 여래장이 본래 한량없는 본질적인 공덕을 갖추고 있기 때문이다.>
```

[역] 둘째는 대승의 모습이 위대함이니, 여래장(如來藏)이 한량없는 심성과 공덕을 갖추고 있기 때문이다.

[참]▶ 여래장(如來藏)은 따타-가따 가르바(tathāgata garbha)로 '부처가 될 태아(胎兒)' 또는 '부처가 될 씨'라는 의미에서 불종(佛種)이라고도 합니다. 여래장은 '부처님의 법신이 번뇌장(煩惱藏)을 벗어나지 않은 것을 말한다'고 하였습니다.183) 다시 말해서 여래장이란 번뇌 속에 잠재되어 있는 부처님이란 뜻입니다. 그러니까 비록 번뇌에 파묻혀 있다고 하더라도 부처이니, 미완의 부처일지라도 부처로서 많은 공덕을 갖추고 있다는 뜻입니다.

　깨달음을 얻은 부처도 오관(五官)으로 지각(知覺)하고, 깨닫지 못한 범부도 오관으로 지각합니다. 지각이라는 점에서는 부처와 범부가 차이가 없지만 지각의 내용에서는 천지 차이(天地差異)

---

183) 勝鬘經:<12-221하> 如來法身不離煩惱藏 名如來藏.

가 있습니다. 그래서 부처님의 깨달음을 보편적이고 타당하며 완벽하다는 뜻에서 등각(等覺), 정각(正覺), 원각(圓覺)이라 말합니다. 그러니까 지각이 보편타당하고 완벽한 것이 부처의 깨달음인 것입니다.

비록 지금은 완전하지 못한 범부도 부처님처럼 그렇게 될 수 있으니, 범부의 마음에 이미 부처님의 완벽성이 잠재되어 있으므로 비록 범부지만 한량없이 많은 공덕을 갖추고 있다고 말할 수 있는 것입니다. 그것이 바로 범부로서 여래장입니다. 여래장이라는 말은 초기불교에 없던 말인데, 대승불교도들에 의해 쓰인 말입니다.

경에 '여래장은 생사(生死)에 유전(流轉)하는 것과 열반(涅槃)과 고락(苦樂)의 원인[因]인데 범부들이 어리석어 그것을 알지 못하고 공연히 공(空)에 집착한다'고 하였습니다.184) 그러니까 여래장은 그 안에 수 없이 많은 가능성을 내포하고 있는데 범부들이 어리석기 때문에 아무 것도 없이 텅 빈 것으로만 생각한다는 것입니다.

불교에서 모든 중생이 불성(佛性)을 가지고 있다거나 중생은 여래장이라고 말하는 것은 중생들의 무한한 가능성을 긍정적으로 보는 것입니다. 그래서 '결코 부처가 될 수 없다고 가볍게 말해서는 안 된다'고 하였고,185) '각자 서로 부처님과 다를 것이 없다고 보고, 부처님의 몸은 위대한데 내 몸은 왜소하다고 보지 말라'고 했습니다.186)

【해】 앞에서 질그릇을 비유하였듯이 상대(相大)란 질그릇이 큰 항아리도 있고, 작은 항아리로 있듯이 여러 가지 모습과 형태의 그릇들이 있음을 말합니다. 그러니까 대승은 여러 가지 모습과

---

184) 大乘入楞伽經 6:<16-622하> 如來藏者 生死流轉及是涅槃苦樂之因 凡愚不知妄著於空.
185) 優婆塞戒經 제1:<24-1037하> 於己身中不生輕想言我不能得阿耨多羅三藐三菩.
    優婆塞戒經 제3:<24-1050중> 終不自輕言 不能得菩提.
186) 思益梵天所問經 2:<15-43하> 各各相見如佛無異 不見佛身爲大己身爲小.

형태가 있어 훌륭하다는 대승의 다양성을 말합니다. 석가모니 부처님이 '나는 이것을 설했다고 정해진 것이 없다'고 하였듯이187) 대승 역시 역사와 시대에 따라 다양한 모습으로 전개될 수 있음을 의미합니다. 이 다양성이 불교의 자비를 나타내기도 하지만 한편으로는 불교를 어렵게 하기도 합니다.

B-Ⅱ-2-③
용대(用大)

三者는 用大니 能生一切世間出世間善因果故니라
삼 자 용 대 능생일체세간출세간선인과고
三者用大 能生一切出世世間善因果故
<셋째는 용대(用大)인데, 일체 출세간과 세간의 바람직한 원인과 결과를 일으킬 수 있기 때문이다>

역 셋째는 대승의 작용이 위대함이니, 대승이 일체세간과 출세간의 선(善)의 원인과 결과를 일으킬 수 있기 때문이다.

참▶ 인과(因果)는 헤뚜 팔라(hetu phala) 또는 까-리야 까-라나(kārya kāraṇa)인데, 헤뚜는 동기(motive), 하고 싶은 충동(impulse), 원인(cause), 씨앗(seed)이고, 팔라는 열매(fruit), 결과(effect)라는 말입니다. 까-리야 까-라나는 원인과 결과 사이에 내적(內的)으로 연결되어 있는 필연적인 과정을 의미합니다. 그래서 인과응보를 말하게 됩니다.

【해】 앞의 질그릇의 비유로 보면, 용대(用大)는 질그릇을 사용하는 길이 다양하다는 뜻입니다. 찻잔으로 사용할 수도 있고, 밥그릇으로 쓸 수도 있고, 장을 담는 항아리로 쓸 수도 있듯이 그 활용의 방법이 매우 많다는 뜻입니다. 대승의 작용이 정해져 있지 않고 그때그때의 상황에 맞추어 나타낼 수 있기 때문에 작용

---

187) Sn. 836 or Sn. 796-803.

이나 활용의 아름다움을 말하게 됩니다.

　연수(延壽:904~975) 스님이 말하기를, 실제이지(實際理地)에서는 티끌 하나도 받아들이지 않지만 불사문(佛事門) 가운데서는 어느 한 법도 버리지 않는다. 만일 모든 부처의 방편을 배우고자 한다면 보살의 두루 미치는 행을 갖추어 낱낱이 꿰뚫어 알아야만 마침내 대화(大化)를 이루게 된다고 하였는데,188) 연수 스님이 말한 대화(大化)가 바로 용대(用大)입니다.

　하께다는 체상용(體相用)삼대(三大)를 'Three Greatness of One Mind'라고 하여 '일심(一心)의 삼대'라고 했습니다.

```
一切諸佛이 本所乘故니 一切菩薩이 皆乘此法하
일체제불    본소승고    일체보살    개승차법
야 到如來地故니라
　 도여래지고
一切諸佛本所乘故 一切菩薩皆乘於此入佛地故
<모든 부처님이 본디부터 행하는 것이기 때문이며, 모든 보살들이 이것을
행하여 부처의 경지에 이르기 때문이다.>
```

[열] 대승은 모든 부처가 본래 행하는 것이기 때문에 모든 보살이 다 이 법을 행하여 부처의 경지에 이르기 때문이다.

[참]▶ 여래지(如來地)는 따타-가따 부-미(Tathāgata bhūmi) 또는 붓다 부-미(Buddha bhūmi)로 '따타-가따'나 '붓다'는 이명동의(異名同義)로 같은 뜻입니다. 부-미(bhūmi)는 살다, 거주하다라는 뜻의 제1류동사 어근(√bhū)에서 온 여성명사로 '땅, 국토, 위치' 등을 의미합니다.189) 그러니까 여래지는 부처님의 위치나 부처님이 살고 있는 땅이란 뜻입니다.

---

188) 宗鏡錄 51:<48-720중> 實際理地不受一塵 佛事門中不捨一法 若欲學諸佛方便 須具菩薩遍行 一一洞明方成大化.
189) S.E.D. p-763.

【해】 육조대사(六祖大師) 혜능(慧能:638~713)은 승(乘)은 행한다는 뜻[乘是行義]이라고 했습니다.190) 따라서 승(乘)을 혜능의 견해를 따라 해석하는 것이 오히려 이해하기 쉬울 것 같습니다.

B-Ⅲ
해석분(解釋分)

【해】 정종분의 세 번째 항목으로 앞의 입의분(立義分)에서 제시한 『대승기신론』의 대의(大義)를 자세하게 설명하는 부분으로 『기신론』의 핵심이 되는 부분입니다.

대정신수대장경(大正新修大藏經)에는 이설입의분 차설해석분(已說立義分 次說解釋分)이라 했으나 필자는 순서에 따라 B-Ⅲ 해석분(解釋分)으로 정리했습니다.

解釋分에 有三種이니 云何爲三이닛고 一者는 顯示
해석분   유삼종   운하위삼   일자   현시
正義요 二者는 對治邪執이며 三者는 分別發趣道
정의   이자   대치사집   삼자   분별발취도
相이니라
상
云何解釋分 此有三種 所謂顯示實義故 對治邪執故 分別修行正
道相故
<어째서 해석분(解釋分)인가. 여기에 세 가지가 있으니, 정확한 뜻을 나타내 보이기 때문이요, 그릇된 집착을 다스리기 때문이며, 정도(正道)를 수행하는 모습을 분별하기 때문이다.>

[역] 사상의 설명에 세 가지가 있으니, 무엇이 그 세 가지인가? 첫째는 마하-야-나의 정확한 뜻을 드러내 보이는 것[顯示正義:B-Ⅲ-1:Revelation of the True Meaning]이고, 둘째는 그릇된 집착을 다스리는 것[對治邪執:B-Ⅲ-2:Correction of

---

190) 法寶壇經:<48-356하>

Evil Attachments]이며, 셋째는 발심하여 깨달음을 향해가는 모습을 분별하는 것[分別發趣道相:B-Ⅲ-3: Analysis of the Types of Aspiration for Enlightenment]이다.

B-Ⅲ-1
현시정의 (顯示正義)

【해】해석분(解釋分)의 첫째 항입니다.

현시(顯示)란 분명하게 일러준다는 뜻이니, 현시정의는 대승의 정확한 뜻을 분명하게 일러주겠다는 말입니다. 'B-Ⅲ-1'은 현시정의(顯示正義)를 드러내기 위해 목차를 삽입한 것입니다. 그러니까 정종분[B]의 세 번째 해석분[B-Ⅲ]에서 첫째 항목이라는 뜻입니다.

顯示正義者는 依一心法하야 有二種門이니 云何
현시정의자   의일심법   유이종문   운하
爲二닛고 一者는 心眞如門이요 二者는 心生滅門
위이   일자   심진여문   이자   심생멸문
이니 是二種門이 皆各總攝一切法이니라 此義云
     시이종문   개각총섭일체법   차의운
何오 以是二門이 不相離故니라
하   이시이문   불상리고

此中顯示實義者 依於一心有二種門 所謂心眞如門 心生滅門
此二種門各攝一切法 以此展轉不相離故
<이 가운데 정확한 뜻을 나타내 보인다는 것은 한 마음에 근거하여 두 측면이 있으니, 이른바 마음이 진여라는 측면과 마음이 생멸이라는 측면이다. 이 두 가지 측면이 각기 일체법을 내포하니, 심진여와 심생멸이 확대 발전하면서도 서로 떨어지지 않기 때문이다.>

【역】정확한 뜻을 드러내 보인다는 것은 한마음에 근거하여 두

측면이 있으니, 하나는 마음이 생기지도 않고 없어지지도 않는 진여(眞如)라는 측면이고, 또 하나는 마음이 생기고 없어진다는 생멸(生滅)이라는 측면이다. 이런 두 가지 측면은 각기 일체법(一切法)을 모두 포섭한다. 무슨 뜻인가? 두 측면은 서로 어긋나지 않기 때문이다.

참▶ 일심법(一心法)이라고 할 때 법(法)의 의미는 '보통…라고 말하는 것'이란 뜻이니, 일심법이란 '한마음이라고 말하는 것'이란 뜻입니다. 일심법을 일심의 법이라고 하면 일심(一心)과 법(法)은 동격이 됩니다. 일심(一心)이라고만 한 신역(新譯)이 더 이해하기 쉽습니다.

한마음, 즉 일심(一心)은 에까찟따(ekacitta)로 이때 일(一)은 숫자로 '하나'나 '첫째'라는 의미가 아니라 '어떤 하나의 대상에 고정되어 흔들리지 않는다'는 의미이니, 한마음은 순수하고 단일(單一)한 마음으로 무념(無念:amanana[191]))이기도 합니다. 따라서 일심법(一心法)이라는 의미는 '무념이라 말하는 것'이란 뜻입니다. 이 무념의 마음이 진여(眞如)이기도 하고 생멸(生滅)이기도 합니다. 진여일 때는 무심하여 세상을 하나로 볼 때로 깨달음[覺]이고, 생멸일 때는 분별을 일으켜 온갖 차별현상으로 볼 때이니 불각(不覺)입니다. 세상을 하나로 볼 때의 마음이나 세상을 온갖 차별현상으로 볼 때의 마음이나 마음은 하나이지 별개가 아닙니다.

비유하면 물이 맑고 깨끗하며 흔들리지 않을 때는 삼라만상을 있는 그대로 반사하여 하나지만 물이 흔들리면 온갖 이런 저런 모습으로 일그러지거나 찌그러지는 것과 같습니다. 물이 흔들리는 것은 바람 때문이니, 바람만 멈추게 되면 물도 고요해져 흔들리던 모습들도 멈추게 됩니다. 바람에 흔들리는 물이나 고요

---

191) manana는 중성명사로 생각. 반성. 숙고의 뜻이다.<S.E.D. p-783>

한 물이나 결국은 물은 하나이지 별개가 아닌 것과 같습니다.
　연수(延壽:904~975) 스님은 말하기를, '한마음[一心]이 바로 반야무지(般若無知)의 지혜인데, 마음은 있고 없음에 속하지 않고 언제나 중도(中道)를 비추므로 마음 자체에 큰 지혜광명이 있다는 뜻이요, 법계(法界)를 두루 비친다는 뜻이며, 진실로 안다는 뜻이다. 그래서 말하기를 알지 못하면서도 스스로 안다[不知而自知]고 한다. 의도적이지 않기 때문에 알지 못한다는 것이요 자기 자신[自性]을 밝게 비추기 때문에 스스로 안다는 것이다. 신령스럽게 아는 성품으로 저절로 고요하면서 항상 비추며, 다른 것에 의지하지 않고 앎을 일으킨다'고 하였습니다.192)
▶ 의일심법 유이종문(依一心法 有二種門)이라는 말은 일심(一心)에 근거하여 두 가지 측면으로 파악할 수 있다는 뜻으로『기신론』의 기본 시각이자『기신론』의 믿음입니다. 두 가지 측면은 마음을 진여(眞如)라고 보는 관점과 마음을 생멸(生滅)이라고 보는 관점을 말합니다.『기신론』의 저자는 진여와 생멸은 별개로 존재하는 것이 아니[不相離]라고 합니다.『기신론』은 모든 중생들의 마음은 본래 진여인데, 왜 생멸의 현상을 보이게 되었으며, 어떻게 해야 다시 진여로 되돌아갈 수 있겠느냐를 말하고 있습니다. 따라서『기신론』의 핵심은 진여(眞如)이자 여래장(如來藏)이요 아뢰야식(阿賴耶識)이며, 법신(法身)인 일심(一心)에 있다고 하겠습니다.
▶ 시이종문 개각총섭일체법(是二種門 皆各總攝一切法)이라는 의미는 진여심(眞如心)에서도 일체법을 말할 수 있고, 생멸심(生滅心)에서도 일체법을 말할 수 있다는 뜻입니다. 이때의 일체법은 세간법(世間法)과 출세간법(出世間法)을 통틀어 말합니다. 세간

---

192) 宗鏡錄 36:<48-630하> 一心卽般若無知之智也 以心不屬有無 常照中道 卽是自性有
　　大智慧光明義 遍照法界義 眞實識知義 故云斯則不知而自知矣 卽不假作意故不知也
　　自性明照故而自知也 以神解之性 自然寂而常照 不依他發起也.
　　※ 부지(不知)는 무지(無知)와 같으며, 이때의 지(知)는 '분별하는 것'을 의미하므로 부지이자지(不知而自知)는 따지고 분별하는 것을 드러내지 않으면서도 스스로 분간한다는 뜻이므로 반야(般若)와 같습니다. 그래서 반야무지(般若無知)라고 하는데, 이때의 무지(無知)는 지무소지(知無所知)요, 무지이지(無知而知)입니다.

법과 출세간법에 대해서는 앞에서 설명했습니다.

　진여심(眞如心)과 생멸심(生滅心)이 내용적으로 같은 일체법을 포괄(embrace:mutually inclusive)하기 때문에 이 진여심과 생멸심은 설명상(說明上)의 두 모습이지 존재상(存在上) 두 개가 아니라고 하겠습니다. 진여심(眞如心)은 '절대의 관점에서 보는 마음(Mind in terms of Absolute)'으로 심진여(心眞如)이고, 생멸심(生滅心)은 '현상의 관점에서 보는 마음(Mind in terms of phenomena)'으로 심생멸(心生滅)입니다.

【해】 연수(延壽)가 이르기를, 마음에는 두 종류가 있는데, 하나는 물든 인연을 따라 생기는 망심(妄心)인데, 그 마음에는 실체가 없다고 했습니다. 또 하나는 항상 머무는 진심(眞心)으로 변하거나 달라지는 일이 없어서 이런 마음을 세워서 종경(宗鏡)으로 삼는다고 했습니다.193) 다시 말하기를, '한마음이란 만법의 총수(總帥)이다. 한마음을 변별(辨別)하면 계(戒)·정(定)·혜(慧)가 되고, 미루어 넓히면 육바라밀(六波羅蜜)이 되며, 흩뿌리면 만행(萬行)이 된다. 만행은 일찍이 한 마음 아님이 없었고, 한 마음은 일찍이 만행을 떠난 일이 없었다. 그러므로 한 마음은 만법(萬法)을 내놓으면서도 얽매이지 않는다. 한 마음을 터득한 사람은 법에 자유롭고, 한 마음을 본 사람은 가르침에 걸림이 없다. 그러므로 다만 한 법을 정밀하게 연구하여 안으로 비춤이 분명하면 저절로 부드럽고 온화해져 입신(入神)의 경지에서 법계의 성품을 거스르지 않고 무심(無心)하게 도리(道理)에 들어맞음을 알리라고 했습니다.194) 다시 이르기를, 능(能)과 소(所)가

---

193) 宗鏡錄 32:<48-601중> 心有二種 一隨染緣所起妄心 而無自體 二常住眞心 無有變異 卽立此心 以爲宗鏡.

194) 宗鏡錄 37:<48-634상> 夫一心者 萬法之總也 分而爲戒定慧 開而爲六度 散而爲萬行 萬行未嘗非一心 一心未嘗違萬行 然則一心者 萬法之所生而不屬於法 得之者則於法自在矣 見之者則於敎無礙矣…故知但硏精一法 內照分明 自然柔輭 入神順法界之性 無心合道 履一際之門.
　　※ 不屬於法의 屬은 繫의 뜻이면 '촉'이라 읽고, '예속된다'는 뜻이면 '속'이라 읽는데, 필자는 촉으로 읽었습니다.

은밀하게 합쳐지면 이는 한 마음일 뿐이다. 이 한 마음이 일체 모든 법의 성품이 된다. 또 삼승(三乘)과 육도(六道)의 모양을 나타내며, 모양을 거두어 성품으로 돌아가되 일찍이 다른 길이 없으니, 세간출세간(世間出世間)을 오르내림이 비록 다르지만 온갖 하는 일 모두가 이것으로 되지 않는 것이 없다. 이것을 벗어나면 위로 삼보(三寶)도 일승(一乘)도 없게 되고, 아래로는 사생(四生)도 구유(九有)도 없게 된다고 했습니다.195)

  여기서 말한 구유(九有)는 생명이 존재하는 세계를 아직 깨치지 못한 미계(迷界)와 오계(悟界)로 나누고, 미계(迷界)에 지옥, 아귀, 축생, 아수라, 인간, 천상(天上) 등 여섯 세계를 두어 육범(六凡)이라 하고, 오계(悟界)에 성문(聲聞), 연각(緣覺), 보살(菩薩), 불(佛)을 두어 사성(四聖)이라 합니다. 사성육범(四聖六凡)을 십계(十界)나 십법계(十法界)라고 하는데, 이 중에서 불계(佛界)를 제외한 나머지 구계(九界)를 말하는데, 이때의 유(有)는 바와(bhava)로 생존(生存)의 뜻이지만 주로 미계(迷界)의 존재를 의미합니다.

  바와(bhava)는 십이연기(十二緣起)에서 유(有)로 번역되는 말로 '살다'의 뜻을 가진 동사 어근(√bhū)에서 온 남성명사입니다.196)

B-Ⅲ-1-①
심진여문(心眞如門)

【해】 마음이 변함이 없다는 측면에서 심진여(心眞如)라고 합니다. 마음의 진여라는 말입니다. 심진여(心眞如)를 표현 이전의 진여[離言眞如]와 표현되는 진여[依言眞如]로 나누어 설명합니다.

---

195) 宗鏡錄 100:<48-953상> 能所冥合唯是一心 此一心能爲一切萬法之性 又能現三乘六道之相 攝相歸性曾無異轍 則世出世間昇降雖殊 凡有種種施爲 莫不皆爲此也 離此則上無三寶一乘 下無四生九有.
196) S.E.D. p-748

> 心眞如者는 卽是一法界의 大總相法門의 體이다.
> 심진여자   즉시일법계   대총상법문   체
> 心眞如者 卽是一法界大總相法門體
> <마음이 진여라는 것은 한 법계의 개략적이고 전체적인 모습이요, 법문 자체(法門自體)이다.>

[역] 마음이 진여(眞如)라는 것은 마음이 바로 한 법계(法界㉠)의 개략적이며 전체적인 모습을 말하게 되는 바탕이다.
[The Mind in terms of the Absolute is the one World of Reality(*dharmadhātu*) and the essence of all phases of existence in their totality]

[참]▶ 일법계(一法界)를 하께다(Hakeda)는 '하나의 실재계(the one World of Reality)'라고 영역(英譯)했습니다. 연기(緣起)로 펼쳐지는 하나의 세계이므로 리얼리티(reality)라는 개념이 실제(實際)로 실재(實在)하는 세계를 의미합니다. 경에 법계는 바로 일체중생의 심계(心界)라고 했습니다.197)
　원효 스님은 일심(一心)이 바로 일법계(一法界)라고 했습니다.198) 이때의 일법계는 일심법계(一心法界)라는 의미로 마음이 만들어내는 하나의 세계라는 뜻이 됩니다.
▶ 대총상(大總相)이라고 할 때의 대(大)는 '크다'는 의미보다는 '기본적인 큰 줄거리, 개략적인, 널리, 두루'라는 뜻이니, 대총상이란 진여와 생멸로 펼쳐지는 모든 현상을 포괄하는 전체적인 모습이라는 뜻입니다.
　총상(總相)은 사-마-니야 랄끄샤나(sāmānya lakṣaṇa)인데. 사-마-니야는 '온전한, 전체의'라는 형용사이고, 랄끄샤나(lakṣaṇa)는 '특징, 상징'이라는 말입니다. 그러니까 대총상이란 '개략적인 전체의 특징'이라고 하겠습니다.
▶ 법문(法門)은 다르마 빠리야-야(dharma paryāya)입니다. 빠리

---

197) 不退轉法輪經 1:<9-230중> 法界卽是一切衆生心界.
198) 起信論疏:<44-207상> 一心卽是一法界.

야-야는 '…에 도달하다'라는 제2류동사 어근(pari-√i)에서 온 남성명사인데199) 문(門)이라 한 것이니, 대총상법문체(大總相法門體)라는 말은 '진여와 생멸로 펼쳐지는 모든 현상을 포괄하는 전체적인 모습에 도달하는 기본 바탕'이라는 뜻입니다. 그 바탕이 바로 무념이 된 진여의 마음입니다.

앞의 체대(體大)에서 일체법(一切法)·진여(眞如)·평등(平等)·부증감(不增減)을 마하-야-나 자체를 설명하는 독립된 개념이라 보아도 좋다고 하였듯이. 일법계(一法界)·대총상(大總相)·법문체(法門體)라는 말도 심진여(心眞如)를 설명하는 각기 다른 개념으로 보아도 좋을 것 같습니다. 즉 일법계가 대총상이고, 그대로 법문체라는 뜻입니다.

【해】불교는 삼라만상(森羅萬象)을 인연관계(因緣關係)로 설명합니다.200) 일법계(一法界)라고 할 때의 법계(法界:㉠)는 연기(緣起)로 펼쳐지는 하나의 세계라는 뜻입니다. 따라서 비인격적 이치(非人格的 理致)인 연기(緣起)는 누가 만들어내는 것이 아니라 본래 자연계(自然界) 속에 내재(內在)한 것을 부처님이 그것을 있는 사실대로 터득했다고 말합니다. 비인격적 이치로 전개되는 현상계에 존재하는 인간은 자기중심적으로 세계를 바라보고 자기의 욕망에 귀속시키려 하는데, 그것이 뜻대로 되지 않으므로 좌절하고 번민한다는 것입니다. 따라서 불교에는 절대적인 인격신(人格神)이 세계를 만든다거나 인간의 행·불행을 좌지우지한다는 생각이 끼어들 수가 없습니다. 만약 누가 그런 생각을 가진다면 그러한 생각을 가진다는 것 자체가 이미 이치에 어긋난 사견(邪見)이라고 말합니다. 진(晉)나라 때의 도생(道生:?~434)은 '참된 이치는 스스로 그런 것이라 깨달음은 은밀히 부합하는 것이요, 참된 이치는 차별이 없어서 깨달아도 아무런 변화가 없

---
199) S.E.D. p-605.
200) 필자의 『붓다다르마』, 문화문고, 2010, 제3부 다르마를 참고바랍니다.

다'고 하였고,201) '법의 이치는 가득한 물과 같이 고요하여 무엇이 일어나고 사라지는 일은 없다. 다만 그것을 행하면 성(盛)하고 행하지 못하면 쇠(衰)할 뿐'이라고 했습니다.202)

　연기(緣起)로 진여(眞如)를 설명하면 평등(平等)이고 여래법신(如來法身) 그대로이지만 연기로 생멸(生滅)을 설명하면 복잡 미묘한 삼라만상 그대로입니다.

> 所謂心性은 不生不滅이라 一切諸法은 唯依妄念
> 소위심성　불생불멸　　일체제법　유의망념
> 而有差別이나 若離妄念이면 則無一切境界之相이
> 이유차별　　약리망념　　즉무일체경계지상
> 니라 是故로 一切法은 從本已來로 離言說相이요
> 　　　시고　　일체법　　종본이래　　이언설상
> 離名字相이며 離心緣相이고 畢竟平等하며 無有變
> 이명자상　　이심연상　　필경평등　　무유변
> 異하야 不可破壞며 唯是一心故로 名하야 眞如니라
> 이　　불가파괴　　유시일심고　　명　　진여
> 以心本性不生不滅相 一切諸法皆由妄念而有差別 若離妄念則無境
> 界差別之相 是故 諸法從本已來性離語言 一切文字不能顯說 離心
> 攀緣無有諸相 究竟平等永無變異不可破壞 唯是一心說名眞如
> <마음 본래의 본질로서 불생불멸(不生不滅)의 모습이니, 일체의 모든 법이 하나같이 망념으로 말미암아 차별을 나타낸다. 만약 망념을 떨쳐버린다면 우리가 대하는 세계의 차별적인 모습도 없게 될 것이다. 그러므로 모든 법은 본디부터 본질적으로 언어를 벗어나 있어 일체의 문자로 드러내 설명할 수가 없고, 마음의 반연(攀緣)을 벗어나서 어떤 모습도 없어서 궁극적으로 평등하여 결코 변하거나 달라짐이 없고 파괴할 수도 없어 오직 한 마음뿐이라 설명하여 진여라고 한다.>

역 마음 자체는 생기는 것도 아니고 없어지는 것도 아니다. 마음이 그려내는 온갖 생각들[一切諸法㉴]은 오로지 망념(妄念)에

---

201) 大般涅槃經集解:<卍續藏經:94-217상> 眞理自然 悟亦冥符 眞則無差 悟亦容易.
　　※容易의 容은 反問의 뜻으로 어찌, 어떻게의 뜻이다.
202) 大般涅槃經集解:<卍續藏經:94-356상> 法理湛然有何興何沒 但行之則盛 不行則衰耳.

바탕을 두고 각기 다름을 나타내는 것이라, 망념을 벗어난다면 각기 다른 모습들도 없어지고 마는 것이다. 그래서 망념에서 벗어난 것들[一切法㊀]은 본래부터 말로 설명하는 것[言說相]을 벗어났고, 무엇이라 이름을 붙이는 것[名字相]과 관계없으며, 우리의 생각이 그리는 것과 무관[心緣相]하므로 결국은 하나여서 변하고 달라지는 것이 없어서 파괴(破壞)할 수가 없으니 오직 무심하기 때문이니, 이것을 일러 진여(眞如)라고 한다.

참▶ 심성(心性:essential nature of Mind)은 찟따 스와바-와(citta svabhāva) 또는 찟따 쁘라끄리띠(citta prakṛti)인데, 찟따 스와바-와의 스와(sva)는 자기 자신을 뜻하고, 바-와(bhāva)는 '…이다, …가 되다'의 뜻인 제1류동사 어근(√bhū)에서 온 남성명사로 우리의 의식이나 주관과는 관계없이 독립하여 객관적으로 존재하는 것이란 뜻입니다.203) 그러니까 찟따 스와바-와는 마음 그 자체라는 뜻입니다.

그리고 찟따 쁘라끄리띠의 쁘라끄리띠(prakṛti)는 '낳다'라는 뜻을 가진 제8류동사(pra-√kṛi)에서 온 여성명사로 '타고난 바탕'이라는 의미입니다.204) 그러니까 심성은 타고난 바탕으로서 마음을 뜻합니다.

그런데 마음은 말로 설명하는 이름만 있을 뿐205) 마음은 실질적인 것이 없으니206) 마음은 객관적으로 파악되는 존재일 수가 없고, 타고난 바탕 역시 실체가 아니므로 성공(性空)이라고 합니다.207) 성공(性空)은 쁘라끄리띠 슈-야따-(prakṛti śūnyatā)로 '타고난 바탕은 없다'는 뜻입니다.208)

---

203) S.E.D. p-754.
204) S.E.D. p-653.
205) 摩訶止觀:<46-8중> 但有名字 名之爲心.
206) 大方廣十輪經 6:<13-709하> 但有名字無有實法.
207) 摩訶止觀:<46-29중> 但有名字 名字無性.
　　大聖文殊師利菩薩佛利功德莊嚴經 권하:<13-917하>但有名字 名字卽空.
208) 슈-야따(śūnyatā)는 중성명사 슈-야(śūnya)의 추상명사인데, 슈-야는 '텅 비었

주의해야 할 것은 슌-야따-, 즉 공(空)이란 말이 '없다'는 무(無)가 아니라 '비었다'는 뜻이니 공병(空甁)이라는 말이 '병이 없다'는 뜻이 아니라 '빈병'이라는 말과 같습니다.

▶ 일심(一心)은 에까찟따(ekacitta)이고, 이때 에까(eka)는 서수(序數)로 하나가 아니라 '흩어지지 않고 집중된다'는 뜻입니다. 따라서 일심은 집중된 마음이니, 일념(一念)이자 삼매(三昧)요, 무념(無念)입니다.

명(明)나라 때의 감산덕청(憨山德淸:1545~1623)은 심성(心性)에 대해 이렇게 말했습니다.

> 일체 성인이나 범부 등, 살아 혼을 가진 자의 근본이다. 바탕은 같으면서 쓰임이 다르다. 어리석음과 깨침의 차이가 있음으로 말미암아 진(眞)과 망(妄)의 구별이 있으니, 이른바 삼계가 오직 마음이요, 온갖 법이 오직 분별이다. 한마음 어리석기 때문에 분별하는데, 분별은 순수함과 허망이 현실에서 작용한다. 대상을 따르고 인연에 얽매여 본래 진심(眞心)을 가지고 있음을 알지 못한다.
> 만약 본래 진심을 가졌음을 알고, 허망하다는 것도 원래 실체가 없다는 것을 통달하면 허망을 돌려 참으로 돌아갈 수 있으니 중생계에서 문득 부처님의 세계로 들어갈 수 있는 것이다.209)

본문의 번역에서 ㉳의 일체제법(一切諸法)은 심법(心法)으로 망념이 그려내는 생멸심의 현상이고, ㉴의 일체법(一切法)은 색법(色法)으로 무념으로 응시하는 진여심의 현상이니, 우리가 언어문자로 설명하기 이전에 우리의 목전에 펼쳐지는 존재 자체를 말합니다. 그래서 경에 이르기를, '부처님의 경지를 알고자 하면

다'는 뜻에서 보통 공(空)이라 번역하는 말이다. 공이라는 의미는 어떤 대상도 없고, 이루어야 할 목적도 가지지 않아 텅텅 비었다는 말이다. 그러니까 성공(性空)이란 타고난 바탕 같은 것은 없다는 의미이다.

209) 憨山老人夢遊集 5:示李福淨:<卍續藏經 127-272하> 夫心性者何乃一切聖凡生靈之大本也 以體同而用異 因有迷悟之差故有眞妄之別所謂三界唯心萬法唯識 以迷一心而爲識 識則純妄用事 逐境攀緣 不復知本有眞心矣 若知眞本有 達妄元無則可返妄歸眞 從衆生界卽可頓入佛界矣.

그 마음을 허공처럼 텅 비우고, 청정하게 하여 망상과 집착을 멀리 떨쳐버려서 마음 가는 곳 모두 걸림 없도록 해야 한다'고 했던 것입니다.210)

법이라는 말이 매우 복잡한 말이지만 최소한 물질적인 것[㉰=色法]을 의미하는지 심리적인 것[㉯=心法]을 의미하는지 이치[㉮=理法]를 의미하는지 구분할 필요가 있습니다. 이미 앞에서 자세히 설명했습니다.

【해】불교에서는 언어로 사리(事理)를 표현할 때 직접적이고 긍정적으로 표현하는 것을 표전(表詮)이라 하고 간접적이고 부정적인 표현을 차전(遮詮)이라고 합니다. 표전을 포지티브 어프로치(positive approach), 즉 긍정적 접근(肯定的 接近)이라면 차전(遮詮)은 네거티브 어프로치(negative approach), 즉 부정적 접근(否定的 接近)입니다. 표전이 적극적인데 비해 차전은 소극적이라 하겠습니다. 반야경 계통에서는 차전을 많이 사용하고, 화엄(華嚴)에서는 표전을 많이 사용합니다. 연수(延壽:904~975) 스님이 말했습니다.

> 예를 들어 진여묘성(眞如妙性)을 말할 때 불생불멸(不生不滅)·불구부정(不垢不淨)·무인무과(無因無果)·무상무위(無相無爲)·비범비성(非凡非聖)·비성비상(非性非相)과 같이 표현하는 것은 차전(遮詮)으로 아니라고 부정하고 흔적을 없애며 생각을 끊고 감정을 떨쳐버리는 것이다.
> 그에 비해 지견각조(知見覺照)·영감광명(靈鑒光明)·낭낭소소(朗朗昭昭)·당당적적(堂堂寂寂) 등의 표현은 표전(表詮)이다.
> 소금을 말하면서 '싱겁지 않다'고 하면 차전이고 '짜다'고 말하면 표전이다. 물을 말하면서 '건조하지 않다'고 하면 차전이고 '축축하다'고 말하면 표전이다. 공종(空宗)은 차전뿐이고, 성종(性宗)은 차

---
210) 大方廣佛華嚴經 50:<10-265중> 若有欲知佛境界 當淨其意如虛空 遠離妄想及諸取 令心所向皆無礙.

전도 있고 표전도 있다. 그런데 요즘 사람들은 거의가 부정적으로 말하는 것을 깊다고 하고 긍정적으로 말하는 것은 얕다고 하므로 마음도 아니고 부처도 아니며 무위(無爲)니 무상(無相)이니 무엇 하나도 얻을 것이 없다는 말을 중히 여긴다.……

마치 요즘 아직 사실상 자신이 견성(見性)을 깨닫지도 못한 사람이 단지 상정(常情)에 근거하여 뜻으로 이해하는 것을 드러내고 오직 말 중에 묘한 것을 취하여 부정적 표현으로 몽땅 부인하고 거부하는 글을 극칙(極則)으로 여기니 아직 진리를 보지 못했기 때문이다. 실지(實地)에 있지도 않으면서 한결같이 공(空)에 의탁하여 말을 따라 옮겨가는 것이 근래 들어 더욱 심하니 그것을 막아낼 방법이 없다.211)

以一切言說은 **假名無實**이며 **但隨妄念**이라 **不可**
이 일체 언설   가명무실   단수망념   불가
得故니라
득 고
以眞如故從本已來不可言說不可分別 一切言說唯假非實 但隨妄念無所有故
<진여이기 때문에 본래부터 말로 설명할 수 없고, 분별할 수도 없다. 말로 설명하는 것은 오직 가(假)요, 실(實)이 아니라서 다만 망념을 따른 것일 뿐 실체가 없기 때문이다.>

[역] 말로 설명하는 것은 모두가 마음이 상상하는 것을 말로 설명하는 것이라 실체가 없으니 오직 망념을 따른 것일 뿐 손에 움켜쥘 어떤 무엇이 없기 때문이다.

[참]▶ 가명(假名)이라는 말은 산쓰끄리뜨로 쁘라즈냡띠(prajñapti)로 '마음으로 상상한 것을 말로 설명하는 것'이란 뜻입니다. 양

---

211) 宗鏡錄 34:<48-616중> 眞如妙性 每云不生不滅不垢不淨無因無果無相無爲非凡非聖非性非相等 皆是遮詮 遣非蕩跡絶想祛情 若云知見覺照靈鑒光明朗朗昭昭 堂堂寂寂等皆是表詮 如說鹽云不淡是遮 云鹹是表 說水云 不乾是遮 云濕是表 空宗但遮 性宗有遮有表 今時人皆謂遮言爲深 表言爲淺 故唯重非心非佛無爲無相乃至一切不可得之言…如今實未親證見性之人 但傚依通情傳意解 唯取言語中妙 以遮非泯絶之文 而爲極則 未見諦故 不居實地 一向託空 隨言所轉 近來尤盛 莫可遏之.

심, 인격, 신과 같은 말이 여기에 해당합니다.
▶ 가명무실(假名無實)이라는 말은 마음으로 상상한 것을 말로 설명하는 것이라 눈으로 확인할 수 있는 실체가 없다는 뜻입니다. 용수보살이 말하기를, 단지 이름만 있을 뿐인 모든 것은 오로지 상상 속에 머물 뿐이라고 했습니다.212)
▶ 불가득(不可得)은 산스끄리뜨로 노빨라비야떼(nopalabhyate)인데, 이 말은 나 우빨라비야떼(na upalabhyate)의 연성(連聲)으로 나(na)는 부정사이고, 우빨라비야떼(upalabhyate)는 '인식된다, 파악된다, 손에 넣다, 획득 된다'는 뜻을 가진 제1류동사 어근(upa-√labh)의 수동형 직설법 현재 3인칭 단수 위자태(爲自態)입니다.213) 따라서 노빨라비야떼(nopalabhyate)는 '인식되지 않는다, 파악되지 않는다, 손에 잡히지 않는다'는 뜻입니다. 그러니까 진위(眞僞)를 가리는 인식(認識)은 움켜잡을 수 있는 구체적 대상에 대한 파악이라는 것을 의미합니다. 그러니까 얼마든지 말로 설명할 수 있지만 경험(經驗)을 넘어서는 문제는 참인지 거짓인지를 따질 수 없다는 것인데, 부처님은 이런 것들을 무기(無記:avyākṛta)라고 하였습니다.

【해】 유명유실(有名有實)한 말이 있고, 유명무실(有名無實)한 말이 있습니다. 유명유실한 말은 사실적 언어(事實的言語)이고, 유명무실한 말은 관념적(觀念的)인 상징적 언어(象徵的言語)입니다. 그런데 우리가 처음 말을 배울 때는 모든 말은 유명유실하다는 사회적 약속 아래에서 배우기 때문에 훗날 유명무실한 말을 쓰면서도 유명유실한 것처럼 착각하고 집착하게 됩니다.
　동진(東晋)의 승조법사(僧肇法師:384~414)가 이렇게 말했습니다.

---

212) 大乘破有論:<30-254중> 但有名字 一切但於有想中住.
213) S.E.D. p-205.

방광반야경(放光般若經)에 제법(諸法)이란 이름을 빌린 것이요 참이 아니다. 비유하면 마치 요술쟁이가 만들어낸 사람[幻化人]과 같다. 환화인(幻化人)이 없는 것은 아니지만 진짜 사람[眞人]은 아니다.

이름을 가지고 그에 해당하는 사물을 구하지만 사물에는 이름에 해당하는 사실이 없고, 사물을 가지고 이름을 구하지만 이름에는 사물이 가진 공능(功能:효력)이 없다. 사물은 이름에 해당하는 사실이 없으니 '이름일 뿐' 사물이 아니고, 이름에는 사물의 공능을 얻을 수 없으니 '사실과 일치하는' 이름이 아니다. 그러므로 이름은 사실에 해당하지 않고 사실은 이름에 해당하지 않는다.214)

이름과 사실이 일치한다면 '불이야'라고 소리치면 입에 불이 붙어야할 것이지만 그런 일은 일어나지 않습니다. 마찬가지로 우리는 사실과 일치하지 않는 의미상의 말을 쓰고 있기 때문에 의미를 터득하였으면 더 이상 말에 매달릴 필요가 없습니다. 그것을 역설한 것이 『금강경(金剛經)』의 즉비(卽非)입니다.215)

B-Ⅲ-1-①-㉮
이언진여(離言眞如)

【해】이언진여(離言眞如)라는 의미는 진여는 우리가 표현하는 말의 범위(範圍)를 초월해 있다는 뜻입니다. 다시 말해서 표현이전(表現以前)의 진여라는 뜻입니다.

세친(世親:Vasubandhu:약 320~400년경)이 이렇게 말합니다.

세제(世諦)에 의한 명상(名相)의 입장에서는 얻을 것도 있고, 말할 것도 있다고 말한다. 하지만 진여의 이치 가운데서는 명상(名

---

214) 肇論:不眞空論:<45-152하> 放光云 諸法假號不眞 譬如幻化人 非無幻化人 幻化人非眞人也 夫以名求物 物無當名之實 以物求名 名無得物之功 物無當名之實 非物也 名無得物之功 非名也 是以名不當實 實不當名.
215) 필자의 『산스끄리뜨문 금강경강의』 49쪽의 'Ⅷ 『금강경』의 논증방식'을 읽기 바랍니다.<문화문고, 2014>

相)이 있어서 설할 수 있는 것이 아니다. 그러므로 진여의 이치는 본래부터 언어로 설명할 수 없고, 마음으로 헤아릴 수 있는 경지가 아니라서 얻는 것도 없고, 말할 것도 없다.216)

가상대사(嘉祥大師) 길장(吉藏:549~623)이 말하기를, 진제(眞諦)가 바로 제법실상(諸法實相)이다. 마음으로 헤아릴 수 있는 경지가 없기 때문에 마음[意]이 생각할 수 없고, 언어 또한 끊어졌으므로 입으로 논의할 수 없다. 이른바 진제는 불가사의(不可思議)하다고 했습니다.217) 진여와 같은 제일의(第一義)는 언어의 길이 끊어지고 마음으로 헤아리는 경지마저 사라졌다고 했습니다.218)

言眞如者는 亦無有相이라 謂言說之極이며 因言
언 진 여 자   역 무 유 상   위 언 설 지 극   인 언
遣言이니라
견 언
言眞如者 此亦無相 但是一切言說中極以言遣言
<진여라 말하는 것 역시 어떤 모습이 없다. 그러므로 일체 말로 설명하는 가운데 최고의 경지는 말로 말을 버리는 것뿐이다.>

[역] 진여라고 말하는 것 역시 눈으로 확인할 수 있는 어떤 모습이 없다. 말로 설명하는 최고의 경지는 말로 말미암아 말을 버리는 것을 의미한다.

[참]▶ 무유상(無有相)은 아살 락끄샤나(asal-lakṣaṇa) 또는 아바-와 락끄샤나(abhāva-lakṣaṇa)의 번역입니다.

아살 락끄샤나(asal-lakṣaṇa)는 아사뜨 락끄샤나(asat-lakṣaṇa)의 자음연성(子音連聲)으로 아(a)는 부정의 접두사이고, 사뜨(sat)는 '존재하다, 살다, 현존하다'라는 뜻을 가진 제2류동사 어

---

216) 金剛仙論 6:<25-840하> 依世諦名相道中 言有得有說 非眞如理中有名相故可說也 然眞如之理 從本以來 言語道斷 心行處滅 故無得無說也.
217) 維摩經義疏 4:<38-961하> 眞諦卽諸法實相 心行處滅故 意不能思 言語亦斷故 口不能議 謂眞諦不思議也.
218) 維摩義記:<38-498하> 第一義者 言語道斷 心行處滅.

근(√as)의 위타태(爲他態) 현재분사로 '현존하는 것, 존재하는 것'이란 뜻이고, 락끄샤나(lakṣaṇa)는 중성명사로 눈으로 확인할 수 있는 '특징, 상징'이라는 말입니다. 그러니까 아살 락끄샤나(asal-lakṣaṇa)는 존재하는 것으로서 특성을 나타냄이 없다는 뜻입니다.

그리고 아바-와 락끄샤나(abhāva-lakṣaṇa)의 아바-와(abhāva)는 부정의 접두사 아(a)에 바-와(bhāva)가 합성된 것인데, 바-와는(bhāva)는 우리의 의식이나 주관과는 관계없이 독립하여 객관적으로 존재하는 것이란 뜻입니다. 따라서 아바-와(abhāva)는 바-와의 반대의 뜻으로 비존재(非存在)를 의미합니다. 아바-와 락끄샤나(abhāva-lakṣaṇa)라는 말은 객관적으로 존재하는 것으로 특성을 나타내는 것이 없다는 의미입니다. 한마디로 유명무실(有名無實)하다는 뜻입니다.

▶ 인언견언(因言遣言)은 구역이고 신역에서는 이언견언(以言遣言)이라 했는데, 말로써 말을 버린다는 뜻입니다. 유명무실(有名無實)한 말로 무엇인가를 설명할 때 설명하는 취지를 터득하였으면 더 이상 설명하는 말에 매달리지 말고 버리라는 것입니다. 『파상론』에 통발을 이용하여 물고기를 잡지만 물고기를 잡았으면 통발을 잊을 것이요, 말을 통해 뜻을 표현하지만 뜻을 알았으면 말을 잊어야 할 것이라 하였는데,219) 같은 의미입니다.

승조법사(384~414)는 이렇게 말합니다.

> 지극한 이치는 깊고 깊어 말로 설명하여 드러낼 수 없고, 모양으로 보여 알 수가 없다. 그 모양을 보이려니 그 모양 없음[無相]을 그르치고 그 설명으로 드러내려니 말없음[無說]을 잃게 된다. 그렇다고 말하지도 않고 보이지도 않으려니 또한 그 뜻을 전달하기가 어렵다.220)

---

219) 破相論:<48-369상> 因筌求魚得魚忘筌 因言求意得意忘言.
220) 寶藏論:<45-146상> 至理幽邃 非言說可顯 非非示可知 夫欲示其相則迷其無相 欲顯其說則迷其無說 然欲不說不示 復難以通其義.

모양으로 모양이 없게 하는 것은 모양 그대[卽相]로 모양이 없음이다. 그래서 경에 색즉시공(色卽是空)이라 했으니 색을 없애어 공이 아니다. 비유하면 마치 흐르는 물에 바람이 쳐 거품이 생기나 거품 그대로 물이지 거품을 없앤 물이 아님과 같다.

모양 없음[無相]을 모양이 되게 하는 것은 모양 없는 것 그대로 모양이다. 경에 공즉시색(空卽是色)이라 했으니 색이 끝이 없다. 비유하면 마치 거품을 파괴하면 물이 되지만 물 그대로 거품이지 물을 떠나서 거품이 아닌 것과 같다.221)

【해】 위의 문장은 진여(Tathātā:Suchness)를 잘 설명하고 있습니다. 진여는 말로 설명할 수 있는 것이 없는데도 부득이 말로 설명하고 있으니까 설명하는 의미를 파악했으면 더 이상 말에 매달리지 않아야 한다는 것이 말로 말을 버리는 것을 언설(言說)의 극(極)이라고 했습니다.

길장(吉藏:549~623)이 말하기를, 일체 모든 법(㉮=心法)은 오로지 말로 설명하는 것이 있을 뿐이다. 오직 이름만 있고 실체가 없기 때문에 말이 끊어진다고 하여222) 언어 이전의 존재인 색법(㉯)만 언어도단(言語道斷)이 아니라 언설하는 것도 말에 집착해서는 안 된다고 했습니다.

연수(延壽:904~975)가 이르기를, 진여(眞如)에 미혹하여 명상(名相)을 이루고 망상(妄想)은 여기에서 생긴다. 명상(名相)의 근본인 진여(眞如)를 깨달으면 망상(妄想)은 이내 지혜가 되어 명상(名相)도 망상(妄想)도 없어지고 오직 진여한 지혜뿐이다. 이 지혜는 진여로 말미암아 성립되었으니 지혜 자체 또한 텅 빈 공(空)이다. 진여는 지혜를 빌려 밝아지므로 본래가 항상 고요하다. 그러므로 진여도 지혜도 모두 텅 비었다고 했습니다.223)

---

221) 寶藏論:<45-147하> 夫以相爲無相者 卽相而無相也 故經云色卽是空非色滅空 譬如水流風擊成泡 卽泡是水非泡滅水 夫無相爲相者 卽無相而相者 經云空卽是色色無盡也 譬如壞泡爲水水卽泡也 非水離泡.
222) 大乘玄論 1:<45-18상> 一切諸法 但有假名 但有名無實故言絶.
223) 宗鏡錄 41:<48-656상> 迷如 以成名相 妄想是生 悟名相之本如 妄便稱智 則無名相

> 此眞如體는 無有可遣이니 以一切法이 悉皆眞故
> 차 진 여 체　　무 유 가 견　　이 일 체 법　　실 개 진 고
> 며 亦無可立이니 以一切法이 皆同如故니라 當知하
> 　 역 무 가 립　　이 일 체 법　 개 동 여 고　　당 지
> 라 一切法은 不可說이며 不可念故로 名爲眞如니라
> 　 일 체 법　 불 가 설　　 불 가 념 고　　명 위 진 여
> 非其體性有少可遣有少可立
> <진여 자체는 본질상으로 부정적으로만 설명할 수도 없고, 긍정적으로만 설명할 수도 없다.>

[역] 하지만 진여 그 자체를 부정할 수는 없다. 일체법(一切法:㉰色法)이 모두 참이기 때문이며, 나타낼 수가 없기 때문이니 일체법(一切法㉰)은 모두 여(如)이기 때문이다. 일체법(㉰)은 사실적으로 표현할 수가 없고, 이렇게 저렇게 생각할 수도 없기 때문에 진여라고 한다는 것을 알아야 한다.

[참]▶ 진여체(眞如體)란 스와 바-와(sva-bhāva)를 말합니다. 스와(sva)는 '자기 자신'이란 뜻이고, 바-와는(bhāva)는 우리의 의식과는 관계없이 객관적으로 존재하는 것이란 뜻이니,224) 진여체라는 말은 존재 자체라는 의미입니다. 우리의 인식에 의해 파악되느냐와 관계없이 이미 스스로 존재한다는 말입니다.
▶ 진여체 무유가견(眞如體 無有可遣)이라는 말은 우리의 목전에 현존하는 것들은 변화가 무쌍(無雙)하여 말로 다 설명할 수는 없지만 변화무쌍(變化無雙)한 것으로써 그 자체를 부정할 수는 없다는 뜻입니다. 이미 앞에서 우리 목전에 존재하는 것들(㉰=色法)은 이언설상(離言說相)이요 이명자상(離名字)이며 이심연상(離心緣相)이라 필경평등(畢竟平等)하다고 말했었습니다.
▶ 일체법 개동여(一切法 皆同如)는 모든 물질적 존재[一切法㉰]

妄想 唯如智矣 智因如立 智體亦空 如假智明 本來常寂 故並空矣.
224) S.E.D. P-754.

는 모두가 진여라는 점에서 하나라는 뜻입니다. 깨달음이란 이 것을 직관(直觀) 또는 사실대로 보는 것[如實見]이지만 불각(不覺)은 진여의 존재는 하나라는 것을 사실대로 알지 못하는 것 [不如實知眞如法一:B-Ⅲ-1-②-㉯]이요, 하나의 법계라는 의미를 분명히 알지 못하는 것[不了一法界義]이며, 일법계를 통달하지 못하는 것[不達一法界:B-Ⅲ-1-⑤]입니다.

▶ 가립(可立)은 위야와스타-삐야떼(vyavasthāpyate)로 '확립하다, 설치하다'의 뜻을 가진 동사(vy-ava-√sthā)의 사역형(使役形) 직설법(直說法) 위자태(爲自態)로 '설립되어진다'거나 '공표된다'는 의미입니다. 따라서 무가립(無可立)은 '설립될 수 없다. 공표될 수 없다. 나타내질 수 없다'는 뜻입니다. 사실 언어는 존재를 사실대로 드러내기보다 왜곡(歪曲)시키는 일이 많습니다. 그래서 오직 사실만을 직시하는 선종(禪宗)에서는 언어도단(言語道斷)을 선언했던 것입니다.

연수(延壽:904~975) 선사의 말을 들어보겠습니다.

우리의 마음에서 모양[相]이라는 것이 일어나는 것은 원래 망상(妄想)에서 비롯되는 것이다. 이 망상 때문에 곧 모양이 발생한다. 이 모양에 매달리기 때문에 다시 마음에 생각이 일어나서 마음에 생긴 모양을 설명하는 말을 따라 그 말에 해당하는 실체를 잡착하는 것이 바로 거칠고 조잡한 생각[覺]과 세밀한 생각[觀]이다. 이 각관(覺觀)에 의지하여 다시 말의 설명을 일으킨다. 말로 하는 설명으로 말미암아 다시 허망하게 마음에 상상을 일으켜, 말하는 것을 집착한다. 이것이 언설(言說)이요, 그것으로 도(道)를 삼고 마음으로 행을 삼아 이 모양에서 상상이 불꽃이 튀듯이 쉬지 않고 일어난다. 이제 사실에 맞게 망상을 없애면 모양은 일어나지 않고, 모양이 일어나지 않으니 모양에 이름을 붙이던 마음이 없어지고, 이름과 마음이 없어지기 때문에 이름이 생기지 않고, 이름이 생기지 않기 때문에 각관(覺觀)이 일어나지 않는다. 각관이 일어나지 않으므로 언설도 따라서 없어진다. 언설이 없어지므로 다시 말에 의지하여 설하는 것을 집착하지 않게 된다. 설하는 것을 집착하지 않기 때문에 언어의 길이 끊어지고 마음의 움직임도 없어지게 된다.225)

말을 통해서 집착이 생긴다는 것을 자세히 설명하고 있어서 연수(延壽) 스님의 설명이 조금은 길지만 그대로 인용하였습니다. 깨달음은 언어이전의 세계를 사실대로 파악하는 것이므로 말이 필요하지 않지만 말로 의사를 표현하는 중생세상에서는 부득이 말로 표현할 수밖에 없어 인언견언(因言遣言)을 말하게 됩니다.

問曰 若如是義者라면 諸衆生等이 云何隨順하여
문 왈 약 여 시 의 자   제 중 생 등   운 하 수 순
而能得入이닛고
이 능 득 입
問曰 若如是者 衆生云何隨順悟入
<문: 만약 그와 같다고 한다면 중생들이 어떻게 받아들여서 깨달을 수 있겠는가?>

역문 이와 같은 의미라고 한다면 중생들이 어떻게 받아들여 깨닫겠는가?

참▶ 수순(隨順)은 아누꿀-라(anukūla)의 번역인데,226) '널리 행해지고 있는 것을 따른다'거나 '뜻에 맞는다'거나 '적합하다'는 의미입니다.
▶ 득입(得入:pra-√viś)은 터득하여 들어간다는 말이니 증득(證得)한다거나 체득(體得)한다는 의미로 '깨닫는다'는 뜻입니다. 구역(舊譯)의 득입(得入)을 신역(新譯)에서는 오입(悟入)이라고 하

---

225) 宗鏡錄 38:<48-638하> 情相之興 原由妄想 妄想故便有相生 以依相故復起心想 隨名取實 卽是覺觀 依此覺觀便起言說 依言說已復起妄心想 取所說法 此卽言說以之爲道 心以爲行 於是相想熾然不息 今契法實 滅除妄想 相卽不生 相不起故立名心滅 名心滅故 名卽不生 名不生故覺觀不起 覺不起故言說隨亡 言說亡故不復依言取於所說 不取說故言語道斷心行處滅.
226) S.E.D. p-31.

여 그 의미를 분명하게 하였습니다. 쁘라위슈따(praviṣṭa)는 위의 동사(pra-√viś)의 과거수동분사입니다.227)

> 答曰 若知하되 一切法을 雖說이라도 無有能說可說
> 답왈 약지 일체법 수설 무유능설가설
> 하며 雖念이라도 亦無能念可念이면 是名隨順이요 若
> 수념 역무능념가념 시명수순 약
> 離於念을 名爲得入이니라
> 이어념 명위득입
> 答曰 若知雖說一切法而無能說所說 雖念一切法而無能念所念 爾時隨順妄念都盡名爲悟入
> <답: 설사 모든 법을 설명하더라도 능설(能說)도 없고, 소설(所說)도 없으며, 모든 법을 생각하더라도 능념(能念)도 없고 소념(所念)도 없다는 것을 알아야 한다. 이런 때에야 망념을 받아들이는 것을 말끔히 버려서 깨달음에 들어간다고 말하게 된다.>

역 답 만약 일체법[雖=色法]을 말하더라도 말을 할 수 있는 것과 말해질 수 있는 것이 없고, 설사 생각하더라도 생각할 수 있는 것과 생각될 수 있는 것이 없다는 것을 안다면 이게 바로 받아들여 따르는 것이다. 만약 망념(妄念)에서 벗어난다면 진여를 깨닫는 것이라 할 것이다.

참▶ 능설가설(能說可說)과 능념가념(能念可念)에서 가설(可說)의 가(可)와 가념(可念)의 가(可)는 의미상 소(所)가 되어 능설소설(能說所說)과 능념소념(能念所念)으로 읽어야 합니다. 실차난타의 번역인 신역(新譯)은 그렇게 하고 있어서 위의 부분을 이해하는 데는 구역보다 오히려 신역이 훨씬 보탬이 됩니다.
　또한 수념(雖念)이라도 역무능념가념(亦無能念可念)의 념(念)은 사유(思惟)한다는 의미이고, 약리어념(若離於念)의 념(念)은 망념(妄念)을 뜻합니다.

---
227) S.E.D. P-692.

B-Ⅲ-1-①-㉯
의언진여(依言眞如)

【해】 언어의 표현에 의한 진여라는 뜻이니 진여 자체는 말을 초월한 것이지만 설명하기 위하여 부득이(不得已) 말로 표현하는 진여라는 의미입니다. 부득이한 것이니 목적(目的)이 아니라 수단(手段)이라는 것을 알아야 합니다.

> 復次 眞如者는 依言說分別하면 有二種義이니 云
> 부차 진여자   의언설분별   유이종의   운
> 何爲二닛고 一者는 如實空이니 以能究竟顯實故며
> 하위이   일자   여실공   이능구경현실고
> 二者는 如實不空이니 以有自體로 具足無漏性功
> 이자   여실불공   이유자체   구족무루성공
> 德故니라
> 덕 고
> 復次眞如者 依言說建立有二種別 一眞實空 究竟遠離不實之相
> 顯實體故 二眞實不空 本性具足無邊功德有自體故
> <다시 진여라는 것은 말로 설명하여 분별하면 두 가지 차별이 있으니, 하나는 진실공(眞實空)이다. 궁극적으로 사실적이지 않은 모습을 멀리 벗어나 실체를 나타내기 때문이요. 다른 하나는 진실불공(眞實不空)이니, 근본적으로 한량없는 공덕을 갖춘 그 자체이기 때문이다.>

㈂ 다시 진여를 말로 설명하여 분별하면 두 가지 의미가 있으니 하나는 사실상 텅 비었다는 것[Truly Empty]이니, 궁극적으로 사실을 드러낸 것이요, 또 하나는 사실상 텅 비지만은 않았다는 것[Truly Nonempty]이니, 진여 그 자체가 번뇌나 갈등이 없는 덕을 갖추고 있기 때문이다.

㈃▶ 공(空:śūnyatā)이란 아무 것도 없다는 뜻이 아니라 무엇인가가 있지 않아서 텅 비었다는 뜻이고, 불공(不空:aśūnyatā)은

아무 것도 없이 텅 비었다고 해서 무의미하거나 쓸데없는 것은 아니라는 뜻이니 텅 비었을지라도 그 나름의 기능(機能)이나 역할(役割)이 있다는 뜻입니다.

비유하면 하늘은 텅 빈 공간이지만[眞實空] 텅 비었기 때문에 구름이 온갖 모양을 만들어낼 수 있는 것[眞實不空]과 같습니다. 당(唐)의 종밀(宗密:780~841) 스님이 마음에 대해 말하기를, 마음은 텅 비어 고요하지만[空寂] 그 텅 빈 마음이 온갖 대상을 인식하고 희로애락(喜怒哀樂)을 느낀다고 하여 공적(空寂)하지만 신령스럽게 알아 어둡지 않다[靈知不昧]고 했습니다. 마음이 공적하다는 것은 존재의 측면에서 마음을 말한 것이고, 신령스럽게 알아 어둡지 않다는 것은 마음의 역할에서 말한 것입니다. 그러니까 텅 비어 고요한 것이 공(空)이고 대상을 인식하고 희로애락을 느끼는 것이 불공(不空)입니다. 『금강경』에 무실무허(無實無虛)라는 말이 있는데, 무실(無實)이 공(空)이요 무허(無虛)가 불공(不空)입니다.

所言空者는 從本已來로 一切染法이 不相應故니
소 언 공 자   종 본 이 래   일 체 염 법   불 상 응 고
謂離一切法差別之相이며 以無虛妄心念故니라
위 이 일 체 법 차 별 지 상   이 무 허 망 심 념 고
復次眞實空者 從本已來 一切染法不相應故 離一切法差別相故
無有虛妄分別心故
<다시 또 진실공이라는 것은 본디부터 일체의 염법(染法)과는 어울리지 않기 때문이요, 일체법 차별적인 모습을 벗어나기 때문이며, 허망하게 분별하는 마음이 없기 때문이다.>

[역] 텅 비었다고 말하는 것은 원래부터 더럽혀진 생각과 어울리지 않으니, 온갖 차별적인 모습을 벗어났기 때문이요, 허망한 생각이 없기 때문이다.

[참]▶ 일체염법(一切染法)이란 물들었다고 말할 수 있는 모든 것

이란 뜻이니, 물들었다는 의미는 분별심(分別心)으로 상상하는 것을 의미합니다.

▶ 불상응(不相應)은 아상쁘라유끄따(asaṃprayukta)로 '…과 결합되지 않은'이란 뜻입니다. 그러니까 '진여가 텅 비었다'는 것은 원래가 번뇌인 망념(妄念)하고는 거리가 멀다는 뜻입니다.

> 當知하라 眞如自性은 非有相이요 非無相이며 非非有相이요 非非無相이며 非有無俱相이요 非一相이요 非異相이요 非非一相이요 非非異相이요 非一異俱相 이니라 乃至總說하면 依一切衆生이 以有妄心으로 念念分別하나 皆不相應故로 說爲空이다 若離妄心하면 實無可空故니라
>
> 應知眞如 非有相非無相 非有無相非非有無相 非一相非異相 非一異相非非一異相　略說以一切衆生妄分別心所不能觸故立爲空 據實道理 妄念非有 空性亦空 以所遮是無 能遮亦無故
>
> <진여는 유(有)가 아닌 모양이고, 무(無)가 아닌 모양이며, 유무(有無)가 아닌 모양이고 유무가 아닌 모양도 아니고, 같은 모양[一相]도 아니고, 다른 모양도 아니며, 같거나 다른 모양[一異相]도 아니고 같거나 다른 모양이 아닌 것[非一異相]도 아니다. 간략히 말해서 중생들의 망상과 분별심으로는 닿을 수조차 없기 때문에 공(空)을 세우고 사실적인 이치에 의거하면 망념은 유가 아니고, 공성(空性)역시 공이어서 막힐 것도 없고 막을 수 있는 것 역시 없기 때문이다.>

역 진여 자체는 차별적인 모습이 없으나 그렇다고 어떤 모습도 없다는 것은 아니다. 차별적인 모습이 없는 것이 아니라고 해서 그렇다고 모습이 없지 않다는 것도 아니다. 모습이 있다거나 없

다는 두 모습 그 어떤 것도 아니다. 정해진 하나의 모습이 아니요 모습이 아닌 다른 무엇도 아니다. 정해진 하나의 모습이 아니라고 해서 그렇다고 모습이 아닌 다른 그 무엇이 아닌 것도 아니다. 정해진 하나의 모습이냐 모습이 아닌 다른 그 무엇이냐라는 이 두 가지 중에 그 어떤 것도 아니다. 이를 통틀어 말하면 모든 중생들이 망심(妄心)에 의지하여 이 생각 저 생각을 나누고 구별하나 그 모두가 진여와는 맞지 않기 때문에 텅 비었다고 말하는 것이다. 만약에 망심(妄心)을 떨쳐버릴 수만 있다면 사실 텅 비었다고 말할 필요도 없다.

참▶ 진여자성(眞如自性:Tathātā-svabhāva)은 진여 자체의 속성, 즉 진여 자체란 의미입니다. 대개 진여(眞如)를 절대(絶對)라거나 실재(實在)라는 말로 표현하고 있는데, 절대라는 말 자체가 무엇인가 상대를 전제한 말이고, 실재라는 말 역시 인간의 인식이나 경험과는 상관없이 독립하여 존재하는 것을 이르는 말이니 진여를 실재라고 하는 말도 적절하다고 볼 수 없습니다. 진여(Tathātā)라는 말이 추상적 개념이기 때문입니다. 진여 자체의 의미는 앞에서 말한 따타-(Tathā) 즉 여(如)의 추상적 개념(Tathātā:Tathātva)이라는 것을 염두에 두고 상상할 수 있어야 할 것입니다.

▶ 상(相:lakṣaṇa)이란 우리의 감각적 인식으로 다른 것과 구별해 낼 수 있는 어떤 특징을 말합니다. 진여는 그러한 특징이 없다는 것입니다. 진여라는 말 자체가 유명무실(有名無實)이기 때문입니다. 그래서 앞에서 말하기를 진여는 상이 없다[眞如者 亦無有相]고 하였습니다.

진여실상(眞如實相)이라 하였으니, 진여(眞如)의 거짓 없는 참 모습[實相]을 말하는데, 실상(實相)은 고정된 모습이 없는 모습이라고 했고,228) 고정된 모습이 없는 모습은 모두 여(如)와 같다고 했으며,229) 이러한 모습들은 순간 순간적으로 나타내는 모습이 거짓 없는 사실이라고 했습니다.230) 진여는 고정된 특별한 모습이 있는 것이 아니라 순간순간 나타나는 모습이 진여의 참모습이라는 뜻입니다.

　말로 설명하는 궁극의 경지는 말로 말미암아 말을 버리는 것[言說之極 因言遣言]이라 했으니, 언설에 매달리려고 하지 말고 상상하되 상상하는 것에도 집착하지 않아야 할 것입니다. 그래서 언설을 벗어났고[離言說相], 마음이 그리는 것을 벗어났다[離心緣相]고 했습니다. 그래서 상상하지 말고 거울이 사물을 반사하듯이 목전의 참모습을 직시(直視)하라고 말합니다.

　산스끄리뜨로 보면 직시(直視), 직관(直觀), 현견(現見), 증득(證得)은 거울이 대면하는 사물을 사실 그대로 반영(反映)하듯이 목전(目前)의 삼라만상을 있는 사실대로 본다는 뜻으로 같은 맥락의 말들입니다.

▶ 약리망심(若離妄心)에서 약(若)은 접속사(接續詞)로 가설(假說)을 나타냅니다.

【해】불교의 수행은 진여(眞如)를 터득하기 위한 마음의 준비인데, 이에 대해서는 뒤의 B-Ⅳ 수행신심분(修行信心分)에서 다루게 됩니다.

```
所言不空者는 已顯法體空無妄故니 卽是眞心이
소언불공자    이현법체공무망고     즉시진심
常恒不變이며 淨法滿足故로 名不空이며 亦無有
상항불변     정법만족고   명불공    역무유
相可取며 以離念境界요 唯證相應故니라
상가취   이이념경계   유증상응고
言眞實不空者 由妄念空無故 卽顯眞心常恒不變淨法圓滿故名不
```

---
228) 宏智禪師廣錄 5<48-64중> 實相是無相之相.
229) 金剛錍:<46-785하> 以實相故相等皆是 實相無相相等皆如.
230) 四明尊者敎行錄 3:<46-885상> 所有諸相相相眞實.

> 空 亦無不空相 以非妄念心所行故 唯離念智之所證故
> <진실불공이라 말하는 것은 망념이 텅 비어 없기 때문이니, 진심(眞心)은 항상 변하지 않아 청정한 법이 원만하게 나타나기 때문에 불공(不空)이라 말하나 또한 불공(不空)의 모습도 없으니 망념(妄念)이 행할 바도 아니기 때문이요 오로지 망념의 지혜를 벗어나 증득하는 것이기 때문이다.>

역 텅 비지만은 않았다고 말하는 것[Truly Nonempty]은 진여 자체가 텅 비었지만 비었다는 그 자체가 없는 것도 아니라는 것을 드러냈으니, 이것이 '생긴 그대로의 마음'이요, 언제나 변덕스럽지 않은 마음이요, 맑고 순수한 생각이기 때문에 텅 비지만은 않았다고 말하는 것이다. 텅 비지만은 않았다고 해서 움켜쥘 수 있는 어떤 것이 있는 것은 아니다. 망념을 떨쳐버린 이 경지는 유증자방지(唯證者方知)라는231) 징관(澄觀:738~839)의 말대로 오직 체험적으로 깨달아야만 알 수가 있기 때문이다.

참▶ 법체(法體)는 앞에서 말한 진여체(眞如體)라는 뜻입니다.
청량징관(淸凉澄觀) 대사가 말했습니다.

공(空)이라는 말을 듣고 아주 없는 것은 아닐까 의심하지 말지니, 이는 현상[事]에 의거하는 공이요 아주 없는 것은 아니기 때문이다.
유(有)라는 말을 듣고 영원한 것은 아닐까 의심하지 말지니, 결정된 성품의 유(有)가 아니고 인연을 따르는 유(有)이기 때문이다.
둘 다 옳다[雙是]는 말을 듣고 양분(兩分)된 것은 아닐까 의심하지 말지니 다만 두 진리를 나란히 비추면 두 바탕이 없기 때문이다.
둘 다 틀렸다[雙非]는 말을 듣고 근거가 없는 것은 아닐까 의심하지 말지니, 다만 허물을 막고 집착하지 않도록 하기 때문이다.
또 공(空)이라는 말을 듣고 유(有)를 의심하지 말지니, 이는 유(有)에 의거한 공(空)이기 때문이다.
유(有)라는 말을 듣고 공(空)에 대해 의심하지 말지니, 이는 공

---

231) 五臺山鎭國大師澄觀答皇太子問心要:<景德傳燈錄 30:51-459중> 雖卽心卽佛 唯證者方知 然唯證有知則慧日沈沒於有地 若無照無悟則昏雲掩蔽於空門 若一念不生則前後際斷 照體獨立物我皆如.

(空)에 의거한 유(有)이기 때문이다.
　　둘 다 옳다[雙是]는 말을 듣고 둘 다 그릇되었다고 함[雙非]을 의심하지 말지니, 이것은 유무(有無)를 의거하지 않고 유무가 되기 때문이다.
　　둘 다 그릇되었다[雙非]는 말을 듣고 둘 다 옳다함[雙是]을 의심하지 말지니, 이것은 유무(有無)에 근거해야만 되는 유무가 아니기 때문이다.232)

　　목전(目前)에 현전하는 실상(實相)은 인연(因緣)을 따라 변화무쌍(變化無雙) 그대로이니 이렇다 저렇다라고 말하는 것 자체가 사실과는 거리가 있어서 불교에서는 여(如:tathā:그렇다)라고 말해왔습니다. 여(如)만이 진실이라는 뜻에서 진여(眞如)를 말합니다. 따타-따-아나누웻자(Tathātā ananuvejja)라 해야 할 것입니다. 이 말은 진여(眞如)는 불가설(不可說)이라는 뜻입니다. 이 말은 땃뜨와 아나누웻자(Tattva ananuvejja)로 그것[Tattva]은 불가설이라는 뜻이기도 합니다.233)

B-Ⅲ-1-②
심생멸문(心生滅門)

【해】 앞에서 마음은 변함이 없다는 면[心眞如門:*The Mind in terms of Absolute*]에서 말하고 이제 다시 마음은 수시로 변화한다는 측면[心生滅門:*The Mind as phenomena*]에서 마음을 살펴봅니다.

---

232) 大方廣佛華嚴經隨疏演義鈔 20:<36-157하> 聞空莫疑斷 是卽事之空 非斷滅故 聞有莫疑常 非定性有 從緣有故 聞雙是莫疑兩分 但雙照二諦 無二體故 聞雙非莫疑無據 以但遮過令不著故 又聞空莫疑於有 是卽有之空故 聞有莫疑於空 是卽空之有故 聞雙是莫疑雙非 是卽非有爲有無故 聞雙非莫疑雙是 是卽有無方是非有無故.
233) 아나누웻자(ananuvejja)는 not to be known, unfathomable, unknown의 뜻입니다.<P.E.D. p-43>

> 心生滅者는 依如來藏故로 有生滅心이니라 所謂
> 생멸심자   의여래장고   유생멸심   소위
> 不生不滅이 與生滅과 和合하야 非一非異라 名爲
> 불생불멸   여생멸   화합   비일비이   명위
> 阿梨耶識이니라
> 아 리 야 식
> 心生滅門者 謂依如來藏有生滅心轉 不生滅與生滅和合非一非異
> 名阿賴耶識
> <심생멸문이라는 것은 여래장에 의지하여 생멸하는 마음의 전환이 있다는 것을 이른다. 생멸하지 않는 것과 생멸하는 것이 화합(和合)하여 하나도 아니고 다른 것도 아닌 것을 아뢰야식이라 이름 한다.>

[역] 마음이 생기고 사라진다는 것은 여래장(如來藏)에 바탕을 두었을 때 마음이 생겼다거나 사라졌다는 의미가 있게 되는 것이다. 다시 말해 생기지도 않고 없어지지도 않는다는 것이 생겼다거나 없어졌다는 것과 어우러졌어도 같은 것도 아니고 그렇다고 전혀 다른 것도 아니라고 할 수 있으니, 이것을 아리야식(阿梨耶識:the Storehouse Consciousness)이라고 부른다.

[참]▶ 아리야식은 산스끄리뜨로 알-라야 위즈냐-나(Ālaya vijñāna)를 말합니다. 아뢰야식(阿賴耶識)이라고 음역하기도 합니다. 알-라야(Ālaya)는 저장소라는 뜻이고,[234] 이 말의 뿌리(ā-√lī)에는 자리 잡는다는 뜻이 있으니, 알-라야 위즈냐-나는 분별하는 인식의 저장소라는 의미입니다.

분별이 언제부터 시작되었는지 알 수 없으니, 우리가 세상에 태어나서부터 이것저것을 보고 듣고 냄새 맡으며 좋고 나쁨을 구별하던 모든 경험들이 쌓여 보관되는 곳이라는 의미입니다.

논(論)에 이르기를, 아뢰야식은 산스끄리뜨이고 번역하면 창고[藏]가 되고 집[宅]이 된다. 집은 모든 것을 보호 유지하고, 창

---

[234] S.E.D. p-154.

고는 모아서 쌓아두어 분실함이 없다. 창고라거나 집이라는 이름은 이런 뜻에서 이름 붙였다고 하였는데,235) 이 알-라야식에 대해 무착보살(無著菩薩:310?~390?)의 이렇게 설명합니다.

> 이미 전에 지어서 더욱 자란 업의 번뇌가 조건[緣]이 되고, 시작을 알 수 없는 그때부터 희론(戱論)의 훈습이 원인[因]이 되어 생기는 모든 의식[一切種子]이 다른 결과를 가져오는 의식[異熟識]의 바탕이 된다.
> 알-라야식은 몸뚱이가 받아들이는 느낌을 분별하고 간직하며, 감각기관의 뿌리가 되고 나아가 희론(戱論)을 훈습한다. 언제나 하나같이 생기고 없어지지만 자세히 구별하여 알 수가 없다.
> 또 외부 객관세계를 분별하여 좋고 나쁨 등의 감정과 어우러져 간직하며 항상 무부무기(無覆無記)와 전식(轉識) 등이 의지하는 원인이 되고 염정(染淨)으로 전식(轉識)과 감각[受] 등이 함께 굴러 물듦을 키우는 전식(轉識)이 되거나 청정함을 줄이는 전식(轉識) 등이 되기도 한다.236)

무착의 글에서 종자(種子)는 비-자(bīja)인데, '씨앗'을 뜻하는 이 말은 의식을 비유(譬喩)하는 말로 썼습니다. 이숙식(異熟識)은 위빠-까 위즈냐-나(vipāka vijñāna)로 위빠-까는 보통 과보(果報)라고 번역하는 말인데, '다르다'는 의미의 접두사 위(vi)가 '익히다, 굽다, 요리하다, 진전시키다'라는 뜻을 가진 제1류동사 어근(√pac)에서 온 남성명사로 '익음, 요리'를 뜻하는 빠-까(pāka)에 붙여져 위빠-까는 이숙(異熟)이라 한역하는 말입니다.
이숙이란 봄에 씨앗을 뿌려 가을에 열매를 거두는 것처럼 내용적으로 다르게, 시간적으로 다른 때에 성숙되었다는 뜻입니다.

---

235) 大乘百法明門論 上:<44-53하> 阿賴耶識西國梵音 此飜爲藏亦名爲宅 宅卽攝持諸法 藏卽貯積無遺 藏宅之名此皆從義立名.
236) 顯揚聖敎論 1:<31-480하> 阿賴耶識者 謂先世所作增長業煩惱爲緣 無始時來戲論熏習爲因 所生一切種子異熟識爲體 此識能執受了別色根根所依處及戲論熏習 於一切時 一類生滅不可了知 又能執持了別外器世界與不苦不樂受相應一向無覆無記與轉識等 作所依因與染淨轉識受等俱轉能增長有染轉識等爲業及能損減淸淨轉識等爲業.

무부무기(無覆無記)는 덮개가 없는 무기라는 말인데, 산스끄리뜨로 아니우리따-위야-끄리따(anivṛtāvyākṛta)라고 합니다.

아니우리따-위야-끄리따를 분해하면 아 니우리따 아위야-끄리따(a+nivṛta+avyākṛta)인데 아(a)는 부정의 접두사이고, 니우리따(nivṛta)는 '피하다, 격퇴하다'라는 뜻을 가진 동사(ni-√vṛi)의 과거수동분사로 '억제된'이란 뜻입니다.237) 그리고 아위야-끄리따(avyākṛta)는 흔히 무기(無記)라고 번역하는 말인데, 아위야-끄리따를 다시 분석하면 부정의 접두사 아(a)와 위야-끄리따(vyākṛta)로 나눌 수 있습니다. 위야-끄리따는 '설명하다'는 뜻을 가진 동사(vy-ā-√kṛi)의 과거수동분사이니,238) 부정의 접두사가 결합된 아위야-끄리따는 '설명할 수가 없다'는 말이 됩니다. 따라서 아니우리따-위야-끄리따(anivṛtāvyākṛta)는 '억제되지도 않고, 설명할 수도 없다'는 말이 되는데, 선악(善惡)의 과보를 초래하지도 않고, 수행을 방해하지도 않는 순수한 무기(無記)를 의미합니다.

경에 아뢰야식을 여래장이라 하는데, 무명(無明)인 칠식(七識)과 함께한다고 했습니다.239)

【해】 적멸(寂滅)이 일심(一心)이요, 일심은 여래장(如來藏)이며, 자기의 내면적인 지혜의 경계로 들어가 무생법인(無生法忍:anupattika-dharma-kṣānti)의 삼매를 얻는다고 했고,240) 적멸은 여(如)의 뜻이라고 했으니241) 일심(一心)이 바로 여(如)이고 적멸(寂滅)이니, 마음이 생기고 없어진다는 말은 고요한 일심에 근거하여 하는 말입니다. 불생불멸이 있어서 생멸이 있다는 것이 바로 '이것이 있으므로 저것이 있다'는 연기법적 설명(緣起

---

237) S.E.D. p-559.
238) S.E.D. p-1035.
239) 入楞伽經 7:<16-556중> 阿梨耶識者 名如來藏而與無明七識共俱.
240) 入楞伽經 1:<16-519상> 寂滅者名爲一心 一心者名爲如來藏 入自內身智慧境界 得無生法忍三昧.
241) 金剛三昧經:<9-371중> 寂滅卽如義.

法的 說明)입니다.

 불교는 모든 현상을 연기(緣起)로 설명합니다. 따라서 불교는 연기의 철학(緣起 哲學)이라 말할 수 있습니다. 연기로 외부세계를 설명하면 외연기(外緣起)이고, 심리적인 것들을 설명하면 내연기(內緣起)입니다.

 연수 스님이 말했습니다.

> 이 마음<一心242)>이 범부와 성인의 집이요, 감관(感官)과 경계의 근원이다. 다만 범부는 집착하여 아뢰야식만 만들어, 나고 죽는 고뇌의 원인을 이루고, 성자(聖者)는 통달하여 여래장(如來藏)243)의 마음이 되게 하여 열반의 영원한 즐거움의 과보를 누린다.
> 만약 아뢰야식이라고 말하면 이름은 있으나 실체가 없는데도 망정(妄情)으로 있다는 데만 집착하나 궁극적 경지가 아니기 때문에 깨달아 성자가 될 때 그 이름은 바로 버리게 된다.
> 만약 여래장의 마음이라고 하면 이름도 있고 이름에 해당하는 내용[體]도 있으니 본래 있는 것이요 집착이 아니기 때문에 미래에 이르도록 끊어지지 않는다.
> 오늘날의 중생들은 망정(妄情)을 따라 집착이 많기 때문에 대개 아뢰야식을 알면서도 여래장이 있다는 것은 믿지 않는다. 믿지 못하기 때문에 자신을 가볍게 여길뿐더러 남들까지도 헐뜯는다.244)

 깨달은 부처님이나 범부중생이 같은 마음이지만 범부들은 집착이 많아 차별(差別)하는 망정(妄情)으로 살고 부처님은 모두가 하나임을 깨달아 분별이 없는 평등 속에 산다는 것입니다. 부처님과 범부는 사물을 어떤 방식으로 인식하느냐의 차이이지 근원적 존재의 차이에 있는 것은 아니라는 것을 알아야 합니다. 그래서 경에 '마음과 부처와 중생 이 셋은 차이가 없다'고 했습니다.245)

---

242) 四敎儀註彙補輔宏記:<卍續藏經 102-429하> 心與定一 名一心.
243) 大乘起信論別記1:<44-227상> 一心者 名如來藏.
244) 宗鏡錄 34:<48-611하> 此心是凡聖之宅 近境之原 只爲凡夫執作賴耶之識 成生死苦惱之因 聖者達爲如來藏心 受涅槃常樂之果 若云阿賴耶識則有名無體 以情執有不究竟故 當證聖時其名卽捨 若云如來藏心則有名有體 以本有非執故 至未來際不斷故 今衆生以隨情執重故 多認賴耶 不信有如來藏 以不信故自旣輕慢 又毁滅他人.

> 此識에 有二種義하니 能攝一切法하고 生一切法하
> 차식   유이종의   능섭일체법   생일체법
> 나니 云何爲二닛고 一者는 覺義요 二者는 不覺義니라
>   운하위이   일자 각의   이자 불각의
> 此識有二種義 謂能攝一切法 能生一切法 復有二種義 一者覺義
> 二者不覺義
> <이 아뢰야식에 두 가지 뜻이 있어서 모든 법을 포섭할 수도 있고, 모든 법을 일으킬 수도 있음을 이른다. 또 두 가지 뜻이 있으니, 깨달음이란 뜻과 깨닫지 못함이란 뜻이다.>

【역】 이 알-라야식에 두 가지 뜻이 있어 일체법(一切法㉯=心法)을 거두어들일 수도 있고(embrace all states of existence), 일체법(一切法㉯)을 내놓을 수도 있으니(create all states of existence), 하나는 깨달음[覺]이란 의미요, 또 하나는 깨닫지 못했다[不覺]는 의미입니다.

【해】 알-라야식이 온갖 생각들을 거두어들이는 것이 깨달음이니, 바로 알-라야식이 무념(無念)이 되는 것이 각(覺)이라는 말이고, 반대로 알-라야식이 온갖 생각들을 쏟아내는 것이 불각(不覺)이 된다는 뜻입니다. 무념(無念)은 무망념(無妄念)이라는 뜻입니다.

『종경록(宗鏡錄)』에 '식(識)은 분별이니 분별은 진지(眞知)가 아니다. 오로지 무념이라야 깨닫는다. 얼핏 마음을 비춘다고 생각을 일으키는 것은 진지(眞知)가 아니므로 마음을 일으키지 않아야 현묘(玄妙)하다. 마음을 일으켜서 무엇을 보는 것은 망상(妄想)이므로 진지(眞知)가 아니다. 진지는 반드시 마음을 비우고 비춘다는 것을 버리므로 말과 생각의 길을 끊는다고 했습니다.246)

---

245) 華嚴經 10:<9-465하> 心佛及衆生 是三無差別 諸佛悉了知 一切從心轉.
246) 宗鏡錄 34:<48-615중> 識是分別 分別非眞知 唯無念方見 瞥起照心卽非眞知故 以不起心爲玄妙 起心看卽妄想 故非眞知 眞知必虛心遺照 言思道斷矣.

B-Ⅲ-1-②-㉮
각(覺)

【해】 불교는 깨달음을 지향합니다. 깨달음은 머리로 이해하는 지식이 아니라 체험적(體驗的)으로 몸소 터득하는 증득(證得:prāpti-sākṣāt-kṛti)입니다. 이 증득이 없는 불교는 불교학(佛敎學)일 뿐 수행으로서 불교는 아닙니다. 쁘라-쁘띠(prāpti)는 얻는다. 도착한다는 동사어근(pra-√āp)에서 온 여성명사이고,247) 사-끄샤뜨(sākṣāt)는 자기 눈을 가지고(with one's own eyes), 분명하게(evidently), 숨김없이(openly)라는 뜻이고,248) 사-끄쌰뜨 끄리띠(sākṣāt-kṛti)는 목전에 있는듯이 분명하게 한다(make visibly present before the eyes)는 뜻의 동사어근(sākṣāt-√kṛi)에서 온 여성명사입니다.249)

所言覺義者는 謂心體의 離念이니 離念相者는 等
소 언 각 의 자   위 심 체   이 념   이 념 상 자   등
虛空界며 無所不遍이며 法界一相이니 卽是如來
허 공 계   무 소 불 편   법 계 일 상   즉 시 여 래
平等法身이며 依此法身으로 說名本覺이니라 何以
평 등 법 신   의 차 법 신   설 명 본 각   하 이
故오 本覺義者는 對始覺義說이며 以始覺者는 卽
고   본 각 의 자   대 시 각 의 설   이 시 각 자   즉
同本覺이니라
동 본 각

言覺義者 謂心第一義性離一切妄念相 離一切妄念相故 等虛空界無所不遍 法界一相卽是一切如來平等法身 依此法身 說一切如來爲本覺 以待始覺立爲本覺 然始覺時卽是本覺 無別覺起立

---

247) S.E.D. p-707.
248) S.E.D. p-1197.
249) S.E.D. p-1198. col. 1.

> <깨달음의 뜻은 마음의 제일의성으로 모든 망념의 모습을 벗어난 것이다. 일체망념을 벗어났기 때문에 허공과 같이 두루 미치지 않는 곳이 없다. 법계는 한 모습이니 바로 모든 부처님의 평등한 법신이다. 이 법신에 의거하여 모든 부처님의 본각(本覺)을 말하고, 시각(始覺)을 상대하여 본각을 세웠다. 하지만 시각일 때가 바로 본각이지 특별히 다른 별개의 깨달음이 일어나지 않는다.>

역 깨달았다고 말하는 의미는 마음 자체가 망념을 떨쳐버리는 것을 의미한다. 망념을 떨쳐버린 모습은 텅 빈 허공과 같아 어디고 미치지 않는 곳이 없어서 법계(法界ⓒ)가 하나의 모습이다. 다시 말해 이것이 부처의 한 법신(法身)이다. 이러한 법신에 바탕을 두고 본래적인 깨달음을 설명한다. 왜냐하면 본래적인 깨달음이란 깨달음이 시작된다는 말에 상대적인 뜻이지만 깨달음이 시작됐다는 것은 바로 본래적인 깨달음과 같은 것이다.

참▶ 심체이념(心體離念)에서 심체(心體)는 바로 앞에서 말한 알-라야식을 말하고 염(念)은 망념(妄念)입니다. 이 망념과 같은 의미의 말로 심행(心行), 심기(心起), 심념(心念), 심상(心想), 상념(想念), 망상(妄想), 분별(分別), 식(識) 등 다양합니다.

심체이념(心體離念)이라는 말은 앞에서 말한 알-라야식이 일체법을 거두어들임[能攝一切法]을 의미합니다. 하지만 알-라야식도 말로 설명하는 이름만 있을 뿐 실질적인 것이 없습니다. 따라서 심체(心體)는 텅 빈 공(空)입니다. 이 말은 알-라야식은 공(空)이라는 말이나 심성(心性)은 공이라는 말과 다를 것이 없습니다.

논(論)에 마음이 텅 빈 공(空)이라는 것을 알면 부처를 본다고 했고,250) 경(經)에서는 성공즉시불(性空卽是佛)이라 했으며,251) 『오성론(悟性論)』에는 바른 견해를 가진 사람은 마음은 텅 비어 없다는 것을 안다고 했습니다.252) 따라서 심체(心體)나 심성(心

---

250) 悟性論:<48-370하> 知心是空 名爲見佛.
251) 大方廣佛華嚴經 16:<10-81하> 性空卽是佛.
252) 悟性論:<48-371중> 正見之人 知心空無.

性) 또는 진여(眞如)를 눈에 보이거나 손으로 잡을 수 있는 구체적 사물이나 실체로 생각하는 것은 큰 잘못입니다. 심체(心體)나 심성(心性)이나 진여(眞如)는 가명(假名)이기 때문입니다.
▶ 법계일상(法界一相)이라고 할 때의 법계는 자연계(ⓒ)를 의미하는데, 경에 이르기를, '법계의 한 모습은 정해진 모습이 따로 없는 무상(無相)'이라고 했습니다.253)
▶ 법신(法身)은 부처님이 깨달은 진리를 몸으로 하는 부처를 말하는데, 『종경록』에 이렇게 말합니다.

> 여래의 법신은 모든 중생들 속에 두루 있다. 머무르되 빛이 밖으로 나타남은 온갖 법신이란 바로 자기 마음이요 법이 거주하는 곳이요, 중생의 성품이며 오늘을 포용하여 지난날을 꿰뚫어 안다. 온 세계에 두루 하고 허공에 가득하다. 시방의 하늘도 자기 마음 안에서는 오히려 한 점의 구름이 생기는 것과 같고, 수없이 많은 바다도 본각(本覺)에서 찾으면 마치 한 방울 거품이 생기는 것과 같거늘 하물며 거짓 이름인 범부나 성인인들 어찌 어찌 내 마음이 아니겠는가.254)

【해】여기서 깨달음에 대해 다시 살펴보기로 하겠습니다.
『기신론』에서는 각(覺)의 의미를 '마음 자체가 망념을 떨쳐버린 것[The essence of Mind is free from thoughts]'이라 하였고, 『소실육문』에서는 '분별하는 마음이 고요해지고 한 생각도 동요함이 없는 것을 정각(正覺)이라 한다'고 하였습니다.255) 이런 견해는 무념(無念)을 깨달음이라 본다는 점에서 같습니다.
그런데 초기 불교 이래 부처님의 깨달음을 등정각(等正覺)이라거나 삼먁삼보리(samyaksambodhi), 즉 정등정각(正等正覺)이라

---

253) 奮迅王問經:<13-943중> 法界一相所謂無相.
254) 宗鏡錄 19:<48-519중> 如來法身遍在一切諸衆生中 如佛所說 乃至枯樹蕉木 亦悉皆入不應生害 況復餘類…夫法身者 卽自心也 是法家之身 群有之性 該今徹古 遍界盈空 十方太虛 於自心內 尙如一點之雲生 百千大海 向本覺中猶若一滴之漚起 豈況假名凡聖而非我心乎.
255) 小室六門:<48-370중> 若識心寂滅無一動念處 是名正覺.

하였고, 부처님을 정변지자(正偏知者)라고 했는데 무념만을 가지고 이러한 깨달음을 설명할 수 있겠는가라는 문제가 생깁니다.

나한선법(羅漢宣法) 대사가 이르기를, '다만 자기만을 밝히고 목전을 깨닫지 못한다면 이런 사람은 외눈박이일 뿐'이라고 했는데,256) 이는 무념만으로 깨달음이 될 수 없다는 것으로 자기가 마주하는 대상에 대하여 바른 인식이 있지 않으면 안 된다는 말입니다. 물론 마주하는 대상을 바르게 인식하려면 무념이 전제되어야 한다는 점에서 무념은 깨달음에 있어서 무엇보다 중요합니다.

깨달음에 대한 종합적인 설명은 당(唐)의 규봉종밀(圭峰宗密:780~841)의 견해가 필요합니다. 종밀은 이렇게 설명하고 있습니다.

> 『기신론』(起信論)에 이르기를 깨달음의 의미는 심체이념(心體離念)을 말함이니 망념을 벗어난 모습은 허공계(虛空界)와 같다. 이것이 바로 여래의 평등한 법신이다. 그렇다면 무념(無念)을 일러 각(覺)이라 한 것인데, 각에는 세 가지 뜻이 있다.
>
> 첫째는 자신에 대한 깨달음[自覺]이니, 자신의 마음이 본래 생기고 없어지는 일이 없다는 것을 알아차림이요.
>
> 둘째는 자기 밖을 깨달음[覺他]이니, 세상 모든 것들이 여(如)가 아닌 것이 없음을 눈뜨는 것이며.
>
> 셋째는 깨달음의 완벽함[覺滿]이니 자신에 대한 깨달음과 자기 밖을 깨달음이 원만한 것을 완벽한 깨달음이라 한다.
>
> 따라서 망념이 있으면 깨달음이라할 수가 없음을 알아야 한다.257)

자기를 밝히는 것이 자각(自覺)이고, 목전을 깨닫는 것이 각타(覺他)이며, 자각과 각타가 완벽하게 조화를 이루는 것이 각만(覺滿)입니다. 부처님의 깨달음을 정각(正覺), 등각(等覺) 또는 원각(圓覺)이라 말하는 것을 생각해 볼 일입니다.

---

256) 景德傳燈錄 제25:<51-410하> 但明自己 不悟目前 此人只具一隻眼.
257) 金剛般若經疏論纂要 上:<33-156상> 起信云 所言覺義者 謂心體離念 離念相者 等虛空界卽是如來平等法身則以無念 名之爲覺 然有三義 一自覺 覺知自心本無生滅 二覺他 覺一切法無不是如 三覺滿二覺理圓稱之爲滿 故知有念卽不名覺.

사실 깨달음이란 우리 앞에 현전하는 것들[色法㉯]을 사실 그대로 직시(直視:prekṣā)하고, 우리가 생각하는 것들[心法㉯]을 사실대로 아는 것[如實知]입니다. 현전하는 것은 우리가 대하는 물질세계[色法㉯]인데, 그것은 우리가 표현하는 말을 벗어나 있고 우리가 무엇이라 이름 붙여도 상관하지 않으며 우리가 무엇이라고 인식해도 구애받지 않는 것들입니다. 우리가 생각하는 것들은 오직 마음이 만드는 것[心法㉯]이요, 마음에서 일어나는 것이며, 오직 망념에 의지하여 있는 것들이며, 단지 말로 설명할 뿐 그 어떤 실체가 없는 것들입니다.
　우리 앞에 현전하는 물질세계[㉯]는 내 마음이 만들어내는 것이 아닐 뿐더러 아무리 이러쿵저러쿵해도 없어지지 않는 것으로 우리가 말로 표현하게 되지만 말로는 그것의 참모습을 온전하게 드러낼 수는 없으니 말은 말이 표현하려는 대상 자체가 아니기 때문에 사실과 말은 별개의 문제입니다.
　우리가 생각하는 것 중에 심리적인 것들[心法㉯]은 모두가 중생들이 마음으로 상상(想像)해서 생기는 것이지만 물질적인 것들[色法㉯]은 모두가 여(如:tathā)로 귀결되는 것이니, 물리적 현상은 여(如)를 벗어나지 않고, 여(如)는 바로 물질세계의 모습인 것입니다. 물질세계는 색법(色法㉯)이니, 깨달음은 색에 대해서는 여실견(如實見)하는 것이니 제행무상(諸行無常)이 바로 그것이고, 마음이 만들어내는 세계는 심법(心法㉯)이요 말로 표현하는 것들[名]이니 명(名)에 대한 깨달음은 여실지(如實知)하는 것이니, 제법무아(諸法無我)가 바로 그것입니다. 그러니까 깨달음이란 명색(名色)에 대한 사실파악(事實把握)이라 하겠습니다.
　사실 심체이념(心體離念)인 무념(無念)은 여실지견(如實知見)할 수 있는 마음의 준비자세이지 깨달음이라 말할 수는 없습니다. 뒤에 수행신심분(修行信心分)의 지관(止觀)으로 말하면 무념은 지(止)에 해당하는 것일 뿐이므로 관(觀)이 필요합니다. 그래서 지관겸수(止觀兼修)나 정혜쌍수(定慧雙修)를 말하는 것입니다.

『대보적경』에 이런 말이 있습니다.

> 마음 자체는 텅 비어 실체가 없고 망상을 따라 일어난다. 만약 실체가 없는 망상이라면 생기는 것도 아니고 머무는 것도 아니며 없어지는 것도 아니다. 또한 만약 생기거나 머물거나 사라지는 것이 아니라면 묶이고 얽맬 것도 없을 것이다.258)

```
始覺義者는 依本覺故로 而有不覺이요 依不覺故
 시각의자     의본각고    이유불각      의불각고
로 說有始覺이니라
   설 유 시 각
始覺者 謂依本覺有不覺 依不覺說有始覺
<시각은 본각을 의거하여 불각이 있음을 의미하고, 불각에 의거하여 시각이 있다는 것을 말한다.>
```

[역] 시각(始覺)의 의미는 본각(本覺:original enlightenment)을 전제한 것이기 때문에 불각(不覺:nonenlightenment)이란 개념도 있는 것이다. 불각을 전제하기 때문에 시각(始覺)이란 말이 있는 것이다.

【해】 앞에서 본각(本覺)의 의미는 시각(始覺)의 상대적인 의미로 설하는 것이고, 시각(始覺)은 본각(本覺)과 같다[本覺義者 對始覺義說 以始覺者卽同本覺]고 했으니, 시각(始覺)이라고 할 때 시(始)는 '시작한다'는 의미라기보다 '근본, 근원'과 같은 의미입니다. 그러니까 시각(始覺)과 본각(本覺)은 같은 개념이고, 이것은 불각(不覺)의 상대적인 개념이라 말하기 때문입니다. 시차적(時差的) 의미를 드러내기 위해 부득이 본각이니 시각이니 하는 말을 썼지만 의미로는 같다는 뜻입니다.

하께다(Hakeda)는 시각을 '깨달음을 현실화하는 과정(The

---

258) 大寶積經 第26:<11-144상> 心體性空無有實從妄想起 若不實妄想則不生不住不滅 若其非是生住滅者 無有繫縛亦無解脫.

Process of Actualization of Enlightenment)'이라고 번역했는데, 깨달음을 이해하는데 도움이 되는 것 같습니다.

『혈맥론』에 자기 마음이 본래 텅 비어 고요하다는 것을 깨닫지 못하고 무턱대고 눈에 보이는 현상이나 온갖 생각들에 집착하게 되면 이내 외도(外道)로 전락하고 만다고 했습니다.259)

> 又以覺心源故로 名究竟覺이요 不覺心源故로 非
> 우이각심원고   명구경각   불각심원고   비
> 究竟覺이니 此義云何오
> 구경각   차의운하
> 又以覺心源故名究竟覺 不覺心源故非究竟覺
> <또한 마음의 근원을 깨닫기 때문에 구경각(究竟覺)이라 하고, 마음의 근원을 깨닫지 못하였기 때문에 구경각(究竟覺)이 아니다.>

[역] 마음의 근원을 깨닫기 때문에 완전한 깨달음이라 말하고, 마음의 근원을 깨닫지 못하기 때문에 불완전한 깨달음이라 한다. 그 뜻이 무엇인가?

[참]▶ 심원(心源: the fountainhead of Mind)이란 흐르는 물의 근원이 있듯이 마음의 근원을 말하는데, 『기신론』에서는 심원(心源)을 무념(無念)이요 애초에 모양이라고 할 것도 없는 최초로 일어나는 마음인데 이 마음을 알면 구경각(究竟覺)이라 합니다.

【해】 각심원(覺心源:to be fully enlightened to the fountainhead of Mind)은 구경각(究竟覺:the final enlightenment)이라 했으니, 구경각이라는 의미는 끝까지 캐물어 분명히 했다는 뜻입니다. 그러니까 구(究)는 '탐구하다, 분명히 하다. 따져서 캐묻다'는 뜻이고, 경(竟)은 '끝나다. 마치다'는 뜻입니다. 따라서 구경각(究竟覺)은 완전한 깨달음이요 비구경각(非究竟覺)은 불완전한 깨달음이란 뜻입니다.

---

259) 血脈論:<48-375상> 不了自心 本來空寂 妄執相及一切法 卽墮外道.

B-Ⅲ-1-②-㉮-㉠
각(覺)의 네 단계

【해】 범부들의 불각(不覺)에서 보살진지(菩薩盡地)의 구경각(究竟覺)에 이르기까지의 변화의 과정을 생주이멸(生住異滅)이라는 변화의 과정을 통해 설명하고 있습니다.

如凡夫人이 覺知前念의 起惡故로 能止後念을 令
여범부인   각지전념   기악고   능지후념   령
其不起니 雖復名覺이나 卽是不覺故니라
기불기   수부명각   즉시불각고
如凡夫人 前念不覺起於煩惱 後念調伏令不更生 此雖名覺卽是不覺

<범부는 앞생각을 깨닫지 못하여 번뇌를 일으키고, 뒤의 생각을 다스리고 꺾어 다시 생기지 않도록 한다. 이는 비록 깨달음이라 하지만 실은 깨닫지 못한 것이다.>

[역] 범부들은 전의 생각에서 나쁜 생각을 일으켰다는 것을 알아차리고 알기 때문에 다음에는 나쁜 생각을 멈추어 그 나쁜 생각을 일어나지 않도록 할 수 있으니, 이를 알아차린다고 말할 수는 있으나 이것은 바로 깨닫지 못함[不覺:not enlightenment]이다.

[참]▶ 문장 첫머리 여범부인(如凡夫人)의 여(如)는 가정(假定)을 나타내는 접속사로 '만일…한다면'이라는 뜻입니다.
▶ 각지(覺知)는 견문각지(見聞覺知)의 각지(覺知)입니다. 견문각지는 드리쉬따 슈루따 마따 즈냐-따(dṛṣṭa-śruta-mata-jñāta)이니 각지(覺知)는 마따 즈냐-따입니다.
　마따는 '생각하다(to think)'라는 의미를 가진 제8류동사 어근(√man)의 과거수동분사이고, 즈냐-따는 '식별할 수 있다(to know)'는 제9류동사 어근(√jñā)의 과거수동분사입니다.
　정각(正覺)이나 등정각(等正覺)이라고 할 때의 각(覺)은 보디

(bodhi)입니다.260) 그리고 부처님을 각자(覺者)라고 할 때는 붓다(buddha)인데, 보디(bodhi)나 붓다(buddha)라는 말의 뿌리는 '정신적으로 눈뜨다(to wake)'라는 뜻을 가지고 있는 제1류동사 어근 부드(√budh)입니다. 마따 즈냐-따(mata jñāta)는 '추리하고 분별한다'는 의미를 가지고 있는데, 보디(bodhi)나 붓다(buddha)에는 분별하지 않는 지혜인 직관(直觀)의 뜻을 내포하고 있습니다. 견문각지(見聞覺知)의 각지(覺知)는 '분별하여 아는 것'으로 깨달음을 지혜와는 거리가 멉니다. 자선(子璿:?~1038)이 말하기를, 깨닫는다는 것은 분별이 없는 지혜로 차별이 없는 이치에 걸맞아 능(能)과 소(所)가 없어지는 것이라고 했습니다.261)

그러므로 의미상으로 수부명각 즉시불각(雖復名覺 卽是不覺)에서 수부명각(雖復名覺)의 각(覺)은 각지(覺知)의 각(覺)인 마따(mata)이고, 즉시불각(卽是不覺)의 각(覺)은 보디(bodhi)입니다. 추리나 분별로 아는 것은 체험적으로 터득하는 깨달음과는 다르다는 것을 말합니다. 범부들이 아는 것은 분별적 지식에 지나지 않는다는 것을 말하고 있습니다.

자선(子璿)의 말에서 능(能)은 주체적 입장이고, 소(所)는 능(能)에 맞서는 객체적 입장이니 능소(能所)가 없어진다는 뜻은 주객대립이라는 분별이 없어진다는 의미입니다. 징관(澄觀:738~839)은 능(能)과 소(所)가 은연 중에 일치하면 보리(bodhi)라 한다고 했습니다.262) 능소양망(能所兩亡)하거나 능소명합(能所冥合)한 상태가 무심(無心)이요 일심(一心)이며 일념(一念)이요 삼매(三昧)입니다. 불교의 수행은 이 삼매(三昧)를 얻으려는 것인데, 그것은 장차 수행신심분(修行信心分)의 지관(止觀)[B-Ⅳ-2-⑤]에서 언급하게 될 것입니다.

위의 본문에 '전의 생각에서 나쁜 생각을 일으켰다는 것을 알아차리고 알기 때문에 다음에는 나쁜 생각을 멈추어 그 나쁜 생

---

260) bodhi는 제1류동사 어근(√budh)의 모음 'u'가 guṇa한 것이다.
261) 起信論疏筆削記 12:<44-361하> 所言證者 以無分別智契無差別理 能所兩亡也.
262) 大方廣佛華嚴經疏 53:<35-904상> 能所冥合故名菩提.

각을 일어나지 않도록 할 수 있다[覺知前念起惡故 能止後念 令 其不起]'는 말에서 '전념기악 후념불기(前念起惡 後念不起)'는 생주이멸(生住異滅)의 과정에서 볼 때 멸상(滅相)이라는 것을 알 수 있습니다. 멸상(滅相)을 깨달음이라 말하지 않는 것은 의도적(意圖的)이고 분별적(分別的)인 헤아림을 벗어나지 못하였기 때문입니다. 그와 같은 사정을 『오성론』에서 '소승인은 분별없이 번뇌를 끊고 공연히 열반에 들어가려 하기 때문에 도리어 열반에 막히게 된다'고 하였고,263) 『대반열반경』에서는 번뇌를 끊는 것을 열반이라 하지 않고 번뇌를 일으키지 않아야 드디어 열반이라 한다고 했던 것입니다.264)

멸상(滅相)은 니룻다 랄끄샤나(niruddha lakṣaṇa)인데, 니룻다는 '파괴하다'라는 제7류동사 니루드(ni-√rudh)의 과거수동분사가 연성한 것으로 니룻다 랄끄샤나라고 하면 그 자체를 알아보도록 다른 것과 차별을 나타내는 특별한 모습이 완전히 없어져 버렸다는 뜻입니다.

경에 범부는 지혜가 없어서 자아(自我)에 집착하여 항상 유무(有無)를 추구하고, 올바르게 생각하지 못하여 그릇된 행동을 일으켜 사도(邪道)를 행한다고 했고,265) 『오성론』에는 삼라만상이 다투어 공(空)으로 돌아가니 유(有)나 공(空)에 집착하는 것은 도리어 좋지 않은 버릇[病]이다. 모든 법이 본래 공도 유도 아니거늘 범부들이 망상으로 그릇됨과 옳음을 따진다고 했습니다.266)

| 如二乘觀智나 初發意菩薩等은 覺於念異하고 念에 |
| 여이승관지 　　초발의보살등　　각어념이　　　념 |
| 無異相이며 以捨麤分別執着相故로 名相似覺이니라 |

---

263) 悟性論:<48-371상> 小乘人 妄斷煩惱 妄入涅槃 爲涅槃所滯.
264) 大般涅槃經 23:<12-758하> 斷煩惱者 不名涅槃 不生煩惱乃名涅槃.
265) 大方廣佛華嚴經 37:<10-193하> 凡夫無智 執着於我 常求有無 不正思惟 起於妄行於邪道.
266) 悟性論:<48-373상> 森羅萬象倂歸空 更執有空還是病 諸法本自非空有 凡夫妄想論邪正.

```
  무 이 상      이 사 추 분 별 집 착 상 고      명 상 사 각
  如二乘人及初業菩薩  覺有念無念體相別異  以捨麤分別故  名相
  似覺
  <이승인과 초학보살(初學菩薩)은 망염이 있고 망념이 없는 본바탕의 모습이
  달라짐을 깨달아 거친 분별을 버렸기 때문에 상사각(相似覺)이라고 한다.>
```

[역] 관지(觀智)를 가진 성문(聲聞)이나 연각(緣覺), 또는 처음 발심한 보살은 생각이 달라진다는 것을 알아차리고 생각에 달라지는 모습을 없애 자세하지 못한 분별에 집착하는 모습을 버렸기 때문에 서로 비슷한 깨달음[相似覺:enlightenment in appearance)이라고 말한다.

[참]▶ 이승관지 초발의보살등(二乘觀智 初發意菩薩等)을 하께다는 'the followersof Hināyāna, who have some insight and those Bodhisattvas who have just been initiated'라고 번역하여 이해가 쉽습니다.
▶ 관지(觀智)는 빠리즈냐-(parijñā)인데, 이 말은 '알아채다(to notice)'라는 동사에 온 여성명사로 지식(知識)이나 견문(見聞)을 의미합니다.
▶ 각어염이(覺於念異)에서 이(異)는 생주이멸(生住異滅)의 이(異)를 의미합니다. 이상(異相)이란 산스끄리뜨로 아니야타-뜨와 락끄샤나(anyathātva lakṣaṇa)를 말하는데, 아니야(anya)는 '다르다'는 뜻이고, 타-(thā)는 '상태'를 나타내는 접미사이며, 뜨와(tva)는 추상명사를 의미합니다. 락끄샤나(lakṣaṇa)는 '특징, 상징'을 의미합니다. 이상(異相:changing state)이라는 말은 다른 상태를 드러내는 특징을 말합니다.

경에, 법성(法性)은 진상(眞常)이라 심념(心念)을 벗어났다. 이승(二乘)도 법성을 얻을 수 있으나 이것으로 세존(世尊)이 되는 것이 아니라 오로지 깊고 오묘한 걸림없는 지혜[無礙智:apratihata jñāna]라야 한다고 했습니다.267)

> 如法身菩薩等이 覺於念住하고 念에 無住相이며
> 여법신보살등   각어념주   념   무주상
> 以離分別麤念相故로 名隨分覺이니라
> 이이분별추념상고   명수분각
> 如法身菩薩 覺念無念皆無有相 捨中品分別故 名隨分覺
> <법신보살은 망념이 있으나 망념이 없으나 모두 모양이 없다는 것을 깨달아 중품(中品)의 분별을 버렸기 때문에 수분각(隨分覺)이라 한다.>

[열] 자신이 망념에 머물고 있다는 것을 알아차린 법신보살과 같은 이들은 망념에 머무는 모습을 없애버려 거칠고 조잡한 망념의 모습을 분별하여 떨쳐버리기 때문에 자기 수준에 맞는 깨달음(隨分覺:approximate enlightenment)이라 한다.

[참]▶ 염무주상(念無住相)의 주상(住相)은 생주이멸(生住異滅)의 주상(temporarily abiding state)으로 스티띠 락샤나(sthiti-lakṣaṇa)입니다.

　스티띠(sthiti)는 '장소나 위치 등에 머무르다,' '…인 채로 있다'는 뜻을 가진 제1류동사 어근(√sthā)에서 온 여성명사로 '굳게 서 있다는 뜻입니다.

> 如菩薩地盡에 滿足方便하야 一念相應이며 覺心
> 여보살지진   만족방편   일념상응   각심
> 初起며 心에 無初相이며 以遠離微細念故로 得見
> 초기   심   무초상   이원리미세념고   득견
> 心性하며 心卽常住를 名究竟覺이니라
> 심성   심즉상주   명구경각
> 若超過菩薩地究竟道滿足 一念相應覺心初起 始名爲覺 遠離覺
> 相微細分別究竟永盡 心根本性常住現前 是爲如來 名究竟覺

---

267) 大方廣佛華嚴經 38:<10-201중> 法性眞常離心念 二乘於此亦能得 不以此故爲世尊 但以甚深無礙智.

<만약 보살의 경지를 뛰어넘어 구경도(究竟道)에 만족하여 일념에 상응하면 마음이 최초에 일어날 때를 깨달아 비로소 깨닫든다고 말한다. 깨달음의 모양을 멀리 벗어나 미세한 분별마저 마침내 영원히 다해 마음의 근본적인 본성이 항상 목전에 머무는 것을 여래라고 하고 구경각이라 한다.>

역 보살만행을 마쳐 온갖 보살행을 다 채워 한 생각에 진여에 통해 망념이 처음 일어남을 알아차리고 마음에 망념이 일어나는 최초의 모습마저 없애 미세한 망념까지 멀리 떨쳐버리고 마음 자체를 깨달아 그 마음에 늘 머무는 것을 궁극적인 깨달음이라 한다.

참▶ 각심초기(覺心初起)는 마음이 최초에 일어난다[心初起]는 뒤의 불각(不覺)에서 말하는 세 가지 미세한 심리작용[三細]의 첫 번째인 무명업상(無明業相)과 같다고 하겠습니다. 심초기(心初起)란 무명이 발동하여 마음이 처음으로 움직이는 순간을 말합니다. 이 순간을 알아차려 떨쳐버리기 때문에 원리미세념(遠離微細念)이요, 미세한 망념까지 멀리 떨쳐버리니 불생불멸의 진여심(眞如心)으로 회귀합니다. 마음이 생멸하는 원초적인 동기를 알아차려 생멸의 동기를 없애버려서 불생불멸이 된다는 의미입니다.

『오성론』에 이르기를, 감도 없고 옴도 없으며 일어나고 사라짐도 없으며 유(有)도 아니고 무(無)도 아니며 어둠도 밝음도 아닙니다. 온갖 생각 일어남이 없는 것이 부처님의 소견이라고 했습니다.[268] 송(宋)나라 때 자선(子璿) 스님은 이렇게 말했습니다.

깨달음의 밝음이 처음 일어날 때 주객[能所] 대립이 부질없이 생겨 잔잔하던 마음이 육근(六根)으로 나뉘어 다르게 된다. 주관인 육근(六根)과 객관인 육진(六塵)이 짝을 이루어 대하므로 업의 속성[業性]이 바로 생겨 끝없이 윤회하며 생사의 긴 속박이 된다. 이것이 감각기관인 육근이 생사결박(生死結縛)의 근원이 된다는 것이다. 한생각 무념이 되면 주객 대립이 모두 없어지고, 주관인 육근(六

---

268) 悟性論:<48-373상> 無來無去無起滅 非有非無非暗明 無起諸見如來見.

根)과 객관인 육진(六塵)과 분별하는 마음[識心]이 상대하는 것도 소멸되어 얻어야 할 진실도 없어지고, 제거해야 할 허망도 없어져, 깨달음의 성품은 또렷이 밝아지고, 법을 보는 안목은 청정해진다. 이것이 감각기관인 육근이 자유로이 해탈하여 안락묘상(安樂妙常)의 근원이 된다는 것이다.269)

▶ 초상(初相)이란 말은 생상(生相)과 같은 의미이니, 생상(生相)은 우뜨빠-다 락끄샤나(utpāda-lakṣaṇa)입니다. 우뜨빠-다는 '일어나다'라는 뜻을 가진 동사(ut-√pad)에서 온 남성명사입니다.

是故로 修多羅에 說하되 若有衆生이 能觀無念者 시 고   수 다 라   설   약 유 중 생   능 관 무 념 자 면 則爲向佛智故니라   즉 위 향 불 지 고 是故 經說 若有衆生 能觀一切妄念無相則爲證得如來智慧 <그러므로 경에 '만약 중생이 모든 망념이 특별한 모양이 없음을 살피면 여래의 지혜를 증득하게 된다'고 설하였다.>

역 그러므로 경에 이르기를, 만약 무념을 관찰할 수 있는 중생이 있다면 그는 부처님의 지혜[佛智]에 가깝다고 한다.

참▶ 향불지(向佛智)의 향(向)은 그쪽으로 향한다는 뜻보다는 가깝다는 의미이고, 불지(佛智)는 붓다 즈냐-나(buddha jñāna)로 즈냐-나(jñāna)는 '알다'라는 제9류동사 어근(√jñā)의 과거수동분사가 중성명사로 쓰여 좌선을 통해 얻은 '지혜'를 뜻합니다. 지혜(智慧)는 반야(般若)를 말하고, 반야(般若:prajñā;Ⓟpaññā)는 변화무쌍한 목전의 삼라만상을 직시(直視)하는 것을 의미합니다. 직시(直視)는 쁘레끄샤-(prekṣā)로 이 말의 어근(pra-√īkṣ)에는 '아무런 방해도 받지 않고 있는 그대로 본다'는 뜻을 가지고 있

---

269) 首楞嚴義疏注經:<39-891중> 覺明初起能所妄生 湛性既分六根成異 根塵偶對業性卽生 輪轉無窮 生死長縛 斯六根爲生死結縛之源也 一念無念能所都亡 根塵識心 應時消落 無眞可得 無妄可除 覺性圓明法眼淸淨 斯六根爲自在解脫安樂妙常之源也.

습니다.270) 직시는 직관(直觀)이나 현견(現見)과 상통하는 말인데, 직관은 쁘라띠야끄샤 다르쉰(pratyakṣa darśin)으로 쁘라띠야끄샤(pratyakṣa)는 '바로 앞에 있는 것을 자신의 눈으로 보는 것'을 말하고,271) 현견은 쁘라띠야끄샤 드리슈따(pratyakṣa dṛṣṭa)로 '눈앞에 펼쳐지는 현실을 보았다'는 뜻으로 거울이 앞에 나타나는 사물을 사실대로 반사하듯이 자기의 욕심을 개입시키지 않고 보는 것을 뜻합니다.

직시(直視)나 직관(直觀) 또는 현견(現見)은 증득(證得)이나 체득(體得)이라는 말과도 통하는데, 증득은 쁘라-쁘띠 사-끄샤-뜨 끄리띠(prāpti-sākṣāt-kṛti)로 쁘라-쁘띠(prāpti)는 얻는다. 도착한다는 동사어근(pra-√āp)에서 온 여성명사이고, 사-끄샤-뜨(sākṣāt)는 '자신의 눈을 가지고'라는 뜻이며,272) 끄리띠(kṛti)는 어떤 행위를 의미하므로273) 증득(證得) 역시 '가까이서 자기 자신의 눈으로 보아 의심할 여지가 없는 것'을 말합니다. 직시나 직관 또는 현견이나 증득이란 말들은 모두가 직접적인 체험을 중시하는 깨달음과 상통하는 말들입니다.

지원(智圓)이 말하기를, 이치와 같이 이해해야만 지혜라고 하므로 지혜가 이치와 걸맞지 않으면 모두가 그릇된 집착이라고 했습니다.274)

```
又心起者는 無有初相可知이나 而言知初相者는
우심기자    무유초상가지    이언지초상자
卽謂無念이니라 是故로 一切衆生을 不名爲覺이니
즉위무념      시고    일체중생    불명위각
```

---

270) S.E.D. P-712.
271) S.E.D. P-674.
272) S.E.D. P-1197.
273) S.E.D. P-303.
274) 涅槃玄義發源機要:<38-31중> 以如理而解方名智 故智不稱理全是邪執.

> 以從本來로 念念相續하야 未曾離念인 故로 說無
> 이종본래   념념상속   미증이념   고   설무
> 始無明이니라
> 시무명
> 又言心初起者 但隨俗說 求其初相終不可得 心尙無有何況有初
> 是故 一切衆生不名爲覺 以無始來 恒有無相妄念相續未曾離故
> <또 마음이 비로소 일어난다고 말하는 것은 단지 세속을 따라 말한 것일 뿐 마음이 일어나는 애초의 모양은 아무리 찾아도 결국 파악할 수 없다. 마음도 실체가 없거늘 하물며 애초에 있어나는 모습이 있겠는가. 그러므로 모든 중생들은 깨달음이라 말할 수 없다. 아득한 옛날부터 늘 모양이 없는 망념이 항상 이어져 아직 벗어나지 않았기 때문이다.>

[역] 망심(妄心) 또는 망념(妄念)이 일어난다는 것은 분별하여 알 수 있는 최초의 모습이 따로 없다. 그럼에도 최초의 모습을 분별해 안다고 말하는 것은 바로 무념(無念)이라는 말이다. 모든 중생들을 깨달았다고 말하지 않는 것은 본래부터 망념이 이어지고 있어 망념을 벗어난 적이 없기 때문이다. 그래서 시작을 알 수 없는 무명[無始無明]이라 한다.

【해】『기신론』의 저자는 '일찍이 망념을 벗어난 적이 없다[未曾離念]'고 하였는데, 필자는 이 견해에 동의하지 않습니다. 망념을 벗어난다는 것은 무념(無念)이 된다는 것인데 우리가 눈을 떴을 때는 망념을 벗어나보지 못했을지 모르나 잠에 들면 누구라도 무념(無念)이 됩니다. 한마디로 눈뜨면 중생이요 잠들면 부처입니다. 그래서 수면(睡眠)을 휴식(休息)이라 말합니다.

아마 이 휴식이 없이 24시간 내내 망념에 사로잡혀 있다면 정신적 피로감에 시달리고 말 것입니다. 요샛말로 정신적 스트레스를 이겨내지 못했을 것입니다. 다만 수면(睡眠)이 우리의 일상적인 삶의 일부분이긴 하지만 생산적(生産的)이거나 활동적(活動的)이지 못하기 때문에 우리의 삶에서 제외시키고 있다고 보아야 할 것입니다.

불교에서는 중생이 겪는 모든 고(苦)의 원초적인 동기(動機)를 무명(無明)이라 보고 있습니다. 따라서 불교수행은 바로 고(苦)의 원초적이 동기인 무명을 극복하는 것에 집중되고 있습니다. 무명을 극복한다는 것은 무명을 없앤다거나 회피하는 것이 아니라 무명이 무엇이라는 것을 알아 무명에 휘둘리지 않고 그것을 잘 활용한다는 것을 의미합니다.

경에 망견(妄見)으로 분별하는 것이 무명이라 했고,275) 행동하는데 있어 미혹(迷惑)한 것이 무명이라 했으나,276) 황벽 선사(黃檗禪師:?~850)는 이르기를, 무명이 바로 모든 부처님들이 도를 얻는 곳이요, 연기(緣起)가 도량(道場)인 까닭에 눈에 띄는 티끌 하나, 보이는 형체 하나가 바로 끝없는 이성(理性)이요, 발을 들고 딛는 것마다 도량을 벗어나지 않는다고 하여277) 무명을 적극적(積極的)이면서도 긍정적(肯定的)으로 보고 있습니다. 경에 이르기를, '무명 자체의 모습이란 본래 없는데 망상(妄想)을 인연하여 있게 된다. 바르지 못한 생각과 마음속의 헤아림이 만들어낸다'고 하였고,278) '무명은 본래가 허망한 분별에서 생기는 것이지 어떤 실체가 있어서 생기는 것은 아니다. 그릇되고 뒤바뀌어진 사고에서 생기는 것이요 이치대로 생각하는데서 생기지 않는다'고 하였습니다.279)

임제(臨濟)는 무명이란 특별히 머무는 곳이 따로 있는 것도 아니고 시작과 끝이 따로 있는 것도 아니므로 분별망상이 일어나는 마음을 쉬기만 하면 된다고 말했고, 연수(延壽)는 '자기가 마음으로 대하는 것들이 본래 실체가 없는 것들이라는 것을 알지 못하고 부질없이 그것들을 실체인 것처럼 생각하여 상대하는

---

275) 摩訶般若波羅蜜經 제3:<8-239상> 妄見分別說是無明.
276) 華嚴經 제37:<10-194상> 於行迷惑是無明.
277) 天聖廣燈錄:<卍續藏經 135-666상> 無明即是一切諸佛得道之處 所以 緣起是道場 所見一塵一色便是無邊理性 擧足下足不離道場.
278) 金光明經제1:<16-340중> 無明體相本自不有 妄想因緣和合而有…不善思惟心行所造.
279) 有德女所問大乘經:<14-941중> 無明自性 從於虛妄分別而生 非眞實生 從顚倒生 非如理生.

것이니, 오직 자기 마음의 분별일 뿐'이라고 했습니다.280)
영가현각(永嘉玄覺)은 『증도가』에서 이렇게 말했다.

> 그대 듣지 못했는가. 배운다는 의식을 넘어 한가로운 도인은 망상을 없애려고 애쓰지 않고 진실을 얻으려고도 애쓰지 않는다. 무명의 실질적인 바탕이 바로 부처성품이요, 무상하고 덧없는 이 육신이 바로 법신이다. 법신을 깨닫고 나면 다시 더 추구할 것이 없으니 본래 타고난 성품이 그냥 부처더라.281)

무명(無明)을 설명하면서 홀연(忽然), 즉 '이유나 까닭도 없이', '갑작스럽게', '전혀 의도하지 않고'라는 말을 하는 것은 무명은 인과적 논리(因果的 論理)로 설명할 수 없다는 것을 의미합니다.

> 若得無念者는 則知心相의 生住異滅이니 以無念과 等한 故며 而實無有始覺之異니 以四相이 俱時而有하며 皆無自立이니 本來平等하야 同一覺故니라
> 若妄念息 卽知心相生住異滅皆悉無相 以於一心前後同時皆不相應無自性故 如是知已則知始覺不可得 以不異本覺故
> <만약 망념을 쉰다면 마음의 생주이멸(生住異滅)하는 것이 모두가 모양이 없는 줄 알게 된다. 한마음 앞과 뒤가 동시(同時)라서 모두가 상응하지 않으니 자성(自性)이 없기 때문이다. 이와 같이 알면 시각도 불가득임을 알 것이니 본각과 다를 것이 없기 때문이다.>

[역] 만약 무념을 터득하면 망심이 생기고 머물고 달라지고 사라지는 모습을 알 수 있으니, 무념과 같기 때문이다. 그러면서도

---

280) 宗鏡錄 제58:<48-748중> 何謂無明 以不知前境本空 妄生對待 唯是自心分別.
281) 景德傳燈錄 제30:<51-460상> 君不見 絶學無爲閑道人 不除妄想不求眞 無明實性卽佛性 幻化空身卽法身 法身覺了無一物 本源自性天眞佛.

사실상 깨달음이 시작되었다고 달라진 어떤 모습이 있는 것이 아니고, 생주이멸(生住異滅)이라는 네 가지 모습이 동시적이어서 생주이멸(生住異滅) 하나하나는 독립적으로 있는 것이 아니고 원래가 하나여서 동일한 깨달음이다.

【해】 무념을 터득하면 망심이 생기고 머물고 달라지고 사라지는 모습을 알 수 있다[若得無念者 則知心相 生住異滅]는 말은 우리는 무념이 되기까지는 목전의 생주이멸(生住異滅)이라는 사상(四相)을 있는 그대로 보는 것이 아니라 자기가 이제까지 살아오는 과정을 반영하여 파악하기 때문에 망심이 생기고 사라지는 것을 알 수 없다는 뜻입니다.

바꾸어 말하면 맑은 거울이 사물을 반사하듯이 있는 그대로 볼 수 있어야 함에도 그렇지를 못하고 각자마다 그가 가지고 있는 선입견(先入見)을 통해서 세상을 보기 때문에 실상(實相)을 보지 못하고, 마음이 그려내는 허상(虛想)을 보기 때문에 생주이멸(生住異滅)의 변화무쌍한 모습을 직시하려면 모든 선입견을 버리고 무심해야만 한다는 뜻입니다. 불교에서 무념(無念)이나 일념(一念)이 되라거나 마음을 비우라고 말하는 것은 바로 이 때문입니다. 마음에서 일체의 선입견을 비우고 무념이 되어야 비로소 사상(事象)을 사실대로 볼 수 있으니, 그것이 소위 선종(禪宗)에서 말하는 깨달음입니다.

석상화상(石霜和尙:986~1040)이 이르기를, 한 생각도 일어나지 않으면 전체(全體)가 드러나지만 육정(六情)이 움직이자 먹구름이 낀다. 번뇌를 없앤다는 것이 도리어 병만 되고 진여로 향한다는 것도 역시 삿됨이다. 마음대로 경계를 따라 걸림없나니 진여범성(眞如凡聖)이 모두가 공화(空華)라고 했습니다.282)

진여니 범부니 부처니 하고 분별하는 것이 부질없는 짓이라는

---

282) 祖堂集 6:<高麗大藏經 45-275하> 一念不生全體現 六情纔動被雲遮 遣除煩惱重增病 趣向眞如亦如邪 任運境緣無罣礙 眞如凡聖是空花.

것입니다.

【해】 앞에서 말한 불각(不覺)·상사각(相似覺)·수분각(隨分覺)·구경각(究竟覺)을 요약하여 정리하면 다음과 같습니다.

단계	수행의 주체	수행 내용	
不覺	범부(凡夫)	覺知前念起惡 能知後念 令其不起	=滅相
相似覺	이승·초발심보살	覺於念異 念無異相	=異相
隨分覺	법신(法身)보살	覺於念住 念無住相	=住相
究竟覺	보살진지(盡地)	覺心初起 心無初相	=生相

> 復次 本覺을 隨染分別하면 生二種相이니 與彼本覺과 不相捨離니라 云何爲二닛고 一者는 智淨相이요 二者는 不思議業相이니라
>
> 復次本覺隨念分別 生二種差別相 一淨智相 二不思議用相
>
> <다시 본각이 망념을 따라 분별함에 두 가지 차별된 모습이 있으니 하나는 정지상(淨智相)이고 또 하나는 불사의용상(不思議用相)이다.>

【역】 다시 본래 깨달음을 물듦의 정도에 따라 분별하면 두 가지 모습을 내놓을 수 있다. 그러나 본래 깨달음과 전혀 다른 것은 아니다. 두 가지 모습은 무엇인가? 하나는 지혜의 청정한 모습[智淨相]이고, 다른 하나는 불가사의한 활동의 모습[不思議業相]이다.

【해】 본각(本覺)이라는 의미는 깨달음의 본체를 말하며, 깨달음의 본체는 원래 청정한 것이어서 무엇이라 말할 수 없는 것이나 항상 번뇌에 가려져 있어 수행하기 전에는 드러나지 않는다고 했습니다.

비유하면 공기는 본래 깨끗한 것이지만 이미 오염되어 있어서 그 오염을 모르고 사는 것과 같습니다.

> 智淨相者는 謂依法力의 熏習으로 如實修行하야
> 지정상자　위의법력　훈습　　여실수행
> 滿足方便故며 破和合識相하고 滅相續心相하고
> 만족방편고　파화합식상　　멸상속심상
> 顯現法身하야 智淳淨故니라 此義云何닛고
> 현현법신　　지순정고　　차의운하
> 淨智相者 謂依法熏習 如實修行功行滿足 破和合識滅轉識相 顯現法身淸淨智故
> <청정한 지혜의 모습은 의법훈습(依法熏習)하고 여실(如實)하게 수행하여 공행(功行)에 만족하여 화합식(和合識)을 부수고, 전식(轉識)의 모습을 없애 법신의 청정한 지혜가 나타는 것이다.>

[역] 지혜의 청정한 모습은 법력의 훈습에 근거하여 진실되게 수행하고 방편을 빠짐없이 갖춤으로 화합식(和合識)의 모습을 깨버리고 상속심(相續心)의 모습을 없애버려 법신(法身)을 드러내니 지혜가 순수하고 맑기 때문이다. 이는 어떤 의미인가?

【해】 화합식(和合識)은 알-라야식을 말합니다.

앞에서 알-라야식은 불생불멸과 생멸이 화합하여 하나도 아니고 다른 것도 아니라고 하였는데, 불생불멸하는 진(眞)과 생멸하는 망(妄)을 분리시키는 것이 파화합식상(破和合識相)이고, 분리시킨 중에서 생멸하는 망(妄)을 더 이상 지속하지 않도록 하는 것이 멸상속심상(滅相續心相)입니다.

상속심(相續心)은 뒤에서 말하게 되는 불각(不覺)에서 일어나는 세 가지 미세한 현상[三細]과 여섯 가지 조잡하고 거친 현상[六麤]이 일어나는 것을 의미합니다.

> 以一切心識之相이 皆是無明이나 無明之相은 不
> 이일체심식지상　　개시무명　　무명지상　　불

> 離覺性이라 非可壞며 非不可壞니라
> 리각성   비가괴   비불가괴
> 一切心識相卽是無明相 與本覺非一非異 非是可壞非不可壞
> <모든 심식(心識)의 모습은 바로 무명(無明)의 모습이다. 본각과 같지도 않고 다르지도 않아 이것은 파괴할 수도 없고, 파괴할 수 없는 것도 아니다.>

역 모든 심식(心識)의 모습은 모두 다 무명(無明)이지만 무명의 모습은 깨달음의 심성인 각성(覺性)과는 별개의 것이 아니므로 파괴할 수도 없고, 파괴할 수 없는 것도 아니다.

참▶ 심식(心識)을 심(心)과 식(識)을 하나로 보면 구사(俱舍)의 입장이 되고, 심(心)과 식(識)을 별개(別個)로 보면 유식(唯識)이 됩니다. 그러나 『기신론』에서는 유식의 입장이므로 마음(心:citta)과 식(識:vijñāna)으로 보는 것이 타당할 것 같습니다. 심식은 마음에 일으키는 허망한 분별로 차별적 인식을 말합니다.
▶ 중생의 각성(覺性)은 거짓이나 꾸밈이 없는 타고난 그대로의 순진함이요 타고난 그대로의 상태라고 했습니다.283)

【해】 잔잔한 물과 파도치는 물이 하나면서 두 가지 모습을 나타내는 것처럼 깨달음과 무명도 그와 같습니다. 그러니까 각성(覺性)과 무명(無明)은 같은 것도 아니고 다른 것도 아니라[非同非異:不一不二]고 합니다.

> 如大海水가 因風波動이나 水相風相이 不相捨離
> 여대해수   인풍파동   수상풍상   불상사리
> 하나 而水非動性이니 若風止滅하면 動相은 卽滅이
>   이수비동성   약풍지멸   동상   즉멸

---

283) 宗鏡錄 32:<48-601하> 衆生覺性 天眞自然.

나 **濕性**은 **不壞故**니라
　　습성　　불괴고

如海水與波非一非異　波因風動　非水性動　若風止時　波動卽滅　非水性滅

<마치 바닷물과 파도가 하나도 아니고 다르지도 않아서 파도가 바람으로 말미암아 움직여도 물의 성질은 달라지지 않는 것과 같다. 만약 바람이 멈추면 파도의 움직임도 이내 없어지지만 물의 성질은 없어지지 않느니라.>

역 그것은 마치 바닷물이 바람 때문에 파도가 일어나므로 파도치는 물의 모습과 파도를 일으키는 바람의 모습이 서로 떨어진 것은 아니다. 하지만 물은 움직이는 속성이 아니므로, 바람이 멈춘다면 물의 파도치는 모습도 없어지겠지만 물이 가지고 있는 젖는 성질[濕性]은 없앨 수가 없다.

【해】 각성(覺性)과 무명(無明)의 불일불이(不一不異)의 관계를 바람이 불어 파도치는 물에 비유하고 있습니다. 파도치는 물은 무명이고, 잔잔한 물은 각성인데, 파도는 바람이 일으키는 현상이므로 바람만 멈추면 파도치는 물 그대로 잔잔한 물이 된다는 것입니다.

如是衆生의 **自性淸淨心**도 **因無明風動**하나 **心與**
여시중생　　자성청정심　　인무명풍동　　심여
無明이 **俱無形相**하야 **不相捨離**나 **而心非動性**이니
무명　구무형상　　불상사리　　이심비동성
若無明滅하면 **相續則滅**이언정 **智性**은 **不壞故**니라
약무명멸　　상속즉멸　　　지성　불괴고

衆生亦爾 自性淸淨心 因無明風動起識波浪 如是三事 皆無形相 非一非異 然性淨心是動識本 無明滅時 動識隨滅 智性不壞

<중생 또한 마찬가지로 자성청정심이 무명으로 말미암아 움직여 식(識)의 파도가 일어난다. 이와 같은 세 가지 현상은 모두 형상이 없어서 하나도 아니고

> 다르지도 않다. 그러나 자성청정심은 움직이는 식의 근본이라 무명이 없어질 때 움직이는 식도 따라서 없어진다. 그러나 지혜의 성품은 파괴되지 않는다.>

역 이와 같이 중생들의 자성청정심(自性淸淨心)은 무명[無明風]으로 말미암아 움직이지만 마음과 무명 모두가 눈으로 확인할 수 있는 형체가 없고 서로 떨어져 있는 것이 아니다. 하지만 마음의 속성은 움직이는 것이 아니지만 무명이 없어진다면 망념이 이어짐도 없어지겠지만 지혜의 속성은 파괴되지 않기 때문이다.

참▶ 자성청정심(自性淸淨心)은 산스끄리뜨로 쁘라끄리띠 빠리슈다 찟따(prakṛti pariśuddha citta)로 본래 타고난 완벽하고 깨끗한 마음이라는 의미입니다. 깨끗하다는 것은 선이나 악의 개념이 아니라 맑고 순수한 상태를 의미합니다. 맑고 순수하기 때문에 더럽혀질 수도 있고, 더럽혀졌더라도 다시 깨끗해 질 수가 있는 것입니다. 마치 물이 오염되기도 하고, 다시 맑아지기도 하는 것과 같습니다.

화엄종의 제3조였던 현수법장(賢首法藏:643~712)은 '자성청정심은 여래장을 말한다'고 하였고,284) 화엄종 제4조 청량징관(淸凉澄觀:738~839)은 이르기를, '반야(般若)는 마음 밖에서 새롭게 생기는 것이 아니고, 지성(智性) 또한 본래 갖추어져 있는 것'이라고 했습니다.285)

당나라 때의 양분(良賁)은 자성청정은 본래 각성(覺性)으로 바로 진여(眞如)를 말한다고 했습니다.286)

경에 이르기를, 다만 삼계의 무명을 다 하면 부처가 된다. 자성청정은 본래 깨달음의 성품이요, 모든 부처의 지혜라고 말한다. 이 자성청정으로 말미암아 중생의 근본이 되고, 또한 부처님이나 보살의 수행의 근본이 된다고 했습니다.287)

---

284) 大乘起信論義記:<44-254하> 謂自性淸淨心名如來藏.
285) 五臺山鎭國大師澄觀答皇太子問心要:<51-459하> 般若非心外新生 智性乃本來具足.
286) 仁王護國般若波羅蜜多經疏:<33-469하> 自性淸淨名本覺性者卽眞如也.
287) 仁王護國般若波羅蜜多經 上:<8-837상> 但斷三界無明盡者卽名爲佛 自性淸淨名本

【해】불교가 중생을 향해 던지는 메시지는 지금은 비록 번뇌 망상에 찌들어 있다고 하더라도 본래의 마음은 부처님이나 다름 없는 맑고 순수한 마음[淸淨心]을 가지고 있다고 하는 희망의 복음(福音)입니다. 그 맑고 순수한 마음이 세상을 살면서 어지럽혀졌을 뿐이므로 자기의 본래 모습을 회복하자는 것입니다. 불교의 수행이나 마음 닦기는 바로 본래 가지고 있었던 청정한 마음을 회복하려는 인위적인 노력입니다. 부처님이 전도 초기에 '잃어버린 귀중품을 되찾는 것과 잃어버린 너 자신을 되찾는 것 중에 무엇이 더 중요한가?'라고 물었던 것은 바로 자기의 본래 모습을 회복하라는 것이었습니다.288)

不思議業相者는 以依智淨相하야 能作一切勝妙
불사의업상자   이의지정상   능작일체승묘
境界니 所謂無量功德之相이 常無斷絶이며 隨衆
경계   소위무량공덕지상   상무단절   수중
生根하야 自然相應하며 種種而現하야 得利益故니라
생근   자연상응   종종이현   득이익 고
不思議用相者 依於淨智 能起一切勝妙境界常無斷絶 謂如來身
具足無量增上功德 隨衆生根 示現成就無量利益
<불가사의한 작용의 모습이란 청정한 지혜에 의지하여 일체의 수승하고 미묘한 경계를 일으켜 항상 단절(斷絶)이 없다는 것이다. 말하자면 부처님의 몸은 한량없이 증가하는 공덕을 갖추어 중생의 근기에 따라 한량없는 이익을 성취함을 보인다는 것이다.>

[역] 활동의 불가사의한 모습은 지혜의 청정한 모습에 바탕을 두고 훌륭하고 묘한 일체의 모습을 만들 수 있다. 이른바 한량없는 공덕의 모습이 언제고 단절(斷絶)함이 없이 중생들이 감당할 수 있는 능력에 따라 자연스럽게 어울려져서 이런저런 모습을 나타내어 이익을 얻을 수 있기 때문이다.

覺性 卽是諸佛一切智智 由此得爲衆生之本 亦是諸佛菩薩行本.
288) 四分律 32:<22-793중>

【참】▶ 불사의(不思議)는 아찐띠야(acintya)로 불가사의(不可思議)인데, 아찐띠야는 '생각하다'라는 제10류동사 어근(√cint)에서 온 형용사로 '생각되는, 상상되는'이란 찐띠야(cintya)에 부정의 접두사 '아(a)'가 붙어 '상상할 수 없다'거나 '생각조차 못한다'는 뜻입니다.[289] 사(思)는 생각을 떠올리고 추리하는 것이며, 의(議)는 옳고 그름을 따져서 말하는 것을 의미합니다. 이런 것은 분별에 속하므로 직관(直觀)과는 거리가 멉니다.

불사의(不思議)를 '부사의'라고 읽기도 합니다. 그러나 불가사의(不可思議)하다는 뜻이므로 '불사의'가 맞을 듯합니다.

【해】 지혜가 맑아진 수행자는 이런저런 신묘(神妙)한 모습들을 나타내게 된다는 것이다. 대승불교의 신비주의적인 견해라고 하겠습니다. 신비주의적인 요소를 완전히 부정할 수는 없겠지만 반대로 신비주의에 빠져드는 것도 경계해야 합니다. 불교는 신비주의가 아닙니다.

B-Ⅲ-1-②-㉮-㉡
각상(覺相)의 네 가지 비유

【해】 깨달음의 모습[覺相]을 깨끗한 거울의 네 가지 특성에 비유하고 있습니다.

> 復次 覺體相者는 有四種大義니 與虛空等하며 猶
> 부차 각체상자 유사종대의 여허공등 유
> 如淨鏡이니 云何爲四닛고
> 여정경 운하위사
> 復次覺相有四種大義 淸淨如虛空明鏡
> <또한 깨달음의 모양에 네 가지 큰 뜻이 있어 그 청정함이 마치 허공과 같고 맑은 거울과 같다.>

【역】 다시 깨달음 그 자체의 모습에는 네 가지 중요한 뜻이 있는데,

---

[289] S.E.D. p-398.

허공과 같아 마치 깨끗한 거울과도 같다. 무엇이 네 가지인가?

📖▶ 각체상(覺體相)은 각의 체[體]와 상[相]이 아니라 각 자체의 모양이니 신역(新譯)에서처럼 각상(覺相)이라 보는 것이 쉬울 것 같습니다.
▶ 사종대의(四種大義)에서 대(大)는 '중하게 여긴다'는 뜻이고, 여허공등(與虛空等)에서 여(與)는 '…와, 와 더불어'의 뜻입니다.

【해】 지혜로운 사람은 모두가 비유로 깨달음을 얻는다고 했듯이 『기신론』의 저자 역시 깨달음을 이해시키기 위해 거울이 가지고 있는 네 가지 모습으로 깨달음을 설명합니다. 이해를 돕기 위해 하께다(Yoshito S. Hakeda)의 영역(英譯)을 병기합니다.

一者는 如實空鏡이니 遠離一切心境界相하야 無
  일자   여실공경   원리일체심경계상   무
法可現이며 非覺照義故니라
법가현   비각조의고
一眞實空大義如虛空明鏡 謂一切心境界相及覺相皆不可得故
<첫째, 진실로 텅 비었다는 큰 뜻으로 마치 허공과 같고 맑은 거울과 같은 것이다. 말하자면 모든 마음의 경계상(境界相)과 각상(覺相)을 모두 얻을 수 없기 때문이다.>

🈯 첫째로 사실상 텅 빈 거울과 같다[如實空鏡]. 망념이 그려내는 경계의 모습[心境界相]을 멀리 벗어나 있어 드러낼 수 있는 어떤 것이 아니며, 알아차림으로 견주어 볼 수 있는 뜻이 아니기 때문이다.

[the essence of enlightenment is like mirror which is really empty of images. It is free from all marks if objects of the mind and it has nothing to reveal in itself, for it does a not reflect any images.]

참▶ 원리일체심경계상(遠離一切心境界相)은 일체심(一切心)의 경(境)과 상(相)을 원리(遠離)한다가 아니라 일체(一切)의 심경계상(心境界相)을 원리(遠離)한다로 읽어야 합니다. 여기서 심경계상(心境界相)은 마음 밖의 객진(客塵)인 진경계(眞境界)가 아니라 마음이 그려내는 마음속의 경계를 의미합니다.

경에 모든 중생이 깨달음을 이루지 못하고 아라한이 되지 못하는 것은 모두가 객진번뇌를 즐거워하기 때문이라고 했습니다.290)

▶ 각조의(覺照義)라고 할 때의 각(覺)은 견문각지(見聞覺知)의 각(覺)입니다. 견문각지는 드리슈따 슈루따 마따 즈냐-따(dṛṣṭa-śruta-mata-jñāta)로 이때의 각(覺)은 보리(bodhi)가 아니고 마따(mata)입니다. 마따는 '생각하다'라는 의미를 가진 제8류동사 어근(√man)의 과거수동분사가 중성명사로 쓰이는 말로 '사려(思慮)'나 '인식(認識)'이란 뜻으로 분별(分別)하고 추측한다는 의미를 내포하고 있습니다.291) 견문각지를 견문염지(見聞念知)라고도 하므로 염(念)과 같은 의미의 각(覺)임을 알 수 있습니다.

그러나 정각(正覺:saṃbodhi)이라고 할 때의 각(覺)은 '눈뜨다'라는 제1류동사 어근(√budh)에서 온 명사 보디(bodhi)입니다. 보디를 한문으로 보제(菩提)라고 음역(音譯)하고, 각(覺)·지(智)·도(道)로 의역(意譯)하며, 우리나라에서는 '보리'라고 읽고 있습니다. 깨달음으로서 보리는 분별이 없는 직관(直觀), 직시(直視), 직견(直見)의 문제이지 분별이나 추측의 문제가 아니므로 각조(覺照)의 뜻이 아님을 알아야 합니다.

연수(延壽:904~975) 스님이 이르기를, 보리라는 것은 증득할 바[所證]요, 지혜[智]는 증득함[能證]이니 능(能)과 소(所)가 은연(隱然) 중에 합해지므로 보리(菩提)라고 한다. 만약 보리라고 분별하는 견해를 떨쳐버리지 못한다면 그것이 바로 마(魔)라고

---

290) 大佛頂如來密因修證了義諸菩薩萬行首楞嚴經 1:<19-109하> 一切衆生不成菩提及阿羅漢 皆由客塵煩惱所娛.
291) S.E.D. p-783.

했습니다.292)

【해】 거울은 온갖 삼라만상을 반사하지만 거울 자체에는 아무 것도 없이 텅 텅 비었듯이 깨달음의 바탕인 우리네 마음도 텅 빈 거울과 같다는 것입니다.

二者는 因薰習鏡이니 謂如實不空이다 一切世間 境界가 悉於中現이며 不出不入不失不壞하야 常 住一心이니 以一切法이 卽眞實性故며 又一切染 法이 所不能染이며 智體不動하야 具足無漏하고 薰 衆生故니라

二眞實不空大義如虛空明鏡 謂一切法圓滿成就無能壞性 一切世間境界之相皆於中現 不出不入不滅不壞常住一心 一切染法所不能染 智體具足無邊無漏功德爲因 熏習一切衆生心故

<둘째 진실로 텅 비지 않았다는 큰 뜻으로 마치 허공과 같고 맑은 거울과 같다. 말하자면 일체법을 원만하게 이루어 파괴되는 성질이 없음을 말한다. 세간의 모든 경계상이 모두 그 가운데 나타나서 나오지도 않고 들어가지도 않으며 소멸되지도 않고 파괴되지도 않아서 항상 한 마음에 머문다. 그래서 일체 오염된 법이 물들일 수 없는 것이다. 지체(智體)가 갖추어져 한량없는 무루공덕(無漏功德)의 원인이 되어 모든 중생들 마음을 훈습(熏習)하기 때문이다.>

[역] 둘째는 훈습(熏習)하는 원인[因]이 거울과 같다[因熏習鏡]. 사실 거울은 텅 비지만은 않았다. 세상의 이런저런 모습들이 모두 다 거울 속에 나타내지만 반사되는 물건이 거울에서 나오거나 들어가는 것이 아니고 반사되는 성질을 잃는 것도 아니고 파

---

292) 宗鏡錄 76:<48-837상> 菩提法者 卽所證 智是能證 能所冥合故名菩提 若不捨於分別菩提之見 卽是魔矣.

괴되지도 않아 항상 일심(一心)에 머무는 것을 말한다. 일체법(一切法=거울에 반사되는 색법:㈏)이 진실한 속성이기 때문이다. 또한 모든 물든 생각이라 했지만 물들여질 수 있는 것이 아니니 사물을 인식하는 인식자체는 바뀌지 않고 번뇌가 없어서 중생들을 훈습(薰習)하기 때문이다.

[it is, as it were a mirror, influencing(vāsanā:all men advance toward enlightenment). serving as the primary cause of their attaining enlightenment. That is to say, it is truly nonempty: appearing in it are all the objects of the world which neither go out nor come in: which are neither lost nor destroyed. It is eternally abiding One Mind. All things appear in it because all things are real. And none of the defiled things are able to defile it. for the essence of wisdom[i.e., original enlightenment] is unaffected by defilement, being furnished with an unsoiled quality and influencing all man to advance toward enlightenment.]

참▶ 텅 비지만은 않았다[不空]는 말은 거울에는 아무 것도 없다[如實空]고 해서 반사하는 기능마저 없다는 것은 아니라는 뜻입니다. 아무 것도 없는 텅 빈 거울이지만 삼라만상을 모두 반사해주기 때문입니다.

【해】 텅텅 빈 거울에 삼라만상이 나타나는 것은 거울이라는 것이 대상을 반영(反映)할 수 있는 원인[因]을 갖추고 있듯이 아무런 실체도 없는 마음이 깨닫게 되는 것은 원래 마음이 진여(眞如)를 훈습(薰習)할 수 있도록 되어 있기 때문입니다. 마음이 가진 훈습(薰習)의 기능을 거울이 삼라만상을 반영할 수 있는 원인에 비유한 것입니다. 마음이 가지고 있는 역할로 영지불매

(靈知不昧)를 말합니다.

> 三者는 法出離鏡이니 謂不空法이다 出煩惱礙와
> 삼 자   법 출 리 경   위 불 공 법   출 번 뇌 애
> 智礙니 離和合相하야 淳淨明故니라
> 지 애   이 화 합 상   순 정 명 고
> 三眞實不空離障大義如虛空明鏡 謂煩惱所知二障永斷和合識滅
> 本性淸淨常安住故
> <셋째, 진실로 텅 비지 않았으나 장애를 벗어났다는 큰 뜻으로 마치 허공과 같고 맑은 거울과 같다. 말하자면 번뇌장(煩惱障)과 소지장(所知障)을 영원히 끊어서 화합식(和合識)이 없어져 본성의 청정함이 항상 안주(安住)하기 때문이다.>

[역] 셋째는 이탈[出離]하는 것이 거울과 같다.[法出離鏡] 소위 텅 비지만은 않았다는 것을 말한다. 번뇌의 근심[煩惱礙]과 지적 장애[智礙]에서 빠져나와, 진(眞)과 망(妄)이 하나로 어울리는 모습을 떨쳐버려서 순수하고 맑고 깨끗하기 때문이다.
[it is like a mirror which is free from defiled objects reflected in it. This can be said because the nonempty state of original enlightenment is genuine, pure, and bright, being free from hindrances both affectional and intellectual and transcending characteristics of that which is compounded [i.e., Storehouse Consciousness]

[참]▶ 출리(出離)는 벗어나 떠난다는 뜻입니다. 법출리에서 법(法)은 거울에 반사된 상(像)이니 법출리는 거울에 비쳐진 상들이 거울에서 빠져나가는 것을 말합니다. 거울에 비쳐진 모습은 좋은 것도 있고 나쁜 것도 있지만 무엇 남기지 않고 빠져나가 거울에는 아무것도 없게 됩니다.

【해】 거울에는 삼라만상의 온갖 모습이 나타나지만 온갖 모습

이 빠져나가도 거울은 본래의 모습에서 달라지는 것이 없듯이 우리네 마음은 진망화합(眞妄和合)이라 청정함과 물듦이 혼재되어 있으나 진망(眞妄)을 이탈하여도 마음은 본래 그대로 순수하고 맑고 깨끗하게 될 뿐입니다. 그것은 마치 거울에 비쳐지는 온갖 모습들이 사라지고 거울의 반사할 수 있는 기능은 그대로 있는 것과 같습니다.

> 四者는 緣熏習鏡이니 謂依法出離故니라 遍照衆生
> 사 자   연 훈 습 경   위 의 법 출 리 고   변 조 중 생
> 之心하야 令修善根으로 隨念示現故니라
> 지 심   령 수 선 근   수 념 시 현 고
> 四眞實不空示現大義如虛空明鏡 謂依離障法隨所應化 現如來等
> 種種色聲 令彼修行諸善根故
> <넷째, 진실로 텅 비지 않았음을 나타내 보인다는 큰 뜻이니 마치 허공과 같고 맑은 거울과 같다. 말하자면 장애를 벗어난 법에 의지하여 교화해야 할 대상을 따라 여래와 같은 여러 가지 모습[色]과 소리[聲]를 나타내어 중생들로 하여금 선근(善根)을 수행하도록 하기 때문이다.>

역▶ 넷째는 훈습(薰習)하는 인연[緣]이 거울과 같다[緣薰習鏡]. 법에 근거하여 빠져나오고 떨쳐버리기 때문이다. 중생들의 마음을 두루 살펴보아 선근(善根)을 닦도록 망념에 따라 법을 나타내 보여주기 때문이다.

[it is like a mirror influencing a man to cultivate his capacity for goodness, serving as a coordinating cause to encourage him in his endeavors. Because the essence of enlightenment is free from defiled objects. it universally illumines the mind of man and induces him to cultivate his capacity for goodness, presenting itself in accordance with his desires as a mirror presents his appearance.]

참▶ 의법출리(依法出離)는 법에 근거하여 멀리 벗어난다는 뜻인데, 여기서 말하는 법은 불보살을 만나는 인연을 의미합니다.

【해】 거울이 반사하는 원인[因]이 있지만 실제로는 무엇인가 반사가 되려면 거울 앞에 무엇인가가 있어야 하듯[緣]이 우리네 마음이 훈습할 수 있지만 불보살이나 선지식을 만나야만 실제로 훈습(熏習)이 일어난다는 의미입니다.

B-Ⅲ-1-②-㉯
불각(不覺)
[The Aspects of Nonenlightenment]

【해】『기신론』서술의 한 특징은 어떤 하나의 개념을 설명할 때 체(體)·상(相)·용(用)으로 설명하는 것입니다. 따라서 이 부분은 불각(不覺)의 체(體)라 해야 할 것입니다.

所言不覺義者는 謂컨대 不如實知眞如法一故로
소언불각의자   위   불여실지진여법일고
不覺心起하야 而有其念이다 念에 無自相이나 不離
불각심기   이유기념   념   무자상   불리
本覺이니라
본각

不覺義者 謂從無始來不如實知眞法一故 不覺心起而有妄念 然
彼妄念自無實相 不離本覺
<불각의 뜻은 시작을 알 수 없는 그때부터 진여한 법이 하나라는 것을 사실대로 알지 못한다는 말한다. 자기도 모르게[不覺] 망심을 일으켜 망념(妄念)이 있게 되는 것이다. 그러나 그 망념 자체는 실질적인 모습이 없어서 본각(本覺)을 벗어나지 않는다.>

㉠ 깨닫지 못했다고 말하는 것은 진여(眞如)한 존재가 하나라는 것을 사실 그대로 알지 못하는 것을 이르기 때문이다. 자기도 모르게 망심(妄心)을 일으켜 망념을 품고 있는 것이다. 망념은 자체의 모습이 없으나 본래 깨달음과 별개도 아니다.

참▶ 불각(不覺)은 아부다(abudha)인데, 아부다는 '깨닫다'거나 '정신적으로 눈뜨다'라는 뜻을 가진 제1류동사 어근(√budh)의 제1종 활용을 의미하는 현재어간인 부다(budha)에 부정의 접두사 아(a)가 붙어 '깨닫지 못하다', '눈뜨지 못하다'를 의미합니다.293)

▶ 불여실지진여법일(不如實知眞如法一)에서 여실지(如實知)라는 말은 산스끄리뜨로 '야타-부-땀 쁘라자-나-띠'(Yathā-bhūtam prajānāti)인데, 야타-(yathā)는 '누구, 그것'을 의미하는 관계대명사 야드(yad)의 어간 야(ya)에 방법이나 상태를 나타내는 접미사 타-(thā)를 붙인 접속사로 '…와 같이'라는 뜻입니다. 다시 말해 야타-(yathā)는 영어로 'as'나 'like'와 같은 말입니다.

부-땀(bhūtam)은 사실(事實)이라는 중성명사 부-따(bhūta)의 대격(對格)이니 동사의 목적어로 '사실을'이라는 뜻입니다. 그리고 쁘라자-나-띠(prajānāti)는 '뜻·원인·성질·내용 따위를 이해하다'라는 제9류동사(pra-√jñā)의 직설법 단수 삼인칭으로 흔히 지(知)라고 번역합니다. 여실지(如實知)라는 말은 '사실 그대로 안다'는 말로 영어로는 'understand as it really is'라고 합니다. 따라서 불여실지(不如實知)는 '사실 그대로 알지 못한다'는 뜻이 됩니다.

진여법(眞如法)에서 법(法)은 색법(色法)으로 목전에 펼쳐지는 존재를 의미합니다. 따라서 진여법(眞如法)은 '진여한 존재' 또는 '진여라고 말하는 것'이라는 의미입니다. 진여법일(眞如法一)이란 의미는 진여한 존재는 하나, 즉 같다는 뜻인데, 진여한 존재란 색법(色法)으로 우리의 목전에 펼쳐지는 삼라만상(森羅萬象)을 의미합니다. 이언진여(離言眞如)를 말할 때, 일체법(一切法⊕)은 본래부터 말로 설명하는 것을 벗어났고, 무엇이라 이름을 붙이는 것과 관계없으며, 우리의 생각이 그리는 것과 무관하므로 결국은 하나여서 변하고 달라지는 것이 없어서 파괴(破壞)할 수가 없으니

---

293) 제1류동사 어근(√budh)의 모음 'u'가 guṇa하여 bodha가 되면 불각(不覺)은 아보다(abodha)가 된다. abudha나 abodha는 같은 뜻이다.

오직 무심하기 때문이다. 이것을 일러 진여(眞如)라고 한다[一切法 從本已來 離言說相 離名字相 離心緣相 畢竟平等 無有變異 不可破壞 唯是一心 故名眞如:B-Ⅲ-1-①:126쪽]고 하였습니다. 여기서 말하는 일체법은 색법(色法)을 의미합니다. 그러니까 무심한 한마음에 비쳐지는 삼라만상은 모두가 같다는 것을 사실그대로 알지 못하는 것이 깨닫지 못함이요, 눈뜨지 못함인 것입니다.

그런데 하께다는 'Because of not truly realing oneness with Suchness'라고 번역하여 진여와 인식이 일치하지 않는 것을 불각이라 보고 있습니다. 진여한 존재들이 하나라는 것을 여실하게 알지 못하는 것과는 의미상 거리가 있다고 하겠습니다.

▶ 불각심기이유기념(不覺心起而有其念)에서 불각(不覺)은 '나도 알아차리지 못하게' 또는 '나도 모르게'라는 뜻이며, 이(而)는 접속사로 불각심기(不覺心起)와 유기념(有其念)을 연결합니다. 유기념(有其念)의 유(有)는 '존재해 있다'거나 '무엇이 어디에 있다'는 뜻인데, 여기서는 마음에 품고 있다는 의미입니다. 그리고 불각심기(不覺心起)의 심(心)은 지(知)의 기능을 가진 마음이고,294) 유기념(有其念)의 염(念)은 몰가치(沒價值)한 존재를 평등하게 하나로 파악하지 못하고 주관적으로 인식하여 미추(美醜)나 호오(好惡)와 같이 가치적으로 구별되어 마음에 남겨진 망념(妄念)입니다.

심기(心起)는 심행(心行:citta-carita)과295) 같은 말로 마음의 움직임이니 그 움직임의 동기가 의(意)나 무명(無明)이므로 마음의 움직임은 바로 망상(妄想)이요 망념(妄念)입니다. 이러한 망상이나 망념은 실상(實相)을 직시(直視)하는데 방해가 되기 때문에 선종(禪宗)에서 심행처멸(心行處滅)을 주장합니다.

▶ 염무자상(念無自相)의 염(念)은 불각심기이유기념(不覺心起而有

---

294) 宗鏡錄 36:<48-627상> 知卽心體.
295) carita는 '움직이다'라는 제1류동사 어근(√car)의 과거수동분사이니 '움직여졌다'는 의미이다.

其念)의 염(念)이니 망념입니다. 염무자상(念無自相)의 자상(自相)은 스와랄끄샤나(svalakṣaṇa)로 스와(sva)는 자기 자신을 뜻하고, 랄끄샤나(lakṣaṇa)는 '특징, 상징'을 의미합니다. 따라서 자상(自相)이란 다른 것과 구별되게 하는 그 자체의 특징을 뜻합니다. 따라서 염무자상이란 망념 자체에 특별한 모양이 없다는 뜻입니다. 그것은 망념을 낳는 마음 자체가 실체가 없으니, 실체가 없는 마음이 낳은 망념도 실체가 없기 때문입니다. 이 실체가 없는 것을 집착하는 현상에 대해 남전보원(南泉普願:748~834)이 다음과 같이 말했습니다.

> 만약 마음으로 생각하여 만들어내는 온갖 법들은 허위일 뿐 실재(實在)가 아니다. 왜냐하면 마음도 실재(實在)가 아니거늘 어떻게 실재하는 것을 만들어내겠는가. 마음이 만들어낸 온갖 것들은 마치 물체에 따르는 그림자나 허공을 분별하는 것과 같고, 소리를 잡아서 그릇에 놓아두는 것 같고, 그물에다 바람을 불어 채우려는 것과 같다.296)

【해】 목전에 펼쳐지는 삼라만상을 사실과 같이 알고 보면 번뇌를 일으키지 않고 마음이 물들고 집착하지도 않아 마음의 해탈을 얻는다고 하였습니다.297) 그러나 사실대로 알지 못하기 때문에 눈이 물들고 집착합니다. 이와 같은 염착(染著)은 어리석음과 상응(相應)한다고 하였습니다.298)

목전에 펼쳐지는 삼라만상은 무위(無爲)한 존재로서 똑 같습니다. 다만 사람이 자기의 입장에서 이것저것을 가릴 뿐입니다. 그래서 승찬 스님은 『신심명(信心銘)』에서 '깨달음에 이르는 것은 어려움이 없으나 오직 분별하고 가리는 것을 꺼려한다[至道

---

296) 聯燈會要 제4:<卍續藏經:136-488하> 若心所思 出生諸法 虛假不實 何故 心尙無有 云何出生 諸法猶如形影 分別虛空 如人取聲 安置篋中 亦如吹網 欲令氣滿.
297) 雜阿含經 8:209경:<2-52하> 如實知見者 不起諸漏 心不染著 心得解脫.
298) 雜阿含經 13:305經:<2-87중> 不如實知故 於眼染著 如是染著 相應愚闇.

無難 唯嫌揀擇]'고 했던 것입니다.

> 猶如迷人이 依方故로 迷하나 若離於方하면 則無
> 유여미인   의방고   미   약리어방   즉무
> 有迷이니라 衆生도 亦爾하야 依覺故로 迷하나 若離
> 유미   중생 역이   의각고 미   약리
> 覺性하면 則無不覺이니라
> 각성   즉무불각
> 猶如迷人依方故迷 迷無自相不離於方 衆生亦爾 依於覺故而有
> 不覺妄念迷生
> <마치 방향을 잃어버린 사람이 방향에 의지하기 때문에 미혹했을 뿐 미혹 자체의 모습이 없으니 방향을 잃어버린 것은 아니다. 중생 또한 이와 같아 깨달음에 의지하기 때문에 깨닫지 못함이 있고 망념이나 미혹함이 생기는 것이다.>

역 마치 길을 잃은 사람이 방향에 근거하기 때문에 길을 잃었다고 말하지만 기준이 되는 방향을 버리면 길을 잃었다는 의미도 없는 것과 같다. 중생도 이와 같아 깨달음이란 말에 근거하기 때문에 미혹한 것이요 깨달음이라는 것을 떨쳐 버리면 깨닫지 못했다는 것도 없게 된다.

참▶ 각성(覺性)은 붓다(Buddha) 또는 상붓다(saṃbuddha)이니,299) 붓다(Buddha)는 '깨닫다'라는 뜻을 가지고 있는 제1류동사 어근(√budh)의 과거수동분사가 남성명사로 쓰였고, 상붓다(saṃbuddha) 역시 제1류동사 어근(saṃ-√budh)의 과거수동분사가 '깨달음'이란 여성명사로 쓰이면서 접두사 상(saṃ)이 붙어 있을 뿐이다. 각성(覺性)은 깨닫는 성품 또는 깨달을 가능성을 말합니다. 불성(佛性)과 같은 말입니다.

---

299) 平川彰 編 『佛教漢梵辭典』:<靈友會:1997> p.-1063.

> 以有不覺妄想心故로 能知名義하고 爲說眞覺이니
> 라 若離不覺之心하면 則無眞覺自相可說이니라
> 然彼不覺自無實相 不離本覺 復待不覺以說眞覺 不覺旣無眞覺
> 亦遣
> <그러나 저 불각 자체도 실질적인 모습이 없어서 본각을 떠나지 않는다. 다시 불각(不覺)을 상대하여 진각(眞覺)을 설한다. 불각이 이미 없다면 진각 또한 없어진다.>

[역] 깨닫지 못했다고 생각하는 망상(妄想)이 있기 때문에 깨달음이라 설명하는 의미와 그 의도를 알 수 있고, 진짜 깨달음을 말하게 된다. 만약 깨닫지 못했다는 마음을 떨쳐버린다면 진짜 깨달음이란 그 자체의 모습마저 말할 수가 없다.

[참]▶ 명의(名義)는 나-마-르타(nāmārtha)로 이 말은 나-마(nāma)와 아르타(artha)가 합성된 말입니다. 나-마는 불변화사로 말로 설명하는 의미(意味)를 뜻하며, 아르타(artha)는 '얻으려고 애쓰다'라는 뜻의 제10류동사 어근(√arth)에서 온 중성명사로 '목적, 의도'라는 뜻입니다.300) 그러니까 명의(名義)는 말로 설명하는 의미와 그렇게 하는 의도(意圖)라는 뜻입니다.

『대승의장』에 망상(妄想)이나 분별(分別)은 같은 의미라며, 이름을 따라 모습을 취하고 여러 법을 구별하는 것이 망상(妄想)이라 한다고 하였습니다.301) 따라서 식(識)이나 지(知)는 분별하는 앎이니 우리가 마음에서 분별하는 것은 모두가 망상에 지나지 않는다고 말할 수 있습니다.

---

300) S.E.D. P-90.
301) 大乘義章 3:<44-523상> 妄想 後醱經中 名爲分別… 隨名取相 了別諸法 名妄想也.

B-Ⅲ-1-②-㉯-㉠
불각(不覺)의 현상

【해】우리가 본래 부처님과 같은 청정한 마음을 가졌는데 어떠한 과정으로 지금과 같은 물든 마음을 가지게 되어 온갖 고(苦)를 겪어야 되는지를 설명하고 있습니다.

```
復次 依不覺故로 生三種相이니 與彼不覺으로 相
부차    의불각고    생삼종상     여피불각     상
應하고 不離하나니 云何爲三이닛고
응       불리       운하위삼
復次依於覺故而有不覺 生三種相 不相捨離
<다시 각(覺)을 근거하기 때문에 불각(不覺)이 있게 되는데, 세 가지 양상이 생기지만 각과 불각은 서로 벗어나지 않는다.>
```

[역] 또한 깨닫지 못함에 근거하여 세 가지 모습이 생겨 저 불각(不覺)과 어우러져 떨어지지 않는다. 세 가지 모습이란 무엇인가?

[참]▶ 불각(不覺)은 앞[B-Ⅲ-1-②-㉯]에서 말한 불여실지진여법일(不如實知眞如法一)을 뜻합니다. 이 말을 하께다는 'not truly realizing oneness with suchness'라고 번역했습니다.
▶ 실차난타번역을 명본(明本)에서는 부차의어각고이유불각(復次依於覺故而有不覺)을 부차의방일고이유불각(復次依放逸故而有不覺)이라 하여 '방일(放逸)함에 의하여 깨닫지 못함이 있다'고 하였습니다.

【해】원래 부처님과 같은 불생불멸의 맑고 깨끗한 진여심이 어떻게 생멸하는 마음을 일으켜 고통으로까지 이어지는 불각으로 나타나는 현상[不覺相]을 삼세육추(三細六麤)로 말합니다. 삼세(三細)는 마음에서 일어나는 미세한 심리현상 세 가지를 말합니다. 『대승기신론』의 독특한 입장을 보인다는 점에서 중요합니다.

삼세(三細)① 무명업상(無明業相)

> 一者는 無明業相이니 以依不覺故로 心動을 說名
> 일자   무명업상   이의불각고   심동   설명
> 爲業이니라 覺하면 則不動이요 動하면 則有苦니 果
> 위업   각   즉부동   동   즉유고   과
> 不離因故니라
> 불리인고
> 一無明業相 以依不覺心動爲業 覺則不動 動則有苦 果不離因故
> <첫째, 무명업상(無明業相)이니, 깨닫지 못한 상태에서 마음이 움직이는 것은 업이라 한다. 깨달으면 마음이 움직이지 않는다. 마음이 움직이면 고(苦)가 있게 된다. 결과는 원인에서 벗어나지 않기 때문이다.>

역 첫째는 무명업상(無明業相:the activity of ignorance)이다. 깨닫지 못한 상태에서 마음이 움직이는 것을 업(業)이라고 말한다. 그러니까 깨달으면 마음이 움직이지 않겠지만 마음이 움직이면 괴로움이 있게 될 것이니, 결과는 원인과 떨어져 있지 않기 때문이다.

참▶ 무명(無明)은 아위디야-(avidyā)로 이기적 충동으로 움직이는 어리석음을 의미합니다. 한 대승경에 이렇게 말합니다.

> 무명의 자성(自性)은 허망한 분별에서 생기는 것이요, 진실에서 생기는 것이 아니며, 뒤바뀜에서 생기는 것이지 진여의 이치에서 생기는 것이 아니다.302)
> 무명의 자성(自性)은 본래 없다. 온갖 인연의 영향력을 빌리고 화합하여 있는 것인데, 언제나 바른 지혜를 잃게 한다. 그래서 나는 그것을 무명이라 말한다.303)

---

302) 有德女所問大乘經:<14-941중> 無明自性從於虛妄分別而生 非眞實生 從顚倒生 非如理生.
303) 金光明最勝王經 5:<16-424중> 無明自性本是無 藉衆緣力和合有 於一切時失正慧 故我說彼爲無明.

▶ 심동(心動)은 찟따 짜리따(citta carita)로 마음이 움직인다는 뜻인데, 심행(心行), 심념(心念), 심중소념(心中所念)과 같은 의미입니다. 마음이 움직이면 눈앞의 사물을 있는 그대로 직시할 수 없기 때문에 선종(禪宗)에서는 심행처멸(心行處滅)을 말하고, 마음의 움직임을 말로 표현하기 때문에 그 말도 없어야 한다는 뜻에서 언어도단(言語道斷)을 말합니다.
▶ 업은 까르마(karma)이고, 까르마는 까르만(karman)의 주격 또는 호격(呼格)입니다.304) 까르만은 '하다, 만들다'라는 뜻을 가진 제8류동사 어근(√kr)에서 온 중성명사로 '행동, 활동, 행위' 등을 뜻합니다.305) 심리적인 내적 활동이나 겉으로 드러나는 언어나 신체적 활동 모두를 업이라고 합니다. 업이라는 의미는 인간의 이 모든 활동은 상대에게 영향을 미치고, 그 영향력의 반사작용(反射作用)이 자신에게 돌아온다는 것을 전제하고 있습니다. 그래서 인과응보(因果應報)라고 말합니다.

대자은사(大慈恩寺)의 복례(復禮) 스님이 말합니다.

업은 마음으로 말미암아 일어나므로 마음은 업의 작용이다, 업이 마음을 이끌어서 몸뚱이를 받고, 마음은 업을 따라서 경계를 일으킨다. 그러므로 업을 말미암아 몸을 받고, 몸이 다시 업을 짓는다. 마음을 따라 경계를 일으키고, 경계는 다시 마음을 발생한다. 마치 그림자가 형태를 따라 굽기도 하고 곧기도 한 것과 같고, 마치 메아리가 소리에 따라 크고 작은 것과 같다. 따라서 몸뚱이는 마음의 집이면서 업의 결과이고, 업은 마음의 작용이면서 몸뚱이의 원인이다.306)

그러니까 마음과 업과 몸뚱이는 밀접한 관계가 있다는 것입니다.
▶ 과불리인(果不離因)이라는 말은 원인[因]과 결과[果]는 필연

---

304) S.E.D. P-258.
305) S.E.D. P-300. col.3.
306) 十門辯惑論 中:<52-555상> 業因心起 心爲業用 業引心而受形 心隨業而作境 然則 因業受身 身還造業 從心作境 境復生心 若影隨形而曲直 若響隨聲而大小 身者心之宅 而業之果也 業者心之用而身之因也.

적인 관계라는 것을 말합니다. 그러니까 각(覺)이 인(因)이고 부동(不動)이 과(果)이며, 동(動)이 인(因)이고 고(苦)가 과(果)가 되는 것을 말합니다.

 각(覺)과 부동(不動)의 인과는 긍정적이고 바람직한 것이지만 동(動)과 고(苦)의 인과관계는 부정적이고 바람직하지 못한 인과관계입니다. 불교의 모든 수행은 바람직하지 못한 인과관계를 단절하고 바람직한 인과관계로 나아가려는 인위적인 노력입니다.

 인과관계를 대해서 좀 더 생각해 보겠습니다.

 인간은 지각할 수 있는 현상들을 인과관계(因果關係)로 보기를 좋아 한다고 합니다. 선행(先行)된 원인이 인(因)이고 그에 대한 결과(結果)가 과(果)인데, 선행된 원인과 뒤따르는 결과를 필연적(必然的)이라 보는가, 우연적(偶然的)이라 보는가는 큰 차이가 있습니다. 인과관계를 필연적(必然的)으로 보면 물리학의 역학(力學)이 되고, 기계적 유물론(機械的 唯物論)에 빠지게 되어 결국은 운명론(運命論)이 되고 맙니다. 그러나 인과관계를 우연적(偶然的)이라 보면 인간의 행위에 대해 책임을 물을 수 없습니다. 불교의 인과응보(因果應報)라는 말은 인간의 행위에도 원인과 결과가 필연적인 인과관계를 맺고 있다는 것을 전제(前提)하는 업설(業說)입니다. 그렇지만 업설은 역학(力學)에서처럼 검증(檢證)을 할 수 없으나 그렇다고 인정(認定)하고 받아들이는 것뿐입니다. 흄(Hume)이 말한 주관적 관념론(主觀的 觀念論)인 셈입니다.

 사실 인간은 자신의 행동을 선택하고 결정하기 때문에 그에 대한 책임을 묻는 것이 업설입니다. 불교의 인연론(因緣論)은 역학적 인과론(力學的因果論)에 연(緣)이라는 부차적(副次的)이고 외적(外的)인 원인[coordinating causes]을 중시하여 필연성을 극복합니다. 그 연(緣)이 바로 인간의 자유의지(自由意志)이고 그에 따른 책임을 묻는 것이 인과응보(因果應報)입니다. 그러니까 불교는 연(緣)이라는 조건에 무게를 두어 운명론적 결정론(運命論的 決定論)을 벗어나고, 인(因:primary cause)을 중시하므로 우연론

(偶然論)을 부정하는 것이 불교의 인연설(因緣說)입니다. 직선적(直線的) 인과사슬에는 제1항(第一項)이 있어야 하는데, 제1항을 둔다는 것 자체가 인과의 논리를 부정하는 것이 되고 맙니다. 그러나 제1항을 두지 않으면 무한소급(無限遡及)이 되고 맙니다. 무한(無限)을 상상하기 힘드니까 부득이 제1항이라는 가설(假說)을 세웁니다. 가설로 세운 제1항을 철학에서는 제1원인(第一原因)이라 하고, 신학(神學)에서는 창조신(創造神)이라 하지만 불교에서는 그런 것은 언어적 설명으로는 가능(可能)하지만 구체적 검증(具體的 檢證)이 불가능(不可能)하다고 해서 무기(無記:avyākṛta)라고 하며, 무시무종(無始無終)을 말합니다. 무시무종(無始無終: an-ādi-nidhana)이라는 의미는 시작과 끝이 없다는 것이 아니라 시작이나 끝은 있겠지만 그것을 구체적으로 알 수가 없다는 의미입니다. 따라서 현상(現象)에 대한 불교적인 파악(把握)은 끝없이 펼쳐지는 변화만이 있을 뿐입니다. 이 변화는 필연적이지만 그 결과를 어떻게 가져올지는 자신의 선택에 달렸다는 것이 불교의 연기론(緣起論)입니다.

【해】 불각(不覺)에 의지하여 마음이 움직인다는 것은 어리석은 마음이 분별을 일으키는 것을 말하고, 이것을 업(業)이라 하였습니다. 초기 경전에 이르기를, '눈이 보이는 형상을 인연으로 바르지 못한 생각을 일으켜 이기적인 어리석음[癡]을 낳는다. 이 어리석음이 바로 무명(無明)이다. 이기적인 어리석음이 좋아하고 탐내는 것을 소중히 여긴다[愛]고 한다. 소중히 여기며 하는 행동을 업(業)이라 한다'고 했습니다.307)

---

307) 雜阿含經 13:<2-92하> 緣眼色 生不正思惟 生於癡 彼癡者是無明 癡求欲名爲愛 愛所作名爲業.

삼세(三細)② 능견상(能見相)

> 二者는 能見相이니 以依動故로 能見이니라 不動하면 則無見이니라
> 이자   능견상   이의동고   능견   부동   즉무견
>
> 二能見相 以依心動能見境界 不動則無見
> <둘째 능견상(能見相)이니, 마음이 움직임에 의지하여 대상[境界]을 보려는 것이다. 마음이 움직이지 않으면 보는 것도 없게 된다.>

[역] 둘째는 능견상(能見相:the perceiving subject)이다. 마음이 움직이는 것에 근거하여 본다고 할 수 있다. 마음이 움직이지 않으면 본다고 할 수 없다.

【해】능견(能見)이라는 말은 소견(所見)의 대조적인 의미로 '보려는 의도'를 말합니다. 능(能)이 능동적이고 주체적이라면 소(所)는 수동적이고 객체적입니다. 보려는 의도는 바로 『반야심경』에서 안이비설신의(眼耳鼻舌身意)라고 할 때의 의(意)를 말하는데, 이 의(意)는 이기적이고 목적 지향적입니다. 이기적이고 목적 지향적이라는 의미는 지금 가지고 있는 육신의 편안함이나 불사(不死)에 무의식적으로 집착한다는 뜻입니다. 그러니까 의(意)는 무명(無明)에 덮여 있는 마음이기도 합니다.

무엇인가를 보려는 의도는 어리석음이 마음을 움직여서 생기는 것이니, 부정사유(不正思惟)를 초래하는 원인이기도 합니다. 능견(能見)이란 거울이 사물을 반사하듯이 사물을 비쳐지는 대로 보는 것이 아니라 보는 사람의 주관적 의지(主觀的 意志)를 반영한다는 뜻입니다. 불교경전에서는 '본다[to see]'와 같이 보는 이의 주관적 의지의 반영으로 표현하지 않고 '보여진다[to be seen]'와 같이 수동분사(受動分詞)로 씁니다. 그것은 우리가 무엇을 볼 때에 주관적 의지를 개입시켜서는 안 된다는 뜻입니다.

삼세(三細)③ 경계상(境界相)

> 三者는 境界相이니 以依能見故로 境界가 妄現이니
> 삼자   경계상   이의능견고   경계   망현
> 離見하면 則無境界이니라
> 이견   즉무경계
> 三境界相 以依能見妄境界現 離見則無境
> <셋째, 경계상(境界相)이다. 능견(能見)에 의지하여 망경계(妄境界)가 나타난다. 그러므로 능견을 벗어나면 망경계도 없게 된다.>

㈎ 셋째는 경계상(境界相: the world of object)이다. 보려는 의도에 매달리기 때문에 보이는 대상들이 허망하게 나타난다. 보려는 것이 없으면 보이는 대상도 없어진다.

㈌▶ 경계(境界)는 위샤야(viṣaya)인데,308) 위샤야는 '실행하다'라는 뜻의 제3류동사 어근(√viṣ)에서 온 남성명사로 '시각・청각 등 오관의 인식이 미치는 것'이란 뜻입니다. 위샤야((viṣaya)는 진경계(眞境界)를 말하지만 경계상(境界相)이라는 의미는 보려는 의도에 의해 '비쳐지는 모습'이란 뜻이니, 있는 사실 그대로의 모습이 아니라 보려는 의도가 반영되어 있는 모습이기 때문에서 망현(妄現)이라 합니다. 망현(妄現)이라고 할 때의 망(妄)은 '법에 어긋나다'거나 '멋대로'라는 뜻이므로 실상(實像)이 아닌 허상(虛像)입니다.

【해】 마음에서 일어나는 세 가지 미세한 심리현상은 결국 화합식(和合識)인 알-라야식(Ālaya vijñāna)에서 나타나는 현상입니다. 세 가지 미세한 현상이 없어지면 여섯 가지 거친 모습도 없어질 터이니 부처님의 경지로 승화(昇華)하게 됩니다. 그래서 '무명의 모습은 깨달음의 심성[覺性]과는 별개의 것이 아니므로 파괴할 수도 없고, 파괴할 수 없는 것도 아니다[無明之相 不離

---
308) S.E.D. P-997.

覺性 不可壞 非不可壞]'라고 했던 것입니다. 비불가괴(非不可壞)는 무명을 깨고 깨달음에 이르는 것을 말합니다.

```
以有境界緣故로  復生六種相이니  云何爲六이닛고
이유경계연고      부생육종상        운하위육
以有虛妄境界緣故  復生六種相
<망경계를 인연하기 때문에 다시 여섯 가지 현상이 생긴다.>
```
[역] 보이는 대상들을 인연으로 다시 여섯 가지 모습이 생기니, 무엇이 여섯인가?

[참]▶ 이유경계연고(以有境界緣故)는 이유경계상연고(以有境界相緣故)라는 말입니다. 여기서 말하는 경계상(境界相)은 앞의 삼세(三世)에서 말한 경계상(境界相)이므로 진경계(眞境界)가 아니라 보려는 의도에 의해 망현(妄現)하는 것입니다. 불교에서 연(緣)이란 말은 인연(因緣)에서의 연(緣)처럼 직접적인 원인에 대한 간접적인 원인으로써 조건을 뜻합니다.

【해】 앞에서 불각(不覺)으로 일어나는 세 가지 미세[三細]한 현상을 말하고, 다시 뒤이어 일어나는 여섯 가지 거친[六麤] 모습을 말합니다. 여섯 가지 거친 모습은 마음 안에서 인식의 주체와 인식의 대상이 분화된 이후에 인식의 대상을 조건(緣)으로 나타나는 것들입니다. 앞에서 말한 세 가지 미세한 것보다 훨씬 명백한 현상으로 표출되고 있어 거칠다[麤:audārika]고 말합니다.309)

불교에서 말하는 인식에 대해 생각해 보겠습니다.
당(唐)나라 때 종밀(宗密:780~841)은 『선원제전집도서』에서 이렇게 말했습니다.

　　　마음은 아무런 조건도 없이 홀로 일어나지 않는다. 대상에 의탁

---

309) S.E.D. P-237. audārika는 udāra에서 온 남성명사이다. 세(細)는 수-끄슈마(sūkṣma)이다.

해야 비로소 생긴다. 대상은 저절로 생기는 것이 아니라 마음으로 말미암아 드러난다.
　따라서 마음이 텅 비면 이내 대상도 사라진다. 대상이 없어지면 곧 마음도 텅 비게 된다. 대상이 없는 마음이 아직 없었고, 마음이 없는 대상도 일찍이 없었다.
　마치 꿈에서 물건을 보듯이 능견(能見)과 소견(所見)이 다른 것 같지만 사실은 모두 허망하여 아무 것도 없기는 마찬가지다.310)

『경덕전등록』에서는 '마음은 본래 생기는 것이 없고 대상을 말미암아 있게 된다. 따라서 목전의 대상이 없다면 마음 역시 없는 것'이라 하였습니다.311) 그러니까 우리가 무엇을 인식한다는 것은 인식되는 대상이 있기 때문에 인식이 발생한다는 뜻입니다.
　외부대상이 어떤 과정으로 우리의 의식으로 파악되느냐를 말해주는 오온(五蘊)을 통해볼 때, 불교인식론은 경험론(經驗論)임이 분명합니다. 현각 스님은 '인식하려는 마음이 생기는 것은 마주하는 대상을 알고서 생기는 것이요, 마주하는 대상을 안다는 것은 인식하려는 마음이 생기고 나서 아는 것'이라고 하여312) 목전 경계의 직관(直觀)과 반야(般若)는 동시(同時)의 동일(同一) 사건이라는 것을 말했습니다. 따라서 대상 자체를 먼저 내 마음이 규정하는 것처럼 말하는 것이 관념론(觀念論)이니 불교를 관념론적으로 설명하는 것은 적어도 초기불교와는 거리가 멀다고 하겠습니다. 관념론이냐 경험론이냐를 말하기 전에 인식이 선행한다는 점에서 불교인식론에 대한 이해가 필요합니다.
　다음은 삼세(三細) 다음에 일어나는 육추(六麤)를 말합니다.

---

310) 禪源諸詮集都序:<48-404상> 心不孤起 託境方生 境不自生 由心故現 心空卽境謝 境滅卽心空 未有無境之心 曾無無心之境 如夢見物似能見所見之殊 其實同一虛妄都無所有 諸識諸境亦復如是.
311) 景德傳燈錄 1:<51-205상> 心本無生 因境有 前境若無 心亦無.
312) 禪宗永嘉集:毘婆舍那頌:<48-390하> 智生則了境而生 境了則智生而了.

육추(六麤)① 지상(智相)

一者는 智相이니 依於境界로 心起하야 分別愛與
일자 지상   의어경계   심기   분별애여
不愛故니라
불애고
一智相 謂緣境界生愛非愛心
<첫째, 지상(智相)이니, 경계를 인연하여 좋아하거나 좋아하지 않는 마음을 일으키는 것을 말한다.>

[역] 첫째는 지상(智相:the aspect of the discriminating intellect)이다. 보이는 대상에 근거하여 마음이 일어나 마음에 좋아한다거나 좋아하지 않는다고 분별한다.

[참]▶ 지혜가 바로 아는 것이고 아는 것이 곧 한마음이라고 했듯이313) 지상(智相)은 지상(知相)으로 보는 것이 좋습니다. 지(智)는 쁘라즈냐-(prajñā)로 반야(般若)와 같은 직관지(直觀知)이지만 지(知)는 위즈냐-나(vijñāna)로 식(識)과 같은 분별(分別:discriminate)입니다. 직관은 대상과 하나가 될 뿐 좋다거나 좋지 않다고 가리고 따지는 것이 없는 앎[無分別智]이지만 분별은 자기의 주관적 입장을 기준하여 좋고 나쁨을 가리고 선택하는 앎을 말합니다.
하께다(Yoshito S. Hakeda)는 지상(智相)을 'the aspect of the discriminating intellect'로 영역(英譯)하여314) 분별지(分別知)임을 분명히 했습니다.
『신심명』에 '깨달음에 이르는 것은 어려움이 없으나 오직 분별하고 가리는 것을 꺼려한다[至道無難唯嫌揀擇]'고 했는데, 바로 분별하고 가리는 것이 지상(知相)에 해당 된다고 하겠습니다. 제안(齊安) 선사가 말하기를, '사색하여 알거나 이리저리 따져서 아는 것은 귀신의 살림살이고, 밝은 햇빛 아래의 등불이니 결국

---
313) 宗鏡錄 78:<48-846상> 智卽是知 知卽一心也.
314) Yoshito S. Hakeda 『the Awakening oa Faith』 p-44.

은 빛을 잃고 만다'고 했는데,315) 이리저리 따져서 아는 것이 지상(知相)에 해당합니다.

　아는 것이 마음이다. 연려(緣慮)와 동용(動用) 등은 바로 마음이다. 안다는 한 글자는 탐내고 성내며 자비롭고 인욕(忍辱) 하는 선악(善惡)과 고락(苦樂) 등의 온갖 작용과 온갖 의미를 꿰뚫고 있으므로 직접적으로 깨달을 필요가 있다. 달마 스님이 한마디 말로 바로 보이셨으니 그것이 바로 앎[知]이라는 한마디 말이었다.316)

육추(六麤)② 상속상(相續相)

二者는 相續相이니 依於智故로 生其苦樂覺하고 心
이자　　상속상　　　의어지고　　　생기고락각　　　심
起念하여 相應不斷故니라
기념　　　　상응부단고
二相續相 謂依於智 苦樂覺念 相應不斷
<둘째, 상속상(相續相)이니, 분별에 의지하여 고락(苦樂)을 느끼는 망념이 서로 어울려 단절되지 않는다.>

[역] 둘째는 상속상(相續相:the aspect of continuity)이다. 앎에 의지하기 때문에 괴롭다거나 즐겁다는 느낌이 생기니, 마음에 망념을 일으켜 좋고 싫음을 분별하는 일이 끊어지지 않기 때문이다.

[참]▶ 의어지(依於智)는 의어지(依於知)로 보아야 합니다. 지(知)는 식(識)과 같습니다.

　연수 스님이 말하기를, '지혜[智]와 앎[知]은 다르다. 지혜는 성인에 국한되고 범부에게 통하지 않는다. 그러나 앎[知]은 범부나 성인이 모두 가지고 있고 이지(理智)에 통한다'고 하였습니다.317)

---

315) 景德傳燈錄 제7:<51-254상> 思而知 慮而解 是鬼家活計 日下孤燈 果然失照.
316) 宗鏡錄 34:<48-616하> 知卽是心 緣慮動用等是心 知之一字 亦貫於貪瞋慈忍善惡苦樂萬用萬義之處 直須悟得 達磨云指一言以直示 卽是知字一言.

앎에 의지한다고 할 때의 앎은 반야(般若)와 같은 직관지(直觀知)가 아니라 지식과 같은 분별지(分別智)를 의미합니다. 이 앎은 몰가치(沒價値), 즉 가치중립의 대상을 자기중심적으로 분별하여 애증(愛憎)이란 망념을 일으키고 그것을 반복하는 것을 말합니다. 우리의 현실적 삶은 이런 분별망상의 반복과 연속이라 하겠습니다. 그래서 한량없다고 말합니다.

육추(六麤)③ 집취상(執取相)

> 三者는 執取相이니 依於相續으로 緣念境界하고 住持苦樂하야 心起着故니라
> 삼 자   집 취 상   의 어 상 속   연 념 경 계   주 지 고 락   심 기 착 고
> 三執著相 謂依苦樂覺念相續而生執著
> <셋째, 집착상(執著相)이니, 고락을 느낌에 의지하여 망념이 이어지고 집착을 일으킨다.>

역▶ 셋째는 집취상(執取相:the aspect of attachment)이다. 상속(相續)에 의지하여 망념이 일으킨 대상들을 반연(攀緣)하여 괴롭다거나 즐겁다는 것에 머물고 유지하여 마음에 집착을 일으키기 때문이다.

참▶ 집취(執取)는 그라-힌(grāhin)으로 대상을 분별하여 마음에 들었거나 마음에 들지 않았거나 계속하여 마음 쓰이는 것을 말합니다. 그래서 앞서 말하기를 '자기도 모르게 망심(妄心)을 일으켜 망념을 품고 있는 것[不覺心起而有其念]'이라 하였습니다.

---

317) 宗鏡錄 34:<48-615상> 智與知異 智局於聖不通於凡 知卽凡聖皆有 通於理智.

육추(六麤)④ 계명자상(計名字相)

> **四者는 計名字相**이니 **依於妄執**으로 **分別假名言**
> 사자   계명자상   의어망집   분별가명언
> **相故**니라
> 상 고
> 四執名等相 謂依執著分別名等諸安立相
> <넷째, 집명등상(執名等相)이니, 집착에 의지하여 이름 등을 분별하여 여러 가지로 안립(安立)하는 상태를 말한다.>

역 넷째는 계명자상(計名字相: the aspect of the speculation (vikalpa) on names and letters)이다. 허망한 집착에 매달려 마음으로 헤아려 이름붙인 것을 분별하기 때문이다.

참▶ 명자(名字)는 나-만(nāman)으로 기호(記號)나 명칭(名稱)을 뜻하는 중성명사입니다. 계명자(計名字)라는 말은 계착명자(計著名字)나 계착문자(計著文字)라는 말인데, 산스끄리뜨로 아끄샤라 상사끄따(akṣara-saṃsakta)입니다. 아끄샤라는 '없어지지 않는다 거나 영속적(永續的)이라는 뜻이고318) 상사끄따(saṃsakta)는 서로 달라붙는다는 뜻입니다.319) 그러니까 계명자(計名字)라는 말은 영속적으로 서로 달라붙는다는 뜻인데, 실재하지 않는 것에 이름을 붙이고 그 이름을 가지고 헤아린다는 의미로 마음속에서 그리고 상상하던 것을 드러내기 위해 이름을 붙이는 것을 말합니다. 예를 들어 신(神)이나 영혼(靈魂)은 누구도 경험하지 않았지만 신이나 영혼이라는 이름을 가지고 옳고 그름을 따지고 시비하게 된다는 말입니다. 그래서 자연과학에서는 신이나 영혼과 같은 말은 과학적 용어가 아니라고 하여 논의에서 배제하고 있습니다.

▶ 망집(妄執)은 아비니웨샤(abhiniveśa)로 '흘러들어가다'라는 뜻의 동사(abhi-ni-√viś)에서 온 남성명사로 '편견(偏見), 집착(執

---
318) S.E.D. p-3.
319) S.E.D. p-1118.

著)'을 의미합니다.
▶ 가명(假名)이란 쁘라즈냡띠(prajñapti)인데, 이 말은 '추측하다, …한 뜻으로 해석하다'라는 제9류동사(pra-√jñā)의 사역형에서 온 여성명사로 '마음으로 상상하던 것을 말로 설명한다'는 뜻입니다. 실재하는 사물에 이름을 붙이는 것과는 다릅니다.

선종 제4조 도신(道信:580~651) 스님의 제자 법융(法融:594~658) 선사는 이르기를, 눈앞의 대상은 좋고 나쁨이 없으나, 마음에서 좋고 나쁨을 일으킨다. 마음이 만약 억지로 이름을 짓지 않는다면 망정(妄情)인들 어디에서 일어나겠는가라고 했습니다.320)
▶ 실차난타의 번역인 신역(新譯)에 있는 안립(安立)은 구역(舊譯)의 가명(假名)과 같은 의미입니다. 원래 안립(安立)이라는 말은 쁘라띠슈타-(pratiṣṭhā)로 '굳건하게 멈추어 있다'는 뜻인데 여기서는 가설(假設)이나 시설(施設)의 의미로 썼습니다. 언어를 넘어 있는 것을 일시적으로 언어나 문자를 빌려 표현하는 것이라는 뜻입니다.

경에 이름이나 글자를 헤아리고 집착하게 되면 자아의 진실을 볼 수 없다고 했습니다.321)

육추(六麤)⑤ 기업상(起業相)

> 五者는 起業相이니 依於名字로 尋名하고 取着하며
> 오 자   기 업 상   의 어 명 자   심 명   취 착
> 造種種業故니라
> 조 종 종 업 고
> 五起業相 謂依執名等起於種種諸差別業
> <다섯째, 기업상(起業相)이니, 이름 등에 집착함에 의지하여 갖가지 차별된 업을 일으키는 것을 말한다.>

[역] 다섯째로 기업상(起業相:the aspect of giving rise to evil karma)이다. 이름이나 글자에 근거하여 이름을 파고들어 취(取)

---
320) 景德傳燈錄 4:<51-227중> 境緣無好醜 好醜起於心 心若不彊名 妄情從何起.
321) 入楞伽經 7:<16-557상> 計著名字者 不見我眞實.

하고 집착하여 이런저런 업을 짓기 때문이다.

【참】▶ 기업(起業)이라는 말은 행동하게 된다는 의미입니다. 행동은 삼업(三業)을 의미합니다.

【해】 실체가 없는 것을 언어화 하고 나서 다시 그 말의 의미를 따지고 매달리는 것을 말합니다. 인격(人格)이나 영혼(靈魂) 같은 것은 사유(思惟)가 만들어낸 것인데 사람들이 그럴듯하게 여기는 이름을 붙여서 집착하고 매달리는 것과 같습니다. 그래서 상 거사(向居士)가 말하기를, '이름이 없었던 것에 이름을 붙이면 그 이름으로 말미암아 옳고 그름을 일으킨다'고 했습니다.322)

육추(六麤)⑥ 업계고상(業繫苦相)

六者는 業繫苦相이니 以依業受報하야 不自在故니라
육자   업계고상   이의업수보   부자재고
六業繫苦相 謂依業受苦不得自在
<여섯째, 업계고상(業繫苦相)이니 업에 의지하여 고통을 받아 자유롭지 못함을 말한다.>

【역】 여섯째로 업계고상(業繫苦相:the aspect of anxiety attached to the effects of evil karma)이다. 업에 매달려 과보를 받으므로 자유롭지 못하기 때문이다.

【해】 망상에 매달려 행동하기 때문에 끝내는 심리적으로 갈등을 불러오게 된다는 뜻입니다. 비유하자면 달밤에 길을 가다가 새끼줄을 뱀으로 착각하여 놀라서 도망가거나 귀신(鬼神)은 실재하지 않지만 귀신이란 말에 현혹되어 놀라거나 두려워 도망치

---

322) 景德傳燈錄 3:<51-221중> 無名作名 因其名則生是非矣.
　　※ 향(向)이 사람의 성씨일 때에는 '상'이라 읽는다.

는 것과 같습니다. 경에 말합니다.

    일체 모든 법[㈎]은 모두가 결국에는 공(空)이다. 범부들이 어리석고 미혹하고 전도되어 공의 이치[空義]를 듣지 못한다. 설령 그것을 듣는다고 해도 지혜가 없어 깨닫지 못한다. 이로 말미암아 온갖 업을 짓게 되고, 여러 가지 업이 있어 모든 유(有)가 생긴다. 이 유(有) 가운데서 온갖 고통을 두루 받는다.323)

當知하라 無明이 能生一切染法하나니 以一切染法이 皆是不覺의 相故니라
당지　　무명　　능생일체염법　　　　이일체염법　　개시불각　　상고

是故當知 一切染法悉無有相 皆因無明而生起故
〈그러므로 일체의 물든 것은 다 모양이 없고 모두가 무명으로 말미암아 생기는 것임을 알아야만 한다.〉

㈎ 무명(無明)이 모든 생각들을 물들게 한다는 것을 알아야 한다. 물들었다고 말하는 것들은 모두 다 깨닫지 못한 모습이기 때문이다.

【해】 여기서 말하는 무명(無明)은 앞에서 불여실지진여법일(不如實知眞如法一)한다거나 불각심기(不覺心起)한다고 말한 것을 의미하고 있습니다. 이런 무명을 근거하여 일으키는 온갖 생각들이 바로 염법(染法)입니다. 여기서 법(法)이란 말의 의미는 '보통 무엇 무엇이라고 말하는 것들'이니, 염법(染法)이라는 말은 맑고 깨끗한 마음을 더럽히고 오염시키는 것들을 의미합니다. 바꾸어 말하면 심리적 갈등과 괴로움을 초래하는 번뇌망상(煩惱妄想)입니다. 이것은 마음이 만들어내는 것들이니 심법(心法㈎)이요, 의식계(意識界㈑)의 현상입니다.

---

323) 有德女所問大乘經:〈14-941중〉 一切諸法皆畢竟空 凡愚迷倒不聞空義 設得聞之無智不了 由此具造種種諸業 旣有衆業諸有則生 於諸有中備受衆苦.

B-Ⅲ-1-②-㉯
각(覺)과 불각(不覺)

> 復次 覺與不覺에 有二種相하니 云何爲二닛고 一
> 부차 각여불각 유이종상 운하위이 일
> 者는 同相이요 二者는 異相이니라
> 자 동상 이자 이상
> 復次覺與不覺 有二種相 一同相 二異相
> <다시 각(覺)과 불각(不覺)에 두 가지 모양이 있으니, 하나는 동상(同相)이고, 또 다른 하나는 이상(異相)이다.>

㈎ 그리고 깨닫고 깨닫지 못함에 두 가지 모습이 있으니, 하나는 각과 불각이 같은 모습[Identity]이요, 다른 하나는 다른 모습[nonidentity]이다.

> 同相者는 譬如種種瓦器가 皆同微塵性相이니 如
> 동상자 비여종종와기 개동미진성상 여
> 是無漏와 無明의 種種業幻은 皆同眞如性相이니라
> 시무루 무명 종종업환 개동진여성상
> 言同相者 如種種瓦器皆同土相 如是無漏無明種種幻用 皆同眞相
> <같은 모습[同相]은 마치 여러 가지 질그릇이 모두 흙으로 되었다는 점에서 하나이다. 이와 같이 무루무명(無漏無明)이 만들어내는 여러 가지 환상과 같은 작용도 모두가 진여가 작용하는 모습이라는 점에서 한가지인 것이다.>

㈎ 같은 모습이라는 것은 비유하면 이런저런 모습의 질그릇이 있지만 모두가 미세한 흙가루로 만든 것이라는 점에서 같다. 이와 같이 무루(無漏)와 무명(無明)이 만들어내는 환상과 같은 온갖 업(業)도 진여(眞如)를 바탕에 둔 것들이라는 점에서 모두가 같다.

㈀▶ 무루(無漏)는 아나-사르와(anāsarva)로 아-스라와(āsrava)에 부정의 접두사 안(an)이 붙여진 말인데, 아-스라와(āsrava)는 '흐르다'라는 동사 어근(ā-√sru)에서 온 남성명사로 '외부대상을 향해 쏟는 감각적 활동'이란 뜻입니다. 그러니까 무루(無

漏)란 외부에 관심을 기울이는 마음이 없다는 뜻이니, 무심(無心)이란 말이요, 심체이념(心體離念)을 의미합니다.

【해】 각과 불각을 밝음과 어둠으로 비유할 수 있는데, 밝음과 어둠은 전혀 다른 현상이지만 밝음이 있기 때문에 어둠이 있을 수 있고, 그 반대 현상도 마찬가지 듯이 서로 상대에게 뿌리를 두고 있어서 같은 모습이라 말하는 것입니다. 무루(無漏)는 깨달음인 각(覺)을 의미하고, 무명(無明)은 불각(不覺)을 의미합니다. 깨달음에서 빚어지는 행동거지나 깨닫지 못한 상태에서 빚어지는 행동거지나 결국은 하나라고 보는 것입니다. 앞에서 근본불각을 언급하면서 '길을 잃은 사람이 방향에 근거하기 때문에 길을 잃었다고 말하지만 기준이 되는 방향을 버리면 길을 잃었다는 의미도 없는 것과 같다[猶如迷人依方故迷 若離於方則無有迷]'고 하였고, 도생(道生)은 법을 설명하면서 '법의 이치는 가득한 물과 같이 고요하여 무엇이 일어나고 사라지는 일은 없으나 다만 이치대로 행하면 번성(繁盛)하고 행하지 못하면 쇠(衰)할 뿐'이라고 했습니다.324)

是故로 修多羅中에 依於此義하야 說하되 一切衆
시고 수다라중   의어차의   설   일체중
生이 本來常住 入於涅槃이니라 菩提之法은 非可
생   본래상주 입어열반   보리지법   비가
修相이며 非可作相이며 畢竟無得이니라 亦無色相
수상   비가작상   필경무득   역무색상
可見이니 而有見色相者는 唯是隨染業幻의 所作
가견   이유견색상자   유시수염업환   소작
이니라 非是智는 色의 不空之性이니 以智相은 無
       비시지   색   불공지성   이지상   무

---

324) 大般涅槃經集解:<卍續藏經:94-356상>法理湛然有何興何沒 但行之則盛 不行則衰耳.

可見故니라
가견고

是故 佛說一切衆生 無始已來常入涅槃 菩提非可修相非可生相
畢竟無得 無有色相而可得見 見色相者 當知皆是隨染幻用 非是
智色不空之相 以智相不可得故 廣如彼說

<그러므로 부처님이 설하시되, 일체중생이 시작을 알 수 없는 그때부터 항상 열반에 들어갔으나 보리(菩提)는 닦을 수 있는 모습도 아니고 생기게 할 수 있는 모습도 아니라 결국 얻을 수 없고 물질적 형태로 볼 수도 없다고 하셨다. 물질적 형태로 본다는 것은 모두가 물듦에 따르는 환상과 같은 작용이라는 것을 알아야 할 것이다. 지혜는 텅 비지 않은 물질현상이 아니어서 지혜의 모습은 불가득(不可得)이다. 광범위함이 저 경전의 설함과 같다.>

역 그러므로 경에 이런 뜻에 의거하여 설하되, 모든 중생은 본래 열반에 들어 상주(常住)한다고 했느니라. 깨달음의 법은 닦을 수 있는 모습도 아니고, 생겨나게 할 수 있는 모습도 아니어서 결국은 얻을 무엇이 없다. 또 눈으로 볼 수 있는 물질적인 모습도 없는데도 물질적 모습을 본다는 일이 있는 것은 오로지 물든 업을 따르는 환상이 일으키는 것일 뿐이다. 이것은 지색(智色)의 불공지성(不空之性)이 아니니 지혜의 모습은 볼 수가 없기 때문이다.

참▶ 수다라중 의어차의(修多羅中 依於此義)라고 한 수다라(修多羅)는 어느 경일까? 『석마하연론(釋摩訶衍論)』이나325) 『종경록(宗鏡錄)』에서는326) 『문수사리답제일경(文殊師利答第一經)』이라 했으나 확인할 수 없습니다. 원효 스님은 『대품경(大品經)』이라 하였는데,327) 원효 스님이 말한 『대품경』은 『마하반야바라밀경(摩訶般若波羅蜜經)』입니다.328)

---

325) 釋摩訶衍論 4:<32-628중> 如是二門依何契經 所建立耶 謂文殊師利答第一經 彼契經中當何說耶 謂彼契經中作如是說 佛問文殊 汝久遠來 恒無休息 普遍遊行十方刹中 見何殊事 文殊答曰 我久遠來 不見餘事 唯見微塵 又佛問言 汝百年中居于輪家不見種種瓦器相耶 文殊對曰 我唯見塵不見瓦器 又佛問言 汝實不見地水火風山川林樹等種種相耶 文殊對曰 我實不見如是等相 唯見微塵.
326) 宗鏡錄 83:<48-873중> 依何契經所建立耶 謂文殊師利答第一經…
327) 起信論疏 上:<44-213중> 本來常住入於涅槃菩提法者 如大品經言 以是智慧 斷一切結使 入無餘涅槃.

【해】 각과 불각은 뿌리가 같다는 의미에서 부처와 중생은 한 뿌리입니다. 그래서 경에 이르기를, 부처님은 중생들이 생사를 나와 열반에 들어가도록 하려는 것이 아니라 다만 생사와 열반은 별개의 두 모습이라고 보는 망상분별을 제도하려는 것임을 알라고 했던 것입니다.329)

> 異相者는 如種種瓦器가 各各不同이니 如是無漏
> 이 상 자   여 종 종 와 기   각 각 부 동   여 시 무 루
> 와 無明은 隨染의 幻差別이며 性染의 幻差別故니라
>   무 명   수 염   환 차 별   성 염   환 차 별 고
> 言異相者 如種種瓦器各各不同 此亦如是 無漏無明種種幻用相
> 差別故
> <다른 모습[異相]이라 말하는 것은 마치 여러 가지 질그릇이 그릇마다 같지 않은 것과 같이 이 또한 그와 같이 무루무명 만들어내는 여러 가지 환상 같은 작용도 모양이 다르기 때문이다.>

[역] 다른 모습이라는 것은 마치 이런저런 모습의 질그릇이 각각 같지 않은 것과 같다. 이와 같이 깨달음[無漏]과 깨닫지 못함[無明]은 물듦을 따르는 차별이며 심성이 물든 차별이다.

[참]▶ 환(幻)이란 마-야-(māyā)로 착각(錯覺:illusion)이나 표리부동(表裏不同:duplicity)을 의미합니다. 수염환차별(隨染幻差別)은 마음이 오염된 상태에 따라 착각도 다르다는 뜻입니다.

【해】 근원적인 바탕에서 중생과 부처님은 하나지만[同相] 현실적으로는 부처는 깨달았고, 중생은 아직 깨닫지 못했다는 점에서 분명 다릅니다[異相]. 가능성(可能性)에서는 부처와 중생이

---

328) 원효 스님은 『摩訶般若波羅密經』 제25 實際品의 以是智慧 斷一切結使煩惱習 入無餘涅槃 [元]是世俗法 非第一實義 何以故 空中無有滅亦無使滅者 諸法畢竟空 卽是涅槃[故]<9-402중>과 제22권 道行品 中에서 何義故爲菩提… 空義是菩提義 如義法性[義]實際義是菩提義…復次諸法實相不誑不異是菩提義<8-379상>를 인용하였다.
329) 思益梵天所問經1:<15-36하> 當知佛不令衆生出生死入涅槃 但爲度妄想分別生死涅槃二相者耳.

같지만 현실적으로는 가능성을 구체화(具體化) 했느냐 그렇지 못했느냐의 차이가 있다는 말입니다. 그래서 중생과 부처는 같으면서 다르고, 다르면서 같다고 할 수 있으니, 『금강경』에 '그들은 중생이 아니요 중생이 아님도 아니다[彼非衆生 非不衆生]'라고 했던 것입니다.

앞[B-Ⅲ-1-②]에서 여래장에 의하면 생멸하는 마음과 불생불멸하는 마음은 같은 것도 아니요 다르지도 않다[非一非異]고 했고, 아뢰야식(阿賴耶識)은 각의(覺義)와 불각의(不覺義)가 있다고 했었습니다.

B-Ⅲ-1-③
생멸인연(生滅因緣)

復次 生滅因緣者는 所謂衆生이 依心으로 意와
부차 생멸인연자 소위중생 의심 의
意識이 轉故니라 此義云何오 以依阿梨耶識하야
의식 전고 차의운하 이의아리야식
說有無明이니 不覺而起하야 能見能現하며 能取境
설유무명 불각이기 능견능현 능취경
界하야 起念相續할새 故說爲意니라
계 기념상속 고설위의

復次生滅因緣者 謂諸衆生依心意識轉 此義云何 以依阿賴耶識
有無明不覺起 能見能現能取境界 分別相續 說名爲意

<또 생멸인연은 중생들이 마음에 의지하여 의식(意識)이 변화하는 것이다. 이 뜻이 무엇인가? 아뢰야식에 의하여 무명으로 불각이 일어나, 보고, 나타내며, 경계를 취하고, 분별이 이어지기 때문에 의(意)라고 말한다.>

역 다시 생기고 없어지는 인연은 소위 중생이 마음에 의지하여 의(意)와 의식(意識)이 변화하기 때문이다. 무슨 뜻인가? 아리야식에 의지하여 무명(無明)이 있다고 말함이니, 나도 모르게 망념을 일으켜 보기도 하고 나타내기도 하며 마음이 그리는 대상을 취(取)

하여 망념을 일으켜 계속 이어가기 때문에 의(意)라고 말한다.

참▶ 의(意)는 마나스(manas)인데, 마나스는 '…하려고 생각하다, …이라고 생각하다'라는 뜻을 가진 제8류동사 어근(√man)에서 온 중성명사로 '…하고픈 마음, 심적 경향, …한 생각, 의도, 의지' 등을 의미합니다.330) 의(意)는 이기적이고 목적지향적인 마음입니다.

▶ 의식(意識)은 위즈냐-나(vijñāna)로 '구별하다, 분별하다, 보고 곧 알다, 알아보다' 등의 뜻을 가진 동사(vi-√jñā)에서 온 중성명사로 '구별하는 행위, 분별하는 행위'를 의미합니다.331) 산스끄리뜨 위즈냐-나(vijñāna)를 분석하면 위(vi)와 즈냐-나(jñāna)의 합성이라 하겠는데 위(vi)는 '두 부분, 따로따로, 서로 다른 쪽으로, 다르게' 등의 의미를 가진 접두사이고,332) 즈냐-나(jñāna)는 '구별할 줄 알다, 오관으로 지각하다, 뜻을 파악하다, 경험하여 알다' 등의 뜻을 가진 제9류동사 어근(√jñā)에서 온 중성명사로 '아는 것, 지식, 인식'이란 뜻이다.333) 따라서 위즈냐-나라는 말이 가지고 있는 의미는 대상 그대로 직관(直觀)하여 아는 것이 아니라 다른 것과 구별(區別)하고 비교(比較)하여 아는 분별을 의미합니다.

유식(唯識)에서는 심(心)은 찟따(Citta)로 제8아리야식이라 하고, 의(意)는 마나스(manas)로 제7말나식(第七末那識)이라 하며, 의식(意識)은 위즈냐-나(vijñāna)로 분별사식(分別事識)이라고도 하고 제6의식(第六意識)이라고 합니다. 제7말나식을 현식(現識)이라고도 하고, 제8알-라야식을 장식(藏識)이라고도 하는데, 제6식, 제7식, 제8식의 특징을 말하면, 제6식인 분별사식(第六分別事識)은 대상에 집착하여 마음을 더럽히는 것이 특징이고, 제7식

---

330) S.E.D. p-783.
331) S.E.D. p-961.
332) S.E.D. p-949.
333) S.E.D. p-426.

인 현식(現識)은 무명(無明)이 스며들은 망심(妄心)이 특징이며, 제8식인 장식(藏識)은 마음이 청정함이 특징이라고 했습니다.334)

불생불멸(不生不滅)하는 진여심(眞如心) 또는 여래장(如來藏)이 생멸(生滅)하는 중생심(衆生心)으로 전환하는 것을 의(意)로 설명하고 있습니다. 부처님과 서로 통하는 마음이 이기적이고 목적지향적인 성향을 가지게 되므로 중생심으로 전락한다는 것입니다.

> **此義**에 **復有五種名**하니 **云何爲五**닛고
> 차 의　　부 유 오 종 명　　　운 하 위 오
> 此意復有五種異名
> <이 의(意)에 다시 다섯 가지 다른 이름이 있다.>

【역】 이 의(意)에 다시 다섯 가지 이름이 있으니, 그 다섯은 무엇인가?

【해】 진여심이 중생심으로 전환하는 과정에서 의(意)를 중심으로 일어나는 심리작용을 다섯 가지로 설명하고 있습니다. 다시 말해서 부처님과 서로 통하는 진여심(眞如心)이 의(意)의 작용에 따라 다섯 가지로 불린다는 뜻입니다.

① 업식(業識)

> **一者**는 **名爲業識**이니 **謂無明力**으로 **不覺心**이 **動**
> 일 자　　명 위 업 식　　위 무 명 력　　　불 각 심　동
> **故**니라
> 고
> 一名業識 謂無明力不覺心動
> <첫째, 업식이라 한다. 말하자면 무명의 힘으로 불각(不覺)의 마음을 움직이는 것이다.>

【역】 첫째는 업식(業識:activating mind)이라 말한다. 무명의 힘으

---

334) 宗鏡錄 51:<48-713상> 第六分別事識是名取境染心是相 第七現識是名 無明熏妄心是相 第八藏識是名心淸淨是相.

로 깨닫지 못한 마음이 움직이기 때문이다.

참▶ 업식(業識)은 업의 식이니, 무명(無明)이 나도 모르게 일어나 마음을 움직이는 것이 식(識)입니다. 의(意)를 업식이라고 부른다는 말입니다.
    앞의 불각(不覺)에서 '진여는 하나라는 것을 사실대로 파악하지 못하기 때문에 자기도 모르게 망심(妄心)을 일으켜 망념을 품고 있는 것[不如實知眞如法一故 不覺心起而有其念]'이라고 했었습니다.
▶ 무명력(無明力)은 무명이 가지고 있는 힘을 말합니다.
    『종경록』에 무명은 세력이 있어서 구상(九相)을 일으키지만 진여(眞如)는 세력이 없어서 숨겨지게 되므로 작용을 나타낼 수 없다. 마치 물이 바람에 부딪치게 되면 오직 파도만을 일으킬 뿐 사물의 모습을 나타낼 수 없는 것과 같다고 했습니다.335) 무명의 세력으로 일으키는 구상(九相)이 바로 삼세육추(三細六麤)이니, 삼세로 무명업상(無明業相), 능견상(能見相), 경계상(境界相)과 육추로 지상(智相), 상속상(相續相), 집취상(執取相), 계명자상(計名字相), 기업상(起業相), 업계고상(業繫苦相)입니다.

② 전식(轉識)

二者는 名爲轉識이니 依於動心으로 能見相故니라
이 자   명 위 전 식   의 어 동 심   능 견 상 고
二名轉識 謂依動心能見境相
<둘째, 전식(轉識)이라 한다. 움직이는 마음을 의지하여 대상의 모습[境相]을 보는 것이다.>

역▶ 둘째는 전식(轉識:evolving mind)이라 말한다. 움직이는 마음에 의지하여 대상의 모습을 볼 수 있기 때문이다.

---

335) 宗鏡錄 31:<48-599상> 以無明有力起於九相 眞如無力被隱故不能現用 如水爲風所擊 但起波瀾而不能現像.

참▶ 전식(轉識)은 쁘라으릿띠 위즈냐-나(pravṛtti vijñāna)인데, 쁘라으릿띠는 여성명사로 전진한다는 뜻으로336) 생기식(生起識)이라고도 합니다. 경에 아뢰야식을 의지하여 의식을 전환하여 일으킬 수 있고, 마음에 의지하는 뜻에 의지하여 전식(轉識)을 일으킬 수 있다고 했습니다.337)

【해】업이 주체가 되어 인식작용을 일으킨다는 말이니, 인식의 주체가 생긴다는 뜻입니다. 업의 발동은 무명이기 때문에 이 때 일어나는 인식의 주체는 이기적이고 목적 지향적입니다. 주체가 생긴다는 뜻입니다.

③ 현식(現識)

三者는 名爲現識이니 所謂能現一切境界하나니 猶如明鏡이 現於色像하나니 現識도 亦爾니라 隨其五塵하여 對至하면 卽現하야 無有前後하니 以一切時에 任運而起하야 常在前故니라

三名現識 謂現一切諸境界相 猶如明鏡現衆色像 現識亦爾 如其五境對至卽現 無有前後不由功力

<셋째, 현식(現識)이라 말한다. 말하자면 일체 모든 경계상(境界相)을 나타냄을 말한다. 그것은 마치 맑은 거울이 온갖 색상(色像)을 나타내는 것과 같다. 현식도 이와 마찬가지로 만약 다섯 가지 경계가 앞에 와 대하면 곧 앞뒤의 순서가 없이 나타내는데, 공력(功力)에 말미암지 않기 때문이다.>

역 셋째는 현식(現識:reproducing mind)이라 말한다. 모든 경계를 나타낼 수 있는 것이 마치 깨끗한 거울이 물질적인 형상을 나타내듯이 현식(現識) 또한 그와 같아서 눈(眼)·귀(耳)·코(鼻)·

---

336) S.E.D. P-694.
337) 入楞伽經 9:<16-571하> 依止阿梨耶 能轉生意識 依止依心意 能生於轉識.

혀(舌)·피부(身) 등 다섯 가지 감각기관이 대하는 사물(色)·소리(聲)·냄새(香)·맛(味)·촉감(觸) 등 다섯 가지 대상이 다가옴에 따라 곧 나타내는 것으로 먼저 나타내고 뒤에 나타내는 순서가 없어서 아무 때나 제멋대로 일어나 항상 앞에 있기 때문이다.

참▶ 현식(現識)은 키야-띠 위즈냐-나(khyāti vijññāna)인데, 키야-띠는 여성명사로 인식, 지각을 의미합니다.338) 현식은 현행(現行)하는 의식이라는 뜻으로 알-라야식(ālayavijñāna)에 들어있는 종자(種子)에서 발현(發現)하는 이숙식(異熟識)과 능훈식(能熏識)을 말합니다.
▶ 실차난타(實叉難陀)의 번역본에 '현식역이 여기오경(現識亦爾 如其五境)'의 여기(如其)는 접속사로 가설을 나타내며 종속문의 첫머리에 쓰여 '만일…한다면'이라는 의미입니다.
▶ 공력(功力)은 수행을 통해 얻은 힘입니다. 불도(佛道)를 수행(修行)한 결과로 얻어진 힘을 말합니다. 공력에 말미암지 않는다[不由功力]는 말은 눈으로 보고, 귀로 소리를 듣는 것은 수행과는 상관이 없다는 말입니다. 수행의 정점에 있는 부처님도 보고 듣고, 수행을 하지 않은 범부중생도 눈으로 보고 귀로 듣기는 마찬가지이니 눈으로 보고 귀로 듣는 것은 수행과는 관계가 없는 일입니다. 다만 수행한 사람과 그렇지 않은 사람의 차이는 사실대로 보느냐, 자기가 보고 싶은 것을 보느냐의 차이가 있으므로 부처님은 보고 듣는 것이 옳고[正], 평등하며[等], 완벽하다[圓]고 말합니다. 그래서 부처님의 깨달음을 정각(正覺), 등각(等覺), 원각(圓覺)이라 말합니다.

【해】 앞의 전식(轉識)이 능견상(能見相)으로 견분(見分)이요, 능(能)이라면 현식(現識)은 능현상(能現相)으로 상분(相分)이요, 소

---
338) S.E.D. P-341.

(所)입니다.

경에 이르기를, 현식(現識)과 분별사식(分別事識) 이 둘은 다른 모습이 없으니 서로 원인이 되기 때문이다. 현식(現識)은 불사의 훈습(不思議 熏習)으로 변화의 원인이 되고, 분별사식(分別事識)은 경계를 분별함과 무시희론(無始戲論)으로 습기(習氣)의 원인이 된다고 했습니다.339)

④ 지식(智識)

四者는 名爲智識이니 謂分別染淨法故니라
사 자　　명 위 지 식　　위 분 별 염 정 법 고
四名智識 謂分別染淨諸差別法
<넷째, 지식(智識)이라 말한다. 말하자면 염정(染淨) 등 모든 차별되는 것을 분별한다.>

[역] 넷째는 지식(智識:analytical mind)이라 말한다. 물든 것[染法]과 깨끗한 것[淨法]을 분별하기 때문이다.

[참]▶ 지식(智識)은 지식(知識)입니다. 불교에서는 지식(知識)이 선지식(善知識:jñāti)이라는 의미로 자주 쓰이고 있어 마음에 비쳐진 대상에 대해 더러운 것과 깨끗한 것을 분별하는 의식을 지식(智識)이라 썼다고 판단됩니다. 그러나 의미상으로 분별하는 의식이므로 지식(知識)으로 보는 것이 타당하다고 생각합니다. 일반적으로 지식(智識)은 지혜(智慧)나 반야(般若)의 뜻으로 쓰고, 지식(知識)은 분별(分別)의 뜻으로 쓰고 있습니다.

▶ 염법(染法)은 끌리슈따 다르마(kliṣṭa dharma)인데, 끌리슈따는 '괴롭히다, 성가시게 군다'는 뜻을 가진 제9류동사 끌리슈(kiiś)의 과거수동분사가 형용사로 쓰이는 말입니다.340) 번뇌(煩惱)를 뜻하는 끌레샤(kleśa)도 이 말에서 왔습니다.

---

339) 大乘入楞伽經1:<16-593중> 現識與分別事識 此二識無異相 互爲因 現識以不思議熏變爲因 分別事識以分別境界及無始戲論習氣爲因.
340) S.E.D. p-324.

⑤ 상속식(相續識)

五者는 名爲相續識이니 以念相應하야 不斷故니라
오자   명위상속식   이념상응   부단고
住持過去無量世等의 善惡之業하야 令不失故며
주지과거무량세등   선악지업   령불실고
復能成熟現在未來苦樂等報를 無差違故요 能令
부능성숙현재미래고락등보   무차위고   능령
現在已經之事를 忽然而念하고 未來之事를 不覺
현재이경지사   홀연이념   미래지사   불각
妄慮니라
망려

五名相續識 謂恒作意相應不斷 任持過去善惡等業令無失壞 成熟
現未苦樂等報使無違越 已曾經事忽然憶念 未曾經事 妄生分別
<상속식(相續識)이라 한다. 말하자면 언제 의식적으로 헤아리는 것과 어우러져 단절되지 않음을 말한다. 제멋대로 과거의 선악(苦樂) 등의 업을 간직하여 잃어버리지 않도록 하고, 현재나 미래의 고락(苦樂) 등의 과보를 성숙케 하여 어긋남이 없도록 한다. 이미 오래전에 지나간 일을 홀연히 기억하여 떠올리기도 하고 아직 지나가지도 않은 일을 망령되게 분별을 일으키기도 한다.>

[역] 다섯째는 상속식(相續識:continuing mind)이라 말한다. 망념과 어우러지는 일이 끊어지지 않기 때문이다. 과거 한량없는 세월에 걸쳐 착한 행동이나 나쁜 행동을 유지시켜 사라지지 않도록 하기 때문이며, 또 현재나 미래의 괴롭거나 즐거운 과보들을 성숙케 하여 차이나거나 어긋남이 없게 하기 때문이요. 현세에서 이미 겪은 일들을 갑작스레 그렇다고 생각하게 하고, 다가올 미래의 일들을 자기도 모르게 공연히 걱정하게 하기 때문이다.

[참]▶ 상속식(相續識)은 아-다-나 위즈냐-나(ādāna vijñāna)인데, 아-다-나(ādāna)는 '포착한다. 옮긴다'는 뜻의 동사어근(ā-√dā)의 과거수동분사가 중성명사로 쓰인 경우입니다.341)

【해】『종경록(宗鏡錄)』에 말합니다.

다만 처음의 업식으로부터 보려는 의도인 견분(見分)과 비쳐지는 모습인 상분(相分)이 생긴다. 견분으로 말미암아 인식의 주체[能]가 정해지고, 상분으로 말미암아 인식되는 객체[所]가 정해진다. 능(能)과 소(所)가 생기기만 하면 아(我)와 법(法)이 나란히 일어난다. 아(我)와 법(法)이 일어나면 유위(有爲)로 말미암아 무위(無爲)도 이루어진다. 허위(虛僞)에 대립하여 진실(眞實)을 말하게 되지만 이 모두 정해진 실체가 없다. 인연 따라 생기기 때문에 있는 것 같지만 참이 아니다.342)

비유하면 거울에는 삼라만상 온갖 모습이 나타나지만 반사되는 모습일 뿐 손에 잡히는 실체는 없듯이 우리 마음속에 그려지는 것은 수 없이 많아도 거울에 비치는 그림자와 같아서 실체는 없습니다. 하지만 실체는 없어도 끊어지지 않고 온갖 생각들이 일어납니다. 마음에 일어나는 잡념들은 무념무상(無念無想)이 되어야만 없어지고 마음은 텅 비어 맑아집니다.

B-Ⅲ-1-④
삼계유심(三界唯心)

是故로 三界가 虛僞라 唯心所作이니 離心하면 則
시고   삼계   허위   유심소작   이심   즉
無六塵境界니라
무육진경계
是故 三界一切皆以心爲自性 離心則無六塵境界
<그러므로 삼계의 일체 모두가 마음으로 자성을 삼는다. 마음을 떠나면 육진경계(六塵境界)도 없는 것이다>

【역】이 때문에 삼계(三界)는 허망한 거짓이요 오직 마음이 만든

---

341) S.E.D. P-136.
342) 宗鏡錄 62:<48-768상> 但以從初業識起見相二門 因見立能 因相立所 能所纔具我法互興 從此因有爲而立無爲 對虛假而談眞實 皆無定體 似有非眞.

것일 뿐이니 마음을 떠나면 여섯 가지 대상이 마음에 그려지는 것도 없다.
[the triple world, therefore, is unreal and is of mind only. Apart from it there are no objects of the five senses and of the mind]

참▶ 삼계(三界)는 물리적으로 존재하는 객관적 세계가 아니라 의식(意識)이 만들어 내는 심리적 세계입니다.343) 그래서 뜨리바와 찟따 마-뜨라(Tribhava-citta-mātra)라고 합니다, 이 말은 삼계유심(三界唯心)이라는 뜻입니다. 그래서 '삼계는 오로지 가명(假名)이라 사실상 현실적인 법체(法體)는 없다. 잘못 아는 이들이 가명(假名)에 매달려 실체라고 여길 뿐'이라고 했습니다.344) 만법(萬法)은 모두 마음의 상상을 따라 생긴다고 했습니다.345)

따라서 삼계윤회(三界輪回)는 이 세상과 저 세상이라는 물리적 공간(物理的 空間)에 다시 태어나는 것이 아니라 심리적(心理的)으로 겪게 되는 고통의 문제를 말하는 것이니, 우리는 이 육신이 죽기 전에도 많은 세상을 윤회할 수 있는 것입니다. 만약 불교의 윤회를 물리적 공간을 떠도는 것으로 이해한다면 그것은 힌두사상이 되고 말 것이니 그야말로 외도사견(外道邪見)이 아닐 수 없습니다. 사실 윤회는 불교에서 처음 말한 것이 아니라 불교가 출현하기 2, 3백여 년 전부터 인도인들이 믿어오던 것을 불교에서 수용한 것입니다. 종교사회학자 막스 베버(Max Weber:1864~1920)는 『힌두교와 불교』에서 이렇게 말합니다.

> 윤회설은, 비록 편집 수준이 매우 미숙한 상태이긴 하지만, 이미 『브라마나서』에서 나타나고 있으며, 인과응보설은 대체로 『우파니샤드』에서 최초로 그 모습이 보인다. 이러한 교리들은 일단 신정론

---

343) 解捲論:<31-883하> 三界者 唯以言名爲體 由強分別 非實有法 故不得眞.
344) 入楞伽經 9:<16-567중> 三界惟假名 實無事法體 妄覺者分別 取假名爲實.
345) 淨土五會念佛略法事儀讚:<47-485중> 萬法皆從心想生.

(神政論)을 합리화시켜야 한다는 요구의 압력에 의해 결집되었는데, 그 이후 금욕적이고도 명상적인 모든 구원 노력의 의미에 대해 결정적인 영향력을 행사했음이 분명했다.346)

윤회나 인과응보설이 불교의 고유사상이 아니듯이 힌두에서 말하는 윤회와 불교에서 말하는 윤회는 보는 견해가 다릅니다.

【해】경에 모든 삼계는 다 허망한 분별을 따라 생긴다. 그러나 여래는 허망한 분별을 따라 생기는 것이 아니라고 했습니다.347)

此義云何오 以一切法은 皆從心起하니 妄念而生이
차 의 운 하   이 일 체 법   개 종 심 기   망 념 이 생
며 一切分別은 卽分別自心이라 心不見心하면 無
        일 체 분 별   즉 분 별 자 심   심 불 견 심   무
相可得이니라 當知하라 世間의 一切境界가 皆依衆
상 가 득   당 지   세 간   일 체 경 계   개 의 중
生의 無明妄心으로 而得住持니라
생   무 명 망 심   이 득 주 지

何以故 一切諸法以心爲主從妄念起 凡所分別皆分別自心 心不見心無相可得 是故當知 世間一切境界之相 皆依衆生無明妄念而得建立

<왜냐하면 일체 모든 법은 마음을 주인으로 삼아 망념을 따라 일어나기 때문이다. 대개 분별되는 것은 모두 자기 마음을 분별한 것이다. 마음은 마음을 보지 못하고 얻을 수 있는 모양[相]도 없다. 그러므로 세간의 모든 경계의 모습은 모두가 중생의 무명 망념에 의지하여 만들고 세우는 것이다.>

㊖ 이 뜻이 무엇인가? 일체법(一切法㊁=心法)은 모두가 마음을 따라 일어나 망념으로 생긴 것이기 때문이다. 모든 분별(分別)은 바로 자기 마음을 분별하는 것이니, 마음이 마음을 보지 못한다면 얻을 수 있는 모습도 없는 것이다. 의식 안에 그리는 세간의

---

346) 막스베버, 홍윤기 옮김, 『종교사회학』, 『힌두교와 불교』, 한국 신학연구소, 1987, 228쪽.
347) 大乘入楞伽經 5:<16-619중>一切三界 皆從虛妄分別而生 如來不從妄分別生.

대상 모두가 중생의 무명망심(無明妄心)에 의지하여 유지되는 것이라는 것을 알아야만 한다.

참▶ 연수(延壽:904~975) 스님이 말합니다.

　　대개 보고 듣는 것은 모두가 중생들 자신의 마음의 그림자인지라 말하는 것은 오로지 마음이 말하는 것이고 듣는다는 것은 오직 마음이 듣는 것이다. 그러니 마음을 떠나서 어디에 법이 있겠는가.348)

【해】대부분의 사람들은 현실(現實)보다는 허구(虛構) 속에서 생각하기를 좋아하고, 개인이나 사회적 삶의 기저(基底)를 이루는 사실(事實)에 관해 자신과 타인을 속이는 경우가 많습니다.
　'전이나 지금이나 내가 단호하게 주장하는 것은 오로지 고통에 가득한 인생을 직시하고 그 고통에서 벗어나는 길을 말할 뿐'이라고 하였듯이,349) 부처님의 가장 큰 관심사는 인간실존의 문제였고, 그것은 바로 인간해방(人間解放)의 문제였습니다.
　이 세상 누구의 실존도 지금[Now], 여기[Here]라는 현실을 벗어나서 말할 수는 없는 노릇입니다. 그래서 석가모니 부처님은 '딧테와 담메(ⓟDiṭṭhe va dhamme)' 또는 드리슈따 에와 다르메(ⓢdṛṣṭa eva dharme)만을 말씀하셨는데, 지금 불교를 말하는 이들 가운데는 부처님이 '말할 수 없다'고 침묵했던 '삼빠라-이까 담메(ⓟSamparāyika dhamme)'를 단정적(斷定的)으로 말하는 이들이 많습니다. 딧테 와 담메라는 말은 '지금 현실 가운데서'라는 의미로 한역 경전에서 흔히 '어현법중(於現法中)'이라고 번역합니다. 또한 삼빠라-이까는 형용사로 '내세에 속한다'는 뜻입니다.350) 부처님은 우리의 경험을 넘어서는 문제에 대하여 말하지 않고 침묵하는 것은 '근본적으로 거룩한 삶과 관계가 없고, 수행

---
348) 宗鏡錄 29:<48-582하> 凡有見聞皆是衆生自心影像則說唯心說 聽唯心聽 離心之外 何處有法.
349) M.N. I, p-140, Fomerly I, monks, as well as now, lay down simply anguish and the stopping of anguish.
350) P.E.D. p-691, belonging to the next world.

의 목적과도 관계가 없으며, 욕망을 떠나는 것과도 관계가 없어 깨달음이나 열반으로 이끌지도 못하기 때문'이라고 밝히고,351) '나는 언제나 이것을 말한다. 이것은 말할 수 없는 것은 말하지 않는 것이요, 말할 수 있는 것은 말하는 것이다. 이와 같이 지켜져야만 하고, 이와 같이 배워야만 한다'고 하였습니다.352)

그런데도 부처님이 말할 수 없다고 침묵한 문제를 단정적으로 말한다는 것은 초기불교를 공부하지 않았거나 부처님의 권위를 앞세워 무엇인가 자기의 속셈을 채우려는 것에 지나지 않는다고 말할 수밖에 없습니다.

출가하여 가사장삼(袈裟長衫)을 입고 불교를 들먹이면서 정작 부처님이 말할 수 없다고 했던 문제들을 단정적으로 말한다면, 석가모니 부처님이 얻은 깨달음보다 더 높은 차원에 있다는 것이 아니면 망발(妄發)을 일삼는 것이 분명하다고 하겠습니다. 그러면서도 정법수호(正法守護)를 입에 담는 데, 지켜야 할 정법(正法)이 무엇인지조차 알지 못하고 대중을 기만(欺瞞)하는 것이라 할 것입니다.

어떤 이름의 불교일지라도 뿌리는 석가모니의 가르침에 있다는 점에서 초기불교나 석가모니에 대한 연구가 선행(先行)되어야 한다는 것을 역설(力說)하지 않을 수 없습니다.

是故로 一切法이 如鏡中像하야 無體可得이며 唯
시고   일체법   여경중상   무체가득   유
心이며 虛妄이니 以心生하면 則種種法生하고 心滅
심   허망   이심생   즉종종법생   심멸
하면 則種種法滅故니라
   즉종종법멸고
如鏡中像無體可得 唯從虛妄分別心轉 心生則種種法生 心滅則

---

351) 箭喩經:<1-805중> 以何等故 我不一向說此 此非義相應 非法相應 非梵行本 不趣智 不趣覺 不趣涅槃 是故 我不一向說此.
352) 箭喩經:<1-805하> 我一向說此 是爲不可說者則不說 可說者則說 當如是持 當如是 學.

> 種種法滅故
> <마치 거울 속의 영상(影像)과 같아 움켜잡을 수 있는 형상이 없다. 오직 허망한 분별심을 따라 변화한 것이다. 그래서 마음이 생기면 온갖 것이 생기고, 마음이 없어지면 온갖 것이 없어진다고 말한다.>

[역] 이 때문에 일체법(一切法㈋)은 거울 속에 나타나는 모양과 같아서 얻을 수 있는 실체가 없고 오직 마음의 허망함일 뿐이다. 마음이 생기면 온갖 법(法㈋)이 생기고, 마음이 없어지면 온갖 가지 법도 없어지는 까닭이다.

【해】 이미 앞에서 말했듯이 법이라는 말이 부처님이 보리수 아래에서 깨달은 연기(緣起)[理法㈀]를 말하는 것인지, 우리의 목전에 펼쳐지는 물리적 현상[色法㈋]을 말하는 것인지, 그렇지 않으면 우리가 사고를 통해 만들어 내는 심리적인 것들[心法㈋]인지 구분할 필요가 있습니다. 이러한 구분이 없이 막연하게 법이라는 말을 쓰면 혼란이 생깁니다.

復次 言意識者는 卽此相續識이니 依諸凡夫의 取
부차 언의식자 즉차상속식 의제범부 취
着轉深으로 計我我所하며 種種妄執하야 隨事攀緣
착전심 계아아소 종종망집 수사반연
하며 分別六塵하나니 名爲意識이며 亦名分離識이니
분별육진 명위의식 역명분리식
라 又復說名分別事識이니 此識은 依見愛하야
우부설명분별사식 차식 의견애
煩惱가 增長義故니라
번뇌 증장의고

言意識者 謂一切凡夫依相續識執我我所 種種妄取六種境界 亦
名分離識 亦名分別事識 以依見愛等熏而增長故
<의식이라 말하는 것은 이른바 모든 범부들이 상속식에 의지하여 나와 내 것을 집착하여 여러 가지로 육진경계를 망취(妄取)하는 것이다. 이것을 분

> 리식(分離識)이라거나 분별사식(分別事識)이라고도 한다. 견애(見愛) 등의 훈습에 의지하여 분별이 커지고 늘어나기 때문이다.>

【역】 다시 의식이라 말하는 것은 바로 이 상속식(相續識)이다. 모든 범부가 취하고 집착함이 점점 어짐에 따라 나를 따지고 내 것을 따져서 여러 가지로 허망하게 집착하여 어떤 일을 따라 이리 얽히고 저리 얽혀서 보고, 듣고, 냄새 맡고, 맛을 보며, 감촉하며, 생각하는 것들[六塵]을 분별하는 것을 이름하여 의식(意識)이라거나 분리식(分離識)이라고 한다. 또 분별사식(分別事識)이라고도 하는데, 이 식은 견애(見愛)에 의지하여 번뇌가 불어나고 자란다는 뜻이 있기 때문이다.

【참】▶ 반연(攀緣)은 알-람바나(ālambana)인데 이 말은 '붙들고 늘어지다, 꽉 움켜쥐다'라는 뜻의 제1류동사 동사(ā-√lamb)에서 온 형용사로 의(意)에 관계되는 생각이라는 뜻입니다. 다시 말해 이기적이고 목적지향적인 의지와 관계되는 생각이라는 의미를 가지고 있는 말입니다.
▶ 견애(見愛)는 번뇌를 의미하는데, 견(見)은 견혹(見惑:darśana heya)을 의미하고, 애(愛)는 수혹(修惑:bhāvanā heya)을 의미합니다. 헤야(heya)는 응단(應斷)이나 소단(所斷)이라 번역되는 말로 번뇌를 의미합니다.353) 견혹은 지적(知的)인 번뇌로 견도(見道:darśana mārga)에서 끊어지고, 수혹은 정의적(情意的)인 번뇌로 견도의 다음인 수도(修道:bhāvanā mārga)에서 끊어진다고 합니다. 견도는 보살의 초지(初地)이고, 수도는 보살초지 이후를 말합니다.

【해】 만약 번뇌의 근본을 말하면 견애(見愛)를 벗어나지 않지만 그 가지를 분별하면 과목(科目)이 꽤나 많으니, 소위 삼독(三

---

353) S.E.D.p-1297.col.1. to be left or quitted or abandoned or rejected or avoided.

毒), 오개(五蓋), 십사(十使), 구십팔번뇌(九十八煩惱), 팔만사천(八萬四千) 나아가 먼지나 모래알 같이 많은 수에 이른다고 했습니다.354)

> 依無明熏習으로 所起識者는 非凡夫能知며 亦非
> 의무명훈습   소기식자   비범부능지   역비
> 二乘智慧所覺이니 謂依菩薩이면 從初正信하야 發
> 이승지혜소각   위의보살   종초정신   발
> 心觀察하되 若證法身이면 得少分知며 乃至菩薩
> 심관찰   약증법신   득소분지   내지보살
> 究竟地하야도 不能知盡요 唯佛窮了니라
> 구경지   불능지진   유불궁료
> 無始無明熏所起識 非諸凡夫二乘智慧之所能知 解行地菩薩始學
> 觀察 法身菩薩能少分知 至究竟地猶未知盡 唯有如來能總明了
> <시작을 알 수 없는 무명의 훈습으로 일어난 식은 범부나 이승의 지혜로 알 수가 없다. 해행지(解行地)의 보살은 배우고 관찰하기를 시작하고, 법신보살은 조금 알 수 있고, 최후의 경지에 이른 보살일지라도 아직 다 알지 못하고 오직 부처라야만 모두를 분명하고 또렷하게 알 수가 있다.>

[역] 무명훈습(無明薰習)에 의지하여 일어나는 식(識)은 범부가 알 수 있는 것이 아니고, 또 성문(聲聞)이나 연각(緣覺)과 같은 소승수행자의 지혜로 깨달을 수 있는 것도 아니다. 보살의 경우는 처음에 바른 믿음을 따라 발심하여 관찰(觀察)하되 법신(法身)을 증득한 경우라야 적은 부분만 알 수 있고, 보살의 최후의 경지에 이르렀을 지라도 다 알지는 못할 것이니, 오로지 부처가 되어야만 끝까지 알 수 있다.

[참]▶ 신역의 해행지(解行地)에서 해행(解行)이란 지해(知解)와 수

---

354) 法界次第初門:<46-667중> 若論煩惱根本 不出見愛 枝派分別 則科目甚多 所謂三毒 五蓋十使 九十八煩惱 八萬四千乃至塵沙等數.

행(修行)을 아울러 일컫는 말인데, 수행하는 사람이 이론적으로 터득하는 것을 해(解)라 하고, 이론적으로 터득한 것을 몸소 실천하는 것을 행(行)이라 합니다. 이론적 터득과 실천은 수행하는 사람이 반드시 구비해야 할 것이므로 지목행족(智目行足)이라 하여 해(解)를 눈[目]에 비유하고, 행(行)을 발[足]에 비유했습니다. 해행지(解行地)는 십주(十住), 십행(十行), 십회향(十回向)을 말합니다.

▶ 승조 법사는 법신(法身)에 대해 이렇게 말합니다.

> 법신(法身)은 모양[相]이 아니고 모양 아님[非相]도 아니다. 왜 모양이 아니라 하는가? 본래 정해진 모양이 없기 때문이다. 왜 모양이 아님도 아니라 하는가? 인연을 따라 이런 저런 모양을 드러내기 때문이다.
>
> 하지만 법신은 나타나지 않고 나타나지 않는 것도 아니다. 성품을 벗어나 성품이 없다. 있음[有]도 아니고 없음[無]도 아니다. 마음도 없고 뜻도 없다. 일체의 수량으로 헤아릴 수가 없다.
>
> 다만 범부들이 제 마음을 따라 있다고 하여 부처님을 본다는 생각을 일으켜 오로지 마음 밖에 부처님이 있다[心外有佛]고 생각하는데, 제 마음이 화합(和合)하여 있는 것임을 모르기 때문이다.
>
> 어떤 사람은 오로지 마음 밖에 부처님이 없다[心外無佛]고 말해 정법(正法)을 헐뜯게 된다.
>
> 그래서 경에 부처의 경지는 있음 아님과 없음 아님을 벗어나므로 어림잡아 헤아릴 수가 없다고 하였다. 만약 있다거나 없다는데 집착하는 것은 바로 두 가지 극단[二邊]이요 그 또한 허망(虛妄)한 일이다. 왜냐하면 망령되게 상대적인 견해[二見]를 일으키는 것은 참된 이치[眞理]와 어긋나기 때문이다.355)

---

355) 寶藏論:<45-149중>法身非相非非相 何謂非相 本無定相 何謂非非相 緣起諸相 然則法身 非現 非非現 離性無性 非有非無 無心無意 不可以一切度量也 但彼凡夫隨心而有卽生見佛之想 一向謂彼心外有佛 不知自心和合而有 或有一向言心外無佛卽爲謗正法也 故經云 聖境界離於非有非無 非所稱量 若執著有無者卽是二邊 亦是虛妄 何以故 妄生二見乖眞理故.

【해】『승만경』에는 이렇게 말하고 있습니다.

"여래장(如來藏)이 법계장(法界藏)이요 법신장(法身藏)이며, 출세간상상장(出世間上上藏)이며 자성청정장(自性淸淨藏)이니라. 이 자성청정한 여래장이 객진번뇌(客塵煩惱)와 상번뇌(上煩惱)에 물드는 것은 불가사의한 여래의 경계니라.

왜냐하면 찰나의 착한 마음은 번뇌에 물들지 않고, 찰나의 착하지 않은 마음 역시 번뇌에 물들지 않느니라. 번뇌가 마음을 더럽히지 못하고, 마음도 번뇌에 저촉되지 않느니라. 그런데 어찌하여 저촉되지 않는 것이 마음을 물들일 수 있을까?"

"세존이시여, 하지만 번뇌도 있고, 번뇌가 마음을 물들이는 일이 있습니다. 자성청정심이 물드는 것이 있는데, 확실히 알기가 어렵습니다.

오직 부처님이신 세존만이 실안(實眼)이며 실지(實智)시며, 법의 근본이시며, 법에 통달하시며, 정법의 의지처가 되시어 사실대로 알고 볼 수 있나이다."356)

何以故오 是心은 從本已來로 自性淸淨이나 而有
하이고   시심   종본이래   자성청정   이유
無明이라 爲無明所染하야 有其染心하니 雖有染心
무명   위무명소염   유기염심   수유염심
이나 而常恒不變이니라 是故로 此義는 唯佛能知니라
    이상항불변   시고   차의   유불능지

此義云何 以其心性本來淸淨 無明力故染心相現雖有染心而常明潔
無有改變 復以本性無分別故 雖復遍生一切境界而無變易 以不覺一
法界故不相應 無明分別起生諸染心 如是之義 甚深難測 唯佛能知
非餘能了
<무슨 뜻이냐 하면 그 심성은 본래 청정하지만 무명의 힘으로 말미암아 물

---

356) 勝鬘獅子吼一乘大方便方廣經:<12-222중> 世尊 如來藏者 是法界藏 法身藏 出世間上上藏 自性淸淨藏 此自性淸淨 如來藏而客塵煩惱上煩惱所染 不思議如來境界 何以故 刹那善心非煩惱所染 刹那不善心亦非煩惱所染 煩惱不觸心 心不觸煩惱 云何不觸法而能得染心 然有煩惱 有煩惱染心 自性淸淨心而有染者 難可了知 唯佛世尊 實眼實智 爲法根本 爲通達法 爲正法依 如實知見.

> 든 마음의 양상이 나타난다. 비록 물든 마음이 있지만 항상 밝고 깨끗하여 바뀌고 변하는 일은 없다. 본성의 무분별로 되돌아오기 때문이다. 비록 다시 일체 경계가 생기더라도 변하고 바뀌는 일은 없다. 한 법계를 깨닫지 못하기 때문에 진여와 상응하지 않고 무명이 분별을 일으켜 이러저런 물든 마음을 일으키곤 한다. 이와 같은 뜻은 매우 깊고 오묘하여 헤아리기조차 어려워서 오로지 부처만이 알 수 있고 그 외에는 알 수 있는 것이 아니다.>

[역] 왜냐하면 이 마음은 본래부터 자성(自性)이 청정하지만 무명이 있어서 그 무명에 오염되어 그 오염된 마음이 있게 되는 것이니, 비록 오염된 마음이 있을지라도 청정한 본마음은 언제나 변하지 않는다. 이 때문에 이 뜻은 오직 부처님만이 알 수 있다는 것이다.

[참]▶ 여기서 말하는 '이 마음[此心]'은 자성청정심(自性淸淨心)을 말하는데, 자성(自性)은 쁘라끄리띠(prakṛti)로 '그 자신이 가지고 있는 변하지 않는 속성'이고, 그 속성이 바로 청정이니, 맑고 깨끗하여 순수함을 의미합니다. 예나 지금이나 변함없이 맑고 순수한 마음은 오로지 깨달음을 성취한 부처님만이 알 수 있다고 했습니다.

【해】비유하면 물이 오염이 될 수도 있고, 오염되었던 물이 다시 정화되어 맑고 깨끗해 질 수도 있는 것은 물의 자성(自性)이 맑고 깨끗하기 때문인데, 맑고 깨끗한 속성은 바뀌지 않는다는 것처럼, 사람이 본래 타고난 마음도 그와 같다는 것입니다. 사람의 마음을 오염시키는 것은 무명(無明)이라고 말합니다. 무명은 맹목적이고 이기적인 무지입니다.

B-Ⅲ-1-⑤
무명(無明)

```
所謂心性은 常無念故로 名爲不變이요 以不達一
 소위심성    상무념고    명위불변     이부달일
法界故로 心不相應이며 忽然念起를 名爲無明이니라
 법계고   심불상응    홀연념기   명위무명
```

㈓ 소위 심성(心性)은 항상 망념이 없기 때문에 변하지 않는다고 말한다. 그러나 법계(法界㉢)는 하나라는 것을 통달하지 못했기 때문에 마음이 진여(眞如)에 걸맞지 않아 갑작스레 망념을 일으키는 것을 무명이라 한다.

※ 소위심성(所謂心性)…명위무명(名爲無明)까지에 해당하는 신역(新譯)이 없습니다. 원문에 없어서인지, 실차난타가 생각한 것인지의 여부는 현재로서 확인할 수가 없습니다.

㈘▶ 홀연염기(忽然念起)에서 홀연(忽然)이라는 말은 불변화사(不變化詞)인 아까스마-뜨(akasmāt)로 '이유나 까닭도 없이', '갑작스럽게', '전혀 의도하지 않고'라는 뜻이니 홀연염기(忽然念起)는 아무런 이유도 없이 갑자기 망념을 일으킨다거나 문득 그러한 생각을 일으킨다는 말입니다. 홀연염기(忽然念起)는 앞의 불각(不覺)에서 말한 '나도 모르게 망심(妄心)을 일으켰다'고 한 불각심기(不覺心起)와 같습니다. 그러나 '홀연히 일어난다'는 말은 논리적(論理的)이지는 못하고 신비적(神秘的)인 말이라 봅니다.

▶ 무명(無明)은 산스끄리뜨로 아위디야(avidyā:㉟avijjā)입니다. 아위디야-(avidyā)는 부정의 접두사 아(a)가 위디야-(vidyā)에 붙여진 말인데, 위디야-(vidyā)는 '구별할 줄 알다, 뜻·원인·성질·내용 따위를 이해하다, 오관(五官)으로 지각하다'라는 뜻을 가진 제2류동사(√vid)에서 온 여성명사로 '학식, 견문, 이해, 경험' 등을 의미합니다.357) 따라서 아위디야-는 '학식, 견문, 이

---
357) S.E.D. P-963.

해, 경험 등이 없다'는 뜻으로 인간의 마음속 깊숙이 깔려 있는 근본적인 무지를 의미합니다. 이 무지는 이기적(利己的)이고 맹목적(盲目的)인 성격(性格)을 가지고 있어서 매우 충동적(衝動的)이라고 보고 있습니다. 불교에서는 범부중생이 살아가면서 겪게 되는 모든 고통과 고뇌는 바로 무명이 원인이 된다고 말합니다. 다시 말해 중생고(衆生苦)의 원초적(原初的)인 뿌리가 무명(無明)인 셈입니다. 부처님은 깨달음을 통해서 고(苦)의 동기(動機)가 무명(無明)에 있다는 것을 밝혔지만 아직 깨달음에 이르지 못한 범부중생은 자기 마음에 드는 것을 소유(所有)하지 못하는 것을 고(苦)라고 느낄 뿐 무지를 고(苦)의 근원이라 보지 않는다는데 문제가 있습니다. 그래서 범부중생은 남이 소유하지 못한 것을 내가 가졌다는 것을 기쁨으로 여기고 자랑하기에 바쁩니다. 소유(所有)를 가지고 남과 나를 비교하는 속에서 행·불행을 느끼는 것이 범부의 삶이라 하겠습니다.

무명을 치(癡)라고도 합니다. 치(癡)는 모하(moha)로 '지각을 잃게 되다, 혼동하다, 길을 잘못 들다'라는 제4류동사 어근(√muh)에서 온 남성명사로 '의식을 잃음, 혼란, 미혹, 망상' 등의 뜻으로 미혹(迷惑)이라 말합니다.358) 치(癡)는 이해관계에 얽매여 옳고 그름을 의심해 보지 않고 오로지 자기의 이익을 추구하려는 이기심(利己心)이라는 뜻을 내포하고 있습니다. 교리적(敎理的)으로 무명은 연기(緣起)에 대한 무지, 사성제(四聖諦)에 대한 무지를 말합니다.

『종경록』에 이르기를, '무엇을 무명이라 하는가? 목전의 대상이 본래 공(空)함을 알지 못하여 망령되게 자기가 대하고 있다는 생각을 하여 오직 자기 마음을 분별한다'고 했습니다.359)

---

358) S.E.D. P-836.
359) 宗鏡錄 58:<48-748중> 何謂無明 以不知前境本空 妄生對待 唯是自心.

> 染心者에 有六種하니 云何爲六이닛고
> 염심자   유육종   운하위육
> 此所生染心有六種別
> <이 무명에서 생긴 염심(染心)에 여섯 가지 구별이 있다.>

[역] 오염된 마음에 여섯 가지가 있다. 무엇이 여섯인가?

[참]▶ 염(染)은 끌리슈따(kliṣṭa)로 괴롭힌다는 의미의 제9류동사 끌리슈(kliś)의 과거수동분사입니다.360) 염심(染心)은 끌리슈따찟따(kliṣṭa-citta)이고, 번뇌를 의미하는 끌레샤(kleśa)도 여기서 왔습니다.

【해】염심(染心)이란 말을 어떻게 볼 것인가? 이미 오염되어 버린 마음으로 볼 것인가? 마음을 오염시키는 과정으로 볼 것인가? 육염심(六染心)이란 오염된 마음이 여섯 가지라는 것인가? 마음을 오염시키는 상황이나 과정을 여섯으로 설명한 것인가?

이에 대해 필자는 청정한 마음을 오염(汚染)시키는 과정이나 상황으로 보려고 합니다. 다시 말해서 필자는 오염된 마음의 종류가 여섯이라는 뜻보다는 마음이 오염되는 상황을 여섯 가지로 이해하려고 합니다. 따라서 수행은 이 여섯 가지의 상황에 따라 대응하는 것이므로 어떤 과정으로 마음이 오염되고 있느냐를 보는 입장에 따라 수행의 정도나 방법도 달라질 수밖에 없습니다. 수행이란 오염된 마음을 정화(淨化)하여 오염되기 이전의 원래의 상태로 돌아가는 것이므로 불교적 의미의 수행은 본래의 자기로 회귀(回歸)하는 것이요, 자기의 본래 모습을 회복(回復)하는 것입니다.

다시 말해서 수행은 마음을 오염시키는 상황이나 과정을 극복하고 다시 원래의 상태인 자성청정심(自性淸淨心)이 되는 것입

---

360) S.E.D. p-324.

니다. 여기서 자성(自性)이라는 의미는 '그 자신이 가지고 있는 변하지 않는 속성'을 말하는 것이니, 근원적 존재성(根源的 存在性)이라 하겠습니다. 그런데 불교에서는 무자성(無自性) 또는 무무자체(無自體)라 하여 본래 그 자체이게 하는 본질과 같은 것이 결여(缺如)되어 있어 있다고 말합니다. 그것이 바로 무아(無我)입니다.

무자성이나 무자체는 아스와바와-뜨와(asvabhāvatva)로 부정의 접두사 아(a)가 타고난 본질을 의미하는 스와바-와(svabhāva)에 붙어 '타고난 본질이 없다'는 뜻인 아스와바-와(asvabhāva)의 추상명사(抽象名詞)입니다. 대승경전에서 이르기를, 인간의 본성을 청정(淸淨) 또는 명백(明白)하다고 하거나,361) 본마음은 밝고 빛나는데 객진번뇌가 덮고 있는 것일 뿐 본성을 더럽히지는 못한다고 하였습니다.362)

육염심은 앞의 삼세육추(三細六麤)에서 삼세(三細)인 무명업상(無明業相)과 능견상(能見相)과 경계상(境界相)에다 육추(六麤) 가운데 지상(智相), 상속상(相續相) 집취상(執取相)을 합하여 육염심입니다.

> 一者는 執相應染이니 依二乘解脫及信相應地하
> 일 자   집 상 응 염   의 이 승 해 탈 급 신 상 응 지
> 야 遠離故니라
>   원 리 고
> 一執相應染 聲聞緣覺及信相應地諸菩薩能遠離
> <첫째, 집상응염(執相應染)이니, 성문이나 연각 및 신상응지(信相應地)보살이라야 벗어날 수 있다.>

[역] 첫째는 집착하기 때문에 오염되는 것[執相應染]이니, 이승(二乘)은 해탈을 얻어 벗어날 수 있고, 보살은 신상응지(信相應

---

361) 大般若波羅蜜多經 제598:<7-1096하>菩薩如是觀察一切心心所法 本性淸淨本性明白 大乘入楞伽經 제6:<16-628중> 心體自本淨 <16-629중> 心性本淸淨.
362) 大乘入諸佛境界智光明莊嚴經 제3:<12-259상> 心法本來自性明亮 但爲客塵煩惱之所坌汚 而實不能染汚自性.

地)에 이르러서 벗어날 수 있다.

【참】▶ 상응(相應)은 상쁘라요가(saṃprayoga)인데 접두사 상(saṃ)은 '…과 함께'라는 의미이고, 접두사 쁘라(pra)는 '…쪽으로'라는 의미이며,363) 요가(yoga)는 묶는다거나 결합한다는 제7류 동사어근(√yuj)에서 온 남성명사입니다. 집상응염(執相應染)이라는 의미는 집착에 결합하여 오염되었다는 뜻입니다. 집상응염은 불각(不覺)에서 나타나는 여섯 가지 거친[麤]모습 가운데 세 번째인 집취상(執取相)에 해당합니다.

> 二者는 不斷相應染이니 依信相應地로 修學方便
> 이 자 부 단 상 응 염   의 신 상 응 지   수 학 방 편
> 하고 漸漸能捨하야 得淨心地하야 究竟離故니라
>   점 점 능 사   득 정 심 지   구 경 리 고
> 二不斷相應染 信地菩薩勤修力能少分離 至淨心地永盡無餘
> <부단상응염(不斷相應染)이니, 신상응지보살이 부지런히 수행한 힘으로 부분적으로 떨쳐버릴 수 있고, 정심지(淨心地)에 이르러서야 영원히 다해 남김이 없다.>

【역】 둘째는 끊어버리지 못하여 오염되는 것[不斷相應染]이니, 신상응지(信相應地)에서 방편을 닦고 배워서 점차적으로 끊다가 보살 초지(初地)인 정심지(淨心地)에 이르러 완전히 벗어난다.

【참】▶ 신상응지(信相應地)는 보살이 초지(初地)에 이르기 전의 단계로 십신(十信), 십주(十住), 십행(十行), 십회향(十回向), 십지(十地)가운데 십회향(十回向)까지를 말합니다.

【해】 부단상응염은 불각(不覺)의 육추상(六麤相) 가운데 두 번째 상속상(相續相)에 해당합니다.

---

363) S.E.D. P-652 col.2 1.pra.

> 三者는 分別智相應染이니 依俱戒地로 漸離하야
> 삼 자   분별지상응염   의구계지   점 리
> 乃至無相方便地에 究竟離故니라
> 내지무상방편지   구경리고
> 三分別智相應染 從具戒地乃至具慧地能少分離 至無相行地方得
> 永盡
> <셋째, 분별지상응염(分別智相應染)이니, 구계지(具戒地)에서 구혜지(具慧地)에 이르러야 부분적으로 벗어날 수 있으나 무상행지(無相行地)에 이르서야 비로소 완전히 벗어난다.>

[역] 셋째는 가르고 따지고 선택하기 때문에 오염되는 것[分別智相應染]이니, 보살십지의 두 번째 단계인 이구지(離垢地)에서 점점 벗어나다가 일곱 번째 단계인 무상방편지(無相方便地)에 이르러 완전히 벗어난다.

[참]▶ 분별지(分別智)는 분별지(分別知)입니다.
▶ 구계지(具戒地)는 십지(十地) 중 제2지인 이구지(離垢地)를 말합니다.
▶ 무상방편지(無相方便地)는 보살 10지(十地) 가운데 제7지인 원행지(遠行地)를 말합니다.
▶ 구혜지(具慧地)는 제6지인 현전지(現前地)를 말합니다.

【해】분별지상응염은 분별하는 지식이 일으키는 번뇌로 불각 육추상(六麤相)의 첫째인 지상(智相)에 해당합니다.

> 四者는 現色不相應染이니 依色自在地로 能離故
> 사 자   현색불상응염   의색자재지   능 리 고니라
> 四現色不相應染 此色自在地之所除滅
> <넷째 현색불상응염(現色不相應染)이니, 이것은 색자재지(色自在地)에서 소멸된다.>

[역] 넷째는 드러난 물질적 현상에 적응하지 못하여 오염되는 것 [現色不相應染]이니, 보살 십지의 여덟 번째인 색자재지(色自在地)에서 벗어날 수 있다.

[참]▶ 불상응(不相應)은 아상요가(asaṃyoga)로 상응(相應)의 반대 개념입니다.
▶ 색자재지(色自在地)는 보살 10지 가운데 제8지인 부동지(不動地)를 말합니다.

【해】현색불상응염은 불각(不覺) 세 가지 미세한 현상 가운데 세 번째 경계상(境界相)에 해당합니다.

> 五者는 能見心不相應染이니 依心自在地로 能離故니라
> 오자   능견심불상응염   의심자재지   능리
> 고
> 五見心不相應染 此心自在地之所除滅
> <다섯째, 견심불상응염(見心不相應染)이니, 이것은 심자재지(心自在地)에서 소멸된다.>

[역] 다섯째는 보려는 마음이 잘 맞지 않아 오염되는 것[能見心不相應染]이니, 심자재지(心自在地)에서 벗어날 수 있다.

[참]▶ 심자재지(心自在地)는 보살 10지 가운데 제9지인 선혜지(善慧地)를 말합니다.

【해】능견심불상응염은 불각(不覺)의 삼세(三細) 가운데 두번째 능견상(能見相)에 해당합니다.

> 六者는 根本業不相應染이니 依菩薩盡地로 得入
> 육자   근본업불상응염   의보살진지   득입
> 如來地하야 能離故니라
> 여래지   능리고
> 六根本業不相應染 此從菩薩究竟地入如來地之所除滅
> <여섯째, 근본업불상응염(根本業不相應染)이니, 이것은 보살구경지(菩薩究竟地)로부터 여래지(如來地)에 들어가 소멸된다.>

[역] 여섯째는 근본적으로 행동이 걸맞지 않아 오염되는 것[根本業不相應染]이니, 보살 십지의 마지막 단계인 보살진지(菩薩盡地)에서 부처의 경지에 들어가서 벗어날 수 있다.

[참]▶ 근본업(根本業)은 불각(不覺)에서 나타나는 삼세(三細) 가운데 첫 번째인 무명업상(無明業相)에 해당합니다.
▶ 보살진지(菩薩盡地)는 보살 제10지의 마지막인 법운지(法雲地)에 해당합니다.
▶ 여래지(如來地)는 보살수행의 52위(位) 가운데 51위 등각위(等覺位)와 52위 묘각위(妙覺位)를 말합니다.

【해】 이상의 여섯 가지 오염된 마음[六染心]은 추(麤)번뇌로부터 세(細:sūkṣma)번뇌로 진행하는 과정이니 앞에서 말한 깨달음의 네 단계인 불각(不覺), 상사각(相似覺), 수분각(隨分覺), 구경각(究竟覺)의 방향으로 전개하고 있습니다.

> 不了一法界義者는 從信相應地하야 觀察學斷하며
> 불료일법계의자   종신상응지   관찰학단
> 入淨心地하야 隨分得離하며 乃至如來地하야 能究
> 입정심지   수분득리   내지여래지   능구
> 竟離故니라
> 경리고
> 不覺一法界者始從信地觀察地行 至淨心地能少分離 入如來地方得永盡

> <한 법계를 깨닫지 못한 이는 신지(信地)나 관찰지(觀察地)에서 수행을 시작하여 정심지(淨心地)에 이르러서 부분적으로 벗어나 여래지(如來地)에 들어가 비로소 영원히 다한다.

[역] 법계는 하나라는 뜻을 깨닫지 못한 이는 보살의 경우 신상응지(信相應地)에서부터 자세히 살펴보아 배워서 끊으며, 정심지(淨心地)에 들어가서는 분수[分]에 맞게 떨쳐버림을 터득하며, 여래지(如來地)에 이르러서는 완전히 떨쳐버릴 수 있기 때문이다.

[참]▶ 학단(學斷)은 배워서 아는 것에 의해 끊는 것으로 지전(地前)인 십신(十信), 십주(十住), 십행(十行), 십회향(十回向)의 단계에서의 수행을 말합니다. 십지(十地)에서는 이단(離斷)이라 하여 끊는다는 분별심마저 버린다고 합니다.

【해】불료일법계(不了一法界)라는 의미는 앞에서 말하는 불여실지진여법일(不如實知眞如法一)이란 뜻으로 불각(不覺)을 말합니다. 『기신론』의 저자는 믿음의 단계[信相應地]에서는 배우고 이해하며 버릴 것은 버린다[學斷]고 하였으며, 청정한 마음을 가지는 경지[淨心地]에 들어가서는 그가 처한 입장에 따라 버린다[隨分得離]고 했고, 깨달음을 얻어야 궁극적으로 버리게 된다[究竟離]고 했습니다. 이는 대승보살의 경우에 해당됩니다. 그러니까 끊는다[斷]는 말과 버린다[離]는 말은 의미상 같다는 것을 엿볼 수 있습니다. 의미상의 차이를 말하자면 끊는다[斷]고 할 때는 인위적 노력이 전제되고, 버린다[離]고 할 때는 자연적이라는 의미를 가지고 있습니다. 단(斷)은 유위적(有爲的)이고 이(離)는 무위적(無爲的)이라는 뜻입니다.

> 言相應義者는 謂心念法이 異이니 依染淨差別이나
> 언 상 응 의 자   위 심 염 법 이   의 염 정 차 별
> 而知相과 緣相이 同故니라
> 이 지 상   연 상   동 고
> 相應義者 心分別異 染淨分別異 知相緣相同
> <상응(相應)의 의미는 마음의 분별이 달라서 염정(染淨)의 분별과는 다르
> 고 지상(知相)이나 연상(緣相)과 같다.

[역] 상응(相應)이란 뜻은 마음[心]과 생각[念]이 다름이니 물듦[染]과 깨끗함[淨]에 근거하여 차이나고 다르지만 지상(知相)과 연상(緣相)은 같기 때문이다.

[참]▶ 상응(相應)은 쌍쁘라유끄따(saṃprayukta)로 '…과 결합되었다'는 의미입니다. 234쪽의 쁘라유끄따는 쌍쁘라요가(saṃpra-yoga)와 같은 의미입니다. 요가(yoga)나 유끄따(yukta)의 어원은 유즈(yuj)로 요가는 남성명사이고 유끄따는 과거분사형 형용사일 뿐입니다.
▶ 지상(知相)은 즈냐-나 락끄샤나(jñāna lakṣaṇa)로 인식의 주체인 마음을 의미합니다. 지(知)로 마음의 바탕[心體]을 삼는다고 했으니,364) 지상은 심상(心相)이기도 합니다.
▶ 연상(緣相)은 쁘라띠야야 락끄샤나(pratyaya lakṣaṇa) 또는 알-람바나 락끄샤나(ālambana lakṣaṇa)로 심식(心識)이 인식하는 대상(對象)을 말합니다.

【해】 심염법(心念法)을 심법(心法)과 염법(染法)이라 읽을 수도 있고, 심염(心念)과 법(法)으로도 읽을 수 있는데 필자는 심법(心法)과 염법(染法)으로 읽었습니다. 심법은 인식의 주체로 심왕(心王)이고 염법은 마음이 그려내는 심소(心所)로 심상응법(心相應法)이라 보았습니다.

―――――――――――――――――
364) 宗鏡錄 78:<48-846상> 以知爲心體.

앞의 육염심 가운데 집취상(執取相)인 집상응염(執相應染)과 상속상(相續相)인 부단상응염(不斷相應染), 그리고 지상(智相)인 분별지상응염(分別智相應染)은 거칠고 조잡한 심리작용으로 외부에 물들었다고 하여 상응(相應)입니다.

경에 육근이 사대의 안팎을 합성하여 망령스레 인연의 기운이 있게 되고, 그것이 몸에 쌓여 인연이 있는 것 같은 모습을 가명(假名)하여 마음이라 한다고 했습니다.365)

세친보살이 말하기를, 마음에는 두 가지가 있는데 하나는 상응심(相應心) 또 하나는 불상응심(不相應心)이다. 상응심은 모든 번뇌 결사(結使)로 수(受)·상(想)·행(行)과 같은 마음들과 상응한다. 그래서 심(心)·의(意)·식(識)·요별(了別) 등은 뜻이 같으나 이름이 다르다고 하고, 불상응심(不相應心)은 소위 제일의제(第一義諦)로 상주불변(常住不變)하는 자성청정심(自性淸淨心)이다. 그래서 삼계는 허망하니 다만 이 한 마음이 만든다고 했습니다.366)

> 不相應義者는 謂卽心과 不覺이 常無別異이나 不同知相緣相故니라
> 불상응의자 위즉심 불각 상무별이 부동지상연상고
> 不相應義者 卽心不覺常無別異 知相緣相不同
> <불상응이란 뜻은 즉심(卽心)과 불각(不覺)이 항상 다름이 없어 지장과 연상이 같지 않음이다.>

㈎ 불상응(不相應)이라는 뜻은 즉심(卽心)과 깨닫지 못함이 항상 차별이 없으나 지상(知相)과 연상(緣相)이 같아질 수가 없기 때문이다.

㈏▶ 즉심(卽心)이라고 할 때의 즉(卽)이란 의미는 그 무엇도 전

---
365) 大方廣圓覺修多羅了義經:<17-914중> 六根四大中外合成妄有緣氣 於中積聚似有緣相 假名爲心.
366) 唯識論:<31-64중> 心有二種 何等爲二 一者 相應心 二者 不相應心 相應心者 所謂 一切煩惱結使受想行等諸心相應 以是故言 心意與識及了別等義一名異故 不相應心者 所謂 第一義諦常住不變自性淸淨心 故言三界虛妄但是一心作.

제되지 않은 '그냥 그대로'라는 뜻입니다. 그러니까 무엇을 대했을 때 일체의 분별을 일으키지 않고 오직 그것과 하나가 되는 것이 즉(卽)이요 그런 마음이 즉심(卽心)입니다. 그것은 분별없는 직관적인 마음입니다.

즉심(卽心)이란 말은 달마대사(達磨大師)의 저작이라 전해지고 있는 글에 자주 볼 수 있는데, '시작을 알 수 없는 아득한 옛날부터 언제 어디서나 활동해온 모든 것들이 다 너의 본마음이며 너의 본래 부처이다. 즉심(卽心)이 부처라는 것도 이와 같아서 이 마음을 제외하고 밖에서 따로 찾을 수 있는 부처는 없다'거나367) '즉심(卽心)이 무심하면 불도(佛道)를 통달하고, 즉물(卽物)에 견(見)을 일으키지 않으면 도(道)에 통달했다고 하며, 사물을 만나 그대로 통달하면 사물의 근원을 아는 것이니, 이런 사람이 지혜의 눈이 열린 것'이라 했습니다.368)

징관(澄觀:738~839) 대사는 말하기를, 비록 즉심(卽心)이 바로 부처라고 하지만 오직 깨달은 사람이라야 비로소 알 수 있다고 했습니다.369)

▶ 지상연상이 같지 않다[不同知相緣相]는 말은 즉심(卽心)이 깨닫지 못한 상태에서는 무심(無心)이기는 하지만 인식의 주체인 지상(知相)과 인식의 대상인 연상(緣相)이 동일하지 않다는 말입니다. 다시 말해 능소(能所)가 하나가 되지 않았다는 뜻입니다. 이 경우에 즉심(卽心)이 무념이기는 하지만 깨어 있는 무념이 아니라 멍한 상태의 무념입니다.

『선종영가집』의 저자 현각(玄覺:647~713) 스님의 견해에 따르면 적적(寂寂)하기만 하고 성성(惺惺)하지 못한 상태라고 할 수 있습니다.370)

---

367) 血脈論:<48-373중> 從無始曠大劫以來 乃至施爲運動 一切時中 一切處所 皆是汝本心 皆是汝本佛 卽心是佛 亦復如是 除此心外 終無別佛可得.
368) 安心法門:<48-370중>卽心無心是爲通達佛法 卽物不起見 名爲達道 逢物直達 知其本源 此人慧眼開.
369) 五臺山鎭國大師澄觀答皇太子問心要:<51-549중>雖卽心卽佛唯證者方知.
370) 禪宗永嘉集:<48-390중> 寂寂不惺惺 此乃昏住.

육염심(六染心) 가운데 경계상(境界相)인 현색불상응염(現色不相應染)과 능견상(能見相)인 능견심불상응염(能見心不相應染), 그리고 무명업상(無明業相)인 근본업불상응염(根本業不相應染) 이 셋은 미세한 심리작용으로 마음 안에서 물들었다는 의미에서 불상응(不相應)이라 합니다.

B-Ⅲ-1-⑥
염심(染心)

又染心義者는 名爲煩惱礙니 能障眞如根本智故
우염심의자　명위번뇌애　능장진여근본지고
니라 無明義者는 名爲智礙니 能障世間의 自然業
　　　무명의자　　명위지애　　능장세간　　자연업
智故니라 此義云何오
지고　　　차의운하

染心者 是煩惱障 能障眞如根本智故 無明者 是所知障 能障世間業自在智故

<물든 마음이란 번뇌장(煩惱障)이니 진여(眞如)를 터득하는 근본지(根本智)를 가로막기 때문이다. 무명이란 소지장(所知障)이니 세간업(世間業)의 자유자재한 지혜를 가로막기 때문이다.>

역▶ 물든 마음이란 뜻은 번뇌의 장애를 말하는데, 진여(眞如)를 깨닫는 근본적인 지혜를 저지(沮止)하기 때문이다. 무명(無明)이란 뜻은 지혜의 장애를 말하는데, 세간(世間)의 자연스러운 행동과 지혜를 저지하기 때문이다. 이게 무슨 뜻인가?

참▶ 염심(染心)은 끌리슈따 찟따(kliṣṭa citta)로 '번뇌로 더럽혀진 마음'을 말합니다.

▶ 번뇌(煩惱)는 끌레샤(kleśa)로 어근은 제9류동사 끌리슈(kliś)입니다.371) 혹(惑), 염(染), 염오(染汚), 수면(睡眠), 누(漏), 결(結), 박(縛), 전(纏), 사(使)등이 번뇌의 다른 이름으로 쓰입니다.

【해】 번뇌는 인간의 마음을 번거롭게 하고, 혼란스럽게 하는 심리적 작용을 말하는데, 번뇌를 크게 번뇌장(煩惱障)과 소지장(所知障)으로 나누는데 번뇌장(煩惱障)은 몸과 마음을 번거롭게 하고 열반을 가로막아 생사에 떠돌게 하는 것이고, 소지장(所知障)은 분별하는 지식이 열반을 가로막는다는 것입니다. 바꾸어 말하면 번뇌장은 정서적(情緖的)인 번뇌이고, 소지장은 지적(知的)인 번뇌입니다. 본문에서 번뇌애(煩惱礙:kleśa āvaraṇa)는 번뇌장(煩惱障)을 말하고, 지애(智礙:jñeyā āvaraṇa)는 소지장(所知障)을 말합니다.

번뇌애의 애(礙)는 아-와라나(āvaraṇa)로 '덮어 가리다, 방해하다, 막아서…을 못하게 하다'라는 동사(ā-√vṛi)에서 온 중성명사로 '숨김, 가로막는 행위'를 의미합니다. 지애(智礙)의 지(智)는 즈네야-(jñeyā)로 '구별할 줄 알다, 오관으로 지각하다'라는 의미의 제9류동사 어근(√jñā)에서 온 미래수동분사 즈네야(jñeya)의 복수형입니다. 미래수동분사는 의미상 의무분사(義務分詞)이므로 '…되어져야 할'이라는 뜻입니다.

그러니까 번뇌장은 번뇌가 방해한다는 뜻이고, 소지장은 이미 알고 있는 것들이 가로막고 방해하는 것을 의미합니다. 이때 안다는 것은 직관적(直觀的)으로 파악(把握)하는 것이 아니라 자기중심적(自己中心的)으로 분별(分別)하여 안다는 뜻입니다.

以依染心으로 能見能現이요 妄取境界하야 違平等
이의염심   능견능현   망취경계   위평등
性故며 以一切法이 常靜하야 無有起相이나 無明
성고   이일체법   상정   무유기상   무명
不覺이 妄與法違故로 不能得隨順世間一切境界
불각   망여법위고   불능득수순세간일체경계
種種知故니라

---

371) S.E.D. p-323.

> 종 종 지 고
> 此義云何 以依染心 執著無量能取所取虛妄境界 違一切法平等之性 一切法性 平等寂滅無有生相 無明不覺妄與覺違 是故 於一切世間種種境界差別業用 皆悉不能如實而知
> <이 뜻이 무엇이냐 하면 염심(染心)에 의지하여 한량없는 능취(能取)와 소취(所取)의 허망한 경계에 집착하여 모든 법이 하나인 성품을 어긴다. 모든 존재의 성품은 평등한 적멸(寂滅)이어서 생기는 모양이 없다. 무명으로 깨닫지 못하여 괜스레 깨달음과 어긋난다. 그래서 일체 세간의 이런저런 경계를 차별하는 업의 작용에서 모두 다 사실대로 알 수 없게 한다.>

[역] 물든 마음에 의지하여 볼 수도 있고, 나타낼 수도 있으나 허망하게 경계를 취하여 대상이 하나라는 성질에 어긋나기 때문이다. 일체법(一切法㊀)이 항상 고요하여 기복(起伏)의 모습이 없으나 무명(無明)과 깨닫지 못함으로 말미암아 허망하게 법(法㊀)과 어긋나기 때문에 세간의 이런 저런 일들을 순리적으로 따르는 온갖 지혜를 터득할 수가 없기 때문이다.

[참]▶ 세간일체경계(世間一切境界)는 우리가 살아가면서 부딪치게 되는 이런저런 사건들을 말합니다.
▶ 능(能)이 조동사(助動詞)로 쓰일 때는 어떤 일을 할 능력이 있거나 조건이 됨을 나타내고 '충분히…할 수 있다, …할 수 있다'는 의미입니다. 능(能)과 소(所)와 같이 대립적 개념으로 쓸 때는 능(能)은 능동적(能動的)이고 주체적(主體的)인 입장을 나타내고, 소(所)는 수동적(受動的)이고 객체적(客體的)인 입장을 나타냅니다.
▶ 망여법위(妄與法違)라는 말은 무심으로 직관(直觀:pratyakṣa-darśin)하지 못하기 때문에 보는 마음과 인식해야 할 대상이 서로 어긋난다는 뜻입니다. 깨달음은 목전에 현전하는 것들에 대하여 분별하지 않고 있는 그대로 직관(直觀)하는 것입니다. 그래서 경에 말합니다.

다만 볼 뿐 요사스럽지 않아야 하고, 다만 들을 뿐 뜻에 맞추려 하지 않아야 하며, 다만 마음을 다스릴 뿐 편협하지 않아야 하며, 다만 말할 뿐 혼란스럽지 않아야 하며, 다만 할 것을 할 뿐 헷갈리지 않아야 하며, 다만 회상할 뿐 그리워하지 않아야 하고, 다만 뜻을 둘 뿐 들뜨지 않아야 하고, 다만 느낄 뿐 찾으려하지 않는다.372)

연수(延壽) 스님은 말하기를, '다만 응시할 뿐 따져 헤아리지 않고, 다만 들을 뿐 뜻에 맞추려하지 않고, 다만 회상할 뿐 그리워하지 않고, 다만 받아들일 뿐 회피하지 않고, 다만 말할 뿐 망설이지 않는다'고 했습니다.373)

눈앞에 현전(現前)하는 것을 있는 그대로 보지 않고 어떤 선입견(先入見)이나 고정관념(固定觀念)을 가지고 보는 것을 망견(妄見:andha-dṛṣṭi)이나 사견(邪見:mithyā-dṛṣṭi)이라고 합니다. 우리 앞에 있는 것은 '단지 그것일 뿐'이지, '왜'라든지 '무엇 때문에'라는 물음은 필요하지 않습니다. 그런데 사람들은 자기 앞에 현전하는 것을 '그냥 그것'으로 보려하지 않고, 이름을 붙이고 의미나 가치를 부여(附與)하려고 합니다. 그냥 거기에 그렇게 있는 것들에게 어떤 이름을 붙이고, 좋은 것·나쁜 것, 선한 것·악한 것, 옳은 것·그른 것 등과 같이 가치적(價値的)으로 규정하는 것은 우리가 인위적(人爲的)으로 하는 것이므로 망상(妄想:kalpita)입니다. 이렇게 망견과 망상이 생기게 되는 것을 현각(玄覺) 스님은 『증도가(證道歌)』에서 근경법중허날괴(根境法中虛捏怪)라고 했습니다.374) 근경법중허날괴라는 것은 우리의 인식주관과 인식되는 대상들 가운데서 일어나는 허망하게 날조(捏造)되는 괴상한 것들이라는 의미입니다.

효통(曉通) 선사는 이르기를, '만약 대상을 대하면서 무심할 수 있다면 눈에 띠는 것마다 도(道)가 아님이 없다'고 했고,375)

---

372) 法華三昧經:<9-287상> 直見不邪 直聞不聽 直治不曲 直說不煩 直行不迷 直念不思 直意不動 直受不尋.
373) 宗鏡錄 제97:<48-941중> 直視不見 直聞不聽 直念不思 直受不行 直說不煩.
374) 永嘉證道歌:<48-396하>

승조(僧肇:384~414)는 현전(現前)을 밝게 비추어 대상을 대하면서 무심하면 인연을 만나도 흔들리지 않는다고 했습니다.376)

B-Ⅲ-1-⑦
생멸상(生滅相)

> 復次 分別生滅相者는 有二種하니 云何爲二닛고
> 一者는 麤이니 與心相應故며 二者는 細이니 與心不相應故니라
> 復次分別心生滅相者 有二種別 一麤謂相應心 二細謂不相應心
> <또 분별하는 마음이 생겨나고 소멸하는 모양에 둘이 있으니 첫째, 조잡한 것이니, 마음과 상응한다. 둘째, 미세한 것이니, 마음과 상응하지 않는다.>

【역】 다시 생기고 없어지는 모습을 분별하면 두 가지가 있다. 하나는 자세하지 못하고 조잡(粗雜:crude)한 것이니, 마음과 서로 맞기 때문이요(united with the crude activities of the defiled mind), 또 하나는 미세한 것(subtle)이니, 마음과 서로 맞지 않기 때문이다(disunited from the subtle activities of the defiled mind).

【해】 마음과 맞는다[心相應]고 할 때의 마음은 망심(妄心) 또는 생멸심(生滅心) 또는 염심(染心)이니, 심상응은 물든 마음과 묶여 있다는 뜻입니다. 그래서 거친 마음[麤心] 또는 추념(麤念)이 됩니다.

마음과 맞지 않는다[心不相應]고 할 때의 마음은 진여심(眞如心)을 말하므로 심불상응은 진여심과 함께 묶여 있다는 뜻이니,

---

375) 續傳燈錄 14:<51-559상> 若能對境無心 觸目無非是道.
376) 寶藏論:<45-146중> 朗照現前 對境無心 逢緣不動.

맑고 순수한 마음을 의미합니다. 그래서 미세한 마음[細心]이나 미세념(微細念)이라 합니다.

> 又麤中之麤는 凡夫境界요 麤中之細及細中之麤
> 우추중지추   범부경계   추중지세급세중지추
> 는 菩薩境界요 細中之細는 是佛境界니라
>   보살경계   세중지세   시불경계
> 麤中之麤凡夫智境 麤中之細及細中之麤菩薩智境 細中之細 是
> 佛智境
> <조잡한 중에 조잡한 것은 범부의 지혜경계이고, 조잡한 중에 미세한 것과 미세한 중에 조잡한 것은 보살의 지혜경계이다. 미세한 중에 미세한 것은 부처님의 지혜경계이다.>

[역] 다시 조잡(粗雜)한 것 가운데 조잡한 것은 범부들의 경지이고, 조잡한 가운데 미세함이나 미세한 가운데 조잡함은 보살의 경지이며, 미세한 가운데 미세함은 바로 부처님의 경지이다.

【해】 범부경계(凡夫境界)·보살경계(菩薩境界)·불경계(佛境界)라고 할 때의 경계(境界)는 경지나 차원이라 뜻입니다. 범부는 '지혜롭지 못한 우둔한 자'를 의미하고, 보살은 '자기의 인생을 바꾸어보려고 의지적으로 노력하는 수행자'이며, 불(佛)은 '자신의 운명을 컨트롤(control)하는 깨달은 자'입니다.

> 此二種生滅은 依於無明熏習而有하니 所謂依因
> 차이종생멸   의어무명훈습이유   소위의인
> 依緣이니라 依因者는 不覺義故며 依緣者는 妄作
> 의연   의인자   불각의고   의연자   망작
> 境界義故니라 若因滅하면 則緣滅하니 因滅故로 不
> 경계의고   약인멸   즉연멸   인멸고   불
> 相應心이 滅하고 緣滅故로 相應心이 滅하나라
> 상응심   멸   연멸고   상응심   멸
> 此二種相 皆由無明熏習力起 然依因依緣 因是不覺 緣是妄境

> 因滅則緣滅 緣滅故相應心滅 因滅故不相應心滅
> <이러한 두 가지 모습은 모두가 무명 훈습의 힘으로 말미암아 일어난다. 그러나 인(因)에 의지하거나 연(緣)에 의지한다. 인(因)은 불각(不覺)이고 연(緣)은 망경계(妄境界)이다. 인(因)이 없어지면 연(緣)도 없어진다. 연이 없어지기 때문에 상응하는 마음도 없어지고, 인(因)이 없어지기 때문에 상응하지 않는 마음도 없어진다.>

【역】 조잡함이나 미세함이란 두 가지 양상이 생기거나 없어지는 것은 무명의 훈습(薰習:the permeation of ignorance)에 근거하여 나타나는 것이니, 소위 내적(內的)으로 직접적 원인[因:the primary cause]에 근거하고, 외적(外的)으로 간접적 계기인 조건[緣:the coordinating causes]에 근거한다. 직접적 원인에 근거한다는 것은 깨닫지 못했다는 뜻이고, 간접적 조건에 근거한다는 것은 허망하게 만들어내는 심리적 세계(the erroneously represented word of objects)라는 뜻이다. 만약 직접적 원인이 없어진다면 간접적 조건도 없어지니, 직접적 원인이 없어지기 때문에 서로 어울리지 못하는 마음이 없어지고, 간접적 조건이 없어지기 때문에 서로 어울리는 마음이 없어진다.

【참】▶ 의인(依因)이나 의연(依緣)이라고 할 때의 의(依)는 '근거한다', '따른다', '의지한다'는 의미입니다.
▶ 망작경계(妄作境界)라고 할 때의 경계는 마음 밖에 실재하는 대상이 아니라 마음이 그려내는 심리적 대상이란 뜻입니다.

【해】 약인멸즉연멸(若因滅則緣滅)에서 약(若)은 가능성(可能性)을 말하는 것이지, 필연성(必然性)을 말하지 않습니다. 원인을 제거했다고 외부적인 계기마저 필연적으로 없어진다고 말할 수는 없으므로 약(若)이라는 말을 씁니다. 인멸즉연멸(因滅則緣滅)에서 인멸(因滅)은 원인이고 연멸(緣滅)은 결과인데, 이것은 인문학적 연역(人文學的 演繹)이지 자연과학적 증명(自然科學的 證

明)은 아닙니다. 인과(因果)를 필연성(然然性)으로 역설(力說)하면 결국 숙명론(宿命論)에 도달하고 맙니다.

인(因:hetu)은 결과[果:phala]를 성립시키는 직접적인 원인이고, 연(緣:pratyaya)은 결과를 성립시키는 간접적인 원인이나 조건입니다. 예를 들어 봄에 씨앗[因]을 뿌려 가을에 수확[果]한다고 할 때, 콩을 심으면 콩을 수확할 것이고, 팥을 심으면 팥을 수확한다는 것은 정해진 이치입니다. 봄에 심는 콩이나 팥이 직접적인 원인이고, 봄에 씨앗을 뿌린 농부는 거름을 주고, 김을 매는 등 온갖 노력을 기울이는데, 그것은 콩을 거두든 팥을 거두든 양적(量的)으로나 질적(質的)으로 좋은 콩과 팥을 얻으려는 노력이니, 이 노력이 간접적인 원인이나 조건인 연(緣:pratyaya) 입니다.377) 콩을 심어 콩을 거두고, 팥을 심어 팥을 거두는 것은 이미 정해진 이치이니 필연적 결과이니 숙명론(宿命論)에 지나지 않습니다. 그러나 거름을 주고 김을 매는 등의 온갖 노력을 기울려 양적으로나 질적으로 좋은 결실을 거둔다는 점에서 숙명이 아닌 자기 창조(創造)입니다. 이 자기 창조에 중심을 두는 것이 불교의 연(緣)이요, 이 연(緣)이 세상을 전개한다는 점에서 연기(緣起:pratītya-samutpāda)입니다.378) 어떻게 연(緣)을 만들어 갈 것이냐는 각자의 몫이므로 지혜가 필요하고 노력이 필요합니다. 그 지혜의 완성이 반야바라밀(般若波羅蜜)이요, 그 노력이 정진(精進)입니다.

> 問曰 若心滅者인댄 云何相續이며 若相續者인댄
> 문왈 약심멸자   운하상속   약상속자
> 云何說究竟滅이닛고
> 운하설구경멸

---

377) pratyaya는 남성명사로 의심없이 받아들이는 것(belief)이지만 불교에서는 간접적이고 부수적인 원인(co-operating cause)이라는 의미로 쓴다.
378) pratitya는 중성명사로 시도(experiment), 확증(confirmation)을 의미한다. pratitya-samutpāda는 인과의 사슬(the chain of causation)이란 뜻이다.

> 答曰 所言滅者는 唯心相의 滅이며 非心體의 滅이니라
> 답 왈 소언멸자   유심상   멸   비심체   멸
> 問 若心滅者云何相續 若相續者云何言滅
> 答 實然 今言滅者 但心相滅非心體滅
> <문 만약 마음이 없어진다면 어떻게 상속되는가? 만약 상속한다면 어떻게 없어진다고 말하는가?
> 답 사실상 그렇다. 지금 없어진다고 말한 것은 다만 마음의 모양이 없어진다는 것이지 마음 자체가 없어진다는 것은 아니다.>

[역] [문] 만약 마음이 없어진다면 어찌하여 서로 이어진다[相續]고 할 수 있으며, 만약 서로 이어진다면 어찌하여 궁극적으로 없어진다고 말할 수 있는가?

[답] 없어진다고 말하는 것은 오로지 마음이 나타내는 모습[心相]이 없어진다는 뜻일 뿐 마음 그 자체[心體]가 없어진다는 뜻이 아니다(the marks of the deluded mind only and not the cessation of its essence). 물의 파도가 없어진다고 물자체가 없어지지 않는 것과 같다.

> 如風이 依水而有動相하니 若水滅者면 則風相이
> 여풍   의수이유동상   약수멸자   즉풍상
> 斷絶에 無所依止나 以水不滅이며 風相이 相續이나
> 단절   무소의지   이수불멸   풍상   상속
> 唯風滅故니라 動相이 隨滅이나 非是水滅이니라
> 유풍멸고   동상   수멸   비시수멸
> 如水因風而有動相 以風滅故動相卽滅 非水體滅 若水滅者動相
> 應斷 以無所依無能依故 以水體不滅動相相續
> <마치 물이 바람으로 말미암아 흔들리는 모습이 있는 것과 같다. 바람이 없어지기 때문에 흔들리는 모습도 없어지고 물 자체가 없어지는 것은 아니다. 만약 물이 없어지면 흔들리는 모습도 당연히 끊어진다. 의지할 물이 없으면 물이 흔들리는 것도 없어지기 때문이다. 물 자체 없어지지 않기 때문에 흔들리는 모습은 이어지는 것이다.>

[역] 마치 바람이 물에 의지하여 움직이는 모습을 나타내는 것과

같다. 만약 물이 없어진다면 바람의 모습도 단절되어 바람이 의지하고 머물 곳도 없어질 것이지만 물 자체는 없어지지 않기 때문에 바람의 모습은 계속 이어진다. 오직 바람만 없어지기 때문에 움직이는 모습도 따라서 없어질 뿐이지 물이 없어지는 것은 아니다.

【해】 비유하면 하늘에 구름이 끼었다 없어진다고 할 때, 하늘에 나타나는 모습으로 구름이 끼었다 사라지는 것이지 하늘 자체가 없어지는 것은 아닌 것과 같습니다.

> 無明도 亦爾하야 依心體而動이니 若心體가 滅者인
> 무명   역이   의심체이동   약심체   멸자
> 댄 則衆生이 斷絶에 無所依止나 以體不滅이라도
>   즉중생   단절   무소의지   이체불멸
> 心得相續하나니 唯癡가 滅故니라 心相이 隨滅이언정
> 심득상속   유치   멸고   심상   수멸
> 非心智滅이니라
> 비심지멸
> 衆生亦爾 以無明力令其心動 無明滅故動相卽滅 非心體滅 若心
> 滅者則衆生斷 以無所依無能依故 以心體不滅心動相續
> <중생 역시 이와 마찬가지로, 무명의 힘에 의하여 그 마음이 흔들리게 된다. 무명이 없어지면 흔들리는 모습도 없어지지만 마음 자체가 없어지는 것은 아니다. 만약 마음이 없어진다고 한다면 중생 자체가 없어져서 의지할 대상도 없어지고 의지할 주체도 업어질 것이다. 마음 자체는 없어지지 않으므로 마음의 흔들림은 계속되는 것이다.>

【역】 무명도 이와 같아서 마음 자체[心體]에 근거하여 움직이는 것이니, 만약 마음 자체가 없어지면 중생도 단절되어 의지하고 머물 곳도 없어지지만 마음 자체는 없어지지 않기 때문에 마음은 상속(相續)된다. 없어지는 것은 오직 어리석음이기 때문에 마음의 모습이 없어질지언정 마음의 지혜가 없어지는 것은 아니다.

【해】 소멸(消滅)과 상속(相續)이라는 정반대의 현상이 어떻게 양립할 수 있겠는가의 문제입니다. 『기신론』의 저자는 심상(心相)은 없어져도 심체(心體)는 없어지지 않는다고 했습니다. 하늘에 구름이 끼었다 없어진다는 앞의 비유에 따르면, 구름이 끼었다 없어지는 것은 심상이고, 하늘은 심체(心體)입니다. 끼었다 없어지는 구름은 무명이요, 하늘은 심체(心體)입니다. 하늘 자체가 없어지는 일이 없기 때문에 구름이 끼고 사라지는 현상은 늘 있게 마련입니다. 마음에서 일어나는 번뇌 망상은 없어져도 마음 자체는 없어지지 않습니다.

B-Ⅲ-1-⑧
훈습(熏習)

復次 有四種法이 熏習義故로 染法淨法이 起不
부차 유사종법 훈습의고 염법정법 기부
斷絶하나니 云何爲四닛고
단절 운하위사
復次以四種法熏習義故 染淨法起無有斷絶
<다시 훈습의 뜻에 네 가지가 있어 염법(染法)과 정법(淨法)이 일어나 단절되지 않는다.>

[역] 다시 네 가지 법이 훈습(熏習)의 의미를 갖기 때문에 염법(染法:kliṣṭa-dharma)과 정법(淨法:śukla-dharma)이 일어나 끊어지지 않는다. 네 가지란 무엇인가?

[참]▶ 훈습(熏習)은 글자그대로 '스며들어 물이 든다'는 말로 산스끄리뜨로 와-사나-(vāsaṇā)입니다. 여성명사인 이 말의 뜻은 부지중에 남겨지는 마음속의 어떤 인상을 의미합니다.379) 훈습(熏習)은 무엇인가가 '스며들어 물이 든다'거나 '스며들어 몸에 밴다'는 뜻이니, 향이 스며들면 향이 몸에 배고, 비린내가 스며들

---
379) S.E.D. p-947, the impression of anything remaining unconsciously in the mind.

면 비린내가 몸에 밴다는 말입니다.
 훈습(熏習)은 훈습(薰習)과 같은 뜻입니다. 훈습(熏習)은 와-사나-(vāsanā)인데, 훈습(薰習)은 아디와-시따(adhivāsita)라 합니다. 아디와-시따는 향기나게 하다라는 뜻의 동사(adhi-√vās)의 과거분사입니다.380)

【해】 사종법훈습의(四種法薰習義)라는 의미는 훈습하는 네 가지 현상이라는 의미입니다.

```
一者는 淨法이니 名爲眞如요
일 자    정 법      명 위 진 여
一淨法 謂眞如
<첫째 청정한 법이니 진여를 말한다.>
```
[영] 첫째는 정법(淨法)이니 진여(眞如)라고 한다.
(the pure state, which is called Suchness)

[참]▶ 정법(淨法)에서 법은 '…라고 말하는 것'이라는 뜻입니다. 그러므로 정법(淨法)은 깨끗하다고 말하는 것이고, 선법(善法)은 선하다고 말하는 것이며, 악법(惡法)은 악이라고 말하는 것이라는 의미입니다.

【해】 정법(淨法)이라는 의미는 맑고 깨끗하다고 말하는 것이란 뜻입니다. 정법훈습(淨法熏習)은 맑고 깨끗하다고 말하는 것으로 훈습하는 것이니 진여훈습(眞如熏習)이고, 진여가 물들여가는 것이니 이는 바람직한 모습입니다.

```
二者는 一切染因이니 名爲無明이요
이 자    일 체 염 인      명 위 무 명
```

---

380) S.E.D. P-22.

> 二染因 謂無明
> <둘째 물듦의 원인이니 무명은 말한다.>

역 둘째는 모든 오염의 원인이니, 무명(無明)이라 한다.
(the cause of all defilements, which is called ignorance)

【해】일체염인(一切染因)이란 맑고 깨끗한 마음을 물들게 하는 모든 원인이라는 말입니다. 모든 번뇌의 원초적인 근원이라는 뜻입니다. 번뇌의 원초적인 뿌리인 무명이 훈습하는 것이니 무명훈습(無明薰習)입니다. 바람직하지 못한 모습입니다.

> 三者는 妄心이니 名爲業識이다
> 삼 자 망 심   명 위 업 식
> 三妄心 謂業識
> <셋째 망심(妄心)이니 업식을 말한다.>

역 셋째는 허망한 마음이니 업식(業識)이라 한다.
(the deluded mind, which is called activating mind)

참▶ 망심(妄心)이란 주객대립(主客對立)에서 생기고 분별로 말미암아 일어나며 우리 몸의 감각기관을 잠시 이용하여 마주하는 대상에서 그릇된 앎을 이룬다고 했습니다.381) 그러니까 허망한 마음으로 사물을 분별하는 것이 업식(業識)입니다.

【해】허망한 마음으로 훈습하는 업식훈습(業識熏習)입니다.

> 四者는 妄境界니 所謂六塵이니라
> 사 자 망경계   소위육진
> 四妄境 謂六塵
> <넷째 망령된 경계이니 육진(六塵)을 말한다.>

역 넷째는 허망한 경계이니 이른바 육진(六塵)이다.

---

381) 宗鏡錄 16:<48-499상> 妄心者 從能所生 因分別起 發浮根之暫用 成對境之妄知.

(the erroneously conceived external world, which is called the objects of the five senses and of mind)

【참】▶ 육진(六塵)은 우리의 인식대상인 색성향미촉법(色聲香味觸法)을 말합니다. 하지만 여기서 말하는 육진은 진육진(眞六塵)이 아니라 망육진(妄六塵)이니 불각(不覺)의 미세현상 가운데 경계상(境界相: the world of object)과 같습니다.

【해】 허망한 경계로 물들어가는 것이니 육진훈습(六塵薰習)입니다. 무명훈습(無明薰習)이나 업식훈습(業識薰習) 또는 육진훈습(六塵薰習)은 바람직하지 못한 모습이니 우리가 수행을 통해 넘어서야할 문제들입니다.

薰習義者는 如世間衣服이 實無於香이나 若人이
훈습의자   여세간의복   실무어향   약인
以香而薰習故로 則有香氣니 此亦如是니라
이향이훈습고   즉유향기   차역여시
薰習義者 如世衣服 非臭非香 隨以物薰則有彼香
<훈습이란 뜻은 마치 옷이 악취도 나지 않고 향기도 나지 않지만 어떤 물건의 연기를 쐬면 그 물건의 냄새가 배는 것과 같다.>

【역】 훈습한다는 뜻은 마치 옷에 사실상 향냄새가 없었으나 사람이 향을 가지고 스며들게 하여 물들게 하였기 때문에 향기가 있게 되는 것과 같다.

眞如淨法은 實無於染이나 但以無明而薰習故로
진여정법   실무어염   단이무명이훈습고
則有染相이니라
즉유염상
眞如淨法性非是染 無明薰故則有染相
<진여의 청정한 법은 성품이 물드는 것이 아니지만 무명에 훈습되기 때문에 물든 모습이 있게 된다.>

【역】 진여의 청정함은 사실상 물듦이 없었으나 다만 무명이 스며

들어 물이 들었기 때문에 물든 모습이 있는 것이다.

【해】 진여정법(眞如淨法)은 진여의 청정함이나 청정하다고 말하는 진여(眞如)라는 말입니다.

비유하자면 하늘은 본래 텅 비어 언제나 맑고 깨끗하지만 구름이 끼어 어둡게 되는 것과 같습니다. 아무리 많은 구름이 끼었어도 하늘 자체가 어두워진 것은 아닙니다. 언제든지 구름만 걷히면 하늘 본래의 모습으로 되돌아가게 됩니다.

> 無明染法은 實無淨業이나 但以眞如而熏習故로
> 무명염법　　실무정업　　단이진여이훈습고
> 則有淨用이니라
> 즉유정용
> 無明染法實無淨業 眞如熏故說有淨用
> <무명에 물든 법은 사실상 청정한 업은 없으나 진여가 훈습하기 때문에 청정한 작용이 있다고 말한다.>

㈎ 무명의 물든 법은 실상 청정한 법이 없었으나 다만 진여가 스며들어 물들었기 때문에 깨끗함의 작용이 있는 것이다.

㈏▶ 정용(淨用)은 진여의 작용이라는 의미입니다. 비유하면 오염된 물을 맑게 하기 위하여 맑고 깨끗한 물을 끌어들이는 것과 같습니다.

【해】 무명염법(無明染法)도 앞의 진여정법(眞如淨法)처럼 무명의 물듦이나 더럽혀졌다고 말하는 무명이란 뜻입니다.

> 云何熏習하야 起染法이 不斷이닛고
> 운하훈습　　　기염법　　부단
> 云何熏習染法不斷
> <어떻게 훈습하기에 오염된 것이 생겨 끊어지지 않는가?>

㈎ 어떻게 훈습하기에 물드는 일이 생겨 끊어지지 않는가?

【해】 염법(染法)은 물든다고 말하는 것이므로 기염법(起染法)이라는 말을 '물드는 일이 생긴다'라고 번역 하였습니다.

『기신론』의 저자는 염법훈습(染法薰習)으로 무명훈습(無明薰習), 망심훈습(妄心薰習), 망경계훈습(妄境界薰習) 등 세 가지를 말하고, 이 세 가지를 각각 두 개의 현상으로 설명하고 있습니다.

> 所謂以依眞如法故로 有於無明이니 以有無明染法
> 소위이의진여법고   유어무명   이유무명염 법
> 因故로 則熏習眞如하니라 以熏習故로 則有妄心
> 인고   즉훈습진여   이훈습고   즉유망심이니라
> 所謂依眞如故而起無明爲諸染因 然此無明卽熏眞如 旣熏習已生妄念心
> <소위 진여에 의지하기 때문에 무명이 일어나 모든 물듦의 원인이 된다. 그러나 이 무명이 진여를 훈습하고 이미 훈습되기 때문에 망령된 마음이 생기는 것이다.>

【역】 소위 진여라는 것에 의지하기 때문에 무명이 있게 되는 것이니, 무명이 물들임의 원인이 되기 때문에 진여를 훈습한다. 이 훈습으로 허망한 마음이 있게 된다.

【해】 진여법(眞如法)의 법은 앞의 염법(染法)과 마찬가지로 '…라고 말하는 것'이라는 의미이니 진여법은 '진여라고 말하는 것'이라고 하였습니다. 진여법은 정법(淨法), 즉 맑고 깨끗한 것입니다. 맑고 깨끗하니까 더러워질 수 있는 것이므로 맑고 깨끗함은 더러움을 안고 있다고 말할 수 있습니다.

> 以有妄心으로 卽熏習無明하야 不了眞如法故로
> 이유망심   즉훈습무명   불료진여법고
> 不覺의 念이 起하야 現妄境界니라
> 불각 염 기   현망경계
> 此妄念心復熏無明 以熏習故不覺眞法 以不覺故妄境相現

<이 망령된 마음이 다시 무명을 훈습하고, 훈습하기 때문에 진여법을 깨닫지 못한다. 깨닫지 못하기 때문에 망령된 경계의 모습이 나타게 된다.>

역 허망한 마음이 있음으로 무명을 훈습하여 진여라는 것을 깨닫지 못하기 때문에 자기도 모르게 망념이 일어나 허망한 경계를 나타낸다.

참▶ 불료진여법(不了眞如法)이라는 의미는 불료일법계(不了一法界)이고, 불여실지진여법일(不如實知眞如法一)이니 불각(不覺)의 뜻입니다.
▶ 현망경계(現妄境界)는 불각(不覺)으로 일어나는 삼세상(三細相) 가운데 경계상(境界相)을 의미합니다.

【해】맑고 깨끗한 진여가 무명으로 훈습된 마음이 망심이요, 그것은 아리야식이기도 합니다. 이 아리야식이 자기도 모르게 망념을 일으켜 마음에 허망한 경계를 만들게 됩니다.

> 以有妄境界染法緣故로 卽熏習妄心하니 令其念
> 이 유 망 경 계 염 법 연 고   즉 훈 습 망 심   령 기 염
> 着하야 造種種業하고 受於一切身心等苦하니라
> 착   조 종 종 업   수 어 일 체 신 심 등 고
> 以妄念心熏習力故 生於種種差別執著 造種種業 受身心等衆苦果報
> <망령된 마음으로써 훈습하는 힘 때문에 온갖 차별과 집착이 생겨 온갖 업을 짓고 몸과 마음의 갖가지 고의 과보를 받게 된다.>

역 염법의 조건인 허망한 경계가 있기 때문에 망심을 훈습하여 그것으로 망념을 집착하여 온갖 업을 짓고 몸과 마음의 고통을 받게 된다.

【해】망식(妄識)인 아리야식이 망경계(妄境界)를 만들게 되면, 이 허망한 경계를 인연으로 집착하는 등의 일이 벌어집니다.

> 此妄境界熏習義에 則有二種하니 云何爲二닛고
> 一者는 增長念熏習이요 二者는 增長取熏習이니라
> 妄境熏習有二種相 一增長分別熏 二增長執取熏
> <망령된 경계의 훈습에 두 가지 모습이 있으니, 첫째는 분별을 증장하게 하는 훈습이고, 둘째는 집착을 증장하게 하는 훈습이다.>

㉠ 이 허망한 경계를 훈습하는데 두 가지가 있으니 하나는 망념을 더욱 늘려가는 훈습[增長念熏習:the permeation which accelerates deluded thoughts]이요, 또 하나는 집착을 더욱 키워가는 훈습[增長取熏習:the permeation which accelerates attachments]이다.

【해】증장취(增長取)의 취(取)는 집취(執取)의 뜻으로 집착하는 것을 의미합니다. 증장취라는 의미는 점점 더 집착을 키워간다는 뜻입니다.

> 妄心熏習義에 則有二種하니 云何爲二닛고 一者는
> 業識根本熏習으로 能受阿羅漢辟支佛一切菩薩이
> 生滅苦故니라 二者는 增長分別事識熏習이니 能
> 受凡夫業繫苦故니라
> 妄心熏義亦有二種 一增長根本業識熏 令阿羅漢辟支佛一切菩薩
> 受生滅苦 二增長分別事識熏 令諸凡夫受業繫苦
> <망령된 마음에 훈습의 뜻이 두 가지가 있으니 첫째, 근본업식을 증장하게 하는 훈습으로 아라한이나 벽지불 모든 보살들을 나고 죽는 고통을 받게 한다. 둘째, 분별사식을 증장하는 훈습으로 범부들이 업에 얽매여 고통을 받도록 한다.>

㴕 허망한 마음이 훈습한다는 뜻에 두 가지가 있으니, 하나는 업식(業識)의 근본적인 훈습[the basic permeation by the activating mind]이니 아라한과 벽지불과 보살들이 나고 죽는 고를 받게 할 수 있기 때문이요, 또 하나는 분별사식(分別事識)을 더욱 키우는 훈습[the permeation which accelerates the activities of the object-discriminating consciousness]이니 범부들이 업에 매인 고통을 받을 수 있게 하기 때문이다.

【해】 아라한(阿羅漢)은 원래 더 이상 배워야 할 것이 없다는 뜻에서 무학(無學)인데, 대승불교에서는 아직도 많은 문제를 안고 있는 수행자로 평가절하고 있습니다. 벽지불(辟支佛)은 부처는 부처로되 자비심이 없어 부처의 법락(法樂)을 자기 혼자서 누리는 입을 꼭 다물고 있는 이기적인 부처라고 대승불교에서 평가절하 합니다. 보살은 대승불교에서 내세우는 이상적 구도자로 자기 일신의 행복보다는 대중의 행복을 위해 자기를 헌신하는 이타심(利他心)이 강한 구도자를 말합니다. 보살은 자신의 능력은 이미 부처가 될 수 있음에도 불구하고 중생을 연민(憐愍)하기 때문에 중생 속에 남아 중생을 위해 봉사하고 헌신하는 수행자를 의미합니다. 조백대사(棗栢大士) 이통현(李通玄:646~740)은 소승(小乘)은 열반을 향해 가지만 보살(菩薩)은 중생 속에 머문다고 하였습니다.[382] 또 한 대승경에는 이렇게 말합니다.

만약 내가 중생을 버리고 열반을 취한다면 바로 지옥의 온갖 고통을 받는 것과 같을 것이다.
만약 유정(有情)들과 더불어 해탈을 같이 한다면 비록 지옥에 있더라도 열반과 다르지 않을 것이다.[383]

---

382) 新華嚴經論 1:<36-723상> 二乘趣滅 菩薩留生.
383) 大乘理趣六波羅蜜多經 1:<8-867중> 若我捨於衆生取涅槃者 卽同受於地獄諸苦 若與有情同解脫者 雖處地獄無異涅槃.

> 無明熏習義에 有二種하니 云何爲二닛고 一者는
> 무명훈습의 유이종   운하위이   일자
> 根本熏習이니 以能成就業識義故요 二者는 所起
> 근본훈습   이능성취업식의고   이자 소기
> 見愛熏習이니 以能成就分別事識義故니라
> 견애훈습   이능성취분별사식의고
> 無明熏義亦二種別 一根本熏 成就業識義 二見愛熏 成就分別事
> 識義
> <무명이 훈습한다는 뜻에 두 가지가 있으니, 첫째, 근본훈습으로 업식(業識)을 이룬다는 뜻이고, 둘째, 견(見)과 애(愛)의 훈습이니, 분별사식을 이룬다는 뜻이다.>

역 무명훈습에 두 가지 뜻이 있으니 하나는 근본적인 훈습이니 업식을 이룰 수 있다는 뜻[the basic permeation, since it can put into operation the activating mind]이요, 또 하나는 견(見)과 애(愛)를 일으키는 훈습이니 분별사식(分別事識)을 이룰 수 있다는 뜻[the permeation that develops perverse views and attachments, since it can put into operation the object-discriminating consciousness]이다.

참▶ 견애훈습(見愛熏習)은 견훈습(見熏習)과 애훈습(愛熏習)을 말합니다. 견(見)은 견혹(見惑)을 의미하고, 애(愛)는 수혹(修惑)을 의미합니다. 견혹은 지적(知的)인 번뇌이고, 수혹은 정의적(情意的)인 번뇌입니다.

> 云何熏習하야 起淨法이 不斷이닛고
> 운하훈습   기정법   부단
> 云何熏習淨法不斷
> <어떻게 훈습하기에 깨끗함이 생겨 끊어지지 않는가?>

역 어떻게 훈습하기에 깨끗함이 생겨 끊어지지 않는가?

【해】 훈습은 염법훈습과 같은 나쁜 쪽만 있는 것이 아니라 바람직한 훈습도 있으니 바로 정법훈습이 그것입니다. 염법훈습(染法熏習)이 생선을 묶은 새끼줄에 비린내가 배는 것이라고 비유한다면 정법훈습(淨法熏習)은 향을 쌌던 종이에 향내가 배는 것에 비유할 수 있습니다.

> 所謂以有眞如法故로 能熏習無明하니라 以熏習因
> 소위이유진여법고   능훈습무명   이훈습인
> 緣力故로 則令妄心으로 厭生死苦하고 樂求涅槃이니라
> 연력고   즉령망심   염생사고   낙구열반
> 謂以眞如熏於無明 以熏習因力故 令妄念心厭生死苦求涅槃樂
> <말하자면 진여가 무명을 훈습하고, 이 훈습된 인연의 힘 때문에 망령된 마음으로 하여금 생사의 고통을 싫어하고 열반의 즐거움을 구하게 된다.>

[역] 소위 진여법이 있기 때문에 무명을 훈습할 수 있는 것이다. 훈습이 원인[因]과 계기[緣]로 작용하여 허망한 마음으로 하여금 생사(生死)의 고[苦]를 싫어하고 기꺼이 열반을 추구하도록 한다(to loathe the suffering of saṃsāra and to aspire for nirvāṇa).

【해】 깨끗한 마음을 오염된 마음으로 바꾸는 것이 무명(無明)이라면 오염된 마음을 다시 깨끗한 마음으로 회복시키는 것은 진여(眞如)입니다. 밝음이 있기에 어둠이 있듯이 진여를 말하기 때문에 무명을 말하는 것입니다. 하지만 진여나 무명은 구체적인 어떤 실체가 아니라 언어로 설명[假名]하는 어떤 상태라는 것을 명심해야 합니다.
『사익범천소문경』에 이런 말이 있습니다.

만약 결정적으로 열반을 본다는 사람이 있다면 이 사람은 생사를 넘지 못할 것이다. 왜냐하면 열반은 모든 상(相)을 없애버리고 일체의 동념(動念)과 희론(戱論)을 멀리 떨쳐버린 것을 말하기 때문이다. 만약 모든 법을 없애버린 가운데서 열반을 찾는 사람이라면 나

는 이들을 증상만인(增上慢人:abhimānika)이라 말할 것이다. 비유하면 마치 어리석은 사람이 허공이 두렵다고 허공을 버리겠다고 뛰지만 그가 도착하는 곳마다 허공을 벗어나지 못하는 것과 같다. 열반이란 다만 말이 있을 뿐이니 마치 허공은 이름이 있을 뿐이라 움켜잡을 수 없는 것과 같다. 열반도 그와 같아서 다만 이름이 있을 뿐 움켜잡을 수는 없다.384)

　　진여(眞如)니 정법(淨法)이니 무명(無明)이니 하는 것도 마찬가지입니다. 이런 추상적인 것들은 언어적 설명이므로 설명하는 것을 납득(納得)하였으면 더 이상 말에 매달릴 필요가 없는 것입니다. 그래서 장주(莊周)가 이르기를, 통발은 고기를 잡은 것으로 고기를 잡으면 그 발은 잊어버리고 토끼올무는 토끼를 잡는 것으로 토끼만 잡으면 잊고 마는 것이듯이 말이란 사람의 생각을 하는 데 있으므로 생각할 줄을 알면 말은 잊어버리고 마는 것이라 하였고,385) 『기신론』에서 말로 설명하는 최고의 경지는 말로 말을 버리는 것[言說之極 因言遣言]이라 했던 것입니다.

以此妄心에 有厭求因緣故로 卽熏習眞如하야 自信
이 차 망 심　　유 염 구 인 연 고　　즉 훈 습 진 여　　　　자 신
己性하며 知心妄動이나 無前境界하야 修遠離法
기 성　　　　지 심 망 동　　　　무 전 경 계　　　　수 원 리 법이니라
以此妄心厭求因緣復熏眞如　以熏習力故則自信己身有眞如法本性
淸淨　知一切境界唯心妄動畢竟無有 以能如是如實知故 修遠離法
<이 망령된 마음이 생사를 싫어하고 열반을 추구하는 인연으로 다시 진여를 훈습한다. 이 훈습의 힘 때문에 자신의 몸에 본래 청정한 진여법이 있다는 것을 믿는다. 모든 경계는 오직 마음이 망령되게 움직일 뿐 거기에는 아무 것도 없다는 것을 알아 능히 이와 같이 여실하게 알기 때문에 멀리 떨쳐버리는 법을 닦게 된다.>
역 이 허망한 마음이 싫어하고 추구하는 원인과 계기로 작용하

---

384) 思益梵天所問經 1:<15-36하> 若有決定見涅槃者 是人不度生死 所以者何 涅槃名爲除滅諸相　遠離一切動念戱論…若人於諸法滅相中求涅槃者　我說是輩皆爲增上慢人…譬如癡人畏於虛空 捨空而走 在所至處不離虛空…涅槃者 但有名字 猶如虛空但有名字 不可得取 涅槃亦復如是 但有名字不可得取.

385) 莊子 外物篇: 筌者所以在魚 得魚而忘筌 蹄者所以在兎 得兎而忘蹄 言者所以在意 得意而忘言.

기 때문에 진여를 훈습하여 스스로 자기의 심성을 믿어 마음이 허망하게 움직임일 뿐 목전에 대상이 없다는 것을 알아 멀리 떨쳐버리는 법을 닦게 된다.

【참】▶ 자신기성(自信己性)이라는 말은 자기 본마음이 청정한 진여(眞如)요, 불성(佛性)이며 여래장(如來藏)이라는 것을 확신하는 것을 의미합니다. 다시 말해 지금은 번뇌 망상에 휘말려 있지만 원래는 부처님과 다름이 없는 존재라는 것을 믿는다는 뜻입니다 (to believe in his essential nature, to know that what exists).

【해】 대승불교의 수행의 기본원칙은 중생은 누구나 여래장(如來藏)이요, 자성청정심(自性淸淨心)을 가졌으나 현실을 살아가면서 그 청정한 마음을 잃어버렸으니 그 잃어버린 마음을 회복하려는 것입니다. 그래서 모든 중생이 부처의 심성을 가지고 있다[一切衆生悉有佛性]는 대승불교의 대중생 메시지를 먼저 확신해야 합니다. 수행은 이 믿음을 구현(具現)하는 것이기 때문입니다.

以如實知無前境界故로 種種方便으로 起隨順行하
이 여 실 지 무 전 경 계 고   종 종 방 편   기 수 순 행
고 不取不念하야 乃至久遠熏習力故로 無明이 則
    불 취 불 념   내 지 구 원 훈 습 력 고   무 명   즉
滅하니라
멸
起於種種諸隨順行 無所分別無所取著 經於無量阿僧祇劫 慣習力故無明則滅
<온갖 수순행(隨順行)을 일으켜 분별한 것도 없고 집착할 것도 없어 한량 없는 아승기겁을 지나면서 관습과 익혀온 힘 때문에 무명이 소멸된다.>

【역】 목전에 어떤 대상도 없다는 것을 사실대로 알기 때문에 이런

저런 방편으로 수순행(隨順行)을 일으켜 집착하지도 않고 생각하지도 않는다. 비로소 오랜 동안의 훈습하는 힘에 이르기 때문에 무명이 없어지기에 이른다.

참▶ 무전경계(無前境界)는 우리의 허망한 마음이 만들어내는 의식상의 모습은 실체가 아니라는 뜻입니다. 거울에 반사되는 모습은 있지만 그것은 하나의 빈 모습일 뿐 우리가 움켜잡을 수 있는 대상이 아닙니다. 그래서 불가득(不可得:nopalabhyate)이라 하거나, 본문에서처럼 불취불념(不取不念)이라 말합니다.

以無明이 滅故로 心無有起요 以無起故로 境界
이 무명   멸고   심무유기   이 무기고   경계
가 隨滅이니라 以因緣이 俱滅故로 心相이 皆盡을
    수멸   이인연   구멸고   심상   개진
名得涅槃하야 成自然業이니라
명득열반   성자연업

無明滅故心相不起 心不起故境界相滅 如是一切染因染緣及以染
果 心相都滅名得涅槃 成就種種自在業用
<무명이 없어지기 때문에 심상(心相)이 일어나지 않고 마음이 일어나지 않기 때문에 경계의 모습도 없어진다. 이와 같이 일체 물드는 원인[因]과 물드는 조건[緣] 나아가 물듦의 결과와 심상(心相)이 모두 없어져 열반이라 하고, 온갖 자유자재한 업의 작용을 이루게 된다.>

역 무명이 없어지기 때문에 망심이 일어나지 않게 되고, 망심이 일어나지 않기 때문에 마음이 일으키는 대상마저 없어진다. 내적 원인[因=無明]과 외적 계기[緣=境界]가 함께 없어지기 때문에 이런저런 마음의 모습[心相]도 사라지게 된다(the marks of the defiled mind will all be nullified). 이를 일러 열반(涅槃)이라 하거나 자연스런 업[自然業:spontaneous acts]을 이룬다고 한다.

[참]▶ 이무기고 경계수멸(以無起故 境界隨滅)이라는 말은 망심이 일어나지 않기 때문에 그 마음이 일으키는 허망한 대상마저 없어진다는 뜻입니다. 하지만 망경계(妄境界)가 없어지는 것이지 진경계(眞境界)가 없어지는 것은 아닙니다. 객관적 존재인 진경계(眞境界)는 우리가 어떻게 생각하던 관계없이 거기에 그대로 있는 것이지 없어지기를 바란다고 없어지지는 않습니다. 저 앞에서[B-Ⅲ-1-①-㉮:133쪽] 이언진여(離言眞如)를 말할 때 '망념에서 벗어난 것들[一切法㉰]은 본래부터 말로 설명하는 것을 벗어났고, 무엇이라 이름을 붙이는 것과 관계없으며, 우리의 생각이 그리는 것과 무관하다[一切法 離言說相 離名字相 離心緣相]'고 하였으며, 천태지의(天台智顗:538~597)가 이르기를, 존재하는 것은 미혹으로 물들지 않고, 진리로 청정해 지지 않는다고 했습니다.386)

【해】 수행은 망경계를 없애려는 것이지 현전(現前)하는 진경계(眞境界)를 없애려는 것이 아닙니다. 존재하는 것은 미혹으로 물들지 않고 진리로 청정해 지지 않는다고 하였듯이 진경계는 수행과 관계없이 목전(目前)에 현전할 뿐입니다. 그러니까 수행은 목전에 현전하는 진경계를 있는 사실대로 직관(直觀)하기 위하여 그것을 장애(障碍)하는 제반요인(諸般要因)들을 없애려는 인위적인 노력입니다. 끝내는 인위적으로 노력한다는 의식마저 없애버리고 자연스러워야 한다고 말합니다.

그래서 『오성론』에 이르기를, 소승인은 망령되게 번뇌를 끊고 망령되게 열반에 들어가려고 하기 때문에 열반에 막히고 말지만 보살은 번뇌라는 것도 그 성품이 텅 빈 공(空)이라는 것을 알아 번뇌가 텅 빈 공이라는 생각마저 하지 않으므로 항상 열반에 머무는 것이라고 했던 것입니다.387)

---

386) 摩訶止觀 1:<46-54상> 法性不爲惑所染 不爲眞所淨.
387) 悟性論:<48-371상> 小乘人 妄斷煩惱 妄入涅槃 爲涅槃所滯 菩薩 知煩惱性空 卽不

妄心熏習義에 有二種하니 云何爲二닛고 一者는
分別事識熏習이니 依諸凡夫二乘人等이 厭生死
苦하고 隨力所能으로 以漸趣向無上道故며 二者
意熏習이니 謂諸菩薩이 發心勇猛하야 速趣涅槃
故니라

妄心熏習有二種別 一分別事識熏 令一切凡夫二乘厭生死苦 隨
已堪能趣無上道 二意熏 令諸菩薩發心勇猛 速疾趣入無住涅槃
〈망심훈습에도 두 가지 차이가 있다.
첫째, 분별사식(分別事識)의 훈습으로 모든 범부나 이승이 생사의 고통을 싫
어하고 감당할 수 있는 능력에 따라 위없는 깨달음으로 나아가도록 한다.
둘째, 의훈습(意熏習)으로 보살들을 용맹하게 발심하여 속히 머묾이 없는
열반에 들어가도록 한다.〉

[역] 망심훈습이란 뜻에 두 가지가 있으니, 하나는 분별사식의 훈습[分別事識熏習: the permeation into the object-discriminating consciousness]이니 범부들이나 성문이나 연각 등이 생사의 고통을 싫어하기 때문에 자신들이 할 수 있는 능력에 따라 점진적으로 최상의 깨달음을 향해 접근해 나아간다. 또 하나는 의지의 훈습[意熏習: the permeation into mind]이니 소위 보살들이 용맹스럽게 발심하여 열반을 향해 급히 달려가기 때문이다.

【해】 분별사식훈습(分別事識熏習)은 제6의식(第六意識) 차원의 훈습을 말하고, 의훈습(意熏習)은 제7말나식(第七末那識) 차원의 훈습을 말합니다. 하께다는 망심훈습을 'the permeation of Suchness into the deluded mind'라고 하여 '진여가 망심 속으

離空故 常在涅槃.

로 파고든다'고 보고 있습니다.

> 眞如熏習義에 有二種하니 云何爲二닛고 一者는
> 진여훈습의   유이종   운하위이   일자
> 自體相熏習이요 二者는 用熏習이니라
> 자체상훈습   이자   용훈습
> 眞如熏義亦二種別 一體熏 二用熏
> <진여훈습에 두 가지 뜻이 있으니 첫째, 진여 자체의 훈습이고 둘째, 진여의 작용에 의한 훈습이다.>

[역] 진여훈습에 두 가지 뜻이 있으니, 하나는 진여 자체의 모습에 의한 훈습이고, 또 하나는 진여의 작용에 의한 훈습이다.

【해】진여훈습(眞如熏習)은 진여를 중심으로 일어나는 훈습입니다. 오염된 마음을 정화(淨化)하는 것을 말합니다.

> 自體相熏習者는 從無始世來로 具無漏法하고 備
> 자체상훈습자   종무시세래   구무루법   비
> 有不思議業하야 作境界之性하나니 依此二義로 恒
> 유불사의업   작경계지성   의차이의   항
> 常熏習하니라 以有力故로 能令衆生을 厭生死苦하
> 상훈습   이유력고   능령중생   염생사고
> 고 樂求涅槃하며 自信己身에 有眞如法하야 發心
>   낙구열반   자신기신   유진여법   발심
> 修行이니라
> 수행
> 體熏者 所謂眞如從無始來具足一切無量無漏 亦具難思勝境界用 常無間斷熏衆生心 以此力故令諸衆生厭生死苦求涅槃樂 自信己身有眞實法發心修行
> <진여 자체의 훈습은 진여가 무시겁 이래로 일체 한량없는 무루를 갖추었고 또한 생각하기조차 어려운 훌륭한 경계의 작용을 갖추어 항상 쉴 사이 없이 중생의 마음을 훈습함을 말한다. 이러한 힘으로 중생들이 생사의 고

통을 싫어하고 열반의 즐거움을 추구하며, 자신에게 진실한 법이 있다고 믿어 발심 수행하게 된다.>

[역] 진여 자체의 모습에 의한 훈습(眞如自體相熏習:Permeation through Manifestation of the Essence of Suchness)은 진여가 시작을 알 수 없는 그 때부터 더러움이 없는 것[無漏法]을 갖추고 있어서, 옳고 그름을 따질 수 없는 행위가 있고, 목전의 대상을 만들어내는 성질을 갖추고 있다. 이 두 가지 뜻에 근거하여 변함없이 늘 훈습한다. 항상 훈습하여 힘이 있기 때문에 중생들로 하여금 생사고(生死苦)를 싫어하고 기꺼이 열반을 추구하며, 자기 자신에게 진여가 있다는 것을 스스로 믿어서 발심하여 수행하도록 할 수 있다.

[참]▶ 무루(無漏)는 206~207쪽에서 말했듯이 외부에 관심을 기울이는 마음이 없다는 뜻입니다. 외부에 관심을 기울이는 것은 집착이요, 집착은 이미 마음이 더럽혀짐을 의미하므로 무루는 더러워짐이 없다는 말이다. 무루법(無漏法)이란 더러워짐이 없는 것을 의미한다.
▶ 차이의(此二義)는 불가사의업과 목전의 대상을 만들어 내는 성질을 갖추고 있다[備有不思議業 作境界之性]는 뜻입니다.

【해】 자체상훈습(自體相熏習)은 진여훈습의 체(體)와 상(相)을 말합니다. 체(體)는 중생 각자가 무루법(無漏法)을 구비하고 있는 것인데, 종무시세래 구무루법(從無始世來 具無漏法)이라 하였고, 상(相)은 불가사의한 업이 있어서 여러 가지 상황을 연출하는 것인데, 비유불사의업 작경계지성(備有不思議業 作境界之性)이라고 했습니다.

問曰 若如是義者인댄 一切衆生이 悉有眞如하야
문왈 약여시의자 일체중생 실유진여

等皆熏習이리니 云何有信無信의 無量前後差別이
등개훈습   운하유신무신   무량전후차별
며 皆應一時에 自知有眞如法하고 勤修方便하야
  개응일시   자지유진여법   근수방편
等入涅槃이닛고
등입열반

問若一切衆生同有眞如等皆熏習 云何而有信不信者 從初發意乃
至涅槃 前後不同無量差別 如是一切悉應齊等
<문 만약 모든 중생이 다 같이 진여를 가지고 있다면 평등하게 모두가 훈
습해야 할 것이다. 그런데 어째서 믿는 이가 있고 믿지 않는 이가 있으며,
처음으로 발심으로부터 열반에 이르기까지 앞과 뒤가 같지 않고 한량없는
차별이 있는가?
이와 같이 일체 중생이 모두가 나란하게 평등해야 하는 것이 아닌가?>
역 문 만약 이와 같은 뜻이 사실이라면, 모든 중생에게 빠짐없이 진여가 있어서 평등하게 모두가 훈습해야 할 터인데, 어찌하여 믿음이 있기도 하고 믿음이 없기도 하며, 헤아릴 수 없을 만큼 앞서 훈습하고 뒤에 훈습하는 차이가 있게 되는가? 모두가 동시에 스스로 진여법이 있다는 것을 알아 부지런히 방편을 닦아 함께 열반에 들어가야 할 것이 아닌가?

答曰 眞如는 本一이나 而有無量無邊無明하야 從
답왈 진여   본일   이유무량무변무명   종
本已來로 自性이 差別하야 厚薄이 不同故로 過恒
본이래   자성   차별   후박   부동고   과항
沙等의 上煩惱가 依無明하야 起差別하며 我見愛
사등   상번뇌   의무명   기차별   아견애
染煩惱가 依無明하야 起差別하나라 如是一切煩惱
염번뇌   의무명   기차별   여시일체번뇌
는 依於無明所起이니 前後無量差別은 唯如來能
   의어무명소기   전후무량차별   유여래능

> **知故**니라
> 지 고
> 答 雖一切衆生等有眞如 然無始來 無明厚薄無量差別過恒沙數 我見愛等纏縛煩惱亦復如是 唯如來智之所能知 故令信等前後差別
> <답 비록 일체 중생이 평등하게 진여를 가지고 있다고 해도 무시 이래로 무명이 두텁고 엷음에 한량없는 차별이 있고, 강가강의 모래알 수보다 많은 아견(我見)과 아애(我愛)등의 얽히고설킨 번뇌도 마찬가지이다. 오로지 여래의 지혜만이 알 수가 있기 때문에 믿음 등에 차별이 있게 되는 것이다.>

역 답 진여는 본래가 하나지만 한도 끝도 없는 무명이 있어서 애초부터 타고난 심성에 차별이 있어 두텁고 얇음이 같지 않기 때문에 갠지스 강의 모래알보다 많은 상번뇌(上煩惱)가 무명에 의지하여 차별을 일으키고, 아견애염번뇌(我見愛染煩惱)가 무명에 의지하여 차별을 일으킨다.

이와 같이 일체 모든 번뇌는 무명에 의지하여 일으켜져 앞서 훈습하고 뒤에 훈습하는 많은 차별이 있으니 오직 깨달은 부처만이 알 수 있기 때문이다.

참▶ 후박부동(厚薄不同)이란 말은 본마음인 진여는 하나지만 무명과 무명에 의한 번뇌가 두텁고 얇은 차이가 있다는 말입니다.
▶ 상번뇌(上煩惱)는 현재 일어나는 번뇌인데[388] 빠리야와스타-나(paryavasthāna)라고 합니다. 이 말은 '굳건해 진다. 가득해 진다'는 뜻을 가진 빠리야와스타-(pary-ava-√sthā)에서 온 중성명사로 방해(妨害)라는 뜻입니다.[389] 속마음에 숨어있는 악의 경향이 현실적으로 드러나 사람의 몸과 마음을 자유롭지 못하게 하는 것을 의미합니다. 그런데 본문에 무명에 의지하여 차별을 일으킨다[依無明 起差別]고 하였으니 지적(知的)인 번뇌임을 알 수 있습니다.

---

388) 勝鬘寶窟 卷下末:<37-85하> 上煩惱者 現起煩惱也.
389) S.E.D. p-607.

▶ 아견애염번뇌(我見愛染煩惱)는 아견(我見)에 의한 번뇌로 아-뜨마 드리슈띠(ātma-dṛṣṭi)인데, 아-뜨마는 자아라는 아-뜨만(ātman)의 복합어형이고, 드리슈띠는 여성(女性)으로 보는 일을 뜻합니다.390) 아애(我愛)는 자신에 대한 사랑에 의한 번뇌로 아-뜨마 스네하(ātma-sneha)라고 하는데, 스네하(sneha)는 남성(男性)으로 '상냥한, 살살 녹이는'이라는 의미입니다.391) 아애를 아-뜨마 뜨리슈나-(ātma-tṛṣṇā)라고도 하는데, 뜨리슈나-(tṛṣṇā)는 여성(女性)으로 욕구(desire)나 갈증(渴症:thirst)을 말합니다.392) 견(見)은 지적(知的)인 번뇌이고, 애(愛)는 정적(情的)인 번뇌를 말합니다. 지적인 번뇌는 이번뇌(利煩惱)로서 소지장(所知障)이고, 정적인 번뇌는 둔번뇌(鈍煩惱)로서 번뇌장(煩惱障)입니다. 이번뇌(利煩惱)는 그 작용이 날카롭고 예리하지만 끊기는 쉬우나 둔번뇌(鈍煩惱)는 그 작용이 은근하지만 끊어내기는 어렵다는 의미를 가지고 있습니다.

又諸佛法이 有因有緣하니 因緣이 具足하면 乃得成辦하나니 如木中의 火性이 是火正因이나 若無人知하야 不假方便이면 能自燒木이 無有是處니라
우제불법 유인유연 인연 구족 내득 성판 여목중 화성 시화정인 약무인 지 불가방편 능자소목 무유시처

又諸佛法有因有緣 因緣具足事乃成辦 如木中火性 是火正因 若無人知或有雖知而不施功 欲令出火 梵燒木者無有是處

<또한, 모든 불법에는 인(因)이 있고 연(緣)이 있다. 이 인과 연기 갖추어져야만 구체적 사건이 이루게 되는 것이다. 마치 나무속에 불의 성질이 불이 나는 정인(正因)이지만 만약 그것을 사람이 알지 못하거나 혹은 알고 있더라도 공을 들이지 않는다면 불을 내어 나무를 태울 수 없는 것과 같다.>

역 또 모든 부처님의 가르침[佛法㊉]은 원인이 있고, 조건이 있

---

390) S.E.D. p-492.
391) S.E.D. p-1267.
392) S.E.D. p-454.

어서 원인과 조건이 갖추어져야만 이루어질 수 있다. 마치 나무의 탈 수 있는 성질이 불의 직접적인 원인이지만 만약 그것을 아는 사람이 없어서 방편(方便)을 빌려 쓰지 않는다면 저절로 나무가 탈 수는 없는 것과 같다.

참▶ 인연(因緣)에서 인(因)은 내부에 구비되어 있는 직접적이고 중요한 원인이고, 연(緣)은 외부에서 가해지는 간접적이고 부차적인 원인이니 연은 부차적(副次的)인 외적조건(外的條件)을 의미합니다. 그러니까 나무가 불에 탈 수 있다고 하더라도 나무에 불을 붙이는 일이 없으면 나무가 저절로 불에 타지는 않는다는 뜻입니다. 나무 자체가 불에 탈 수 있다는 것이 직접적이고 내부적인 원인인 인[因]이라면 나무에 불을 붙이는 것은 간접적이고 외적인 원인인 연(緣)입니다.

▶ 성판(成辦)은 니쉬빳띠(niṣpatti)로 '완성하다. 구비하다'라는 말이고, 목중화성(木中火性)은 나무가 탈 수 있는 성질을 말합니다. 숲에 있는 싱싱한 나무일지라도 불에 탈 수 있는 성질이 있고, 젊은 사람일지라도 죽을 수 있는 성질은 구비되어 있는 것입니다. 그래서 늙어야만 죽는 것이 아니라 젊어서도 얼마든지 죽을 수 있는 것입니다.

▶ 가방편(假方便)에서 가(假)는 차용한다거나 빌려 쓰는 것을 말하고, 방편은 구체적인 행동을 의미합니다.

衆生도 亦爾하야 雖有正因熏習之力이나 若不値
중생 역이   수유정인훈습지력   약불식
遇諸佛菩薩善知識等하야 以之爲緣하면 能自斷煩
우제불보살선지식등   이지위연   능자단번
惱하야 入涅槃者는 則無是處니라
뇌   입열반자   즉무시처

衆生亦爾 雖有眞如體熏因力 若不遇佛諸菩薩等善知識緣 或雖
不修勝行不生智慧不斷煩惱 能得涅槃無有是處
<중생도 이와 마찬가지로 비록 진여 자체를 훈습하는 직접적인 원인의 힘
이 있더라도 부처님이나 보살과 같은 선지식의 연(緣)을 만나지 못하거나
혹은 연을 만나더라도 훌륭한 수행을 닦지 않아 지혜를 내지 않고 번뇌를
끊지 않는다면 열반을 얻을 수는 없다.>

[역] 중생도 이와 같아서 비록 직접적인 원인인 훈습하는 능력이 있다고 해도 만약 부처님이나 보살, 선지식 같은 분을 만나 연(緣)을 삼지 못한다면 자발적으로 번뇌를 끊어버리고 열반에 들어갈 수는 없다.

【해】모든 중생이 불성을 가지고 있다는 것은 부처가 될 수 있는 인(因)이고, 불보살이나 선지식을 만나 가르침을 받는 것은 연(緣)입니다. 선지식을 만나 가르침을 받는 것은 잠재되어 있는 불성을 개발하는 계기를 만들어 주는 것을 말합니다. 스님들을 만나 발심하는 것도 마찬가지입니다. 경에 이렇게 말합니다.

　　중생은 본래 깨달을 수 있는 가능성이 모두 아뢰야식 가운데 갖추어져 있다. 깨달음이 어려운 것이 아니고 실은 그것을 열어줄 수 있는 스승을 만나기가 어렵다. 모든 보살들이 훌륭한 도를 닦음에는 네 가지 요점이 되는 법을 알아야만 한다.
　　좋은 벗을 사귀고 가까이 하는 것이 첫 번째요,
　　정법(正法)을 듣는 것이 두 번째이고,
　　이치대로 생각하는 것이 세 번째이고,
　　법답게 닦아 증득하는 것이 네 번째이다.
　　세상의 모든 성자들은 이 네 가지를 닦아 깨달음을 얻었다.393)

---

393) 大乘本生心地觀經 3:<3-305상> 衆生本有菩提種 悉在賴耶藏識中　菩提妙果不難成
　　 眞善知識實難遇 一切菩薩修勝道 四種法要應當知　親近善友爲第一　廳聞正法爲第二
　　 如理思量爲第三 如法修證爲第四 十方一切大聖主 修是四法證菩提.

> 若雖有外緣之力이나 而內淨法이 未有熏習力者
> 약 수 유 외 연 지 력   이 내 정 법   미 유 훈 습 력 자
> 면 亦不能究竟에 厭生死苦하야 樂求涅槃이니라
>   역 불 능 구 경   염 생 사 고   낙 구 열 반
> 又復雖有善知識緣 儻內無眞如熏習因力 必亦不能厭生死苦求涅
> 槃樂 要因緣具足乃能如是
> <또, 선지식의 연(緣)이 있더라도 행여 내면적으로 진여를 훈습하는 인력(因力)이 없다면 반드시 생사의 고통을 싫어하고 열반의 즐거움을 구한다고 보증할 수 없다. 인(因)과 연(緣)을 구비해야만 드디어 이와 같이 할 수 있는 것이다.>

[역] 만약 외적인 조건의 힘이 있다고 할지라도 내부에 맑고 깨끗함이 아직 훈습할 힘을 가지고 있지 못하다면 그 역시 결국 생사고(生死苦)를 싫어하고 기꺼이 열반을 추구할 수는 없다.

【해】중생 모두가 불성을 가지고 있다고 해도 그것을 현실적으로 구현하는 계기[緣]를 만나지 못하면 부처가 될 수는 없습니다. 불성을 가지고 있다는 말은 부처가 될 수 있는 소질이나 가능성을 말하는 것이지 현실을 말하는 것은 아닙니다. 사람은 누구나 훌륭한 사람이 될 수 있다는 것은 가능성일 뿐이지 그것 자체가 현실은 아닌 것과 같습니다. 현실적으로 훌륭해지도록 노력하지 않으면 안 됩니다. 그 노력이 바로 연(緣)입니다. 불교는 이 연(緣)에 무게를 두고 있는 가르침입니다. 그래서 연기법(緣起法)이라 말합니다.

달마대사는 『혈맥론』에서 이렇게 말합니다.

불성(佛性)은 본디 있다지만 스승의 가르침을 받지 않으면 끝내 밝게 깨닫지 못할 것이다. 스승의 가르침을 받지 않고서 깨닫는다는 것은 대단히 힘든 일이다. 만약 자기 스스로 인연이 맞아 성인의 뜻을 터득한 사람은 선지식을 찾아 나설 필요가 없다. 하지만 그런 사람은 태어날 때부터 근기(根機)가 뛰어난 사람이라 할 것이

다. 만약 깨닫지 못했거든 반드시 애써 배워야 할 것이다. 스승의 가르침을 받아야 비로소 개달음을 얻을 수 있는 것이다.394)

> 若因緣이 具足者는 所謂自有熏習之力이요 又爲
> 약인연　구족자　　소위자유훈습지력　　　　우위
> 諸佛菩薩等의 慈悲願護故로 能起厭苦之心하야
> 제불보살등　자비원호고　　능기염고지심
> 信有涅槃하고 修習善根이니 以修善根成熟故로
> 신유열반　　수습선근　　이수선근성숙고
> 則値諸佛菩薩의 示敎하야 利喜하고 乃能進趣向
> 즉치제불보살　시교　　　이희　　내능진취향
> 涅槃道니라
> 열반도
>
> 云何具足 謂自相續中有熏習力 諸佛菩薩慈悲攝護 乃能厭生死苦信有涅槃 種諸善根修習成熟 以是復値諸佛菩薩示敎利喜 令修勝行乃至成佛入于涅槃
>
> <그렇다면, 어떻게 인연을 갖출 수 있는가? 말하자면 자기 마음의 흐름 속에 훈습하는 힘이 있음을 말한다. 모든 부처님이나 보살이 자비로 거두어 보호하여 생사의 고통을 싫어하게 하고 열반이 있다는 것을 믿어 선근(善根)을 심어 수습(修習)하여 무르익게 한다. 이 때문에 불보살을 만나 가르쳐 보여주고, 이로움과 기쁨을 주며, 훌륭한 수행을 하도록 하여 성불에 이르러 열반에 들어가게 한다.>

[역] 원인과 조건이 갖추어진 사람은 소위 스스로 훈습의 능력이 있고, 또 부처님이나 보살님 등의 자비로운 원력의 보호를 받기 때문에 고를 싫어하는 마음을 일으킬 수 있고, 열반이 있음을 확신하고 선근(善根)을 닦고 익히니, 선근을 닦는 것이 성숙해지기 때문에 부처님이나 보살님들이 주는 가르침의 이익과 기쁨을 만나 열반의 길을 향해 나아갈 수 있다.

---

394) 血脈論:<48-373하> 佛性自有 若不因師 終不明了 不因師悟者 萬中希有 若自己以緣會合 得聖人意 卽不用參善知識 此卽是生而知之勝學也 若未悟解 須勤苦參學 因敎方得悟.

【참】▶ 신역(新譯)의 자상속(自相續)은 스와상따-나(svasaṃtāna)로 자기 마음의 흐름을 의미합니다. 상따-나(saṃtāna)는 계속하여 흐른다거나 계속된다는 말입니다.
▶ 이시(以是)는 접속사의 성질을 지녀 결과를 나타내는데, 위문장에 이어 원인을 설명하고 '때문에'라고 해석합니다.

【해】여기서 말하는 인(因)은 사람마다 가지고 있는 진여성(眞如性) 또는 불성(佛性)을 말하고, 연(緣)은 밖에서 만나게 되는 부처님이나 보살님들입니다. 이러한 인과 연이 갖추어져야만 진여훈습이 성취될 수 있는 것입니다.

> 用熏習者는 卽是衆生外緣之力이니 如是外緣에
> 용훈습자   즉시중생외연지력   여시외연
> 有無量義하나 略說하면 二種이니라 云何爲二닛고
> 유무량의   약설   이종   운하위이
> 一者는 差別緣이요 二者는 平等緣이니라
> 일자   차별연   이자   평등연
> 用熏者 卽是衆生外緣之力有無量義 略說二種 一差別緣 二平等緣
> <진여의 작용에 의한 훈습이란 중생의 외연(外緣)의 힘을 말한다. 여기에 여러 가지 뜻이 있지만 약설하면 두 가지가 있으니, 첫째, 차별연(差別緣)이고 둘째, 평등연(平等緣)이다.>

【역】진여의 작용에 의한 훈습[用熏習]이란 바로 중생의 외부의 간접인적 조건의 힘이니, 이와 같은 외부의 간접적인 조건에 헤아릴 수 없을 만큼 많은 뜻이 있으나 간단하게 말하면 두 가지다. 하나는 차별적인 조건[差別緣]이고, 또 하나는 평등한 조건[平等緣]이다.

【해】차별적인 조건[差別緣]은 각자마다 서로 다른 방식으로 만나는 인연으로, 범부나 이승(二乘)을 상대로 하는 부처나 보살의 활동이고, 평등한 조건[平等緣]은 서로 공통적으로 만나는

인연으로 보살을 상대로 하는 부처님의 활동입니다.

差別緣者는 此人이 依於諸佛菩薩等하야 從初發意하야 始求道時로 乃至得佛에 於中에 若見하고 若念하면 或爲眷屬父母諸親하고 或爲給使하며 或爲知友하며 或爲怨家하며 或起四攝하며 乃至一切所作無量行緣이니라 以起大悲熏習之力으로 能令衆生增長善根하야 若見若聞하면 得利益故니라

差別緣者 謂諸衆生從初發心乃至成佛 蒙佛菩薩等諸善知識 隨所應化而爲現身 或爲父母或爲妻子或爲眷屬或爲僕使或爲知友或作怨家 或復示現天王等形 或以四攝或以六度乃至一切菩提行緣 以大悲柔軟心廣大福智藏 熏所應化一切衆生 令其見聞及以憶念如來等形 增長善根

<차별연이란 중생들이 초발심(初發心)에서 성불에 이르기까지 불보살 등의 여러 선지식의 가피를 입어 교화할 수 있는 바를 따라 몸을 나타내게 되는 것을 말한다. 혹 부모가 되기도 하고 혹 처자가 되기도 하며 혹은 권속이 되기도 하고 혹 하인이 되기도 하며 혹은 벗이 되기도 하고 혹 원수가 되기도 하며 혹 천왕(天王) 등의 형상을 나타내기도 한다. 혹 사섭으로 혹 육바라밀 나아가 일체 보리행의 연(緣)에 이르기까지 대비(大悲)의 유연(柔軟)한 마음과 광대(廣大)한 복과 지혜로 교화해야할 모든 중생을 훈습한다. 그들이 보고 듣고 여래의 모습을 되 떠올려 선근을 증장하도록 한다.>

역 차별적인 조건이라는 것은 어떤 사람이 부처님이나 보살님과 같은 분들을 의지하여 처음 뜻을 내어 도(道)를 구하기 시작한 때부터 부처가 되기까지 그 과정에 본다거나 생각하면 때로는 부모나 친척 같은 권속이 되기도 하고, 때로는 심부름꾼이

되기도 하고, 때로는 친한 벗이 되기도 하고, 때로는 원수가 되기도 하고, 때로는 사섭법(四攝法)을 일으키기도 하는, 한량없이 많은 행동 등 모든 것이 조건이 된다. 대비(大悲)한 훈습의 힘을 일으켜서 중생들로 하여금 선근을 더욱 키우게 하고 보거나 듣거나 이익을 얻기 때문이다.

참▶ 사섭(四攝)의 섭(攝)은 상그라하(saṃgraha)로 껴안는다는 동사(saṃ-√grah)에서 온 남성명사입니다. 사섭은 사섭법으로 이때의 법(法)은 와스뚜(vastu)로 '살다, 거주하다'라는 의미의 동사어근(√vas)에서 온 중성명사로 '인간의 신체 이외의 재산이나 실재하는 물건, 드러난 현상'과 같이 감각적으로 경험되는 사물을 의미하는데 흔히 사(事)나 사물(事物)로도 번역하는 말입니다.395) 사섭법은 중생들을 상대 할 때, 품안에 이끌어 들이는 자세로 물질적으로나 가르침을 베푸는 보시(布施:dāna), 편안하게 감싸주고 격려하는 말인 애어(愛語:priya-vāditā), 올바른 길로 이끄는 이행(利行:artha-caryā), 상대의 편이 되어 생각하고 행동하는 동사(同事:samānārthatā)를 말합니다.396) 이러한 이타적(利他的) 행동을 계속적으로 나타내기 위해서는 만인에 대한 자비(慈悲)[慈:maitrī], 못 나고 뒤처진 자에 대한 동정(同情)[悲:karuṇā], 언제나 기뻐하는 희열[喜:muditā], 흔들리지 않고 차분한 평정(平靜)[捨:upekṣā]을 유지하려는 의지가 끊임없이 용솟음치는 마음[四無量心:apramāṇa]을 가져야 합니다.397) 그러니까 사무량심

---

395) S.E.D. p-932.
396) dāna는 주는 행위를 뜻하고 <S.E.D. p-474>, priya는 친절하다는 뜻이고<S.E.D. p-710>, vāditā는 말한다는 동사(vad)의 과거분사의 복수형이고, artha는 이익, 목적 등의 뜻이고<S.E.D. p-90>, caryā는 성취된다는 의미의 여성형이고<S.E.D. p-390>, samānārthatā는 samāna-arthatā인데 samāna는 같은 처지라는 뜻이고 <S.E.D. p-1160>, arthatā는 artha의 추상명사입니다.
397) maitrī는 친절, 우정의 뜻이고 <S.E.D. p-834>, karuṇā는 동정, 불쌍함이란 뜻이며 <S.E.D. p-255>, muditā는 기뻐한다는 동사(mud)의 과거분사가 여성명사로 쓰인 것이고 <S.E.D. p-822>, upekṣā는 무관심이란 말의 여성형이고 <S.E.D. p-215>, apramāṇa는 행위의 기준이 없다는 의미입니다<S.E.D. p-58>.

(四無量心)은 수행자들의 마음을 말하고, 사섭법(四攝法)은 수행자들의 행동양식을 말합니다.

> 此緣에 有二種하니 云何爲二닛고 一者는 近緣이니 速得度故며 二者는 遠緣이니 久遠得度故니라 是近遠二緣을 分別하면 復有二種하니 云何爲二닛고 一者는 增長行緣이요 二者는 受道緣이니라
> 此緣有二 一近緣 速得菩提故 二遠緣 久遠方得故 此二差別復各二種 一增行緣 二入道緣
> <이 연(緣)에 두 가지가 있다.
> 첫째 가까운 연[近緣]으로 빨리 깨달음을 얻기 때문이요,
> 둘째 먼 연[遠緣]이니 오랜 시간을 걸려 깨달음을 얻기 때문이다.
> 이 두 가지 차별은 다시 각기 두 종류가 있으니 첫째 수행을 증장시키는 연[增長行緣]이고, 둘째는 깨달음에 들어가게 하는 연[入道緣]이다.>

【역】 이 차별적 조건에 두 가지가 있으니 하나는 가까운 조건[近緣]이니 빨리 깨달음을 얻기 때문이다. 또 하나는 먼 조건[遠緣]이니 오랜 시간이 걸려 깨달음을 얻기 때문이다. 이 가깝고 먼 조건을 분별하면 다시 두 가지가 있으니, 하나는 수행을 더욱 키워주는 조건[增長行緣]이요, 다른 하나는 깨달음의 이익을 누리는 조건[受道緣]이다.

【해】 수행을 더욱 키워주는 조건[增長行緣]은 육바라밀(六波羅蜜)을 실천하도록 권장하는 것이고, 깨달음의 이익을 누리는 조건[受道緣]은 지혜를 일깨워 깨달음을 얻도록 하는 것을 의미합니다.

> 平等緣者는 一切諸佛菩薩이 皆願度脫一切衆生

하야 **自然熏習**하고 **恒常不捨**니라 **以同體智力故**로
　　　 자연훈습　　　 항상불사　　　 이동체지력고
隨應見聞하야 **而現作業**하나니 **所謂衆生**이 **依於三**
수응견문　　　 이현작업　　　 소위중생　　 의어삼
昧로 **乃得平等**하야사 **見諸佛故**니라
매　　 내득평등　　　　 견제불고

> 平等緣者 謂一切諸佛及諸菩薩 以平等智慧平等志願 普欲拔濟
> 一切衆生 任運相續常無斷絶 以此智願熏衆生故 令其憶念諸佛
> 菩薩 或見或聞而作利益 入淨三昧隨所斷障得無礙眼 於念念中
> 一切世界平等現見無量諸佛及諸菩薩
> <평등연(平等緣)이란 모든 부처님과 보살들이 평등한 지혜와 평등한 원력
> 으로 두루 일체중생을 제도하려는 것이 자유자재로 이어져 항상 단절되지
> 않는 것을 말한다. 이러한 지혜와 원력으로 중생들을 훈습하기 때문에 그
> 들이 모든 부처나 보살들을 되 떠올리도록 한다. 혹 보게 하거나 듣게 하
> 여 이익이 되게 하고 청정한 삼매에 들어가 끊어야 할 장애를 따라 장애
> 가 없는 눈을 얻어 생각 생각마다 일체세계에 평등하게 드러낸 한량없는
> 불보살들을 보도록 한다.>

[역] 평등한 조건은 모든 부처님이나 보살들이 모두 일체중생을
제도하고 해탈시키기를 원(願)하여 자연스럽게 훈습하여 항상
버리지 않고 동체지(同體智)의 힘으로 보고 듣는 것을 따라 작
업(作業)을 나타내니, 이른바 중생이 삼매(三昧)에 의지해야만
평등을 터득하고 부처님들을 볼 수 있기 때문이다.

[참]▶ 동체지(同體智)는 삼매에 의지하여 진여는 하나[眞如法一]
라는 것을 터득하여 범부중생이나 깨달음을 얻은 부처나 결국은
하나라고 보는 지혜를 말합니다.
▶ 삼매(三昧)는 사마-디(samādhi)의 음역인데, 정(定)이라 의역
합니다. 보통은 좌선을 통해 더 이상 흔들리지 않는 고요한 마
음을 얻는다고 하여 선정(禪定)이라 말합니다.

> 此體用熏習을 分別하면 復有二種하니 云何爲二닛고
> 차체용훈습 분별 부유이종 운하위이
> 此體用熏復有二別 一未相應 二已相應
> <이 진여 자체와 작용의 훈습 또한 두 가지 구별이 있다.
> 첫째는 아직 부합하지 못함이고, 둘째는 이미 부합함이다.>

㊖ 이 차체상훈습과 용훈습을 분별하면 또 두 가지가 있으니 둘이란 어떤 것인가?

【해】 훈습의 체(體), 상(相), 용(用)을 불완전한 상태와 완전한 상태로 나눈다는 뜻입니다.

> 一者는 未相應이니 謂컨대 凡夫二乘과 初發意菩
> 일자 미상응 위 범부삼승 초발의보
> 薩等이 以意·意識熏習하야 依信力故로 而能修行
> 살등 이의·의식훈습 의신력고 이능수행
> 이나 未得無分別心이 與體相應故며 未得自在業
> 미득무분별심 여체상응고 미득자재업
> 修行하야 與用相應故니라
> 수행 여용상응고
> 未相應者 謂凡夫二乘初行菩薩 以意意識熏 唯依信力修行 未得無分別心修行 未與眞如體相應故 未得自在業修行 未與眞如用相應故
> <아직 부합하지 못했다는 것은 범부나 이승 또는 초행보살이 의(意)와 의식(意識)에 의한 훈습을 말한다. 오직 믿는 힘에 의지하고 수행하여 분별이 없는 마음의 수행을 터득하지 못하고 진여 자체와도 부합하지 못하기 때문에 자유자재한 업으로도 수행하지 못하고 진여의 작용과도 아직 부합하지 못한 때문이다.>

㊖ 하나는 아직 부합하지 못함[未相應:yet to be united with Suchness]이니, 소위 범부나 성문이나 연각과 처음 뜻을 낸 보살 등이 의(意)와 의식(意識)의 훈습으로 믿음의 힘에 의지하기 때문에 수행할 수는 있지만 아직 분별이 없는 마음을 얻어 진여

자체와 서로 부합하지 못했기 때문이요, 자재업수행(自在業修行)을 얻어 진여의 작용과 서로 부합하지 못했기 때문이다.

참▶ 상응(相應)은 상윳끄따(saṃyukta) 또는 상쁘라윳끄따(samprayukta)로 서로 묶였다는 의미입니다.

【해】 미상응(未相應)은 미상응훈습(未相應熏習), 즉 부합하지 못한 상태의 훈습이란 뜻이니, 불완전한 훈습을 의미합니다. 마음의 본바탕인 진여법신과 부합하지 못한 훈습이니, 아직 완성되지 않은 훈습이란 뜻입니다.

二者는 已相應이니 謂컨대 法身菩薩이 得無分別心하야 與諸佛智用으로 相應이니 唯依法力하야 自然修行하고 熏習眞如하야 滅無明故니라

已相應者 謂法身菩薩得無分別心 與一切如來自體相應故 得自在業與一切如來智用相應故 唯依法力任運修行 熏習眞如滅無明故

<이미 부합했다는 것은 법신보살이 분별없는 마음을 얻어 모든 여래 자체와 부합하는 것을 말한다. 자유자재한 업을 얻어 모든 여래의 지혜 작용과 부합했기 때문이다. 오로지 법력에 의지하여 자유롭게 수행하여 진여를 훈습하고 무명을 소멸하기 때문이다.>

역 또 하나는 이미 부합함[已相應:the already united with Suchness]이니 법신보살(法身菩薩)이 분별이 없는 마음을 터득하여 부처님들의 지혜와 작용에 서로 부합함이니, 오로지 법의 힘에 의지하여 자연스럽게 수행하고 진여를 훈습하여 무명을 없앴기 때문이다.

【해】 이상응(已相應)은 이상응훈습(已相應熏習), 즉 부합한 상

태의 훈습이니 완전한 훈습을 의미합니다. 수행자의 마음이 진여법신을 증득하여 분별이 없는 마음을 얻어 부처님의 지혜와 작용에 완전히 일치한 상태를 의미합니다.

> 復次 染法은 從無始已來로 熏習이 不斷이나 乃
> 부차 염법 종무시이래 훈습 부단 내
> 至得佛後면 則有斷이요 淨法熏習은 則無有斷이니
> 지득불후 즉유단 정법훈습 즉무유단
> 盡於未來니라 此義云何오 以眞如法이 常熏習故
> 진어미래 차의운하 이진여법 상훈습고
> 로 妄心이 則滅하면 法身이 顯現하야 起用熏習故
> 망심 즉멸 법신 현현 기용훈습고
> 로 無有斷이니라
> 무유단
>
> 復次 染熏習 從無始來不斷 成佛乃斷 淨熏習 盡於未來畢竟無
> 斷 以眞如法熏習故 妄心則滅法身顯現 用熏習起故無有斷
> <또 다시 물듦의 훈습은 무시 이래로 끊어지지 않다가 성불해야만 끊어진다. 청정한 훈습은 미래가 다하도록 끝내 끊어지지 않는다. 진여법으로 훈습되었기 때문에 망심(妄心)이 없어지면 법신이 드러나서 작용의 훈습을 일으키기 때문에 끊어짐이 없다.>

㊣ 다시 물들었다는 것[染法]은 시작을 알 수 없는 그때부터 훈습이 끊어지지 않고 계속 이어지나 마침내 깨달음을 얻어 부처가 된 뒤에 끊어지게 되고, 정법훈습(淨法薰習)은 끊어지는 일이 없어서 미래가 다할 때까지 영원히 계속된다. 그 뜻이 무엇인가? 진여법(眞如法)이 항상 훈습하기 때문에 허망한 마음이 없어지면 법신(法身)이 나타나 진여의 작용에 의한 훈습을 일으키기 때문에 끊어지는 일이 없다.

(Ignorance has no beginning but does have an ending: while original enlightenment, or Suchness, has neither beginning nor ending. the nature of ignorance is ontological but is epistemological)

참▶ 염법(染法), 정법(淨法), 진여법(眞如法)에서 법(法)은 '…라고 하는 것'이라는 의미입니다. 따라서 이러한 법은 생각상의 문제이므로 실재(實在)하는 것이 아닙니다. 쉽게 말해서 관념적인 것이라는 말입니다. 불교에서는 이런 것들은 가공(架空)의 것이므로 집착하지 말라고 합니다.

【해】염법훈습(染法薰習)이란 본래의 맑고 깨끗한 마음이 번뇌 망상의 쪽으로 물들어가는 것을 의미하고, 정법훈습(淨法薰習)이란 번뇌 망상에 찌들어 버린 마음이 본래의 맑고 깨끗한 마음으로 돌아가는 것을 의미합니다. 염법훈습은 바람직하지 못한 현상이고, 정법훈습은 바람직한 현상입니다.

B-III-1-⑨
진여자체상(眞如自體相)

復次 眞如自體相者는 一切凡夫와 聲聞과 緣覺과
부차 진여자체상자 일체범부 성문 연각
菩薩과 諸佛에 無有增減이요 非前際生이요 非後
보살 제불 무유증감 비전제생 비후
際滅이며 畢竟常恒이니라
제멸 필경상항
復次 眞如自體相者 一切凡夫聲聞緣覺菩薩諸佛無有增減 非前際生非後際滅常恒究竟
＜다시 또 진여 자체의 모습은 모든 범부・성문・연각・보살・부처가 늘어나거나 줄어듦이 없다. 과거에 생겨나는 것도 아니고, 미래에 없어지지도 않아 언제나 변함이 없다.＞

역 다시 진여 자체의 모습은 범부(凡夫)와 성문(聲聞)과 연각(緣覺)과 보살(菩薩)과 부처님들 누구에게나 더하거나 덜함이 없으며, 과거 언제인가 생긴 것도 아니고, 미래 언제인가 없어지는 것도 아니어서 끝끝내 한결 같은 것이다.

【해】 깨달은 부처라고 불성(佛性)이 늘어난 것도 아니고, 아직 깨닫지 못한 범부중생이라고 불성이 줄거나 없어진 것도 아닙니다. 부처가 될 가능성인 불성(佛性)에는 변함이 없으나 그것이 드러났느냐, 아직 잠재된 상태로 있느냐의 차이일 뿐이라 증감(增減)이 없다고 말합니다. 그래서 진여 자체의 위대함[體大]이라 말할 수 있는 것입니다. 비유하면 하늘에 먹구름이 끼었다고 하늘이 줄어들지 않고, 먹구름이 사라져 쾌청하다고 하늘이 더 커지는 것이 아닌 것과 같습니다.

[the Buddha-Tathāgata are no other than the Dharmakaya itself, and the embodiment of wisdom]

從本已來로 性自滿足一切功德이니 所謂自體에
종 본 이 래   성 자 만 족 일 체 공 덕   소 위 자 체
有大智慧光明義故며 遍照法界義故며 眞實識知
유 대 지 혜 광 명 의 고   변 조 법 계 의 고   진 실 식 지
義故며 自性淸淨心義故며 常樂我淨義故며 淸凉
의 고   자 성 청 정 심 의 고   상 락 아 정 의 고   청 량
不變自在義故니 具足如是過於恒沙不離不斷不
불 변 자 재 의 고   구 족 여 시 과 어 항 사 불 리 부 단 불
異不思議佛法하야 乃至滿足하고 無有所少義일새
이 불 사 의 불 법   내 지 만 족   무 유 소 소 의
故名爲如來藏이요 亦名如來法身이니라
고 명 위 여 래 장   역 명 여 래 법 신
從無始來本性具足一切功德 謂大智慧光明義 遍照法界義 如實
了知義 本性淸淨心義 常樂我淨義 寂靜不變自在義 如是等過恒
沙數非同非異不思議佛法無有斷 依此義故名如來藏 亦名法身
<무시 이래로 본성에 일체 공덕이 갖추어져 있다. 말하자면 큰 지혜광명의 뜻이요, 법계를 빠짐없이 비춘다는 뜻이며, 사실그대로 안다는 뜻이며, 본성이 청정한 마음이란 뜻이고, 상락아정(常樂我淨)이란 뜻이며, 적정하여 변하지 않고 자재하다는 뜻이다. 이와 같은 등 강가 강의 모래알 수보다

> 많은 것 같지도 않고 다르지도 않은 불가사의한 불법이 단절(斷絕)이 없다. 이런 뜻에 의거하여 여래장(如來藏)이라 말하고 법신이라고도 한다.>

역 본래부터 성품에 스스로 일체공덕을 부족함이 없이 갖추고 있으니, 소위 진여 자체에 대지혜광명(大智慧光明)이란 뜻이 있기 때문이요, 법계(法界)를 두루 비춘다는 뜻이 있기 때문이며, 진실한 앎이란 뜻이 있기 때문이며, 본마음이 맑고 깨끗하다는 뜻이 있기 때문이며, 영원하고[eternity] 즐겁고[bliss] 나이며[Self] 깨끗하다[purity]는 뜻이 있기 때문이며, 맑고 산뜻하며 변하지 않고 자유롭다는 뜻이 있기 때문이니, 이와 같이 갠지스 강의 모래알보다 더 많고, 어긋나지 않고 중단 없으며 괴이하지 않으며 불가사의(不可思議)한 불법(佛法㊽)을 갖추고 있다. 나아가 부족함이 없이 갖추어져 부족한 것이 없다는 뜻이기 때문에 이름 하여 여래장(如來藏)이요, 또한 여래법신(如來法身)이라 한다.

참▶ 자성청정심(自性淸淨心)이란 쁘라끄리띠 빠리슛다 찟따(prakṛti pariśuddha citta)로 쁘라끄리띠(prakṛti)는 낳다라는 뜻을 가진 제8류동사(pra-√kṛi)에서 온 여성명사로 '타고난 바탕'이라는 의미이고, 빠리슛다(pariśuddha)는 깨끗해지다라는 제1류동사(pari-√śudh)에서 온 여성명사로 '완벽하게 깨끗하다'는 뜻이며, 찟따(citta)는 '오관으로 지각하다'라는 제1류동사 어근(√cit)의 과거수동분사로 '마음, 생각' 등의 중성명사로 쓰이는 말입니다. 따라서 자성청정심이란 타고난 바탕이 완벽하게 깨끗한 마음이란 뜻입니다(true cognition and mind pure in its self-nature).

불교에서는 모든 중생이 원래 이러한 마음을 가졌다고 하며, 이 마음을 불성(佛性)이라 하고, 이 마음을 부처의 마음인데 아직은 중생의 마음에 미완의 단계로 잠복되어 있다는 뜻에서 여래장(如來藏:Tathāgata-garbha)이라 합니다.『기신론』에서는 이 마음을 심진여(心眞如)라고 했습니다.

▶ 항사(恒沙)는 항하사(恒河沙)라는 말이고, 항하(恒河)는 소위

갠지스 강을 말합니다. 갠지스 강이라는 말은 영어식 표현이고, 인도 사람들은 강가-(Gaṅgā)라고 합니다. 강가라는 말을 항하(恒河)라고 한 것입니다. 현장 스님의 번역에서는 주로 긍가(殑伽)라고 번역하는데, 강가-의 음역입니다.

【해】진여 자체의 모습이 위대하다는 상대(相大)를 여섯 가지로 말하고 있습니다. 그 여섯 가지는 ㉮ 대지혜광명(大智慧光明), ㉯ 변조법계(遍照法界), ㉰ 진실식지(眞實識知), ㉱ 자성청정심(自性淸淨心), ㉲상 락아정(常樂我淨), ㉳ 청량불변자재(淸凉不變自在)인데 아래의 문답을 통해 설명하고 있습니다.

```
問曰 上說하되 眞如其體는 平等하야 離一切相이거
문왈  상설      진여기체    평등       이일체상
니 云何하야 復說體有如是種種功德이닛고
   운하      부설체유여시종종공덕
問 上說眞如離一切相 云何今說具足一切諸功德相
<문 위에서 진여는 일체상을 여의었다고 말했다. 그런데 지금은 어찌하여
일체 공덕의 모습을 갖추었다고 말하는가.>
```

【역】【문】위에서 말하기를, 진여 그 자체는 평등해서 일체의 모습을 벗어났다고 했는데, 어찌하여 다시 진여의 체에 이와 같은 온갖 공덕이 있다고 말하는가?

【해】진여 자체는 생멸이 없어 모든 중생에게 평등한데, 어떻게 차별을 의미하는 무한한 공덕을 말할 수 있느냐는 물음입니다.

```
答曰 雖實有此諸功德義나 而無差別之相이오 等
답왈  수실유차제공덕의    이무차별지상     등
同一味로 唯一眞如니라 此義云何오 以無分別하야
동일미   유일진여      차의운하    이무분별
```

> 離分別相일새 是故로 無二니라
> 이 분 별 상　　　시 고　　무 이
> 答 雖實具有一切功德 然無差別相 彼一切法皆同一味一眞 離分
> 別相無二性故 以依業識等生滅相而立彼一切差別之相
> <답 비록 일체공덕을 갖추고 있다고 할지라도 차별된 모습은 없다. 저 일체법은 모두 같은 일미(一味)오 일진(一眞)이니 분별된 모습을 벗어나면 두 개의 성품이 없기 때문이다. 업식 등의 생멸(生滅)하는 모습에 의지하여 저 모든 차별된 모습을 세우는 것이다.>

역 답 비록 실제로 이런 여러 공덕의 의미가 있으나 차별적인 모습이 없고, 동일한 맛이란 점에서 같고, 오직 하나의 진여인 것이다. 이게 무슨 의미인가 하면 분별이 없기 때문에 분별적인 모습을 벗어났다는 것이다. 그래서 둘이 없다고 한다.

참▶ 유일진여(唯一眞如)는 진여법일(眞如法一)과 같은 의미라 하겠습니다. 진여한 존재는 하나라는 것을 알려면 분별이 없는 지혜로 직시(直視:prekṣā)해야 되기 때문입니다. 그것이 깨달음이요 진여한 존재는 하나라는 것을 사실대로 보지 못하는 것이 불각[不覺義者 不如實知眞如法一]이라고 했습니다.

> 復以何義로 得說差別이닛고 以依業識하야 生滅相
> 부 이 하 의　　득 설 차 별　　　　이 의 업 식　　 생 멸 상
> 을 示이니라 此云何示닛고 以一切法은 本來唯心이
>　　시　　　　차 운 하 시　　　이 일 체 법　　본 래 유 심
> 라 實無於念이나 而有妄心하야 不覺起念하고 見諸
>　　실 무 어 념　　　이 유 망 심　　　불 각 기 념　　　견 제
> 境界故로 說無明이니라 心性이 不起하면 卽是大智
> 경 계 고　　설 무 명　　　　　심 성　　불 기　　　즉 시 대 지
> 慧光明義故니라
> 혜 광 명 의 고
> 此云何立 以一切法本來唯心實無分別 以不覺故分別心起見有境

> 界 名爲無明 心性本淨 無明不起 卽於眞如立大智慧光明義
> <이는 무엇을 세운다는 것인가? 일체법은 본래 마음일 뿐 사실상 분별이 없다. 그런데 깨닫지 못했기 때문에 분별하는 마음을 일으켜 경계가 있다고 보는 것을 무명이라 하는 것이다. 심성은 본래가 청정하여 무명이 일어나지 않기 때문에 진여에서 큰 지혜광명이라는 뜻을 세우는 것이다.>

[역] 다시 무슨 의미로 차별을 말할 수 있는가? 업식(業識)에 의지하여 생기고 없어지는 모습을 보이는 것이다. 이는 무엇을 보인다는 것인가 하면 일체법(一切法㈏)은 본래 마음뿐(All things are originally of the mind only)이라 사실상 망념이 없는데 허망한 마음이 있어 나도 모르게 망념을 일으켜 이런저런 대상을 보기 때문에 무명이라 말하니 심성(心性)이 일어나지 않는 것이 바로 대지혜광명(大智慧光明)이란 뜻이기 때문이다.

[참]▶ 불각기념(不覺起念)이라는 말은 '나도 모르게 망념을 일으킨다'는 뜻인데, 깨닫지 못한 상태에서 마음이 움직이는 것[以依不覺故心動]이니 업(業)의 발동을 의미합니다. 이는 불각의 첫 번째 미세현상인 무명업상(無明業相)에서 말했습니다. 홀연기념(忽然起念)과도 같으니 무명(無明)이기도 합니다.
▶ 심성(心性)이란 앞에서 말한 자성청정심(自性淸淨心)을 의미합니다. 심성불기(心性不起)라는 말은 자성청정심이 망념을 일으키지 않는다는 의미입니다.

> 若心起見하면 則有不見之相이니 心性이 離見하면
> 약 심 기 견   즉 유 불 견 지 상   심 성   이 견
> 卽是遍照法界義故니라 若心에 有動이면 非眞識
> 즉 시 변 조 법 계 의 고   약 심   유 동   비 진 식
> 知이니 無有自性이며 非常非樂非我非淨이니 熱惱
> 지   무 유 자 성   비 상 비 락 비 아 비 정   열 뇌
> 衰變하면 則不自在하며 乃至具有過恒沙等妄染之
> 쇠 변   즉 부 자 재   내 지 구 유 과 항 사 등 망 염 지

義하니 對此義故로 心性이 無動하면 則有過恒沙
 의   대차의고   심성   무동   즉유과항사
等諸淨功德相義示現이니라
등 제 정 공 덕 상 의 시 현
若心生見境則有不見之相 心性無見則無不見 卽於眞如立遍照法
界義 若心有動則非眞了知 非本性淸淨 非常樂我淨 非寂靜 是
變異不自在 由是具起過於恒沙虛妄雜念 以心性無動故卽立眞實
了知義 乃至過於恒沙淸淨功德相義
<만약 마음에 경계를 보려함이 생기면 보이지 않는 모습이 있게 된다. 심성에 보려함이 없어야 보지 못하는 것이 없게 되니. 진여에서 법계를 빠짐없이 비춘다는 뜻을 세우게 된다. 만약 마음에 동요가 있으면 진실한 깨달음이나 앎이 아니고 본성이 청정함도 아니고, 상락아정도 아니며 적정(寂靜)도 아니다. 이는 변하고 달라져서 자재로움이 아니다. 이로 말미암아 강가 강의 모래알보다 많은 허망한 잡념(雜念)이 일어나게 된다. 그러나 심성은 동요가 없기 때문에 진실로 깨닫고 안다는 뜻을 세우고 나아가 강가 강의 모래알보다 많은 청정한 공덕의 모습이라는 뜻을 세우는 것이다.>

[역] 만약 마음이 본다는 생각을 일으키면 보이지 않는 모습이 있게 되나니, 심성이 본다는 생각을 벗어나는 것이 바로 법계를 두루 비춘다는 뜻이기 때문이다.

 만약 마음이 움직이면 진실한 앎이 아니요, 자성(自性)이 있는 것도 아니며, 영원함도 아니고 즐거움도 아니며 나도 아니고 깨끗함도 아니니 열화와 같은 번뇌로 몸과 마음이 약해지고 변하면 자유롭지 못하고 나아가 갠지스 강의 모래알보다 많은 허망한 오염의 뜻이 갖추어지게 된다. 이런 의미에 상대하여 심성이 움직임이 없게 되면 갠지스 강의 모래알보다 많은 여러 가지 청정한 공덕의 모습이 있다는 뜻을 나타내 보이는 것이다.

[참]▶ 만약 마음이 본다는 생각을 일으키면 보이지 않는 모습이 있게 된다(若心起見則有不見之相:when there is a particular perceiving act of the mind, objects will remain unperceived)

는 말은 고정관념을 가지고 있으면 보지 못하는 것들이 있게 된 다는 뜻입니다. 그래서 불교에서는 모든 것을 있는 모습 그대로 보려고 한다면 일체의 고정관념을 버려야 한다고 하였고, 한역(漢譯)『금강경』에 이일체제상즉명제불(離一切諸相則名諸佛)이라 하였는데, 이 말은 '사르와 상즈냐-아빠가따- 히 붓다-바가완따하(sarva-saṃjñā-apagatā hi Buddhā Bhagavantaḥ)'라는 말의 번역입니다. 사르와는 모두를 뜻하는 말이고, 상즈냐는 오온의 세 번째인 상(想:ideation)을 말하며, 아빠가따-는 '가버리다, 떠나다, 자취를 감추다'라는 동사(apa-√gam)의 과거분사 아빠가따(apagata)의 복수주격인 아빠가따-스(apagatās)의 연성(連聲)이고,398) 히(hi)는 실로, 바로의 뜻이고, 붓다-바가완따하(Buddhā Bhagavantaḥ)는 붓다-스 바가완따하(Buddhās Bhagavantaḥ)로 붓다-스((Buddhās)는 붓다(Buddha)의 복수 남성주격이고 바간완따하(Bhagavantaḥ)는 보통 세존(世尊)이라 번역하는 바가와뜨(Bhagavat)의 복수 남성주격입니다. 따라서 위의 말은 모든 생각(想:saṃjñā)을 버려져야만 정말로 부처요 세존이라는 뜻입니다. 이때의 생각[想:saṃjñā]은 주관적 감각[受]을 전제한 지각[知覺]을 의미하므로 분별을 의미합니다. 그러니까 일체의 분별로부터 벗어나야만 부처라고 불릴 수 있다는 뜻입니다.

▶ 열뇌(熱惱)는 흥분과 고뇌 또는 놉시 심한 고뇌로 번뇌를 의미합니다. 열뇌쇠변즉부자재(熱惱衰變則不自在)라는 말의 의미는 열화와 같은 번뇌와 신심의 쇠퇴가 자유를 빼앗는다는 뜻입니다. 그러니까 번뇌를 벗어나지 못하는 한은 자유로울 수가 없다는 말이기도 합니다. 그래서 번뇌를 결박(結縛)이라 말하고, 모든 번뇌를 없애는 것을 해탈(解脫)이라 말합니다.

연수(延壽:904~975) 스님이 이르기를, 만 가지 경계가 비록 공(空)했다고 하더라도 무심(無心)과 계합(契合) 되어야만 한다.

---

398) apagatās의 어말 ās가 다음에 유성자음이 오면 's'가 소멸된다.

입으로 공(空)을 말하더라도 행동이 유(有) 안에 있으면 안 된다. 마주하는 대상[境]과 인식하려는 마음[智]이 서로 부합하고, 주관[能]과 객관[所]이 은연중(隱然中)에 합치되어야 마침내 속박에서 풀릴 수 있고 무생법인(無生法忍)을 따르게 된다. 조금이라도 취착(取著)을 일으키면 곧바로 마군의 일이 되어버린다고 했습니다.399)

【해】경에 마음은 스스로 마음을 알지 못하고, 마음은 스스로 마음을 보지 못한다. 마음에 생각이 있으면 어리석게 되고, 마음에 생각이 없으면 열반[泥洹]이라 한다고 하였으며,400) 용수보살(龍樹菩薩)은 생각이 있으면 마망(魔網)에 떨어지고 생각이 없으면 벗어난다. 마음이 흔들리므로 도(道)가 아니나 마음이 움직이지 않아야 법인(法印)이라 하였습니다.401) 연수 선사(延壽禪師)는 만약 생각을 움직이고 마음을 일으키면 이내 마망(魔網)에 들어간다고 했습니다.402) 달마대사(達磨大師)는 만약 분별하는 마음이 고요해져서 생각을 움직이는 일이 조금도 없으면 이것을 정각(正覺)이라 말한다고 했습니다.403)

若心有起하야 更見前法의 可念者는 則有所少니라
약 심 유 기   갱 견 전 법   가 념 자   즉 유 소 소
如是淨法無量功德은 卽是一心이라 更無所念일새
여 시 정 법 무 량 공 덕   즉 시 일 심   갱 무 소 념
是故로 滿足을 名爲法身如來之藏이니라
시 고   만 족   명 위 법 신 여 래 지 장
若心有起見餘境可分別求 則於內法有所不足 以無邊功德卽一心

---

399) 宗鏡錄 76:<48-836하> 萬境雖空須得無心契合 不可口雖說空行在有中 境智相應能所冥合 方能解縛 隨順無生耳 纔生取著便成魔業.
400) 般舟三昧經:<13-906상> 心不自知心 心不自見心 心有想爲癡 心無想是泥洹.
401) 大智度論 8:<25-118상> 有念墮魔網 無念則得出 心動故非道 不動是法印.
402) 宗鏡錄 37:<48-636하> 若動念起心卽入魔網.
403) 安心法門:<48-370중> 若識心寂滅 無一動念處 是名正覺.

> 自性 不見有餘法而可更求 是故 滿足過於恒沙非異非一不可思
> 議 諸佛之法無有斷絶 故說眞如名如來藏 亦復名爲如來法身
> <만약 마음 본다는 견해를 일으켜 분별할 수 있는 다른 경계를 구하는 것이 있다면, 안으로 부족한 것이 있게 된다. 무변공덕은 곧 한마음 자성(自性)이니, 다른 법이 있어 다시 구할 것으로 보지 않는다. 그러므로 강가 강의 모래알보다 많은 다르지 않고 하나도 아닌 불가사의한 모든 부처의 법이 원만하게 갖추어져 단절이 없기 때문에 진여를 설하고 여래장을 말하며 또한 여래법신(如來法身)이라고 한다.>

[역] 만약 마음이 일어나 다시 생각해야 할 목전의 법(前法㉰)을 보면 모자라는 것이 있게 된다. 이와 같이 청정한 법[淨法㉳]의 한량이 없는 공덕은 바로 한마음이므로 다시 생각할 것이 없다. 그래서 부족함이 없이 만족(滿足)함이니 이름을 법신여래의 창고[法身如來藏]라고 한다.

【해】 일심(一心)은 일념(一念)이요, 일념은 바로 무심(無心)입니다. 무심은 주관객관(主觀客觀)인 능소(能所)가 나누어지지 않고 하나로 합치된 마음입니다. 이런 마음을 보통 삼매(三昧)라거나 무념무상(無念無想)이라 말합니다.

 일심(一心)을 오온(五蘊)으로 말하면 수(受)와 상(想)을 없애버린 마음이요, 이러한 선정을 보통 석가모니 부처님이 보리수 아래에서 깨달음을 얻은 멸진정(滅盡定)이라 합니다.

 부처님이 보리수 아래에서 깨달음을 얻을 때의 선정(禪定)인 멸진정(滅盡定)은 산스끄리뜨로 상즈냐-웨디따 니로다 사마-빳띠(saṃjñā-vedita-nirodha-samāpatti)라고 하거나 니로다 사마-빳띠(nirodha-samāpatti)라고 합니다. 이 말은 상수멸정(想受滅定)이나 멸수상정(滅受想定)이라고 하는데 이러한 번역이 이해하기 쉬울 것 같습니다.

 상(想)은 상즈냐-(saṃjñā)의 번역이고, 수(受)는 웨다나-(vedanā)입니다. 상즈냐-(saṃjñā)는 '가지고' 또는 '한데 모아'라는 의미를 가진 접두사 상(saṃ)과 '알다, 식별하다'라는 뜻의 제9류동사 어근 (√jñā)에서 온 말로 '아는 것'이나 '이해력, 사고력'을 의미하는 즈냐(jña)의 복수인 즈냐-(jñā)가 합성된 말입니다.404) 그러니까 상즈냐-란 '~을 가지고 아는 것'이요 '~을 한데모아 아는 것'이란 뜻입니다.

그러면 '가지고 안다'거나 '한데 모아 안다'고 할 때, 무엇을 가지고 알고, 무엇을 한데 모아 안다는 것일까? 그것은 뒤에 따라오는 웨디따(vedita)를 말합니다. 웨디따(vedita)는 '오관으로 지각하다, 신체적으로 느끼다, 경험하다'라는 의미를 가지고 있는 제2류동사 어근 위드(√vid)가 구나(guṇa)한 웨드(√ved)의 과거수동분사입니다.405) 웨디따는 '오관으로 지각한 것, 신체적으로 느낀 것, 경험한 것'이란 뜻입니다. 따라서 상즈냐-웨디따(saṃjñā vedita)란 '웨디따(vedita)를 가지고 아는 것'이라는 뜻입니다.

수(受)라고 번역하는 웨다나-(vedanā)는 '오관으로 지각하다, 신체적으로 느끼다, 경험하다'라는 의미를 가지고 있는 동사 어근(√vid)에서 온 중성명사이니, 웨디따(vedita)와 같은 동사에서 온 말이라는 것을 쉽게 알 수 있습니다.

니로다는 '억제하다, 진압하다'라는 동사(ni-√rudh)에서 온 남성명사로 '제지, 억제'란 뜻이고, 사마-빳띠는 '어떤 상태에 빠지다, 함께 향하다'는 뜻의 동사(sam-ā-√pat)에서 온 여성명사로 '어떤 상태에 빠진다'거나 '함께 간다'는 뜻인데 한역 경전에서는 등지(等至)라 번역하거나 삼마발제(三摩跋提)나 삼마발저(三摩鉢底)로 음역하기도 합니다.

그러니까 니로다 사마-빳띠는 일체의 정신작용을 없애버린 상태에 들어갔다거나 일체의 심리적 작용이 없는 상태로 함께 들어갔다는 뜻입니다. 일체의 정신작용은 오온(五蘊)의 수(受)와

---

404) S.E.D. p-425.
405) S.E.D. p-963.

상(想)을 의미합니다. 멸진정은 오온의 두 번째인 수(受)와 세 번째인 상(想)을 없애버린 삼매(三昧)가 바로 멸진정입니다. 그러니까 깨달음을 얻기 위해서는 망념을 떨쳐 버려야 하는데,406) 그 망념은 결국 감각[受]에 의거하는 지각[想]을 말하는 것임을 알 수 있습니다. 그러니까 멸진정이란 의미는 '우리가 오관으로 지각하거나 느낀 것을 가지고 아는 것들을 모두 없애버린 상태에 들어갔다'는 뜻입니다. 바꾸어 말하면 이기적인 마음에 근거하는 분별을 없애버렸다는 의미입니다.

B-Ⅲ-1-⑩
진여(眞如)의 작용

復次 眞如의 用者는 所謂諸佛如來가 本在因地에
부차 진여 용자 소위제불여래 본재인지
發大慈悲하고 修諸波羅蜜하야 攝化衆生하고 立大
발대자비 수제바라밀 섭화중생 입대
誓願하기를 盡欲度脫等衆生界하되 亦不限劫數하야
서원 진욕도탈등중생계 역불한겁수
盡於未來하며 以取一切衆生을 如己身故로 而亦
진어미래 이취일체중생 여기신고 이역
不取衆生相이니 此以何義오 謂如實히 知一切衆
불취중생상 차이하의 위여실 지일체중
生及與己身이 眞如平等하야 無別異故니라
생급여기신 진여평등 무별이고
復次眞如用者 謂一切諸佛在因地時發大慈悲 修行諸度四攝等行 觀物同己普皆救脫 盡未來際不限劫數 如實了知自他平等而亦不取衆生之相
<다시 또 진여의 작용은 일체 모든 부처가 수행하는 과정[因地]에 있을 때 큰 자비를 일으켜 모든 바라밀과 사섭행 등을 닦아 사물을 자기와 같

---

406) 大乘起信論:<32-576중> 所言覺義者 謂心體離念.

> 이 보고 두루 모두 제도하여 해탈시키고자 하되 미래세가 다하도록 겁수(劫數)를 제한하지 않고 나와 남이 평등하다는 것을 여실(如實)하게 깨달아 알아 중생의 모습도 취하지 않는 것을 말한다.>

【역】 다시 진여의 작용은 이른바 모든 부처님이 본래 인지(因地)에 대자비(大慈悲)를 일으켜 모든 바라밀을 닦고 중생들을 포섭하여 교화한다. 대서원(大誓願)을 세우되 중생을 모두 다 제도하고 해탈시켜 중생세계를 평등하게 하는데 시간적으로 제한을 두지 않고 미래가 다하도록 한다고 한다. 모든 중생들을 자기 몸처럼 여기기 때문에 중생이란 모습에 사로잡히지 않는다. 이는 어떤 의미인가 하면 모든 중생들과 자기 자신이 진여(眞如)로 평등하고 차별이 없다는 것을 사실 그대로 알기 때문임을 말한다.

【참】▶ 본재인지(本在因地)라는 말은 부처님이 수행의 경지[因地]에 있었을 때를 말합니다. 이때를 보살이라고 불렀습니다. '내가 옛날 도를 이루기 전 보살이었다'고 말합니다. 대승불교에서 이상적 구도자로 보살을 등장시키는 것은 부처님이 인지(因地)에 있을 때를 모델로 하고 있다고 보여 집니다.
▶ 불취중생상(不取衆生相)은 중생이라는 고정관념을 갖지 않는다[不取衆生想]는 말과 같습니다. 중생상(衆生相)이라고 하면 눈에 보이는 모습이란 뉘앙스(nuance)가 강하고, 중생상(衆生想)이라고 말하면 중생이라는 고정관념이라는 뜻입니다. 구마라집이 『금강경』에서 중생상(衆生相)이라 번역하였지만 원뜻은 삿뜨와상즈냐-(sattva-saṃjñā)로 중생상(衆生想)이란 말입니다.

【해】 진여의 작용은 진여훈습(眞如熏習)을 말하는데, 이는 염심(染心)을 정화하여 청정한 법신으로 귀결하려는 것으로 보살의 수행을 말합니다. 그것은 바로 크게 자비심을 일으켜[發大慈悲] 크게 원력을 세우고[入大誓願] 중생들을 교화하여 부처의 세계에 들게 하는 세계사적 사명을 가지고 사는 것입니다. 그래서

경에 이르기를, '내가 본래 서원을 세우기를 모든 중생들로 하여금 나와 다름없이 하려는 것이었다'고 합니다.407)

> 以有如是大方便智로 除滅無明하고 見本法身이니
> 이유여시대방편지   제멸무명   견본법신
> 自然而有不思議業種種之用이라 卽與眞如等하야
> 자연이유 불사의업종종지용   즉여진여등
> 遍一切處하며 又亦無有用相可得이니 何以故오
> 변일체처   우역무유용상가득   하이고
> 謂諸佛如來는 唯是法身智相之身이라 第一義諦에
> 위제불여래   유시법신지상지신   제일의제
> 無有世諦境界하야 離於施作이언만 但隨衆生의 見
> 무유세제경계   이어시작   단수중생   견
> 聞得益故로 說爲用이니라
> 문득익고   설위용

以如是大方便智 滅無始無明證本法身 任運起於不思議業 種種自在差別作用 周遍法界與眞如等 而亦無有用相可得 何以故 一切如來唯是法身 第一義諦無有世諦境界作用 但隨衆生見聞等故 而有種種作用不同

<이와 같은 큰 방편의 지혜로써 무시무명(無始無明)을 없애고 본래의 법신을 증득하여 자연스럽게 불가사의한 업과 온갖 가지 자재한 차별된 작용을 일으켜 법계에 두루 하고 진여와 더불어 평등하지만 역시 움켜쥘 수 있는 작용의 모습이란 없다. 왜냐하면 일체여래는 오로지 법신이요 제일의제(第一義諦)라서 세제(世諦)적 경계와 작용이 없고 다만 중생들이 보고 듣는 등을 따르기 때문에 온갖 작용이 있어도 같지가 않다.>

|역| 이와 같은 큰 방편의 지혜가 있기 때문에 무명(無明)을 없애 버리고 본래의 법신을 본다. 저절로 불가사의한 행위의 갖가지 작용이 있어 진여와 더불어 모든 곳에 고루 두루 하지만 또한 얻을 수 있는 작용의 모습이 없다. 왜냐하면 부처인 여래는 모두가 오로지 법신(法身)이요, 지혜로운 모습의 몸이며, 제일의제

---

407) 法華經1, 方便品:<9-8중> 我本立誓願 欲令一切衆 如我等無異.

(第一義諦)여서 세제(世諦)의 경계가 없고 보시로 되는 것을 벗어났지만 단지 중생들의 보고 들음에 따라 이익을 얻기 때문에 진여의 작용이라 말한다.

참▶ 법신(法身)은 오직 법으로 몸을 삼는다고 하였듯이408) 부처님이 깨달아 설파한 법으로 몸을 삼는 것입니다. 부처님이 깨달은 연기법(緣起法)은 법주(法住)요 법위(法位)로 세상의 모습으로 영원히 머물러409)불생불멸(不生不滅)이니 법신은 영원무궁합니다. 하지만『기신론』의 저자가 말하는 법신은 진여법일(眞如法一)이요 진여평등(眞如平等)이며, 법계일상(法界一相)이기도 합니다.

▶ 제일의제(第一義諦)는 불교의 근본 목적인 해탈이나 열반만을 추구하는 진리라는 의미로 진제(眞諦)나 승의제(勝義諦)라고도 합니다. 경에 제일의(第一義)로 돌아가 실상법(實相法)에 들어가면 언어의 길이 끊어지고 심행처(心行處)도 없어지며 비유할 수도 없다고 하였고,410) 승의제(勝義諦)는 심행처(心行處)가 없어지고 또한 문자도 없어지고 일체의 견문각지(見聞覺知)를 벗어난다고 했습니다.411)

▶ 세제(世諦)는 삼브리띠 사띠야(saṃvṛti-satya)로 불교의 핵심요점이 덮어 가려진 진리, 즉 낮은 차원의 가르침이란 뜻입니다. 불교의 핵심요점은 놓아두고 세속적 가치를 추구하는 진리로 속제(俗諦)라고도 합니다.

▶ 시작(施作)이라는 말은 끄리(√kṛ)로 남의 손해나 이익을 위해 무엇인가 한다(to do anything for the advantage or injury of another)는 뜻입니다. 그 대표적인 예가 광시작복(廣施作福)이라는 말처럼 남을 돕는 베푸는 행위를 의미합니다. 본문에 제일의제 무유세제경계 이어시작(第一義諦 無有世諦境界 離於施作)이라고

---

408) 大方廣佛華嚴經 제19:<10-102상> 但以法爲身.
409) 法華經 1:<9-9중> 是法住法位 世間相常住.
410) 方廣大莊嚴經 11:<3-608중> 歸第一義入實相法 言語道斷心行處滅 不可譬喩.
411) 大乘離趣六波羅密經 10:<8-914중> 勝義諦者 謂心行處滅無復文字 離於一切見聞覺知.

하였는데, 이 말은 깨달음을 추구하는 입장에는 인과(因果)를 논하는 세속적 차원과는 달리 베풂을 통해 복을 짓는 것과 같은 물질적 시여(施與)는 벗어나 있다는 뜻입니다. 백장(百丈:720~814)이 말하기를, 부처를 찾고 깨달음을 얻으려는 것을 지금 살아 있는 몸이 가지고 있는 사사로운 마음이라 한다. 만약 어떤 것이 되었든 조금이라도 얻고자 하는 마음이 있으면 모두가 지금 살아 있는 몸이 가지고 있는 사사로운 마음일 수밖에 없다. 그래서 깨달음을 얻으려는 것이 비록 좋은 의미로 얻으려는 것이긴 하지만 세속의 번거로움을 더할 뿐이라고 말하는 것이라고 했습니다.412)

【해】 위산영우(潙山靈祐:771~853)는 이렇게 말합니다.

정말로 근본을 깨달은 사람은 닦는다느니 닦을 것이 없다느니 하는 것이 관점을 달리하는 말뿐이라는 것을 깨닫는 그 순간 스스로 안다. 지금 처음으로 발심한 사람이 인연을 따라 한 생각에 본래 이치가 있다는 것을 문득 깨달았다고 하더라도 한량없는 세월에 걸쳐 쌓아온 습기(習氣)를 한 순간에 없애지는 못한다. 그것을 깨끗이 없애기 위해서는 현재의 업과 의식의 흐름을 없애야만 하는데, 이것이 닦는다는 것이지 따로 닦아가야 할 특별한 무엇이 있다는 것은 아니다.

법을 듣고 이치를 깨치는데 깊고 묘한 이치를 들으면 마음이 저절로 밝아져서 미혹한 처지에 머물지 않게 된다. 설령 백 가지 천 가지의 그럴듯한 이치가 세상을 휩쓴다고 할지라도 결국은 자리 잡고 옷을 풀고 앉아서 저 자신의 살아가야 할 방도를 알아야만 할 것이다.

요약해서 말하자면 사실과 일치하는 이치의 경지[實際理地]는 번뇌에 물드는 것이 아니지만 보살행을 닦는다는 측면[萬行門]에서는 무엇 하나도 부정될 것이 없다. 단도직입적으로 말하자면 범부니

---

412) 古尊宿語錄 2:<卍續藏經:118-178하> 求佛求菩提名現身意 祇如今但有一切求心 盡名現身意 如云求菩提雖是勝求 重增塵累.

성인이니 하는 부질없는 생각이 없어지면 이론[理]과 현실[事]이 둘이 아닌 본래의 참모습이 속속들이 드러나므로 그것이 바로 본래 생긴 모습 그대로의 부처인 셈이다.413)

경에 이르기를, 비유하면 마치 해와 달이 분별이 없고, 또한 수경(水鏡)처럼 분별이 없고, 광명(光明) 역시 분별이 없어 이 세 가지가 만나 그림자를 생기게 하는 것과 같다. 이와 같이 법이 여여(如如)하고, 여여한 지혜 또한 분별이 없어 원(願)이 자재하기 때문에 중생이 감응(感應)이 있으면 응화신(應化身)을 나타내는 것이 마치 해와 달이 그림자와 화합하여 출현하는 것과 같다고 하였고,414) 또 경에 이르기를, '분별이 없는 여여(如如)한 지혜로 들어가는 곳은 일체의 심의식(心意識)이 분별하는 생각을 벗어나 취하고 매달리는 것이 없어 마치 허공에 일체 모든 것이 들어가는 것과 같다고 하였습니다.415)

송(宋)나라 때의 지례(知禮:960~1028)는 '사물을 인식하려는 마음[智]이 마주하는 대상[境]과 다르지 않으므로 여여법(如如法)이라 하고, 마주하는 대상이 사물을 인식하려는 마음과 다르지 않으므로 여여지(如如智)라 한다면서, 이 모두는 불가사의 한 감정[不思議意]을 밝히는 것'이라고 했습니다.416) 경에 여여한 법의 성(性)과 상(相)은 실제(實際)와 같아 분별도 없고 몸[身]과 마음[心]에 관련되지 않는다고 했습니다.417)

경에 모든 부처님이 한량없는 아승기겁을 목숨을 아끼지 않고

---

413) 潙山靈祐禪師語錄:<卍續藏經:119-851하> 若眞悟得本 他自知時 修與不修 是兩頭語如今初心 雖從緣得 一念頓悟 自理猶有 無始曠劫習氣 未能頓淨 須教渠淨除現業流識 卽是修也 不可別有法教渠修行趣向 從聞入理 聞理深妙 心目圓明 不居惑地 縱有百千妙義 抑揚當時 此乃得坐披衣 自解作活計始得 以要言之則實際理地 不受一塵 萬行門中 不捨一法 若也單刀直入則凡聖情盡 體露眞常 理事不二 卽如如佛.

414) 金光明最勝王經 2:<16-408하> 譬如日月無有分別 亦如水鏡無有分別 光明亦無分別 三種和合得有影生 如是法如如 如如智 亦無分別 以願自在故 衆生有感現應化身 如日月影和合出現.

415) 大方廣佛華嚴經 38:<10-199상> 無分別如如智之所入處 離一切心意識分別想 無所取著 猶如虛空入一切法.

416) 金光明經文句記:<39-128중> 智不異境故曰如如法 境不異智故曰如如智 斯皆明於不思議意也.

417) 文殊師利問菩提經:<14-482상> 如如法性相如實際 無分別不緣身心.

난행고행(難行苦行)하여 겨우 얻은 이 몸은 무엇과 비교할 수 없이 불가사의하여 말로 설명하는 경지를 넘었기 때문에 이 경지는 미묘하고 적정하므로 두렵고 겁나는 모든 경지를 벗어났다고 했습니다.418)

此用에 **有二種**하니 **云何爲二**닛고
차 용   유 이 종   운 하 위 이

此用有二
<진여의 작용에 둘이 있다>

[역] 진여의 작용에 두 가지가 있으니 무엇이 둘인가?

一者는 **依分別事識**한 **凡夫二乘心**에 **所見者**를
일 자   의 분 별 사 식   범 부 이 승 심   소 견 자

名爲應身이니 **以不知轉識**의 **現故**로 **見從外來**를
명 위 응 신   이 부 지 전 식   현 고   견 종 외 래

取色分齊하야 **不能盡知故**니라
취 색 분 제   불 능 진 지 고

此用有二 一依分別事識 謂凡夫二乘心所見者是名化身 此人不
知轉識影現 見從外來取色分限 然佛化身無有限量
<이 진여의 작용에 둘이 있으니, 첫째 분별사식(分別事識)에 의지하는 것이니, 말하자면 범부와 이승의 마음이 보는 것을 화신이라 한다. 이 사람은 전식(轉識)의 그림자가 나타난 것인 줄 알지 못하고 외부로부터 온 것으로 보고 물질적 한계를 취한다. 그러나 부처의 화신은 헤아릴 수 없다.>

[역] 하나는 분별사식(分別事識)에 의지하여 범부나 성문이나 연각의 마음이 보는 것이니 응신(應身)이라 한다. 전식(轉識)이 나타낸 것임을 알지 못하기 때문에 자기 밖으로부터 오는 것으로 보며 물질적 한계를 취하므로 모두 다 알 수 없기 때문이다.

[참]▶ 응신(應身)은 니르마-나 까-야(nirmāṇa kāya)로 중생들의 바라는 것을 따라 응해주는 몸을 말합니다. 화신(化身)이라고도 합니다.

---
418) 金光明最勝王經 2:<16-410하> 諸佛如來於無量無邊阿僧祇劫 不惜身命 難行苦行
方得此身最上無比 不可思議 過言說境 是妙寂靜 離諸怖畏.

▶ 분별사식(分別事識)은 제육의식(第六意識)을 말합니다. 안이비설신(眼耳鼻舌身)이 색성향미촉(色聲香味觸)을 만나 느낌으로 받아들이는 것들을 분류하고 저장하는 역할을 하기 때문에 여섯 번째의 의식[第六意識]이라거나 사물을 분별하는 인식[分別事識]이라 말하는 것입니다.

▶ 전식(轉識)은 쁘라으릿띠 위즈냐나(pravṛtti vijñāna)로 쁘라으릿띠는 '구른다'거나 '앞으로 간다'는 뜻의 동사(pra-√vṛit)에서 온 여성명사로 잠재의식(潛在意識)인 알라야식을 제외한 현재에서 활동하는 모든 의식을 말합니다. 다시 말해 알-아야식 중의 전상(轉相)이므로 진망(眞妄)이 섞여 있습니다. 망(妄)은 진(眞)에 의거한 망이고, 진은 망을 떠나 따로 존재하지 않습니다. 그래서 진망화합식(眞妄和合識)이라 합니다. 경에 중생계를 떠나지 않고 법신이 있고, 법신을 떠나지 않고 중생계가 있으니, 중생계가 바로 법신이요, 법신이 바로 중생계이므로 법신과 중생계는 뜻은 하나인데 이름이 다르다고 했습니다.419) 그런데 이 법신이 갠지스 강의 모래보다 많아 한량없는 번뇌에 얽혀 시작을 알 수 없는 그때부터 세간의 생사의 파도를 따르면서 가고 오고 나고 죽으므로 중생이라 한다고 했습니다.420)

▶ 부지전식현(不知轉識現)이란 '의식의 변화로 나타는 것을 모른다'는 말로 대승불교에서는 범부나 이승(二乘)이 여기에 해당한다고 말합니다.

▶ 분제(分齊)는 쁘라위바-가(pravibhāga)의 번역인데, 이 말은 잘라서 떼어놓다(pra-vi-√bhaj)라는 동사에서 온 남성명사로 분할(分割), 분류(分類)라는 뜻입니다.421)

---

419) 不增不減經:<16-467중> 不離衆生界有法身 不離法身有衆生界 衆生界卽法身 法身卽衆生界 舍利弗 此二法者義一名異.
420) 不增不減經:<16-467중> 卽此法身過於恒沙 無邊煩惱所纏 從無始世來 隨順世間波浪漂流 往來生死 名爲衆生.
421) S.E.D. p-692.

二者는 依於業識이니 謂諸菩薩이 從初發意하야 乃至菩薩究竟地에 心所見者를 名爲報身이니라 身有無量色이요 色有無量相이니 相에 有無量好하고 所住依果도 亦有無量種種莊嚴이니 隨所示現하야 卽無有邊이며 不可窮盡이며 離分齊相이요 隨其所應하야 常能住持며 不毀不失이니 如是功德은 皆因諸波羅蜜等無漏行熏과 及不思議熏之所成就하야 具足無量樂相일새 故說爲報身이니라

二依業識 謂諸菩薩從初發心乃至菩薩究竟地心所見者名受用身 身有無量色 色有無量相 相有無量好 所住依果亦具無量功德莊嚴 隨所應見無量無邊無際無斷 非於心外如是而見 此諸功德皆因波羅蜜等無漏行熏及不思議熏之所成就 具無邊喜樂功德相故 亦名報身 此諸功德 皆因波羅蜜等 無漏行熏及 不思議熏之所成就 具無邊喜樂功德相故 亦名報身

<둘째, 업식(業識)에 의한 것이니, 모든 보살들이 초발심에서부터 보살구경지(菩薩究竟地)에 이르기까지 마음에 보는 것을 수용신(受用身)이라 하는데, 몸에 헤아릴 수 없는 물질적 형태가 있고 그 형태에는 헤아릴 수 없이 많은 모습이 있으며, 그 모습은 헤아릴 수 없는 좋은 모습이 있다.

수용신이 머무는 곳(所住依果) 또한 헤아릴 수 없이 많은 공덕의 장엄을 갖춘다. 보아야 할 바를 따라 무량(無量)하고 무변(無邊)하며 무제(無際)하여 단절이 없으므로 마음을 떠나 이와 같이 보는 것이 아니다.

이 모든 공덕이 모두 바라밀 등의 무루행(無漏行)의 훈습과 불가사의한

> 훈습에 의해 성취된 것이다. 한없이 기쁘고 즐거운 공덕의 모습이 갖추어져 있어 보신이라고 한다.>

역 다른 하나는 업식(業識)에 의지한 것이니, 보살들이 처음 뜻을 낸 때부터 나아가 보살로서 마지막 단계에 이르기까지의 마음이 보는 것으로 보신(報身)이라 말한다. 헤아릴 수 없을 만큼 많은 몸이 있고, 헤아릴 수 없을 만큼 많은 모습이 있고, 헤아릴 수 없을 만큼 많은 아름다움이 있다. 머무는 곳이나 의과(依果)에도 한량없이 많은 온갖 가지의 장엄(莊嚴)이 있어 곳을 따라 보이고 나타냄이 끝이 없어서 다 들어낼 수가 없어 한계의 모습[分齊相]을 벗어난다. 그 적응하는 것에 따라 항상 머물러 있을 수 있어서 망가지지 않고 그르치지 않는다. 이와 같은 공덕은 모두 여러 가지 바라밀 등 무루행(無漏行)의 훈습과 불가사의한 훈습으로 말미암아 성취되고, 한량없이 많은 즐거운 모습을 갖추고 있기 때문에 보신(報身)이라 하는 것이다.

참▶ 초발의보살(初發意菩薩)은 십주(十住) 가운데 제일주(第一住)에 해당합니다.
▶ 보살구경지(菩薩究竟地)는 보살십지의 마지막인 법운지(法雲地)에 해당합니다. 수행의 단계는 십신(十信), 십주(十住), 십행(十行). 십회향(十回向), 십지(十地), 등각(等覺), 묘각(妙覺)으로 나아가는데 십주(十住), 십행(十行). 십회향(十回向), 십지(十地)의 보살은 일반범부의 분별사식(分別事識)보다 더 심층의 마음을 아는데, 지전(地前)의 보살은 믿음으로 알고, 지상(地上)보살은 수행이나 법력(法力)으로 안다고 합니다. 이들은 의식에 주어지는 것이 업식이 바뀐 것이라는 알기 때문에 눈앞에 드러나는 것이 의식 밖의 진경계(眞境界)라고 생각하지 않습니다.
▶ 보신(報身)은 상보가 까야(saṃbhoga-kāya)로 상보가(saṃbhoga)는 기쁨이라는 남성명사로422) 보신은 공덕으로 얻게 되는 몸을 말합니다. 응신이 분제(分齊)가 있는 색으로 드러나는데 비

해 보신은 시공간(視空間)의 한계가 없으므로 분제상(分齊相)이 없습니다.

▶ 소주의과(所住依果)는 수행의 결과로 얻게 되는 몸이 의지하는 곳을 말합니다. 수행의 결과로 얻게 되는 몸은 보신(報身)이기 때문에 소주의보(所住依報)라고도 말합니다.

예를 들어 아미타부처님의 의지처는 서방극락세계이고, 비로자나부처님의 의지처는 연화장세계(蓮華藏世界)이며, 미륵부처님의 의지처는 용화세계(龍華世界)인 것을 말합니다.

【해】보신은 수행력에 의해 나타나는 중생심속의 진여법신입니다. 어느 정도 수행의 단계에 이른 이들에게 업식으로 보여지는 부처님 모습입니다. 원효 스님은 응신과 보신에 대해 경론에 따라 이설(異說)이 있다면서 동성경(同性經)에는 예토성불(穢土成佛)하면 화신(化身)이라 하고 정토(淨土)에서 성도(成道)하면 보신(報身)이라 하고, 금고경(金鼓經)에는 삼십이상팔십종호와 같은 모습을 응신(應身)이라 하고, 육도(六道)를 따라 나타나는 모습을 화신(化身)이라 한다. 섭론(攝論)에서는 지전(地前)에 보는 것을 변화신(變化身)이라 하고, 지상(地上)에서 보는 것을 수용신(受用身)이라 하고, 『기신론(起信論)』에서는 범부이승(凡夫二乘)에 의해 보여 지는 육도차별적인 모습을 응신(應身)이라 하고, 십해이상(十解已上)의 보살에 의해 보여 지는 분제색(分齊色)을 벗어난 모습을 보신(報身)이라 한다고 하였습니다.423)

| 又爲凡夫所見者는 是其麤色이니 隨於六道하야 |
| 우 위 범 부 소 견 자   시 기 추 색   수 어 육 도 |

---

422) S.E.D. p-1178.
423) 起信論疏 下:<44-218하> 此二身 經論異說 同性經說 穢土成佛 名爲化身 淨土成道 名爲報身 金鼓經說 三十二相八十種好等相名應身 隨六道相所現之身 名爲化身 依攝論說 地前所見 名變化身 地上所見 名受用身 今此論中 凡夫二乘所見六道差別之相 名爲應身 十解已上菩薩所見離分齊色 名爲報身.

> 各見不同하고 種種異類가 非受樂相故로 說爲應
> 각견부동　　종종이류　　비애락상고　　설위응
> 身이니라
> 신
> 又凡夫等所見是其麤用　隨六趣異種種差別　無有無邊功德樂相
> 名爲化身
> <또 범부들이 보는 것은 거친 작용이다. 육취(六趣)의 차이에 따라 갖가지
> 로 차별되고 한없는 공덕의 즐거운 모습이 없기 때문에 화신이라 한다.>

[역] 또한 범부들이 보는 것은 매끄럽지 못한 모양[麤色]이니, 윤회하는 세계에 따라 각각 보는 것이 같지 않아 온갖 가지 다른 부류이며 즐거운 모습을 받아들이는 것도 아니기 때문에 응신(應身)이라 말한다.

[참]▶ 응신(應身)은 니르마-나 까-야(nirmāṇa-kāya)로 니르마-나는 주장이나 개념이 없다는 의미이니 응신은 그때그때의 사정에 맞추어 보이는 몸을 말합니다. 흔히 화신(化身)이라고 합니다.

【해】 응신(應身)은 물질적인 범위에서 나타내는데 비해 보신(報身)은 시공(時空)의 한계를 뛰어넘어 무량무진(無量無盡)이라 합니다.

> 復次 初發意菩薩等의 所見者는 以深信眞如法
> 부차　초발의보살등　　소견자　　이심신진여법
> 故로 少分而見이니 知彼色相莊嚴等事가 無來無
> 고　　소분이견　　　지피색상장엄등사　　　무래무
> 去하야 離於分齊하나니 唯依心現이며 不離眞如니라
> 거　　　이어분제　　　　유의심현　　　　불리진여
> 然이나 此菩薩은 猶自分別하야 以未入法身位故니라
> 연　　　차보살　　유자분별　　　이미입법신위고
> 初行菩薩見中品用 以深信眞如故得少分見 知如來身無去無來無

有斷絶 唯心影現不離眞如 然此菩薩猶未能離微細分別 以未入
法身位故
<처음 수행하는 보살들이 중품의 작용을 보고 진여를 깊이 믿기 때문에 조금은 본다. 여래의 몸은 가고 옴이 없고 끊어짐이 없어서 오로지 마음에 그림자가 나타나 진여를 떠나지 않는 것으로 안다. 하지만 이 보살들은 아직 미세한 분별을 벗어나지 못하여 아직은 법신의 자리에 들어가지 못한다.>

【역】 다시 처음 뜻을 낸 보살 등이 보는 것은 진여법(眞如法)을 깊이 믿기 때문에 적은 부분이지만 보신을 본다. 그 모양이나 장엄 등의 일이 오는 것도 없고 가는 것도 없으며 한계를 벗어나 오로지 마음에 의지하여 나타나 진실한 앎을 벗어나지 않는다는 것을 안다. 그러나 이 보살들은 오히려 자신을 분별하니 아직은 법신의 자리에 들어가지 못했기 때문이다.

【해】 초발의보살(初發意菩薩)은 십지(十地)에 이르지 못한 지전보살(地前菩薩)을 말합니다. 지전(地前)보살이란 보살 십지(十地)에 들어가기 전의 보살이니, 초발의발보살은 십주(十住) 가운데 제일주(第一住)인 발심주(發心住)에 해당합니다. 지전보살은 믿음이 중심이 되고, 지상(地上)보살은 수행력(修行力)이 중심이 됩니다.

若得淨心하면 所見이 微妙하야 其用轉勝하고 乃至
약득정심   소견 미소   기용전승   내지
菩薩地盡하면 見之究竟하니라 若離業識하면 則無
보살지진   견지구경   약리업식   즉무
見相이니 以諸佛法身은 無有彼此하야 色相으로
견상   이제불법신   무유피차   색상
迭相見故니라
질상견고
淨心菩薩見微細用 如是轉勝乃至菩薩究竟地中見之方盡 此微細

> 用是受用身 以有業識見受用身 若離業識則無可見 一切如來皆是法身 無有彼此差別色相互相見故
> <정심지(淨心地)보살은 미세한 작용을 본다. 이와 같이 점점 나아져 보살구경지(菩薩究竟地)에 이르러서 비로소 모두 다 보게 된다. 이 미세한 작용이 수용신이다. 업식(業識)이 있기 때문에 수용신은 보게 된다. 만약 업식마저 없어지면 볼 수가 없다. 일체 여래는 모두 법신이다. 서로 볼 수 있는 피차의 차별된 색상이 없기 때문이다.>

【역】 만약 청정한 마음을 얻어서 보는 것이 미묘(微妙)해지고 청정한 마음의 작용이 더욱 훌륭해지고 마침내 보살의 지위가 다하는 경지에 이르면 그 보는 것이 가장 높은 경지일 것이다. 만약 업식(業識)을 벗어나면 본다는 모습도 없게 된다. 모든 부처님의 법신에는 저것과 이것이 있어서 보이는 모습으로 번갈아서 서로 나타내는 일이 없기 때문이다.

【해】 약득정심(若得淨心)은 정심지(淨心地)을 얻는다는 것을 말하며, 정심지는 보살십지(菩薩十地) 가운데 첫 번째 단계인 초지(初地)를 말합니다. 보살지진(菩薩地盡)이라는 말은 보살십지의 마지막 단계인 제십지(第十地)를 말하고, 약리업식(若離業識)이라는 의미는 업식에서 일어나는 전식(轉識)과 현식(現識)을 모두 벗어난다는 뜻입니다. 그리고 질상견(迭相見)의 견(見)은 본다는 의미보다 '나타낸다'는 '현(現)'으로 읽어야 합니다.

B-Ⅲ-1-⑪
색(色)과 심(心)의 관계

> 問曰 若諸佛法身이 離於色相者라면 云何能現色
> 문왈   약제불법신   이어색상자   운하능현색
> 相이닛고
> 상
> 問 若佛法身無有種種差別色相 云何能現種種諸色

<문> 만약 부처의 법신에는 이런저런 차별된 색상이 없다면 어떻게 이런저런 보이는 모습을 나타낼 수 있는가?>

【역】【문】 만약 모든 부처님의 법신이 보이는 모습을 벗어났다고 한다면 어떻게 보이는 모습을 나타낼 수 있는가?
(If the Dharmakaya of the Buddhas is free from the manifestation of corporeal form, how can it appear in corporeal form?)

【해】 법신이 일체의 분별하는 모습을 벗어나 눈으로 볼 수 있는 형상을 벗어난 것이라면 그런 법신이 어떻게 거친 모습[麤色]의 응신(應身)이나 미세한 모습[細色]의 보신(報身)으로 자신을 나타낼 수 있느냐는 것이니, 색이 아닌 것이 어떻게 색을 나타날 수 있느냐는 물음입니다.

이 문제는 불교의 인식론(認識論)에 관계되는 것이라 봅니다.

答曰 卽此法身이 是色體故로 能現於色하나니 所謂從本已來로 色心不二니 以色性이 卽智故로 色體無形하니 說名智身이요 以智性이 卽色故로 說名法身이 遍一切處니라 所現之色이 無有分齊라 隨心하야 能示十方世界無量菩薩과 無量報身과 無量莊嚴하나니 各各差別하야 皆無分齊이나 而不相妨이니라 此는 非心識分別로 能知이니 以眞如自在用義故니라

> 答 以法身是色實體故 能現種種色 謂從本已來色心無二 以色本性卽心自性 說名智身 以心本性卽色自性 說名法身 依於法身 一切如來所現色身 遍一切處無有間斷 十方菩薩隨所堪任隨所願樂 見無量受用身無量莊嚴土各各差別 不相障礙無有斷絕 此所現色身一切衆生心意識不能思量 以是眞如自在甚深用故
>
> <답 법신은 물질적인 것의 실체(實體)이기 때문에 온갖 물질적 형태를 나타낼 수 있다. 말하자면 본래부터 물질(色)과 마음(心)은 둘이 없어서 물질의 본성이 바로 마음의 자성이어서 지혜의 몸[智身]이라 한다. 마음의 본성이 바로 물질의 자성이므로 법신(法身)이라 한다. 법신에 의하여 일체의 여래가 나타낸 색신(色身)이 모든 곳에 단절되는 일이 없이 두루 하다. 시방의 보살들이 감당할 수 있는 능력에 따르고 원하는 즐거움에 따라 한량없는 수용신(受用身)과 한량없는 장엄토(莊嚴土)를 제각기 차별하여 나타내어 서로 장애하지 않고 단절하지도 않는다. 이렇게 나타내는 색신(色身)은 일체 중생들의 심의식(心意識)으로는 사량(思量)할 수가 없다. 이것은 진여의 자재(自在)하고 심오한 작용[甚深用]이기 때문이다.>

역 답 바로 이 법신은 보이는 것[色]의 바탕이기 때문에 감지할 수 있는 형상을 나타낼 수 있다. 다시 말해서 본래부터 보이는 형상과 그것을 보는 마음은 둘이 아니니, 보이는 것의 속성[色性]이 바로 앎[智]이기 때문이다. 보이는 것의 형체가 없다는 것을 체득하면 지혜의 몸[智身]이라 말하니, 앎의 속성[智性]이 바로 감지할 수 있게 나타나는 형상[色]이기 때문에 법신은 어느 곳이나 두루 하다고 말하는 것이다. 나타내는 형상[所現之色]은 한계[分齊]가 있지 않아서 보려는 마음을 따라서 온 세계의 한량없는 보살과 한량없는 보신과 한량없는 장엄이 각각 차별을 보일 수가 있다. 그 모두에 한계가 없어서 서로 방해하지 않는다. 이것은 심식(心識)의 분별로 알 수 있는 것이 아니니, 진여의 자유자재한 작용의 뜻이기 때문이다.

[Since the Dharmakāya is the essence of corporeal form, it is capable of appearing in corporeal form. The reason this is said is that from the beginning corporeal form and

Mind have been nondual. Since the essential nature of corporeal form is identical with wisdom, the essence of corporeal form which has yet to be divided in to tangible forms is called the wisdom-body. Since the essential nature of wisdom is identical with corporeal form, the essence of corporeal form which has yet to be divided into tangible forms. is called Dharmakāya pervading everywhere. it manifested corporeal forms have no limitations. It can be freely manifested as an infinite number of Bodhisattvas, Buddhas of Bliss-body, and adornments in ten quarters of the universe. Each of them has neither limitation nor interference. All of these are incomprehensible to the dualistic thinking of the deluded mind and consciousness, for they result from the free influence of Suchness.]

참▶ 색심불이(色心不二)는 인식의 대상인 색(色)과 인식의 주체인 마음[心]은 별개가 아니라는 말입니다. 뒤<본문 327쪽>에서 모든 색법은 본래 마음[一切色法 本來是心]이라고 했고, 당(唐)의 지원(智圓)이 이르기를, 감각기관[根]과 감각대상[境]을 밝히면 색심(色心)을 벗어나지 않는다. 색(色)은 마음의 조작함을 따르니 모든 색[全色]이 마음이다. 그러므로 단지 마음을 살피면 포섭하지 못하는 것이 없다고 했습니다.424)

『이입사행론』에 마음은 색(色)이 아니므로 색에 속하지 않고 마음은 색이 아닌 것도 아니므로 색이 아닌 것에 속하지 않는다. 마음이 비록 색을 비추지만 색에 속하지 않고 마음이 비록 색이 아닌 공(空)을 비추나 색이 아닌 공(空)에 속하지 않는다.

---

424) 維摩經略疏垂裕記 7:<38-794상> 明根境不出色心 色從心造全色是心 故但觀心無所不攝.

마음은 눈으로 볼 수 있는 색이 아니고 마음이 비록 색이 아니라지만 공(空)은 아니며 마음은 색은 아니라 하나 아무 것도 없는 허공(虛空)과 같지는 않다고 하였습니다.425)

또『안심법문』에는, 마음은 색이 아니어서 유(有)가 아니나 마음은 작용이 끊임없으므로 무(無)도 아니다. 마음은 끊임없이 작용하지만 항상 텅 비었으므로 유(有)가 아니지만 텅 비었지만 항상 작용하고 있으므로 무(無)도 아니라고 했습니다.426)

경에 이르기를 삼계의 모든 법이 마음을 벗어나지 않는다고 하였고427) 또 이렇게 말합니다.

> 일체중생이나 모든 부처 및 불국토가 모두 자기 마음이요 의식의 상상[識想]이 나타난 것이다. 의식의 상상을 인연으로 드러나는 모든 형상은 결국은 존재[有]가 아니다. 부처님은 이미 모든 의식의 상상을 벗어났다. 그러므로 물질적 형상[色像]으로 보지 말라. 보이는 모습[所見像]은 상상을 따라 생기기 때문임을 알라.…
> 만약 나를 분별하면 이내 부처를 보지만, 만약 분별을 벗어나면 보는 것이 없다. 그러니 자기 마음이 부처를 만들고[自心作佛] 마음을 벗어나면 부처도 없다. 나아가 삼세의 모든 부처까지도 또한 이와 같아 모두가 존재하지 않고 오로지 자기 마음에 의거할 뿐이다.428)

당(唐)나라 때의 현각(玄覺:647~713) 스님은 '마주하는 대상[境]은 인식하려는 마음인 지(智)가 없으면 이해할 수 없고, 인식하려는 마음[智]은 마주하는 대상[境]이 없으면 생기지 않는다. 인식하려는 마음이 생기는 것은 마주하는 대상을 이미 알고

---

425) 야나기타세이잔(柳田聖山) 주해/ 양기봉 옮김,『달마어록』, 262쪽, <김영사:1999>
心非色故 不屬色 心非非色 不屬非色 心雖照色 不屬色 心雖照非色 不屬非色 心非色相可見 心雖非色 非色非是空 心非色 心不同太虛.
426) 安心法門:<48-370하> 心是非色故非有 用而不廢故非無 用而常空故非有 空而常用故非無.
427) 大方廣如來不思議境界經:<10-908중> 三界 一切諸法 皆不離心.
428) 大方廣如來不思議境界經:<10-911하> 一切衆生 諸佛及土 皆唯自心 識想所現 識想爲緣所生諸色 畢竟非有 如來已離一切識想 是故不應以色像見 知所見像 隨想生故…
若我分別 卽見於佛 若離分別 卽無所見 自心作佛 離心無佛 乃至三世一切諸佛 亦復如是 皆無所有 唯依自心.

서 생기는 것이요, 마주하는 대상을 안다는 것은 인식하려는 마음이 생기고 나서 아는 것'이라고 하였는데,429) 현각이 말한 마주하는 대상[境]이 색(色)이고, 인식하려는 마음인 지(智)가 바로 마음[心]이니 색심불이(色心不二)라 할 것입니다.

▶ 색성즉지(色性卽智)는 보이는 사물의 속성이 바로 앎이라는 것이니, 빠르티아(Parthia) 출신인 안세고(安世高)의 후손이었던 수(隋)나라의 길장(吉藏:549~623)이 이르기를, '인식[智]은 홀로 생기는 것이 아니라 반드시 대상[境]을 말미암아 발생한다. 그러므로 대상은 인식의 근본이다. 대상은 홀로 서지 못하고 인식을 말미암아 이름을 얻게 된다. 그러므로 인식은 대상의 근본이다. 그래서 대상이 아니면 인식이 발생하는 일이 없고, 인식이 아니면 대상을 비추어 볼 수가 없다고 했으니,430) 색성즉지(色性卽智)라 할 것입니다.

▶ 색체무형설명지신(色體無形說名智身)에서 체(體)는 '세세하게 이해한다'는 뜻의 동사(動詞)로 보아, 눈에 보이는 사물[色]은 정해진 형체가 없음[無形]을 체득하는 것을 지신(智身)이라 한다는 뜻입니다.

▶ 지성즉색고 설명법신변일체처(智性卽色故 說名法身遍一切處)는 '인식[智]은 홀로 생기는 것이 아니라 반드시 대상[境]을 말미암아 발생한다[夫智不孤生 必由境發]'고 했으니, 지성즉색(智性卽色)이요, 지성즉색(智性卽色)이므로 진여법신(眞如法身)은 어느 곳이나 두루하다고 말하는 것입니다.

▶ 이것은 심의식의 분별로 알 수 있는 것이 아니다[此非心意識 分別能知]라는 말이 신비주의적(神秘主義的)인 경지로 들어가게 합니다. 오늘의 불교가 좀 더 발전하기 위해서는 인식 불가능(認識不可能)이라고 신비(神秘)의 영역으로 남겨둘 것이 아니라

---

429) 禪宗永嘉集:<48-390하> 夫境非智而不了 智非境而不生 智生則了境而生 境了則智生而了.
430) 大乘玄論 4:<45-55중> 夫智不孤生 必由境發 故境爲智本 境非獨立 因智受名 故智爲境本 是以非境無以發智 非智無以照境.

이론적으로 설명이 가능해야 합니다. 설명조차 할 수 없는 영역에서 신비주의(神秘主義)와 함께 사이비(似而非)가 싹이 트게 됩니다.

▶ 신역(新譯)의 견무량수용신 무량장엄토각각차별(見無量受用身無量莊嚴土各各差別)에서 견(見)은 '본다'는 의미가 아니라 '나타낸다'는 의미로 보아야 합니다. 따라서 위의 문장은 '한량없는 수용신(受用身)과 한량없는 장엄토(莊嚴土)를 제각기 차별하여 나타낸다'가 됩니다.

【해】 수(隋)의 길장(吉藏:549~623) 스님은 불교의 인식에 대해 이렇게 말했습니다.

> 인식[智]은 홀로 생기는 것이 아니라 반드시 대상[境]을 말미암아 발생한다. 그러므로 대상은 인식의 근본이다.
> 대상은 홀로 서지 못하고 인식을 말미암아 이름을 얻게 된다. 그러므로 인식은 대상의 근본이다.
> 그래서 대상이 아니면 인식이 발생하는 일이 없고, 인식이 아니면 대상을 비추어 볼 수가 없다.
> 대상이 아니면 인식이 발생하는 일이 없기 때문에 대상은 능발(能發)이 되고 인식은 소발(所發)이 된다.
> 인식이 아니면 대상을 비추어 볼 수가 없기 때문에 인식은 능조(能照)가 되고 대상은 소조(所照)가 된다.
> 대상이 능발(能發)이 되고 인식은 소조(所照)가 되니 바로 대상은 능(能)이고 인식은 소(所)가 된다.
> 인식이 능조(能照)가 되고 대상이 소발(所發)이 되므로 인식은 능(能)이고 대상은 소(所)가 된다.
> 대상의 소조(所照)는 인식을 능발(能發)하므로 대상이 소(所)가 되고 인식이 능(能)이 된다.
> 인식의 소발(所發)은 대상을 능조(能照)하므로 인식이 소(所)가 되고 대상이 능(能)이 된다.

따라서 대상이 앞이고 인식이 뒤라고 말할 수 없고, 또한 인식이 앞이고 대상이 뒤도 아니며 또한 일시(一時)도 아니다. 오로지 대상과 인식은 인(因)과 연(緣)이 된다고 말할 뿐이다.431)

불교는 물질적 현상이든 심리적 현상이든 상대적 관계로 설명합니다. 따라서 우리가 외계의 사물을 인식하는 것도 주관인 심(心)과 객관인 경(境)이 마주할 때 인식은 성립한다고 보고 있습니다. 그것을 초기불교에서는 감각기관과 감각대상이 만나야 사고의 내용인 수・상・사(受・想・思)가 생긴다고 했습니다.432) 그것은 우리의 인식은 물질 그대로 받아들이는 것이 아니라 물질에 대한 주관적 느낌을 받아들여 지각하고 회상(回想)하는 것을 말합니다. 그래서 의식(意識)은 경계로 말미암아 일어나기 때문에 색의 형상을 집착하게 된다고 말합니다.433)

인식의 측면에서 볼 때 인식의 주체인 마음은 파악되는 대상과 불가분리(不可分離)의 내밀(內密)한 관계에 있어 길장(吉藏)은 '오로지 대상과 인식은 인(因)과 연(緣)이 된다고 말할 뿐[唯得名爲因緣境智]'이라 했다고 봅니다.

당(唐)나라 때 잠연(湛然)이 이르기를, 오온(五蘊)・십이처(十二處)・십팔계(十八界)가 색(色)과 심(心)을 벗어나지 않는다. 색(色)은 마음에 따라 만들어지니 전체(全體)가 마음이다. 그래서 경에 삼계에 다른 법이 없고 오직 한 마음이 만든다고 했습니다.434) 물론 마음이 만드는 색(色)은 자기밖에 현전하는 색(色)이 아니라 마음이 그려내는 색상(色像)으로 허상(虛像)입니다.

---

431) 大乘玄論 4:<45-55중> 夫智不孤生 必由境發 故境爲智本 境非獨立 因智受名 故智爲境本 是以非境無以發智 非智無以照境 非境無以發智故 境爲能發 智爲所發 非智無以照境故 智爲能照 境爲所照 境爲能發 爲智所照 卽境能爲智所 智爲能照 爲境所發 則智能爲境所 境之所照 能發於智故 境所爲智能 智之所發 能照於境故 智所爲境能 不得言境前智後 亦非智前境後 亦非一時 唯得名爲因緣境智也.
432) 雜阿含經 13:<2-87하> 眼色緣生眼識 三事和合觸 觸俱生受想思.
433) 大乘入楞伽經1 <16-590중> 以意識因境界起 取色形相.
434) 止觀大意:<46-460상>陰界入不出色心 色從心造全體是心 故經云 三界無別法 唯是一心作.

B-III-1-⑫
생멸(生滅)에서 진여(眞如)로
From Saṃsāra to Nirvāṇa

【해】 생멸문에서 진여문으로 들어가는 것은 염오(染汚)의 마음에서 청정한 본래의 마음으로 들어가게 되는 것이요, 번뇌를 벗어나 열반으로 들어가는 것이므로 이는 『기신론』 저자의 저술동기이자 불교의 수행이기도 합니다. 그 모범을 석가모니 부처님이 체험적으로 보이셨고, 역대조사들이 그 길을 밟았으니, 오늘의 불교도 역시 그것을 해내야 할 것입니다.

復次 顯示從生滅門하야 卽入眞如門이니 所謂推
부차 현시종생멸문   즉입진여문   소위추
求五陰하면 色之與心이니라 六塵境界는 畢竟無念
구오음   색지여심   육진경계   필경무념
이니 以心無形相이요 十方에 求之라도 終不可得이
     이심무형상   시방   구지   종불가득
니라 如人이 迷故로 謂東爲西나 方實不轉이니 衆
     여인   미고   위동위서   방실부전   중
生도 亦爾하야 無明迷故로 謂心爲念이나 心實不
생   역이   무명미고   위심위념   심실부
動이니라 若能觀察하야 知心無念이면 卽得隨順하야
동   약능관찰   지심무념   즉득수순
入眞如門故니라
입진여문고
復次 爲令衆生 從心生滅門 入眞如門故 令觀色等相 皆不成就
云何不成就 謂分析麤色 漸至微塵 復以方分析此微塵 是故 若
麤若細 一切諸色 唯是妄心分別影像 實無所有 推求餘蘊 漸至
刹那 求此刹那相 別非一 無爲之法 亦復如是 離於法界 終不可
得 如是十方 一切諸法 應知悉然 猶如迷人謂東爲西方實不轉

衆生亦爾 無明迷故謂心爲動而實不動 若知動心卽不生滅 卽得
入於眞如之門

<또 중생으로 하여금 생멸문(生滅門)에서 진여문(眞如門)으로 들어가도록
하기 때문에 물질적인 것 등의 모습[色等相]을 이루어지지 않도록 살피게
하는데, 어째서 이루어지지 않게 하는가? 말하자면 거친 물질을 나누고 쪼
개면[分析] 점차 미진에 이르고, 다시 방분(方分)하여 이 미진을 쪼갠다.
그래서 거칠거나 미세하거나 일체의 물질적인 것은 오로지 망심(妄心)이
분별하는 그림자의 모습[影像]일 뿐 사실상 있는 것이 아니다. 미루어서
나머지 쌓임[餘蘊:受想行識]도 탐색하면 점차 찰나에 이르는데, 이 찰나의
모습을 찾아보면 별도의 하나가 아니다. 무위법(無爲法) 또한 이와 같아서
법계를 떠나서는 결국 파악할 수가 없게 된다. 이와 같이 온 세상의 모든
법도 다 그렇다는 것을 알아야 한다. 마치 미혹한 사람이 동쪽을 서쪽이라
하지만 방향이 사실상 바뀌지는 않는 것과 같다. 중생도 마찬가지로 무명
으로 미혹했기 때문에 마음이 흔들린다고 말하지만 실지로 흔들리지는 않
는다. 만약 움직이는 마음이 생멸하지 않는다는 것을 알면 곧 진여문에 들
어가게 된다.>

[역] 다시 생멸문(生滅門)으로부터 진여문(眞如門)으로 들어가는
것을 나타내 보인다. 다시 말해서 오온[五陰]을 추구해 들어가
면 형체[色]와 마음[心]으로 귀결된다. 우리의 감각기관이 대하
는 여섯 가지 물질적 대상에는 결국 망념이 없다. 마음은 형상
(形相)이 없어서 온 세상을 뒤져도 끝내는 움켜잡을 수가 없다.
마치 사람이 길을 잃어서 동쪽을 서쪽이라 말하지만 방위는 사
실상 바뀌지 않은 것처럼 중생도 이와 같이 무명으로 미혹하기
때문에 마음[心]을 망념[念]이라 말하지만 마음이 사실상 움직
이지 않는다. 만약 자세히 살펴보아 마음에 망념이 없다는 것을
알면 곧 순리에 따를 줄 알아 진여문(眞如門)에 들어갈 수 있기
때문이다.

[참]▶ 오음(五陰)은 빤짜 스칸다(pañca skandha)로 다섯 가지가
쌓였다는 뜻인데, 다섯 가지는 색수상행식(色受想行識)을 말합니
다. 빤짜 스칸다를 구마라집(鳩摩羅什:343~413)은 오음(五陰)이

라 했고, 현장(玄奘:600~664)은 오온(五蘊)이라 했는데, 오음을 구역(舊譯)이라 하고 오온을 신역(新譯)이라 합니다.

　오온[五陰]을 추구해 들어가면 형체[色]와 마음[心]으로 귀결된다[推求五陰 色之與心]는 말은 오온인 색수상행식(色受想行識)을 색심(色心)으로 분류하면 수상행식(受想行識)은 심(心)으로 분류된다는 뜻이니, 오온은 색심(色心)이라는 것이요, 심(心)은 이름일 뿐[心無形相]이니, 심(心)은 명(名)이므로 오온은 명색(名色)이라는 말과 다름없습니다. 따라서 불교 공부는 명색(名色)에 대한 여실한 파악에 지나지 않습니다.[435)]

▶ 위심위념(謂心爲念)에서 위(謂)는 '…라고 하다'는 뜻이고, 여기서 위심(謂心)의 심(心)은 진여심(眞如心)과 같고, 위염(爲念)의 염(念)은 망념(妄念)으로 생멸심(生滅心)과 같습니다. 그러니까 위심위념(謂心爲念)은 진여심을 망념으로 여긴다는 뜻입니다.

【해】오온(五蘊)은 불교의 핵심되는 술어의 하나로 일인칭 대명사(一人稱 代名詞)로서 현상적 자아(現象的 自我)를 이루는 다섯 가지 요소들이자, 외부대상에 대한 주관적 인식(主觀的 認識)이 성립되는 과정이기도 하며, 영구불변(永久不變)하리라는 관념적 자아(觀念的 自我)인 '나[我=ātman]'라는 의식(意識)을 구성하는 과정이기도 합니다.

　인식론적으로 볼 때 불교 공부는 오온(五蘊)에 대한 이해라고 말할 수 있습니다. 그것은 바로 주관적 인식과정을 분석적으로 여실(如實)하게 이해하여, 자아(自我)라는 것은 한낱 망상(妄想)일 뿐 사실(事實)이 아니라는 것을 체험적으로 터득(證得)하는 것을 의미합니다. 그것이 오온개공(五蘊皆空)이고, 오온개공을 증득함으로써 고(苦)를 벗어날 수 있다는 것인데, 그것을 『반야심경』에서는 조견오온개공 도일체고액(照見五蘊皆空 度一切苦厄)이라고 했습니다.

---

435) 大智度論27:<25-259중> 若欲求眞觀 但有名與色 若欲審實知　亦當知名色 雖癡心多想 分別於諸法 更無有異事 出於名色者.

B-Ⅲ-2
대치사집(對治邪執)
the correction of Evil Attachment

【해】 정종분의 셋째 해석분의 둘째 항목입니다. 해석분의 첫째 항목[B-Ⅲ-1]에서 현시정의(顯示正義)라 하여 『대승기신론』의 정의(正義)를 서술하고 대치사집(對治邪執:B-Ⅲ-2)에서는 『대승기신론』에 대한 오해나 그릇된 주장을 밝히고 바로잡는 것입니다.

일찍이 양(梁)나라 무제(武帝:在位 502~549) 때의 승량(僧亮)이 말하기를, 아견(我見)은 감정에 빌붙어 바뀌는 것[我見則附情易]이라 편안하게 내버려두면 병이 되지만 아견(我見)은 이름이 있을 뿐 실체가 없는 것이 마치 텅 비어 알맹이 없는 보릿겨와 같다고 했습니다.[436] 그런데 수(隋)나라 때 정영사(淨影寺)의 혜원(慧遠:523~592)은 '범부들이 말하는 아(我)는 이름만 있고 실체가 없는 가명(假名)일 뿐이어서 들추어내 끊으려고 할 필요가 없다는 것을 알라'고 했습니다.[437]

그러니까 가명(假名)으로써 아(我)는 속에 아무 것도 없는 것이므로 캐묻거나 끊으려고 애쓰지 않아도 된다는 것입니다.[438]
당(唐)의 현장(玄奘:600~664)이 번역한 『대승광백론석론』에는 이렇게 말합니다.

실체가 없으면서 언급되는 이런 것은 다만 말이 있을 뿐 실질적 의미는 없다. 왜냐하면 기억하고 생각하는 모든 것은 단지 이름이 있어서 인연될 뿐 실질적인 대상이 있어서 일으키지는 않기 때문이다.[439]

---

436) 大般涅槃經集解 7:<37-409중> 我見則附情易 安則爲病也 我見有名無實 喩如麥䴬空無實也.
437) 大般涅槃經義記 4:<37-706중> 知彼凡夫所說之我 有名無實 假名不實 不須窮斷.
438) 大般涅槃經義記 4:<37-706중> 知彼凡夫所說之我有名無實 假名不實 不須窮斷…假名之我一切皆虛不須徵斷.

아무런 실체가 없는 생각을 붙잡고 있을 필요조차 없다는 견해가 수(隋)・당(唐) 때 중국 불교인들이 불교에 대한 이해일 것이니, 중국 선종이 깨달음의 문제를 무아(無我)와 같은 가명(假名)에 집착하지 않고 제법실상(諸法實相)을 직관(直觀)하는 것에 집중한 까닭이 여기에 있다고 할 것입니다.

> 對治邪執者는 一切邪執이 皆依我見이니 若離於
> 대 치 사 집 자   일 체 사 집 개 의 아 견   약 리 어
> 我하면 則無邪執이니라 是我見에 有二種하니 云何
> 아   즉 무 사 집   시 아 견   유 이 종   운 하
> 爲二닛고 一者는 人我見이요 二者는 法我見이니라
> 위 이   일 자   인 아 견   이 자   법 아 견
>
> 對治邪執者 一切邪執莫不皆依我見而起 若離我見則無邪執
> 我見有二種 一人我見 二法我見
>
> <사집(邪執)을 상대하여 고친다는 것은 모든 사집(邪執)이 아견(我見)에 의지하지 않고서는 일어나지 않으므로 만약 아견을 벗어버리면 사집도 없어질 것이다.
> 아견에 두 가지가 있으니, 첫째 인아견(人我見)이고, 둘째는 법아견(法我見)이다.>

[역] 그릇된 집착을 상대하여 고친다는 것은 모든 그릇된 집착이 아(我)라는 견해에 의지한 것이므로 아견(我見)을 버린다면 그릇된 집착도 없어진다. 이 아견(我見)에 두 가지가 있으니 하나는 인아견(人我見)이고, 따른 하나는 법아견(法我見)이다.

[참]▶ 대치(對治)는 쁘라띠빠끄샤(pratipakṣa)로 접두사 쁘라띠(prati)는 어떤 방향으로 가까이 간다는 의미이고, 빠끄샤(pakṣa)는 '손에 넣다, 움켜쥐다'라는 뜻을 가진 제1류동사 어근(√pakṣ)에서 온 남성명사로 '날개, 무엇의 한쪽'을 의미합니다. 따라서 쁘

---

439) 大乘廣百論釋論 5:<30-214중> 此但有言而無實義 所以者何 一切憶念但緣有名 無實境起.

라띠 빠끄샤는 반대되는 입장을 뜻하지만440) 여기서는 '상대하여 고친다'거나 '맞서 다스린다'는 말입니다.

▶ 인아견(人我見)이나 법아견(法我見)이라고 할 때의 아(我)는 1인칭 대명사로 '나'를 의미하는 아함(aham)이 아니라 아-뜨만(ātman)을 의미하는데, 아-뜨만은 육신이 죽어 없어져도 그대로 남아 있는 고정불변(固定不變)하는 그 어떤 실체라는 의미입니다. 그러니까 아견(我見:ātma dṛṣṭi)은441) 어떤 상황에서도 변하거나 바뀌지 않는다는 견해, 즉 집착입니다. 따라서 인아견(人我見)이라는 말은 인간에게 고정되어 불변하는 어떤 실체가 있다는 견해이고, 법아견(法我見)이란 법에 고정되어 불변하는 어떤 실체가 있다는 견해를 말합니다. 법아(法我)라고 할 때의 법은 우리가 생각하는 것으로 심법(心法)을 의미합니다. 불교에서는 그런 견해는 하나의 망상(妄想)에 지나지 않는 집착이라 보고 있습니다.

【해】인간이 사유하기 시작하면서 사유(思惟)의 중심에는 불사(不死)가 자리를 잡고 있었고, 죽음의 문제는 항상 나라는 견해와 깊이 연결되어 있습니다. 그러나 육신의 죽음을 해결할 수 없었던 인간은 이 육신이 죽은 다음에라도 살았을 때, 이 몸뚱이를 끌고 다녔던 그 무엇은 영원할 것이라는 강한 믿음을 가지게 되었습니다. 그 무엇을 '혼(魂)'이라거나 '아-뜨만(ātman)'이라거나 '아(我)'라거나 '셀프(self)'라거나 '소울(soul)'이라거나 '영(靈)'이라거나 매한가집니다. 어떻게 말하더라도 의미는 같습니다. 부처님은 그러한 생각은 내 몸뚱이를 애착하는 데서 생기는 가공(架空)의 망상(妄想)일 뿐 우리의 어디에서도 그에 해당하는 것은 발견할 수 없다고 하여 오온개공(五蘊皆空)이나 오온무아(五蘊無我)를 가르쳤습니다. 부처님은 오온(五蘊)이라는 분석적 방법(分

---
440) SED p-662.
441) 아-뜨만(ātman)이 복합어를 만들 때는 아-뜨마(ātma)로 바뀐다. <S.E.D. p-135>

析的方法)을 통해 사실(事實)을 말하고 있었지만 사람들은 예나 지금이나 여전히 그런 것이 있을 것이라는 강렬한 믿음을 가지고 있습니다. 사실여부(事實與否)를 떠나 이 강렬한 믿음은 인간이 죽음의 벽을 넘어서지 못하는 한 떨쳐버리지 않을 것이라는 점에서 인간이 운명처럼 안고 있는 강한 집착입니다. 그래서『대승기신론』(大乘起信論)의 저자도 '모든 그릇된 집착은 모두 나라는 견해에 근거한다[一切邪執 皆依我見]'고 했던 것입니다.

  옛날 인도의 바라문이라는 사상가들은 소금이 물에 녹으면 물이 짤 뿐 소금은 없어졌지만 물에 소금이 있는 것과 마찬가지로 아-뜨만(ātman)도 그와 같다고 말했습니다. 아-뜨만은 눈으로 확인할 수는 없지만 소금이 물에 녹아서 짠맛으로 퍼져 있듯이 아-뜨만도 우리의 의식(意識)에 고루 퍼져 있다는 것입니다.

  인도 사람들이 사실(事實)을 드라위아(dravya)라고 했는데, 이 말은 눈에 보여야만 한다는 의미를 가지고 있습니다. 우리가 눈으로 직접 확인할 수 없는 것은 아무리 그럴싸하게 설명하더라도 사실과는 거리가 멀다는 뜻입니다.

  역사학자 토인비는 세계는 아(我)가 있다고 보는 쪽과 아가 없다고 보는 쪽으로 갈라지는데, 아가 없다[無我]고 보면 불교도이고, 아가 있다[有我]고 보면 힌두교도라고 했습니다. 따라서 세계는 어떤 형식으로든지 불교도가 아니면 힌두교도라는 것입니다.

  그러나 현대(現代)의 자연과학(自然科學)이나 심리학(心理學)은 아가 없다[無我]는 견해로 가고 있지만, 사람들은 여전히 아가 있다[有我]는 쪽을 선호(選好)합니다. 이 강열한 믿음은 인간이 영원히 살고 싶다는 욕망을 놓지 않는 한 사실 여부와 관계없이 아(我)가 있을 것이라는 생각은 강렬한 믿음으로 여전히 남게 될 것입니다. 인간이 죽음을 넘어서지 못하는 한 아(我)의 문제는 미해결(未解決)로 남아 비록 망상(妄想)일지라도 강열한 믿음으로 작용할 것이 분명합니다. 따라서 우리 불자들은 부처님이 역

설한 오온개공(五蘊皆空)을 정확하게 이해할 필요가 있습니다. 무아(無我)에 대하여 개념적 정리(槪念的 整理)가 되지 않으면 불교도(佛敎徒)로서 입장정리가 되지 않았다고 할 수 있습니다.

무아(無我:anātman)의 문제는 아(我:ātman)가 무엇이냐의 문제가 아니라 아의 개념규정(槪念規定)에 대한 문제이기도 합니다. 부처님은 우리의 경험적 인식(經驗的 認識)으로 파악될 수 있는 것들에 한(限)에서 진위(眞僞)의 판단을 내리고 우리의 경험적 인식을 넘어서는 순수 사변적(純粹 思辨的)인 형이상학(形而上學)은 침묵으로 일관하였는데, 아-뜨만이 바로 우리의 오관(五官)으로는 파악되지 않는 형이상학적 존재입니다.

부처님의 그러한 입장을 분명히 드러내 밝히는 경전이 유명한 독화살의 비유라는 『전유경(箭喩經)』입니다.

B-Ⅲ-2-①
인아견(人我見)

```
人我見者는  依諸凡夫하야  說有五種이니  云何爲
인 아 견 자    의 제 범 부     설 유 오 종       운 하 위
五닛고
오
人我見者  依諸凡夫說有五種
<인아견은 모든 범부의 경우에 다섯 가지가 있다.>
```

역 인아견(人我見:The biased views Held by Ordinary Men)은 모든 범부들에 의지하여 다섯 가지가 있음을 말했으니 어떤 것이 다섯인가?

【해】 인간에게 있어서 '나는 누구인가'라는 물음은 철학사(哲學史)에서 가장 오래된 물음이면서 아직도 끝나지 않은 물음이 될 것입니다. 특히 옛날부터 인도의 지성들은 이 문제를 풀기 위해 가족과 집을 버리고 숲과 자연 속으로 파고들었습니다. 그 무엇

에도 구속당하지 않고 오직 사색(思索)에만 몰두하기 위해서였습니다. 인류정신사(人類精神史)에서 가장 오래된 질문이자 미완의 물음에 대한 가장 획기적(劃期的)인 대답은 2천 5백여 년 전 고따마 부처님이 깨달음을 통해 제시(提示)되었는데 그 대답이 너무나 충격적(衝擊的)이었습니다. 부처님의 대답은 "'나[自我]'라고 생각하고 '나'라고 믿고 싶은 강렬한 마음이 있을 뿐 '나'라고 할 만한 그 어떤 구체적인 실체도 발견할 수 없었다"는 것인데, 이 말을 간단히 정리하면 아나-뜨만(anātman:Ⓟanatta) 즉 무아(無我)입니다.

부처님의 이 선언은 이제까지 모든 사람들이 아(我)가 있을 것이라는 막연(漠然)하지만 강력(强力)한 믿음을 송두리째 깨버리는 것이어서 사람들은 너무 혼란스러워했고 당황했습니다. 그 당혹감(當惑感)은 오늘날에도 마찬가지입니다. 아마도 인간이 불사(不死)의 욕망을 가지고 있는 한 끝나지 않을 것입니다.

철학사(哲學史)에는 인간이 가져왔던 꿈을 깨버리는 충격적인 발견이나 선언(宣言)이 몇 차례 있었는데 그 첫 번째가 부처님에 의한 것으로 '우리들 자신 어디를 아무리 찾아보아도 영혼 같은 것은 찾을 수 없다'는 무아(無我)입니다. 훨씬 뒤에 영국에서 찰스 다윈(Charles Darwin:1809~1882)의 진화론(進化論)이 나오고, 독일에서 지그문트 프로이트(Sigmund Freud:1856~1939)의 심리학(心理學)이 발달하면서 인간에 대한 환상을 깨기에 이르렀지만 그 충격적 파장(波長)에서는 부처님이 선언한 무아(無我)에 견줄 수는 없었습니다.

부처님의 이 선언이야말로 인간 존재에 대한 근원적인 파헤침이요, 이제까지 가져왔던 강력한 믿음이 한낱 망상(妄想)에 지나지 않았음을 밝히는 충격적인 고발(告發)이었습니다. 2천 5백여 년 전에 부처님에 의해 제시된 이 대답은 현대의 심리학(心理學)이나 뇌과학(腦科學) 등에서 사실이었다는 것을 증명(證明)하고 있습니다. 하지만 지금도 대부분의 사람들은 부처님의 이 말씀을 터무니없어 하고 당황해 한 나머지 이런저런 이유를 들어 거부하고 싶어 합니다. 아마도 인간이 죽음을 자연스럽게 받아들이지 않는 한 '인간내면에 영혼은 없다'는 부처님의 말씀을 거부하고 싶은 마음은 사라지지 않을 것입니다.

『기신론』의 저자는 거부감(拒否感)이나 당혹감(當惑感)에서 빚어지는 그릇된 오해(誤解)를 다섯 가지로 정리하고 있습니다.

첫째 오해

一者는 聞修多羅說하시되 如來法身이 畢竟寂寞하
일자   문수다라설   여래법신   필경적막
야 猶如虛空이라 以不知爲破着故로 卽謂虛空이
  유여허공   이부지위파착고   즉위허공
是如來性이라 하나니라 云何對治오 明虛空相은 是
시여래성   운하대치   명허공상   시
其妄法이니 體無不實하니 以對色故로 有라 是可
기망법   체무불실   이대색고   유   시가
見相이요 令心生滅하나니 以一切色法이 本來是心
견상   령심생멸   이일체색법   본래시심
이라 實無外色이니 若無色者면 則無虛空之相이니
     실무외색   약무색자   즉무허공지상
라 所謂一切境界는442) 唯心이니 妄起故로 有니라
   소위일체경계   유심   망기고   유
若心이 離於妄動하면 則一切의 境界가 滅하느니라
약심   이어망동   즉일체   경계   멸
唯一眞心이 無所不遍이니 此謂如來廣大性智究
유일진심   무소불편   차위여래광대성지구
竟이지 非如虛空相故니라
경   비여허공상고
一者如經中說 如來法身究竟寂滅猶如虛空 凡愚聞之不解其義

則執如來性同於虛空常恒遍有 爲除彼執 明虛空相唯是分別實不可得 有見有對待於諸色 以心分別說名虛空 色旣唯是妄心分別 當知虛空亦無有體 一切境相唯是妄心之所分別 若離妄心卽境界相滅 唯眞如心無所不遍 此是如來自性如虛空義 非謂如空是常是有

<첫째는 경에 '여래의 법신은 마치 허공처럼 궁극적으로 적멸(寂滅)하다'고 설한 것을 범부들이 듣고 그 뜻을 이해하지 못하여 여래의 성품이 허공과 같아 항상 두루 있다고 집착한다. 이러한 집착을 없애기 위해 허공의 모습은 오로지 분별이라서 사실상 움켜잡을 수 없다는 것을 밝힌다. 볼 수 있고 대할 수도 있는 모든 물질에 대해서 마음으로 분별하여 허공이라고 했다. 물질이 이미 망심의 분별이니 허공 역시 실체가 없다는 것을 알아야 할 것이다. 일체 경계의 모습도 오직 망심이 분별한 것이니, 만약 망심을 벗어나면 경계의 모습도 없어지고 오로지 진여의 마음만이 두루 하지 않은 곳이 없게 된다. 이것은 여래의 자성이 허공과 같다는 뜻이지 허공과 같이 항상 있다는 것을 말하지 않는다.>

[영] 첫째는 경에 여래(如來)의 법신(法身)이 끝끝내 적막하기만 하여 마치 허공과 같다[如來法身 畢竟寂寞 猶如虛空]고 하시는 말씀을 듣고는, 그것이 집착을 깨뜨리기 위한 것이라는 것을 알지 못하기 때문에 허공이 여래성[虛空是如來性]라고 말하는 것이다.

어떻게 고칠 것인가? 허공의 모습은 허망한 법[妄法㉴]이라는 것을 밝힌다. 허공은 실체(實體)가 없어 실재(實在)가 아니나 눈에 보이는 물체에 대비(對比)하기 때문에 있다는 것이니, 이 볼 수 있는 모습이 마음을 생기게도 하고 없어지게도 한다.

보이는 것이라 생각하는 것은 본래 마음이기 때문에 자기 밖에 보이는 물체가 없다는 것을 밝힌다. 만약 보이는 물체가 없다면 허공의 모습도 없을 것이다. 다시 말해서 인식의 대상으로 모든 것은 오로지 마음이 허망하게 일으키기 때문에 있게 되는 것이니, 만약 마음이 허망한 동요[妄動]를 벗어난다면 마음에

---

442) 大正新修大藏經:<32-580상>의 起信論 테스트에는 一初境界라 하였으나 一切境界가 옳다고 보아 고쳤다.

비쳐지는 모든 대상들도 없어질 것이니, 오직 하나의 순수한 마음만이 있지 않은 곳이 없게 될 것이다. 이것은 여래의 광대한 성지(性智)의 궁극적인 뜻[如來廣大性智究竟]을 말하는 것이지 허공의 모습과 같은 것은 아니기 때문이다.

참▶ 일체색법 본래시심 실무외색(一切色法 本來是心 實無外色)이라고 할 때의 일체색법(一切色法)은 '우리의 인식이 파악하는 물질적 존재로 보이는 것'이라 생각하는 것입니다. 그것은 '오로지 허망한 마음이 일으키기 때문에 나타나는 것[唯心妄起故有]'이라고 했습니다. 그리고 실무외색(實無外色)은 '사실상 외부의 색은 없다'거나 '자기 밖에 보이는 물체가 없다는 것을 밝힌다'와 같이 두 가지 해석이 가능하지만 후자로 보아 실(實)을 '밝힌다'로 읽었습니다.443)

▶ 본문에서 말하는 일체경계(一切境界)는 마음에 나타나는 대상들이니, 망심(妄心)이 나타내는 인식상의 대상들[唯心妄起]이지 우리의 세계에 실재하는 것들을 말하는 진경계(眞境界)는 아닙니다. 그래서 앞에서 이언진여(離言眞如)를 말할 때 '만약 망념을 벗어나면 일체경계의 모습도 없다[若離妄念則無一切境界之相]'고 하였고, 『종경록』에 '무릇 보이는 것이나 들리는 것이 있다는 것은 모두가 중생들 자기 마음의 영상(影像)이다. 그렇다면 설법한다는 것은 오직 마음만을 말하는 것이요, 듣는 것 역시 오직 마음만의 들음이다. 마음을 떠나 그 밖, 어디에 법이 있겠는가'라고 하였고,444) '보이는 것이 있다거나 들리는 것이 있다는 것은 모두가 자기 마음이 일으키는 것이다. 사실 그 무엇 하나도 마음에 대적하여 자체로 독립한 것은 없고, 모두가 인연을 따라 발생하

---

443) 실(實)은 명사(名詞)로 과실이나 종자를 가리키고, 부사(副詞)로는 '틀림없이, 확실히'의 뜻이고 형용사(形容詞)로는 허(虛)의 반대로 '충실한, 충만한'이라는 뜻이며, 동사(動詞)로는 '밝히다, 실천하다'이다.
444) 宗鏡錄 29:<48-582하> 凡有見聞 皆是衆生自心影像 則說唯心說 廳唯心廳 離心之外何處有法.

는 것이요, 생각을 따라 이루어진다'고 했던 것입니다.445)

【해】 모든 지혜로운 사람들은 비유를 써서 깨달음을 얻게 한다고 했습니다.446) 깨달음의 영역은 언어도단(言語道斷)의 경지여서 언설(言說)을 정확하게 표현할 수가 없습니다. 하지만 우리는 언어의 세계에 살고 있는지라 언어도단(言語道斷)의 경지를 부득이 언어를 통해 설명할 수밖에 없습니다. 이때 방편으로 등장하는 것이 비유(比喩 또는 譬喩)입니다. 비유되는 대상은 우리의 오관(五官)으로 인식되는 것들이니 비유하는 뜻을 터득해야 합니다.

언어는 사실을 지칭하기도 하지만 의미만을 나타내는 경우도 많습니다. 사실을 지칭하는 언어를 유명유실(有名有實)하다고 하고 의미만을 나타내는 언어를 유명무실(有名無實)이라 합니다. 그런데 사람은 처음 말을 배울 때 유명유실(有名有實)한 말을 가지고 배웠기 때문에 유명무실(有名無實)한 말을 쓰면서도 그 말에 해당하는 실체가 있는 것처럼 착각합니다. 이러한 착각에 대해 알지 못하면 말에 놀아나게 됩니다. 그래서 말은 뜻을 표현하는 것이니 뜻이 통하면 말을 잊어버리라고 했습니다.447)

여래의 법신(法身)이 적막(寂寞)하다는 것을 일깨우기 위해 허공(虛空)과 같다고 비유한 것을 오해하여 법신을 허무(虛無)로 인식하는 오해(誤解)를 첫 번째로 들고 있습니다. 사실 허공은 텅 비어 아무 것도 없는 허무(虛無)지만 삼라만상을 안고 있으면서도 어떻게 하려고 시도하지 않습니다. 허공은 있는 것이 아니면서 없는 것도 아닌 비유이비무(非有而非無)요, 없는 것도 아니면서 있는 것도 아닌 비무이비유(非無而非有)라는 모순적인 표현을 하게 됩니다. 그래서 공(空)과 불공(不空)을 말했습니다.

---

445) 宗鏡錄 62:<48-767중> 凡有見聞 皆自心生 實無一法 當情而有 自體獨立者 盡從緣起 皆逐想成.
446) 大佛頂如來密因修證了義諸菩薩萬行首楞嚴經 1:<19-109중> 諸有智者要以譬喩而得開悟.
447) 廣弘明集: 28 <52-329중> 言以宣意 意達言忘.

우리의 마음도 텅 비어 아무 것도 없는 공적(空寂)이지만 텅 빈 마음이 희로애락(喜怒哀樂)을 느낍니다. 그래서 진공묘유(眞空妙有)라 합니다. 우리의 마음을 잘 그려낸 이는 신라 때의 고승 원효(元曉:617~686)입니다. 원효 스님은 이렇게 말합니다.

한마음의 근원은 유무(有無)를 벗어나 홀로 청정하다.
나를 비우고, 법을 비우고, 모두를 비우니
진(眞)과 속(俗)이 어우러져서도 잠연(湛然)하다.
잠연하여 둘이 어우러졌지만 하나는 아니다.
홀로 청정하니 갓을 떠났지만 중간도 아니다.
중간이 아니고 갓도 벗어났으니
유(有)가 아니지만 그대로 무(無)에 머무는 것도 아니다.
무(無)가 아닌 모양이지만 그렇다고 유(有)에 머무는 것도 아니다.
하나가 아니면서 둘이 어우러지니
진(眞)이 아닌 일[事]이지만 아직은 속(俗)이 아니고
속이 아닌 이치[理]지만 아직은 진(眞)이 아니다.
둘이 어우러졌지만 하나가 아니므로
진속(眞俗)의 성질을 세우지 못함이 없고
염정(染淨)의 모양을 갖추지 못하지 않는다.
갓을 벗어났으나 중간이 아니니
유무(有無)의 법을 만들지 못하는 것이 없고,
시비(是非)의 뜻이 두루 하지 못함이 없다.
그러므로 깨뜨림이 없으나 깨뜨리지 못함이 없고,
세움이 없으나 세우지 못함이 없다.
이치가 없으나 지극한 이치요
그렇지 않으면서 크게 보아 그렇다고 할만하다.[448]

---

448) 金剛三昧經論:<34-961상> 夫一心之源離有無而獨淨 三空之海融眞俗而湛然 湛然融二而不一 獨淨離邊而非中 非中而離邊 故不有之法不即住無 不無之相不即住有 不一而融二 故非眞之事未始爲俗 非俗之理未始爲眞也 融二而不一 故眞俗之性無所不立 染淨之相莫不備焉 離邊而非中 故有無之法無所不作 是非之義莫不周焉 爾乃無破而無不破 無立而無不立 可謂無理之至理 不然之大然矣.

잠연(湛然)하다는 말은 맑고 잔잔한 물이 온갖 삼라만상을 비추지만 버겁다하지 않고 그 모두가 사라진다고 쓸쓸해하지 않듯이 언제나 잔잔한 한결같은 마음을 의미합니다. 한마디로 우리의 마음은 불가사의(不可思議) 그대로입니다.

둘째 오해

二者는 聞修多羅說하시되 世間諸法은 畢竟體空이
이자   문수다라설   세간제법   필경체공
요 乃至涅槃眞如之法도 亦畢竟空이며 本來自空
  내지열반진여지법   역필경공   본래자공
하야 離一切相이라 하나 以不知爲破着故로 卽謂眞
    이일체상   이부지위파착고   즉위진
如涅槃之性이 唯是其空이라 하느니라 云何對治오
여열반지성   유시기공   운하대치
明眞如法身은 自體不空하야 具足無量性功德故니라
명진여법신   자체불공   구족무량성공덕고

二者如經中說 一切世法皆畢竟空 乃至涅槃眞如法亦畢竟空 本
性如是離一切相 凡愚聞之不解其義 卽執涅槃眞如法唯空無物
爲除彼執明眞如法身自體不空 具足無量性功德故

<둘째, 경에 일체 세간법이 모두 궁극적으로 공하다. 나아가 열반과 진여법도 역시 결국에는 공하여 본성은 이처럼 모든 모습을 벗어났다고 설하는 것을 어리석은 범부들이 듣고 그 뜻을 이해하지 못하여 열반이나 진여법이 오직 공이요 아무 것도 없다고 집착한다. 이러한 집착을 없애기 위해 진여법신 자체는 공하지 않다는 것을 밝혀준다. 진여법신은 한량없는 성공덕(性功德)을 갖추고 있기 때문이다.>

역 둘째는 경에 세간의 모든 법[㈁]은 결국 바탕이 텅 비었고, 나아가 열반(涅槃)이나 진여(眞如)라는 법(法㈁) 역시 결국 텅 비었으며, 본래 자체가 텅 비어 모든 모습을 벗어났다[世間諸法 畢竟體空 乃至涅槃眞如之法 亦畢竟空 本來自空 離一切相]고 하는 말을 들으면, 집착을 타파하기 위한 것이라는 것을 알지 못

하기 때문에 진여(眞如)나 열반(涅槃)의 속성이 오로지 텅 비었을 뿐[眞如涅槃之性 唯是其空]이라고 생각하는 것이다.

어떻게 바로 잡을 것인가? 진여(眞如)나 법신(法身)은 자체(自體)가 텅 비어 아무 것도 없는 것이 아니라는 것을 밝힌다. 진여나 법신은 한량없는 성공덕(性功德)을 갖추고 있기 때문이다.

참▶ 구족무량성공덕(具足無量性功德)에서 성공덕(性功德)은 열반이나 진여 또는 법신 자체가 무량한 공덕을 구비하고 있다는 말이니, 그것이 의언진여(依言眞如)에서 말한 여실불공(如實不空)입니다.

【해】 제법(諸法)이나 열반(涅槃), 진여(眞如)가 공(空)이라는 말은 집착에서 벗어나게 하려는 것인데, 공무(空無)라고 오해하는 경우를 말합니다.

경에 이르기를, 모든 중생들이 온갖 견해를 일으키는데, 그 견해들을 끊도록 하기 위하여 공의 도리[空理]를 설하였다. 그런데 공이란 말을 듣고 실체인 것처럼 집착한다면 온갖 견해를 끊을 수가 없다고 했습니다.449) 다시 경에 이르기를, 만약 공을 터득하였다고 다시 그 공에 매달린다면, 그 사람은 돌아가 공(空)에 떨어지고 말 것이라고 부처님은 말한다. 선남자야, 차라리 아견(我見)을 태산처럼 일으킬지언정 공견(空見)으로 교만한 마음을 일으키지 말라. 왜냐하면 모든 견해는 공(空)으로 벗어날 수 있지만 공견(空見)을 일으킨다면 고칠 수가 없기 때문이라고 했습니다.450)

이통현(李通玄)이 말하기를, 삼계(三界)니 육도(六道)니 인천(人天)이니 지옥(地獄)이니 하는 모든 세계는 다 의지와 상상에

---

449) 大乘密嚴經 하:<16-743중> 一切衆生 生於種種見 欲令斷諸見 爲說於空理 聞空執爲實 不能斷諸見.
450) 大乘寶雲經 7:<16-278하> 若以得空而依於空 佛說是人則爲退墮 善男子 寧起我見 積如須彌 莫以空見起增上慢 所以者何 一切諸見 以空得脫 若起空見則不可治.

의해 생긴 헛된 것이므로 의지가 사라지면 헛된 대상도 따라서 없어진다. 마치 땔감이 떨어지면 불이 꺼지는 것과 같이 의지가 없어지면 업도 텅 비게 된다. 삼계라는 세상은 의식으로 말미암아 생기는 것이니 의식이 없어지면 마치 모든 헛된 세상이 허공처럼 동시에 사라질 것이라고 했습니다.451) 진여(眞如)니 열반(涅槃)이니 해탈(解脫)이니 하는 것은 심법(心法)으로 마찬가지입니다. 마음이 만들어낸 개념적인 것을 실체인 것처럼 생각하는 것을 남전보원(南泉普願) 스님은 '말소리를 붙잡아 대소쿠리에 담으려는 것과 같고, 그물을 불어서 바람을 채우려는 것과 같다'고 비유하였습니다. 비유하면 사람이 살아가는데 깨끗한 것은 바람직하지만 지나치게 깨끗한 것에 집착하는 결벽증(潔癖症)이 되면 그 또한 버려야 할 병이기는 마찬가지입니다.

 황벽(黃檗) 선사가 이르기를, 사람들이 감히 마음을 비우지 못하는 것은 아무것도 부여잡을 것이라고는 없는 허무[空]로 떨어질까 겁을 내서인데, 이는 사실 공(空)이란 본래 공(空)이라고 할 것도 없는 유일한 현상계를 펼쳐내는 원리라는 것을 알지 못하기 때문이라는 것입니다.452)

셋째 오해

三者는 聞修多羅說하되 如來之藏이 無有增減이나
삼자 문수다라설 여래지장 무유증감
體備一切功德之法함을 以不解故로 卽謂如來之
체비일체공덕지법   이불해고 즉위여래지
藏이 有色心法自相差別이라 하나니 云何對治오 以
장 유색심법자상차별   운하대치   이
唯依眞如義說故로 因生滅染義로 示現함을 說差

---

451) 略釋新華嚴經修行次第決疑論:<36-1025중> 三界六道人天地獄一切世界 皆是意想妄塵所生 意滅故妄境界隨滅 如薪盡火滅 意盡業空 三界境界由意生 意識滅盡 如虛空一切境界同時滅.
452) 傳心法要:<48-381상>人不敢忘心 恐落空無撈摸處 不知空本無空唯一眞法界耳.

| 유의 진여의 설고 | 인생멸염의 시현 | 설 차 |

別故니라
별고

三者如經中說 如來藏具足一切諸性功德不增不減 凡愚聞已不解
其義 則執如來藏有色心法自相差別 爲除此執 明以眞如本無染
法差別 立有無邊功德相 非是染相

<셋째, 경에 '여래장은 일체 모든 성공덕을 갖추고 있어 늘거나 줄어드는 일
이 없다'고 설하는 소리를 어리석은 범부들이 듣고 그 뜻을 납득하지 못하여
여래장에는 색법(色法)과 심법(心法) 자체 모습의 차별이 있다고 집착한다.
이 집착을 없애기 위해 진여는 본래 염법(染法)과 차별이 없음을 밝혀주고
한없는 공덕의 모습을 세운다. 진여는 물든 모습이 아니기 때문이다.>

[역] 셋째는 경에 여래장(如來藏)이 늘어나거나 줄어드는 일이 없
으나 그 자체가 모든 공덕을 갖추었다[如來之藏 無有增減 體備
一切功德之法]는 말을 듣고 그것을 이해하지 못하기 때문에 여
래장에 색법(色法)과 심법(心法) 자체의 모습에 차별이 있다[如
來之藏 有色心法自相差別]고 생각하는 것이니, 어떻게 바로 잡
을 것인가? 오직 진여라는 뜻에 근거하여 설한 것이기 때문에
생기고 없어짐을 물든다는 뜻으로 나타내 보이기 때문에 차별이
라 말하는 것이기 때문이다.

[참]▶ 유색심법자상차별(有色心法自相差別)은 색법(色法)과 심법
(心法)이 따로 있다는 말입니다. 그러나 그러한 생각은 잘못된
것이라 보고 있습니다.
　왜냐하면 앞의 색과 심의 관계[B-Ⅲ-1-⑪]에서 색성(色性)이
바로 지(智)이기 때문에 색체무형(色體無形)을 지신(智身)이라
하였고, 지성(智性)이 바로 색(色)이기 때문에 법신이 어느 곳이
나 두루하다[以色性卽智故 色體無形 說名智身 以智性卽色故 說
名法身 遍一切處]고 했으니, 색과 심은 불이(色心不二)이거늘 어
찌 색과 심의 자상차별(自相差別)이 있을 수 있겠는가.
　길장(吉藏)이나 현각(玄覺)이 말했듯이 인식의 면에서 볼 때

색과 심은 능소관계(能所關係)에서 교차(交差)하여 상의상자(相依相資)하는 내밀(內密)한 것이지 독립(獨立)하여 자상(自相)의 차별을 드러내는 것이 아닙니다.

【해】부처가 될 성질은 늘거나 주는 일이 없다는 말을 듣고 물질적인 것으로 오해하는 경우인데, 공덕이란 물질적인 것이 아니고 마음이 풀어내는 후덕(厚德)함입니다. 착하게 마음을 쓰거나 모질게 마음을 쓰거나 마음이 줄어들거나 늘어나지 않는 것과 같습니다. 밝은 햇빛이 난다고 태양이 더 커진 것이 아니고, 구름 속에 태양이 가려졌다고 태양이 줄어든 것은 아닌 것과 같습니다. 그래서 마음을 어떻게 쓰느냐가 중요합니다. 『화엄경』에 문수(文殊)보살이 지수(智首)에게 말합니다.

불자야, 만약 보살들이 마음을 착하게 쓰면 훌륭하고 아름다운 공덕을 모두 얻을 것이다. 부처님 가르침마다 마음이 막히는 것이 없을 것이다. 삼세에 걸쳐 부처님의 길에 머물러 중생을 따라 살며 항상 떨어지지 않을 것이다. 제법의 모습처럼 모두 통달하여 모든 악을 끊고 온갖 선행을 갖춤이 보현보살과 같을지니라.453)

넷째 오해

四者는 聞修多羅說하되 一切世間의 生死染法이
사자   문수다라설   일체세간   생사염법
皆依如來藏하야 而有라 一切諸法이 不離眞如함을
개의여래장   이유   일체제법   불리진여
以不解故로 謂如來藏自體에 具有一切世間生死
이불해고   위여래장자체   구유일체세간생사
等法이라 하나니 云何對治오 以如來藏은 從本已來
등법

---

453) 大方廣佛華嚴經 14:淨行品:<10-69하> 佛子 若諸菩薩 善用其心 則獲一切勝妙功德 於諸佛法 心無所礙 住去來今 諸佛之道 隨衆生住 恒不捨離 如諸法相 悉能通達 斷一切惡 具足衆善 當如普賢.

로 唯有過恒沙等諸淨功德하야 不離不斷不異眞
  등법   운하대치   이여래장   종본이래
  유유과항사등제정공덕   불리부단불이진
如義故며 以過恒沙等의 煩惱染法은 唯是妄有라
여의고   이과항사등   번뇌염법   유시망유
性自本無하야 從無始世來로 未曾與如來藏相應
성자본무   종무시세래   미증여여래장상응
故니 若如來藏體에 有妄法이나 而使證會하야 永
고   약여래장체   유망법   이사증회   영
息妄者면 卽無是處故니라
식망자   즉무시처고

四者如經中說 一切世間諸雜染法 皆依如來藏起 一切法不異眞
如 凡愚聞之不解其義 則謂如來藏具有一切世間染法 爲除此執
明如來藏從本具有過恒沙數淸淨功德不異眞如 過恒沙數煩惱染
法 唯是妄有本無自性 從無始來未曾暫與如來藏相應 若如來藏
染法相應 而令證會息妄染者 無有是處

<넷째, 경에 '세간의 모든 잡되고 물든 법은 모두가 여래장에 근거하여 일어나므로 일체법은 진여와 다르지 않다'고 말하는 소리를 어리석은 범부들이 듣고 그 뜻을 납득하지 못하여 여래장이 세간의 모든 물든 법을 갖추고 있다고 생각한다. 이런 집착을 없애기 위해서 여래장이 본래 강가 강의 모래알 수보다 많은 청정한 공덕을 구비하고 있어 진여와 다르지 않음을 밝혀준다. 강가 강의 모래알 수보다 많은 번뇌에 물든 법은 다만 망유(妄有)일 뿐 본래 자성이 없어서 무시 이래로 잠시도 여래장과 부합하지 않았다. 만약 여래장이 물든 법과 부합한다면 여래장을 깨닫고 알아 물든 법을 쉰다는 것은 불가능하기 때문이다.>

역 넷째는 경에 세상의 모든 나고 죽음으로 물드는 법이 모두다 여래장(如來藏)에 근거하여 있게 되는 것이니 일체 모든 법[㊁]이 진여를 벗어나지 않는다[一切世間 生死染法 皆依如來藏而有 一切諸法 不離眞如]는 말을 듣고 그것을 이해하지 못하기 때문에 여래장 자체에 세상의 나고 죽는 등의 모든 법[㉮]을 갖추고 있다[如來藏自體 具有一切世間生死等法]고 생각하는 것이

니, 어떻게 바로 잡을 것인가? 여래장은 본래부터 오로지 갠지스 강의 모래알보다도 많은 여러 청정한 공덕이 있을 뿐이어서 진여의 뜻에 벗어나지도 않고 끊지도 않고 다르지도 않기 때문이다. 갠지스 강의 모래알보다 많은 번뇌에 물든 법[㉯]은 오직 허망하게 있을 뿐이라 본성 자체가 본래 없는 것이어서 시작을 알 수 없는 그때부터 한 번도 여래장과 서로 부합된 일이 아직 없었기 때문이다. 만약 여래장 자체에 허망한 것이 있다면 깨달아 터득하고 이해하여 영원히 허망을 멈추게 한다는 것은 불가능해지기 때문이다.

참▶ 증회(證會)라는 말은 이론이성(理論理性)으로 아는 것이 아니라 자신의 체험을 통해 터득[證得]하는 깨달음을 의미합니다. 그래서 '깨달아 터득하고 이해하여 영원히 허망을 멈추게 한다' [使證會 永息妄]고 했습니다. 따라서 증회(證會)는 증득(證得), 체득(體得)이라는 말과 상통한다고 하겠습니다.

【해】 생사염법(生死染法)이 여래장에 근거한다는 말을 듣고, 그렇다면 여래장 자체에 생사가 있는 것이 아니냐는 오해에 대한 문제입니다.
　물에서 수없이 많은 거품이 생겼다가 없어지지만 물은 그대로 있고 물에서 생기는 거품이 보이는 현상이 생겼다가 꺼질 뿐입니다. 이 세상에는 나고 죽는 일이 허다하게 일어나지만 세상이 꺼졌다가 다시 생기는 것이 아니고 세상 사람들의 말이 그런 것입니다.

다섯째 오해

五者는 聞修多羅說하되 依如來藏故로 有生死하며 依如來藏故로 得涅槃함을 以不解故로 謂衆生이 有始며 以見始故로 復謂如來의 所得涅槃도 有其終盡하야 還作衆生이라 하나니 云何對治오 以如來藏이 無前際故로 無明之相도 亦無有始하니 若說三界外에 更有衆生이 始起者면 卽是外道經說이니라 又如來藏이 無有後際하니 諸佛所得涅槃도 與之相應하야 則無後際故니라

五者如經中說 依如來藏有生死得涅槃 凡愚聞之不知其義 則謂依如來藏生死有始 以見始故復謂涅槃有其終盡 爲除此執 明如來藏無有初際 無明依之生死無始 若言三界外更有衆生始起者 是外道經中說 非是佛敎 以如來藏無有後際 證此永斷生死種子 得於涅槃亦無後際 依人我見四種見生 是故於此安立彼四

〈다섯째, 경에 '여래장에 근거하여 나고 죽음이 있고 열반을 얻는다'고 설하는 소리를 어리석은 범부들이 듣고 그 뜻을 납득하지 못하여 여래장에 근거하여 나고 죽음이 시작이 있게 되었고, 시작이 있다고 보기 때문에 열반에도 그 끝남이 있다고 생각하는 경우이다. 이러한 집착을 없애기 위해서 여래장은 애초의 시작점[初際]이 없으며 무명에 의지하므로 나고 죽음의 시작도 없다고 밝혀준다. 만약 삼계 밖에 별도의 중생이 있어 시작한다고 말한다면, 이는 외도(外道)의 경에서 말하는 것이지 불교(佛敎)가 아니다. 여래장은 최후의 시점[後際]도 없으므로 이것을 증득하면 생사의 뿌리

> [生死種子]를 영원히 끊어 후제(後際)마저 없는 열반을 얻는다. 인아견에 의하여 네 가지 견해가 생기므로 저 네 가지 견해를 안립(安立)한다.

역 다섯째는 경에 여래장에 의지하기 때문에 나고 죽음이 있게 되고, 여래장에 의지하기 때문에 열반을 얻게 된다[依如來藏故 有生死 依如來藏故 得涅槃]는 말을 듣고서 그 뜻을 이해하지 못하기 때문에 중생에 시작이 있다고 생각하고, 시작이 있다고 보기 때문에 다시 또 생각하기를, 여래가 얻은 열반도 그 끝남과 다함이 있어서 다시 중생이 된다[衆生有始 以見始故 復謂如來所得涅槃有其終盡 還作衆生]고 말하는 것이니, 어떻게 바로잡을 것인가? 여래장은 시작한 과거가 없기 때문에 무명의 모습 역시 시작이 있지 않으니, 만약 삼계(三界) 밖에 다시 생기기 시작하는 중생이 있다고 한다면 이것이 바로 외도(外道)들의 경이 말하는 것이다. 또 여래장에는 끝나는 미래도 있지 않으니, 부처님들이 얻은 열반도 여래장과 서로 부합하여 끝이 나는 미래가 없기 때문이다.

참▶ 삼계(三界)는 깨닫지 못한 중생들이 고(苦)를 경험하는 세계인데, 『화엄경』, 『능가경』, 『심지관경』 등에 삼계유심(三界唯心)이라 하여 삼계에서 느끼는 고(苦)는 심리적 현상일 뿐입니다. 그래서 조사어록에는 '삼계는 마음이 만들어내는 세계'라고 말했습니다.454)

▶ 외도(外道)라는 말은 불교를 내도(內道)라고 한 말에 대하여 불교 이외의 가르침을 의미합니다. 외도라는 말은 사교(邪敎)나 사설(邪說)이라는 의미를 내포하고 있습니다.

▶ 실차난타역의 안립(安立)이라는 말은 산스끄리뜨로 위야와스타-나(vyavasthāna)로 '다시 세운다'는 뜻을 가진 동사(vy-ava-√sthā)에서 온 말로 '일시적으로 설치한다'는 의미입니다.455)

---

454) 宗鏡錄 62:<48-768중> 三界之法 唯是心之所變.
455) S.E.D. p-1033.

【해】 불생불멸(不生不滅)이나 무시무종(無始無終)과 같은 말의 의미에 대한 오해의 문제입니다. 여래장이 무명에 가려져 망법(妄法)이 생기지만 여래장은 허공과 같고 망법은 구름과 같아서 구름이 없어진다고 하늘이 없어지는 것은 아닙니다. 망법은 생멸하지만 여래장은 상주불멸입니다. 망법이 없어진 상태가 열반이요, 망법이 없어진 상태가 여래장이니, 여래장과 열반은 같은 의미입니다. 여래장이 생멸이 없듯이 열반도 마찬가지입니다. 따라서 여래장은 생사나 열반의 근거이고 무명에 의거하는 생사는 수행상에 시작과 끝이 있지만 여래장이나 열반은 상주(常住)하므로 시작과 끝이 따로 없게 됩니다.

B-Ⅲ-2-②
법아견(法我見)
The Biased Views Held by the Hinayanists

【해】 인간 존재에 대한 오해에서 빚어지는 견해가 인아견(人我見)이라면 인간 사고에 대한 빗나간 집착에서 빚어지는 견해를 법아견(法我見)이라 합니다. 종밀(宗密:780~841)은 만약 유식(唯識)이 실체적으로 있는 것이라고 집착한다면 그 역시 법에 대한 집착이라고 했습니다.456)

法我見者는 依二乘鈍根故로 如來가 但爲說人無我니 以說不究竟으로 見有五陰生滅之法하며 怖畏生死하고 妄取涅槃하나니 云何對治오 以五陰法은 自性不生하야 則無有滅하니 本來涅槃故니라

---

456) 大方廣圓覺修多羅了義經略疏註:<39-533하> 若執唯識眞實有者 亦是法執.

```
      자 성 불 생        즉 무 유 멸         본 래 열 반 고
法我見者 以二乘鈍根 世尊 但爲說人無我 彼人便於五蘊生滅畢
竟執著 怖畏生死妄取涅槃 爲除此執 明五蘊法本性不生 不生故
亦無有滅 不滅故本來涅槃
```

<법아견은 근기가 둔한 이승들에게 세존께서 오직 인무아를 설하셨다. 그런데 저 사람들이 '오온이 생멸한다'고 끝까지 집착하여 생사를 두려워하고 망령되이 열반을 취하려고만 한다. 이들의 집착을 없애기 위하여 오온법은 본성이 생기는 것이 아니고, 생기지 않기 때문에 또한 없어지는 일도 없으며, 소멸하지 않기 때문에 본래 열반이라는 것을 밝혀준다.>

[역] 법아견(法我見)은 성문(聲聞)이나 연각(緣覺)의 둔한 근기에 의지하기 때문에 여래가 단지 인무아(人無我)를 설하면 그 설이 궁극적인 것이 못되므로 오온(五蘊)에 생멸이 있다는 것을 보고 나고 죽음을 겁내고 두려워하여 지나칠 정도로 열반에 집착하는 것이니, 어떻게 바로잡을 것인가? 오온법 그 자체[五陰法 自性]는 생기는 것이 아니라 없어지는 것도 없으니 본래가 열반이기 때문이다.

[참]▶ 이승(二乘)은 성문(聲聞)과 연각(緣覺)의 사람들을 의미합니다. 이승이라는 말 자체가 대승불교 쪽에서 그 이전의 불교를 폄하(貶下)하는 말로 썼습니다. 그래서 이승둔근(二乘鈍根)이라고 했습니다.

【해】이승인(二乘人)이 가지고 있는 오해의 문제입니다.
　세친(世親)이 이르기를, 유식(唯識)의 가르침으로 법아공(法我空)에 들어간다. 일체법(⋓)이 오직 식(識)으로 생겨 외부의 색진(色塵)들과 비슷하지만 색진의 모양이 된 것은 한 법도 없으니 이렇게 안다면 법공(法空)에 들어간다. 만약 그렇다면 어떻게 법공에 들어가겠는가? 성상(性相)의 분별을 없애야 한다고 했습니다.457)

---

457) 大乘唯識論:<31-72상> 由說唯識教 得入法我空 一切法唯識生似色塵等 無有一法色

마치 꿈에서는 색진(色塵)을 벗어나 자기 밖의 색진이 없는데도 산이나 나무와 같은 색진을 본다. 하지만 깨어나기 전에는 알 수가 없다. 세상 사람들이 마치 꿈에서 보듯이 색진이 아닌 것을 보고 사실상 있는 것으로 여기지만 잠에서 깨어나면 그렇지 않아 꿈에서 본 것이 사실상 있는 것이 아니라는 것을 사실과 같이 알 수 있다고 했습니다.458)

연수(延壽) 스님이 이렇게 말했습니다.

> 현실[事]로 인해 이치[理]를 밝히고 그릇됨[妄]을 알아서 진실[眞]로 돌아간다. 진실이란 그릇됨에 근거한 진실이니 감정을 말미암아 앎을 말하고, 현실은 이치를 따르는 현실이니 집착을 깨버리고 밝음을 말한다. 집착이 없어지면 이치와 현실이 모두 비게 되고, 감정을 벗어나면 진실과 그릇됨 둘 다 끊어진다, 마치 눈병이 사라지면 헛꽃이 저절로 사라지고 망념을 쉬면 환상 같은 대상도 바로 사라지는 것과 같다.…
>
> 인공(人空)에 헷갈려 아견(我見)의 어리석음을 일으켜 공연히 생사(生死)를 받고, 법공(法空)에 헷갈려 목전의 대상을 제대로 보지 못해 청정한 깨달음을 막는다.…
>
> 아공(我空)으로 번뇌장(煩惱障)을 끊고, 법공(法空)으로 소지장(所知障)을 없앤다. 번뇌장을 끊으므로 참된 해탈을 증득하고 소지장을 없애므로 큰 깨달음을 얻는다.459)

『종경록(宗鏡錄)』에 이르기를, '세간의 모든 법은 모두가 뜻과 말의 분별로 그 이름과 모양을 붙인 것으로 어디에도 사실적 의미가 없다. 그렇지만 중생들은 이것을 깨닫지 못하고 망령되게 얻을 것이 있다면서 그 속에 빠져 벗어나지 못하고 있다. 그래

等爲相 若知如此得入法空 若爾云何得入法空 由除分別性相故.
458) 大乘唯識論:<31-72하이하> 如夢時離塵見山樹等色 無有外塵 夢見塵非有 未覺不能知 世人見非實塵如夢所見謂爲實有 覺則不爾 如實能解夢塵非有.
459) 宗鏡錄 41:<48-659하> 須因事明理會妄歸眞 眞是依妄之眞 因情說會 事是從理之事 破執言明 無執而理事俱虛 離情而眞妄雙絶 瞖消而空華自謝 念息而幻境俄沈…以迷人空故起我見之愚 受妄生死 以迷法空故 違現量之境 障淨菩提…以我空故煩惱障斷 以法空故所知障消 煩惱障斷故 證眞解脫 所知障斷故獲大菩提.

서 부처님들이 방편으로 아공(我空)과 법공(法空), 유식(唯識)의 바른 뜻을 설명하여 거짓된 이름과 모양에서 구출하여 벗어나게 한다'고 했습니다.460)

결론적으로 말해 인연화합(因緣和合)으로 이런 저런 법들[㈏]이 생기지만 인연(因緣)이라는 법 자체는 하나의 개념일 뿐 실체가 아닙니다.

초기 경전에 이르기를, 마치 안이비설신(眼耳鼻舌身)과 의법(意法)의 인연으로 의식(意識)이 생기고, 오근(五根)과 오진(五塵) 그리고 의(意) 이 세 가지가 화합하여 수(受)와 상(想)과 사(思)가 함께 생기지만 이것들은 무아(無我)하고 무상(無常)하며 나아가 아(我)도 아소(我所)도 텅 비었다고 했습니다.461) 아소(我所)는 아지소유(我之所有)로 나에게 소속된 것을 말합니다.

B-Ⅲ-2-③
그릇된 집착을 벗어나라

復次 究竟離妄執者는 當知하라 染法淨法이 皆悉
부차 구경리망집자   당지   염법정법 개실
相待하야 無有自相可說이니 是故로 一切法이 從
상대   무유자상가설   시고 일체법 종
本已來로 非色非心이요 非智非識이며 非有非無며
본이래 비색비심   비지비식   비유비무
畢竟不可說相이나 而有言說者니 當知하라 如來가
필경불가설상   이유언설자   당지   여래
善巧方便으로 假以言說하사 引導衆生하시니 其旨
선교방편   가이언설   인도중생   기지
趣者는 皆爲離念하고 歸於眞如니 以念一切法하면
취자 개위리념   귀어진여   이념일체법

---

460) 宗鏡錄 66:<48-786상> 世間凡所有法 皆是意言分別 立其名相 都無實義 衆生不了 妄有所得 沒在其中 不能出離 是以諸佛方便說人法二空唯識正義 於虛証名相中而能拔出.

461) 雜阿含經11:373경:<2-72하> 如眼耳鼻舌身 意法因緣 生意識 三事和合 觸俱生受想思 此諸法無我無常乃至空我我所.

취자 개위이념 귀어진여 이념일체법
令心生滅하야 **不入實智故**니라
령심생멸   불입실지고

若究竟離分別執著 則知一切染法淨法皆相待立 是故當知 一切
諸法從本已來 非色非心非智非識非無非有 畢竟皆是不可說相
而有言說示教之者 皆是如來善巧方便 假以言語引導衆生 令捨
文字入於眞實 若隨言執義增妄分別 不生實智不得涅槃

<만약 분별과 집착을 궁극적으로 벗어나면 모든 염법(染法)과 정법(淨法)
이 모두 다 상대적으로 세워진 것임을 알게 된다. 그러므로 일체 모든 법
이 본래부터 물질적인 것도 아니고 심리적인 것도 아니며. 지혜도 아니고
분별식도 아니며 없지도 않고 있지도 않아서 결국은 모두가 설할 수 없는
모습이라는 것을 알아야 할 것이나 그것을 말로 설하고 가르쳐 보이는 것
은 모두가 여래의 선교방편(善巧方便)이라 말을 빌려 중생들을 인도하지만
문자를 버리고 진실에 들어가게 하려는 것임을 알아야만 할 것이다. 만약
말을 따르고 뜻에 집착하여 망령스레 분별을 더하면 실지(實智)를 생기지
않아 열반을 얻지 못하게 된다.>

역 다시 함부로 집착하는 것을 궁극적으로 벗어나기 위해서는
염법(染法)과 정법(淨法)이 모두 다 상대적(相待的)이어서 말할
수 있는 자체의 모습이 없다는 것을 당연히 알아야만 한다. 이
때문에 일체법(一切法㉮)이 본래부터 물질적 현상도 아니고 심
리적 현상도 아니며, 지혜도 아니고 분별도 아니며, 손에 잡히는
무엇이 있는 것도 아니고 그렇다고 아무런 의미도 없는 것도 아
니며, 끝내 말할 수 있는 모습이 없으나 말로 설명하는 것은 여
래가 오묘한 방편으로 말의 설명을 빌려 중생을 인도(引導)하는
것임을 알아야만 할 것이다. 그 취지(趣旨)는 모두 망념을 벗어
나서 진여에 돌아가기 위한 것이니, 일체법(一切法㉯㉰)을 생각
하는 것은 마음을 생멸하게 하여 깨달음을 얻는 진실한 지혜에
들어가지 못하게 하기 때문이다.

참▶ 실지(實智)라는 말은 땃뜨와 즈냐-나(Tattva-jñāna)인데, 우

리의 목전에 현존하는 것들을 사실대로 직시하는 지혜를 의미합니다. 이런 지혜를 통해 제법실상(諸法實相)을 깨닫게 됩니다.
▶ 염법정법 개실상대(染法淨法皆悉相待)라는 말은 선악(善惡)과 같은 것들은 모두 상대적(相待的)이어서 선(善)은 선 그 자체로 있는 것이 아니라 악(惡)이라는 말을 의지해야만 의미를 가진다는 뜻입니다. 옳다는 말은 그르다는 말이 전제되어야 하고, 좋다는 말은 싫다는 말이 전제되어야 하는 것이지, 좋다는 어떤 절대적인 실체가 있는 것은 아니라는 의미입니다.

【해】『기신론』이 추구하는 목적은 앞(B-II-2-③:117쪽)에서 '모두가 이 법을 행하여 부처의 경지에 이른다[皆乘此法 到如來地]'는 것과 '모두가 망념을 떠나서 진여로 돌아가는 것[皆爲離念 歸於眞如]'인데, 여기서 '행한다[乘]'거나 '이른다[到]', '떠난다[離]'거나 '돌아간다[歸]'는 말은 외형적으로 나타나는 움직임이나 물리적 공간의 이동(移動)이 아니라 내면적으로 일어나는 질적승화(質的昇華)로 본래의 자기를 회복하는 성숙(成熟)입니다. 이러한 질적 변화(質的變化)는 내재적(內在的:immanently)이고 매우 추상적(抽象的:metaphysically)이라는 점에서 체험적(體驗的)인 동시(同時)에 이론적(理論的)이며, 구체적(具體的)이면서도 형이상학적(形而上學的)입니다. 따라서 무체가득(無體可得)이요 무상가득(無相可得)이며 필경불가설상(畢竟不可說相)으로 유불궁료(唯佛窮了)이며 유증자방지(唯證者方知)입니다.

B-Ⅲ-3
분별발취도상(分別發趣道相)

【해】 정종분에서 셋째 해석분의 세 번째 항목입니다. 도(道)라는 말 역시 형이상학적 의미에서부터 사람이 다니는 길까지 다양한 뜻을 가지고 있습니다.

그러나 불교에서 도(道)라는 말을 쓸 때는 깨달음, 즉 보리(菩提:Bodhi)라는 뜻으로 쓰기도 하고, 팔정도(八正道)에서와 같이 '방법'이란 의미로 쓰기도 하고, 삼악도(三惡道)와 같이 '윤회하는 세계'라는 의미로 쓰기도 하며, 도속(道俗)이라고 할 때와 같이 '출가자'라는 뜻으로도 씁니다. 그리고 조사도(祖師道)라고 할 때의 도(道)는 '말한다'는 뜻입니다. 발취도상(發趣道相)이라고 할 때의 도(道)는 보리(菩提), 즉 깨달음이란 의미입니다.

分別發趣道相者는 謂一切諸佛의 所證之道에 一切菩薩이 發心修行하야 趣向義故니라 略說하면 發心에 有三種하니 云何爲三이닛고 一者는 信成就發心이요 二者는 解行發心이며 三者는 證發心이니라

分別修行正道相者 謂一切如來得道正因 一切菩薩發心修習 令現前故 略說發心有三種相 一信成就發心 二解行發心 三證發心

<정도(正道)를 수행하는 모습을 분별한다는 것은 모든 여래가 얻은 깨달음의 바른 원인[道正因]에 모든 보살이 발심하여 수행하고 익혀 목전에 드러내도록 하는 것을 말한다. 간단히 말하면 발심에 세 가지 모습이 있으니, 첫째 믿음을 성

> 취하는 발심이고, 둘째 납득하고 실천하는 발심이며, 셋째 체험하는 발심이다.

역 발심하여 깨달음으로 나아가는 모양을 분별한다는 것은 모든 부처님들이 증득(證得)한 깨달음에 모든 보살들이 발심하고 수행하여 향해 나아간다는 뜻을 말하기 때문이다. 간단히 말하면 발심에 세 가지가 있으니 하나는 믿음을 성취하는 발심[信成就發心]이고, 또 하나는 이해하고 수행하는 발심[解行發心]이며, 또 다른 하나는 증득(證得)하는 발심[證發心]이다.

【해】 발심은 깨달음을 향하여 출발하는 것이기도 합니다. 이러한 출발에 믿음[信]으로 출발하는 것이 있고, 이해[解]로 출발하는 것이 있으며, 체험[證]을 바탕으로 출발하는 것이 있다는 것입니다. 여기서 말하는 믿음은 신학(神學)에서 말하는 것과 같은 복종(服從)하는 믿음이 아니라 긍정하고 받아들이는 동의(同意)라고 보아도 좋습니다.
원효 스님은 세 가지 발심에 대해 이렇게 말합니다.

> 신성취발심자(信成就發心者)는 십주위(十住位)에 있으면서 겸하여 십신(十信)을 취한다. 십신위에서 신심(信心)을 닦아 익혀 신심을 성취하여 결정심(決定心)을 일으켜 십주(十住)에 들어가므로 신성취발심이라 한다.
> 해행발심자(解行發心者)는 십회향(十回向)에 있으면서 겸하여 십행(十行)을 취한다. 십행위(十行位)에서 법공(法空)을 이해하고 법계(法界)에 수순(隨順)하여 육바라밀행[六度行]을 닦아 육바라밀행이 순수하게 성숙(成熟)되면 회향심(回向心)을 일으켜 회향위(回向位)에 들어가므로 해행발심이라 한다.
> 증발심자(證發心者)는 초지위(初地位) 이상에서 십지(十地)에 이르기까지 앞의 이중(二重)의 유사한 발심에 의거하여 법신(法身)을

증득(證得)하고 진심(眞心)을 일으킨다.462)

B-Ⅲ-3-①
신성취발심(信成就發心)

> 信成就發心者는 依何等人하고 修何等行하야 得
> 신성위발심자   의하등인   수행등행   득
> 信成就하고 堪能發心이닛고
> 신성취   감능발심
> 信成就發心者 依何位修何行 得信成就堪能發心
> <믿음을 성취하는 발심은 어떤 위치에서 어떻게 수행하여 믿음의 성취를 얻고 발심하겠는가?>

[역] 믿음을 성취하는 발심은 어떤 사람들이 의지하고 어떤 수행을 하여 믿음을 성취하고 발심할 수 있을까?

[참]▶ 발심(發心)은 찟또뜨빠-다(cittotpāda)이고, 이 말은 발보리심(發菩提心)의 줄인 말입니다. 발보리심은 보디 찟따 사무뜨빠-다(bodhicitta-samutpāda) 또는 보디찟또뜨빠-다(bodhi citto-tpāda)입니다. 찟또뜨빠-다(cittotpāda)는 마음을 의미하는 찟따(citta)와 일으킨다는 의미의 우뜨빠-다(utpāda)가 합성된 말로 '마음을 낸다.' '마음을 일으킨다'는 뜻입니다. 수행의 뜻을 가지고 새로운 각오로 나서는 것을 의미합니다. 사무뜨빠-다(samutpāda)는 우뜨빠-다(utpāda)에 함께라는 접두사 삼(sam)이 붙여져 보디 찟따 사무뜨빠-다(bodhicitta-samutpāda)라고 하면 보리심과 함께 일으킨다는 뜻이니 발보리심(發菩提心)이 됩니다.

특히 대승불교에서는 처음에 마음을 내는 것을 중요하게 생각하여 처음 발심 할 때 정각(正覺)을 이룬다거나463) 처음 발심할

---

462) 起信論疏:<44-219中末>信成就發心者 位在十住 兼取十信 十信位中修習信心 信心成就 發決定心 即入十住 故名信成就發心也.
解行發心者 在十迴向 兼取十行 十行位中 能解法空 隨順法界 修六度行 六度行純熟 發迴向心 入向位故 言解行發心也.
證發心者 位在初地以上 乃至十地 依前二重相似發心 證得法身發眞心也.

463) 華嚴經 8:<9-449하> 初發心時便成正覺.

때 이승(二乘)보다 낫다고 말하기도 합니다.464)

▶ 감능(堪能)에서 감(堪)은 능(能)과 같은 의미로 '능히 할 수 있다'는 뜻입니다.

【해】논에 이르기를, 믿음[信]으로 말미암아 법을 지킬 수 있고, 지혜[智慧]로 말미암아 사실과 같이 깨닫는다. 믿음과 지혜 중에 지혜가 가장 훌륭하나 먼저 믿음을 빌려 행동으로 나아간다고 했으니,465) 믿음은 모든 수행의 첫 출발점이라 말할 수 있습니다. 경에 믿음은 도의 근원이요 공덕의 모체라고 했습니다.466) 원효 스님은 이렇게 말합니다.

신성취발심은 위(位)가 십해(十解) 이전에 있는 부정취(不定聚) 때에 있다. 신심(信心)을 닦아 익히면서 일만겁(一萬劫)을 지나 신심을 성취하고 정정위(正定位)에 들어가는데 이것이 바로 십해(十解)요 십주(十住)이며 십신(十信)이며 습종성(習種性)이라 한다.467)

所謂依不定聚衆生이 有熏習善根力故로 信業果
소위의부정취중생   유훈습선근력고   신업과
報하야 能起十善하고 厭生死苦하며 欲求無上菩提
보   능기십선   염생사고   욕구무상보리
하야 得値諸佛하면 親承供養하고 修行信心하기를
      득치제불   친승공양   수행신심
經一萬劫이면 信心이 成就故니라
경일만겁   신심   성취고
當知是人依不定聚 以法熏習善根力故 深信業果行十善道 厭
生死苦求無上覺 値遇諸佛及諸菩薩 承事供養修行諸行 經十

---

464) 華嚴經 25:<9-362중> 初發心時勝於二乘.
465) 寶行王正論:<32-493중> 因信能持法 由智如實了 二中智最勝 先藉信發行.
466) 大方廣佛華嚴經 14:<10-72중> 信爲道元功德母.
467) 大乘起信論別記:<44-240상> 信成就發心 位在十解前 在不定聚時 修習信心 逕一萬劫信心成就 入正定位 卽是十解 亦名十住 亦名十信 亦名習種性.

> 千劫信乃成就
> <마땅히 알라. 이 사람은 부정취(不定聚)에 속한다. 법을 훈습하는 선근의 힘으로 업의 과보를 깊이 믿어 십선(十善)의 길을 행하여 생사의 고를 싫어하고 위없는 깨달음을 구해 모든 부처나 보살들을 만나 받들어 섬기고 공양하며 여러 가지 수행을 닦아 십천겁(十千劫)을 지나면 마침내 믿음을 성취하게 된다.>

역 소위 믿음이 확고부동하지 못한 중생들이 해당된다. 훈습하여 선근(善根)의 힘을 가지게 되기 때문에 행위의 과보를 믿고 열 가지 선(善)을 일으킬 수 있어 나고 죽는 괴로움을 싫어하며 최고의 깨달음을 얻고자 한다. 부처님을 만나면 몸소 받들어 공양하고 신심(信心)을 닦아 행하기를 일만겁(一萬劫)을 지나면 신심이 성취되기 때문이다.

참▶ 부정취중생(不定聚衆生)은 산스끄리뜨로 아니야따하 삿뜨와 라-쉬히(Aniyataḥ sattva-rāśiḥ)인데, 아니야따하(Aniyataḥ)의 어두(語頭)의 아(a)는 부정의 접두사이고, 이말(語末)의 'ḥ'는 위사르가(visarga)라고 하며, 끝을 의미하고, 발음은 바로 앞의 모음의 영향을 받습니다. 니야따(niyata)는 '고정되었다' '묶였다'는 뜻이니468) 아니야따는 고정되지 않았다거나 묶이지 않았다는 뜻이며, 삿뜨와(sattva)는 중생(衆生)으로 번역되는 말이고, 라-쉬(rāśi)는 무리나 그룹(group)이란 뜻입니다.469) 따라서 부정취중생이란 '고정되어 있지 않은 중생의 무리'라는 뜻입니다. 마음이 깨달음을 향해서 굳건하게 서 있지 못하다는 말입니다.

▶ 십악(十惡)은 남의 목숨 빼앗고, 남의 것 훔치며, 삿된 음행하고, 거짓말하고 이간질하며, 욕하고 헐뜯으며, 하지 않아야 할 말을 하며, 욕심내고, 성질내며, 삿된 견해 등을 열 가지 악[十惡]이라 하고 이것을 뒤집으면 열 가지 선[十善]이라 합니다.470) 따라서 선과 악은 상대적 가치이지 고정불변의 절대적

---
468) S.E.D. P-552. col. 1
469) S.E.D. P-879.
470) 寶行王正論:<32-493중> 殺生盜邪婬 妄言及兩舌 惡罵不應語 貪瞋與邪見 此法名十惡 飜此卽十善.

가치는 아닙니다.

  그래서 선종(禪宗)에서는 선악과 같은 상대적인 것에 사로잡혀서는 안 된다는 뜻에서 일체선악도막사량(一切善惡都莫思量)을 말했습니다. 무엇이 선이고 무엇이 악이냐고 물으면 대답이 어렵습니다. 선과 악은 그 때 그 상황에서 바람직한 것이면 선이고 바람직하지 못하면 악일 뿐입니다. 따라서 선과 악은 선행이나 악행을 통해서 드러납니다. 그러니까 남에게 기쁨을 주는 행동이 선(善)이고 복(福)이라는 것입니다.471) 그러나 선이나 악이 이미 결정되어 변하지 않는 것이라고 말하면 관념론(觀念論)이나 신학(神學)이 됩니다.

諸佛菩薩이 敎令發心하며 或以大悲故로 能自發心하며 或因正法欲滅하야 以護法因緣으로 能自發心하니 如是信心成就하야 得發心者는 入正定聚하야 畢竟不退하나니 名住如來種中하야 正因相應하느니라
從是已後 或以諸佛菩薩敎力 或以大悲 或因正法將欲壞滅 以法故而能發心 旣發心已入正定聚畢竟不退 住佛種性勝因相應
<그 이후로 혹은 부처나 보살의 교화의 힘으로써 발심하기도 하고, 혹은 대비(大悲)로써 발심하기도 하며, 혹은 정법(正法)이 파괴되고 소멸되려는 것을 말미암아 법을 보호하려는 뜻에서 발심하기도 한다. 발심한 뒤에 정정취(正定聚)에 들어가 끝내 물러나지 않고 부처의 종성[佛種性]에 머물러서 훌륭한 원인[勝因]에 부합된다.>

역 부처님이나 보살들이 발심하도록 하거나, 혹은 대비심(大悲心) 때문에 스스로 발심할 수도 있고, 혹은 정법(正法)이 없어지려고 함으로 말미암아 법을 보호하겠다는 인연으로 스스로 발심

---

471) 成實論 7:<32-292상> 令他得樂是名爲好 亦名爲善 亦名爲福.

할 수도 있다. 이와 같이 신심이 성취되어 발심하는 자는 확고 부동한 바른 믿음을 가진 무리에 들어가 끝끝내 물러나지 않나니, 이름 하여 여래의 종족(種族) 가운데 머물러 깨달음에 이르는 바른 원인에 부합한다고 한다.

참▶ 교령발심(教令發心)의 교령(教令)은 사역(使役)의 뜻으로 교령발심은 '발심하도록 한다'는 뜻이고, 대비(大悲)는 마하-까루나-(mahā karuṇā)인데, 여성명사인 까루나-는 남보다 뒤처진 입장에 있는 이들에 대한 연민어린 감정을 의미합니다. 논에 대비는 모든 부처님과 보살에게 있어서 공덕의 근본이요, 반야바라밀의 어머니이며, 모든 부처의 할머니이이다. 보살은 대비심 때문에 반야바라밀을 터득하고, 반야바라밀을 터득하기 때문에 부처가 된다고 하였습니다.472) 따라서 이대비고 능자발심(以大悲故 能自發心)이란 남보다 뒤처진 중생들을 불쌍하게 여기기 때문에 스스로 발심할 수 있다는 것이니, 약자를 돕기 위해 자발적으로 나선다는 말입니다.

▶ 정정취(正定聚)란 삼약뜨와 니야따 라-쉬(samyaktva-niyata-rāśi)로 삼약뜨와(samyaktva)는 '바르게'라는 뜻의 접두사인 삼약(samyak)의 추상명사로 '완전'·'완벽'이란 뜻이고, 니야따(niyata)는 '고정되었다'. '묶였다'는 뜻이며, 라-쉬(rāśi)는 무리나 그룹(group)이란 뜻으로 정정취라는 말의 의미는 '영원히 깨달음의 경지에 이르도록 정해져 있는 무리'라는 뜻입니다.

▶ 여래종(如來種)은 따타-가따 왕샤(Tathāgata vaṃśa)로 여래종성(如來種性)이라고 하기도 합니다. 왕샤(vaṃśa)는 종(種)이라 번역하는 말로 혈통, 문도(門徒), 친족 등의 뜻을 가지고 있는 말입니다.473) 그러니까 여래종(如來種)이라는 말은 여래의 혈통, 여래의 문도, 여래의 친족이란 뜻입니다.

---

472) 大智度論 20:<25-211중> 大悲是一切諸佛菩薩功德之根本 是般若波羅蜜之母 諸佛之祖母 菩薩以大悲心故 得般若波羅蜜 得般若波羅蜜故得作佛.
473) S.E.D. P-910 col.1

▶ 실차난타역의 승인(勝因)은 최승인(最勝因)과 같은 말로 가장 훌륭한 원인이란 뜻으로 부처가 될 수 있는 가장 직접적이고 훌륭한 원인을 말합니다.

若有衆生이 善根이 微少하고 久遠已來의 煩惱가
약유중생   선근   미소   구원이래   번뇌
深厚하면 雖値於佛하야 亦得供養이나 然이나 起人
심후   수치어불   역득공양   연   기인
天種子하야 或以二乘種子하나니 設有求大乘者라도
천종자   혹이이승종자   설유구대승자
根則不定이니 若進若退하며 或有供養諸佛하되 未
근즉부정   약진약퇴   혹유공양제불   미
經一萬劫이나 於中에 遇緣하면 亦有發心하나니 所
경일만겁   어중   우연   여유발심   소
謂見佛色相하야 而發其心하며 或因供養衆僧하야
위견불색상   이발기심   혹인공양중승
而發其心하며 或因二乘之人의 敎로 令發心하며
이발기심   혹인이승지인   교   령발심
或學他發心이라 하나 如是等發心은 悉皆不定이니
혹학타발심   여시등발심   실개부정
遇惡因緣하면 或便退失하야 墮二乘地니라
우악인연   혹편퇴실   타이승지

或有衆生 久遠已來善根微少 煩惱深厚覆其心故 雖値諸佛及諸菩薩承事供養 唯種人天受生種子 或種二乘菩提種子 或有雖求大菩提道 然根不定或進或退 或有値佛及諸菩薩供養承事修行諸行 未得滿足十千大劫 中間遇緣而發於心 遇何等緣 所謂或見佛形相 或供養衆僧 或二乘所敎 或見他發心 此等發心皆悉未定 若遇惡緣或時退墮二乘地故

〈혹 어떤 중생이 옛적부터 선근은 미약하고 번뇌는 깊고 두터워 그 마음을 덮었다면 비록 부처나 보살을 만나 받들어 섬기고 공양하더라도 다만 인간이나 천상에 태어나는 종자만 심는다. 혹은 이승의 보리종자(菩提種子)만 심는

> 다. 혹 큰 깨달음의 길을 찾는 일이 있다손 치더라도 근기가 정해지지 않아 앞으로 나아가기도 하고 뒤로 물러서기도 한다. 혹 부처나 보살들을 만나 공양하고 받들어 섬기며 보살행을 닦는 일이 있어도 십천겁(十千劫)을 완벽하게 채우지를 못하고도 중도에 인연을 만나 발심하기도 한다. 어떠한 인연을 만나는가? 말하자면 부처님의 형상을 보기도 하고, 혹은 뭇 스님들을 공양하기도 하고, 혹은 이승의 가르침을 받기도 하고, 혹은 남을 보고서 발심하기도 한다. 이러한 발심은 모두 확정적이지 못하다. 만약 나쁜 인연을 만나기라도 하면 어떤 때는 이승의 경지로 후퇴하여 떨어져 버리기 때문이다.>

역 만약 어떤 중생이 선근(善根)이 미약(微弱)하고 오랜 세월에 걸쳐 번뇌에 깊이 휩싸였다면 비록 부처님을 만나 공양을 하였더라도 인간세계나 천상세계에 태어나거나 성문(聲聞)이나 연각(緣覺)으로 태어나는 인연을 지었을 뿐이니 어쩌다가 대승을 구하는 자가 있다고 해도 그 근기가 확고부동하지 못해 앞으로 나아가기도 하고 뒤로 물러서기도 한다. 혹 부처님들을 공양하는 일이 있어도 아직 일만 겁을 지나지 않았고, 그 과정에서 인연을 만나 발심하기도 하는데, 이른 바 부처님의 거룩한 모습을 보고 발심하기도 하고, 혹은 여러 스님들을 공양한 인연으로 발심하기도 하며, 혹은 성문이나 연각들의 가르침을 말미암아 발심하기도 하고, 혹은 다른 사람에게 배워 발심하기도 한다. 이와 같은 발심은 모두가 확고부동한 것이 아니므로 사악(邪惡)한 인연을 만나게 되면 곧 퇴보하여 성문이나 연각의 경지로 타락하고 만다.

참▶ 부처님의 거룩한 모습을 보고 발심한다[見佛色相而發其心]는 것은 부처님의 육신이 가지고 있는 아름다움을 보고 발심한다는 것인데, 이것이 부처님이 가진 육신의 덕[色德]입니다. 부처님의 육신이 가진 32상(三十二相) 80종호(八十種好)는 부처님이 타고난 대장부상(大丈夫像)이었고, 이런 대장부상을 가지고 태어나는 사람은 정치를 하면 성군(聖君:Cakravartirāja:轉輪聖王)이 되고, 수행자가 되면 진리를 깨닫는 붓다(Buddha)가 된다는 전설이 옛날부터 인도에 있었습니다.

【해】 깨달아 중생을 제도하겠다는 자발적인 발심이 아닌 발심은 외부로부터 동기가 부여되어야만 하는 발심이므로 결국에는 이기적인 발심인 이승(二乘)의 발심이 된다는 것입니다. 석가모니의 발심출가(發心出家)도 사문유관(四門遊觀)에서 비롯되고 있으니 대승불교(大乘佛敎)의 논리로 볼 때는 이승(二乘)의 발심이 된다고 할 것입니다. 그래서 대승불교에서는 석가모니 부처님이 이 세상에 태어나는 것부터가 중생제도(衆生濟度)를 위한 것이었다고 말하는 것입니다.

復次 信成就發心者는 發何等心이닛고 略說하면 有三種하니 云何爲三이닛고 一者는 直心이니 正念眞如法故요 二者는 深心이니 樂集一切諸善行故요 三者는 大悲心이니 欲拔一切衆生苦故니라

復次信成就發心 略說有三 一發正直心 如理正念眞如法故 二發深重心 樂集一切諸善行故 三發大悲心 願拔一切衆生苦故

<다시 또 믿음을 성취하는 발심을 간단히 말하면 세 가지가 있다.
첫째, 바르고 곧은 마음을 일으킴이니, 이치답게 진여법을 정념(正念)하기 때문이다.
둘째, 깊고 신중한 마음을 일으킴이니, 모든 선행을 기꺼이 쌓기 때문이다.
셋째, 대비심(大悲心)을 일으킴이니, 모든 중생들을 고통에서 빼내기를 원하기 때문이다.>

【역】 다시 믿음을 성취하는 발심자(發心者)는 어떤 마음을 일으킨다는 뜻인가? 간단히 말해 세 가지가 있으니 첫째는 꼿꼿한 마음[直心]이니 진여법(眞如法)만을 마음에 간직하기 때문이고, 둘째는 깊은 마음[深心]이니 즐겁게 온갖 선행을 쌓기 때문이며, 셋째는 남을 불쌍히 여기는 큰마음[大悲心]이니 모든 중생을 고통에서 뽑아내려 하기 때문이다.

【참】▶ 직심(直心)은 보디 찟따(bodhi citta)로 거짓이 없고 초지일관(初志一貫)으로 진리를 추구하는 한결 같은 마음입니다. 흔히 보리심(菩提心)을 말합니다.

▶ 심심(深心)은 아디야-샤야(adhyāśaya)로 아디(adhi)와 아-샤야(āsaya)가 합성된 말로 아디(adhi)는 동사나 명사의 접두사로 '위'나 '넘어'의 뜻이고, 아-샤야(āsaya)는 쉬는 곳이라는 뜻으로474) 깊이 진리를 살펴서 아는 평온한 마음을 의미합니다.

▶ 대비심(大悲心)은 마하-까루나-(mahā karuṇā)로 까루나는 처지고 못난이들에게 쏟는 크나큰 연민(憐憫)을 말합니다.475) 처지고 못난이를 배려하고 돌보는 마음은 동물 가운데서 오직 우리 인간만이 가지는 특별한 마음인데, 이 마음은 자연적(自然的)이라기보다는 교육(敎育)을 통해 배양(培養)되는 것이라 할 것입니다.

【해】 담광(曇曠)은 설명하기를, 직심(直心)은 분별이 없다는 뜻으로 자리(自利)와 이타(利他) 두 가지 행(行)의 근본이고, 심심(深心)은 마음이 즐겁다는 뜻으로 자리행(自利行)의 근본이며, 대비심(大悲心)은 널리 구제한다는 뜻으로 이타행(利他行)의 근본이라고 했습니다.476)

問曰 上說하되 法界一相이요 佛體無二거늘 何故로
문왈 상설　　법계일상　　불체무이　　하고
不唯念眞如하고 復假求學諸善之行이닛고
불유념진여　　부가구학제선지행

問一切衆生一切諸法皆同一法界 無有二相 據理但應正念眞如 何假復修一切善行救一切衆生

<국> 모든 중생과 모든 법이 다 동일(同一)한 법계라서 두 모습이 없다고

---

474) S.E.D. p-157.
475) S.E.D. p-255.
476) 大乘起信論略述 卷下:<85-1114상> 言直心者 無分別義…卽是二利行之本也 言深心者 是意樂義…卽是自利行之本也 言大悲心者 是普濟義…卽是利他行之本也.

> 하였는데, 이치에 근거하면 오로지 진여만을 정념하면 될 터인데, 어째서 모든 선행을 닦고 중생을 구제해야 한다고 하는가?

역 문 앞에서 설하기를 법계는 한 모습이요 부처의 본체는 둘이 아니라고 하였는데, 어찌하여 오로지 진여만 간직하라고 말하지 않고 다시 한가롭게 여러 가지 선행을 배우고 구할 필요가 있는가?

참▶ 불체무이(佛體無二)에서 불체(佛體)는 부처가 되는 바탕이니 불성(佛性)이요, 깨달을 수 있는 성품이니 각성(覺性)입니다. 불성이나 각성은 중생이면 누구나 가지고 있으니 평등이요 무이(無二)입니다. 대승불교의 희망적인 대중생(對衆生) 메시지는 너나 나나 불성을 가졌다는 점에서 평등하다는 것인데, 부처님은 그 가능성을 실현한 분이요, 우리는 아직 구현(具現)하지 못했을 뿐입니다. 그래서 경에 나는 이미 이룬 부처요 너희는 장차 이룰 부처라고 말했습니다.477)

▶ 부가구학제선지행(復假求學諸善之行)에서 동사 앞에 쓰인 가(假)는 부사로 '한가롭다'는 뜻입니다. 따라서 다시 한가롭게 이런저런 선행을 추구하느냐는 뜻입니다.

【해】 법계일상(法界一相)이나 불체무이(佛體無二)는 진여(眞如)를 터득하는 자리(自利)와 이타(利他)를 구비한 직심(直心)이면 되는데, 무엇 때문에 선행(善行)을 쌓는 심심(深心)이 필요하냐는 물음입니다.

答曰 譬如하면 大摩尼寶가 體性明淨이나 而有鑛
답 왈 비여   대마니보   체성명정   이유광
穢之垢하니 若人이 雖念寶性이나 不以方便으로 種
예지구   약인   수념보성   불이방편   종
種磨治하면 終無得淨하나니 如是衆生의 眞如之法

---

477) 梵網經盧舍那佛說菩薩心地戒品 第十卷下:<24-1004상> 汝是當成佛 我是已成佛.

종마치　　　　종무득정　　　　　여시중생　　　진여지법
도 體性이 空淨하나 而有無量煩惱染垢하니 若人이
　　체성　　　공정　　　이유무량번뇌염구　　　약인
雖念眞如나 不以方便으로 種種熏修하면 亦無得
수념진여　　불이방편　　　종종훈수　　　역무득
淨하니라
정

答不然 如摩尼寶本性明潔在鑛穢中 假使有人勤加憶念 而不作
方便不施功力 欲求淸淨終不可得 眞如之法亦復如是 體雖明潔
具足功德 而被無邊客塵所染 假使有人勤加憶念 而不作方便不
修諸行 欲求淸淨終無得理

<답 그렇지 않다. 마치 마니보의 본성이 밝고 깨끗하지만 광석으로 있을 때는 더럽혀져 있는 것과 같아 설령 어떤 사람이 부지런히 생각만하고 방편을 쓰지 않고 공력을 들이지 않으면 청정함을 얻고자 해도 결국은 얻을 수가 없는 것과 같다. 진여의 법도 이와 같아서 진여 자체는 비록 밝고 깨끗하여 공덕을 갖추고 있지만 한없는 객진번뇌에 더럽혀져 있어서 설사 부지런히 생각하더라도 방편을 쓰지 않고 보살행도 닦지 않으면 청정함을 얻고자 해도 결국은 될 리가 없다.>

【역】【답】비유하면 마치 마니라는 큰 보배구슬이 그 자체의 속성이 투명하고 깨끗하더라도 광석일 때는 더러운 때가 있어서 만약 누구인가가 보배구슬의 속성을 생각한다고 하더라도　방편을 써서 갖가지로 갈고 닦지 않으면 끝내는 투명하고 깨끗함을 얻을 수 없는 것과 같다. 이와 같이 중생의 진여라는 것도 그 본체의 속성이 텅 비고 깨끗하지만 한량없는 번뇌에 물든 때가 있어 만약 누군가가 진여를 생각한다고 하더라도 방편을 써서 갖가지로 훈습하지 않는다면 그 역시 텅 비고 깨끗함을 얻을 수는 없을 것이다.

【해】아무리 훌륭한 이론(理論)일지라도 그것이 현실적이려면 실천(實踐)되지 않으면 안 된다는 의미입니다. 다시 말해 모든 인간이 부처님과 다름없는 심성[佛性]을 가졌을지라도 현실적으

로 부처의 모습을 드러내기 위해서는 바람직한 행동으로 나타나야 한다는 것입니다. 우리 속담에 부뚜막의 소금도 집어넣어야 짜다고 했습니다. 아무리 소금이 짜다고 해도 그 소금을 집어넣지 않으면 짜질 수가 없다는 것입니다.

> 以垢無量하야 遍一切法故로 修一切善行하야 以爲對治니라 若人이 修行一切善法하면 自然歸順眞如法故니라
> 是故要當集一切善行救一切衆生 離彼無邊客塵垢染顯現眞法
> <그러므로 모든 선행을 쌓고 중생을 구제하여 한없는 객진번뇌의 때와 오염을 벗어나 진여법을 드러낼 필요가 있다.>

[역] 번뇌의 때가 한량없어서 일체법(一切法㉯)에 두루 하기 때문에 이런저런 선행을 모두 닦아야 바로 잡을 수 있는 것이다. 만약 어떤 사람이 모든 선법(善法)을 닦아 행하면 자연스럽게 진여법에 돌아가 순리를 따를 것이다.

[참]▶ 수행일체선법(修行一切善法)이라는 말은 착하다고 말할 수 있는 여러 가지 행동거지를 의미합니다. 똑같은 행동일지라도 시간과 장소에 따라 착하다고 할 수 있고, 착하지 못하다고 할 수도 있습니다. 따라서 선법(善法)이라는 것은 정해진 어떤 규범이 아니라 그것을 행할 때의 평가에 달려 있다고 하겠습니다. 그래서 선악(善惡)은 인연따라 생긴다[善惡從緣生]고 했습니다. 선가(禪家)에서 일체선악도막사량(一切善惡都莫思量)이라고 하였는데, 선악과 같은 상대적인 개념들은 고정된 규범이 아니므로 고정된 시각으로 생각하고 판단하며 집착하지 말라는 뜻입니다. 연생(緣生)이기 때문에 무자성(無自性)입니다. 그래서 대용현전 부존궤칙(大用現前 不存軌則)이라 했습니다.

B-Ⅲ-3-①-㉮
신성취발심의 네 가지 방편

```
略說하면 方便에 有四種하니 云何爲四닛고
약 설      방 편   유 사 종   운 하 위 사
彼方便行略有四種
<방편행을 간추리면 네 가지가 있다>
```

[역] 간단히 말하면 방편에 네 가지 있으니, 그 넷은 어떤 것들인가?

【해】여기서 말하는 방편은 악(惡)을 억제하고 선(善)을 구현(具現)하는 현실에서의 수행을 의미합니다.

```
一者는 行根本方便이니 謂觀一切法하기를 自性이
일 자   행 근 본 방 편    위 관 일 체 법      자 성
無生이라 하고 離於妄見하야 不住生死하며 觀一切
무 생          이 어 망 견   부 주 생 사    관 일 체
法하기를 因緣和合하야 業果不失이라 하며 起於大
법       인 연 화 합   업 과 불 실         기 어 대
悲하고 修諸福德하야 攝化衆生하며 不住涅槃하나니
비      수 제 복 덕   섭 화 중 생    부 주 열 반
以隨順法性이 無住故니라
이 수 순 법 성  무 주 고
一行根本方便 謂觀一切法本性無生 離於妄見不住生死 又觀一切
法因緣和合業果不失 起於大悲修諸善行 攝化衆生不住涅槃 以眞
如離於生死涅槃相故 此行隨順以爲根本 是名行根本方便
<첫째 근본을 행하는 방편이다. 말하자면 모든 법의 본성이 무생(無生)임을
살펴 망견(妄見)에서 벗어나 생사(生死)에 매달리지 않는 것이다. 또 모든
법은 인연(因緣)의 화합(和合)이라 업의 과보는 어긋나지 않음을 살펴 대비
(大悲)를 일으켜 모든 선행을 닦고 중생을 포섭하여 교화하고 열반에 매달
리지 않는 것이다. 진여는 생사나 열반을 벗어난 모양이기 때문이다. 이 방
편행은 수순의 근본이라 생각함으로 근본을 행하는 방편이라 하는 것이다.>
```

[역] 첫 번째는 근본을 실천하는 방편[行根本方便]이니 소위 일체

법(一切法㉮)의 본래의 속성이 생기는 일이 없다는 것을 살펴 허망한 견해를 떨쳐버리고 나고 죽음에 매달리지 않는다. 또 일체법(一切法㉮)이 인연으로 화합하여 업의 과보는 어긋나지 않는다는 것을 살펴서 남을 불쌍히 여기는 큰마음을 일으켜 여러 가지 복과 덕을 닦고 중생을 포섭하여 교화하고 열반에 매달리지 않는 것을 말한다. 법성(法性)을 순리적으로 따르고 매달리지 않기 때문이다.

참▶ 여기서 말하는 법성(法性)은 다르마따-(dharmatā)로 연기법(緣起法)의 이치를 의미합니다. 다르마따-는 다르마의 추상명사로 법여(法如), 법이(法爾), 법성(法性), 제법실상(諸法實相), 법주(法住), 법위(法位), 진여(眞如)와 같은 의미입니다.478) 경에 법성에 대해 이와 같이 말했습니다.

  법성(法性)은 본래 고요하여 이런 저런 모습이 없으니, 마치 허공을 분별할 수 없는 것과 같다. 모든 집착을 초월하여 말로 표현할 방법도 없다. 진실로 평등하고 언제나 청정하다.
  만약 법성에 통달하면 있다거나 없다거나 마음이 흔들리지 않고, 세상을 구원하고자 부지런히 수행한다. 이 사람이 부처님 입에서 태어난 참된 불자이다.479)

용수보살은 이렇게 말합니다.

  법성은 제법실상이다. 마음속의 무명과 번뇌를 없애고 청정한 실관(實觀)으로 제법의 본성(本性)을 터득하는 것을 법성이라 한다. 법성의 성은 진실을 말한다. 그런데 중생들이 그릇되게 살피기 때

---

478) 雜阿含經 12:제296경:<2-84중> 此等諸法 法住 法空 法如 法爾 法不離如 法不異 如審諦眞實 不顚倒 如是隨順緣起 是名緣生法.
  大智度論 95:<25-725하> 諸法實相 如 法性 法住 法位 實際 是平等.
  大智度論 93:<25-710중> 無爲法是眞實法 所謂 如 法性 實際.
479) 大方廣佛華嚴經 37:<10-193중> 法性本寂無諸相 猶如虛空不分別 超諸取著絶言道 眞實平等常淸淨 若能通達諸法性 於有於無心不動 爲欲救世勤修行 此佛口生眞佛子.

문에 속박되나 바르게 살피므로 해탈한다.480)

초기 경전에 불자(佛子)에 대해 말하기를, 불자는 부처님의 입[佛口]을 따라 태어나고, 법의 교화[法化]를 따라 태어나 불법(佛法)을 나누어 갖는 사람이라고 했습니다.481)

불구생(佛口生)이란 불구소생자(佛口所生子)라는 말인데, 뿌뜨라 지나시야 아우라사-(putra jinasya aurasā)로 부처님의 설법에 의해 다시 태어난 사람, 부처님의 정통 후계자라는 뜻입니다. 뿌뜨라(putra)는 '길러지다'라는 제1류동사 어근 (√puṣ)에서 온 남성명사로 '자식'을 뜻하고, 지나시야(jinasya)는 지나(jina)의 속격(屬格)이니, '지나의', '지나에 의해'라는 뜻인데, 여기서 지나(jina)는 승리자라는 뜻에서 부처님을 의미합니다. 아우라사-는 아우라사의 복수(複數)로 아우라사(aurasa)는 가슴에서 낳는다는 뜻입니다.482) 따라서 뿌뜨라 지나시야 아루라사-는 '부처님의 가슴에서 태어난 자식들'이란 말입니다.

【해】 목전(目前)에 펼쳐지는 삼라만상의 참모습[諸法實相]을 정관(正觀)하는 것이 해탈의 길인데도 중생들을 사관(邪觀)하기 때문에 속박되어 있다는 것입니다. 정관(正觀)하기 위한 준비가 뒤[B-Ⅳ-2-⑤:417쪽]에서 말하는 지(止)와 관(觀)입니다.

二者는 能止方便이니	謂慚愧悔過하고	能止一切
이 자 능 지 방 편	위 참 괴 회 과	능 지 일 체
惡法하야 不令增長하나니	以隨順法性이	離諸過故
악 법 불 령 증 장	이 수 순 법 성	이 제 과 고니라
二能止息方便 所謂慚愧及以悔過		此能止息一切惡法令不增長

---
480) 大智度論 37:<25-334상> 法性者諸法實相 除心中無明結使 以淸淨實觀 得諸法本性 名爲法性 性名眞實 以衆生邪觀 故縛 正觀故解.
481) 雜阿含經 18:<2-132중> 佛子 從佛口生 從法化生 得佛法分者.
482) S.E.D. P-239. col.2.

> 以眞如離一切過失相故　隨順眞如止息諸惡　是名能止息方便
> <둘째, 멈추고 쉴 수 있게 하는 방편이다. 이르자면 부끄러워하고 허물을 뉘우치는 것을 말한다. 이는 모든 악법(惡法)을 멈추고 쉬게 하여 더 이상 늘거나 자라지 않도록 한다. 진여는 일체 과실(過失)을 벗어난 모습이기 때문이다. 진여를 수순하여 모든 악을 멈추고 쉬게 하므로 멈추고 쉴 수 있게 하는 방편이라 한다.>

【역】 두 번째는 멈출 수 있게 하는 방편[能止方便]이니 소위 부끄러워하고 허물을 뉘우쳐서 사악한 법을 모두 멈추고 늘거나 자라지 못하도록 하는 것이다. 법성을 순리적으로 따르고 모든 허물을 벗어나기 때문이다.

【참】▶ 참괴(慚愧)는 부끄러움을 말하지만 참(慚)은 스스로 자신의 양심에 부끄러움을 느끼는 마음이요, 괴(愧)는 타인에 대하여 부끄러움을 느끼는 마음을 말합니다. 부끄러운 마음은 죄와 악의 근원인 탐욕과 성냄과 어리석음을 없애게 하는 바탕이 될 수 있기 때문에 해탈로 나아갈 수 있다고 봅니다.

【해】 경에 수행자는 부끄러움으로 옷을 삼는다고 했고,483) 부끄러움이 없으면 부처님의 제자가 아니라고 했습니다.484) 따라서 불자는 자기반성을 게을리 해서는 안 됩니다.

> 三者는 發起善根增長方便이니 謂勤供養禮拜三
> 삼자　　발기선근증장방편　　　　위근공양예배삼
> 寶하고 讚嘆隨喜하며 勸請諸佛하나니 以愛敬三寶
> 보　　　찬탄수희　　　권청제불　　　이애경삼보
> 淳厚心故로 信得增長하고 乃能志求無上之道하며
> 순후심고　　신득증장　　　내능지구무상지도

---

483) 中阿含經 15:<1-519중> 如是比丘比丘尼以慚愧爲衣服.
484) 舊雜譬喩經 下:<4-519상> 無有慚愧非佛弟子也.

又因佛法僧力의 所護故로 能消業障하야 善根이
우인불법승력   소호고   능소업장   선근
不退하나니 以隨順法性이 離癡障故니라
불퇴   이수순법성   이치장고

三生長善根方便 謂於三寶所起愛敬心 尊重供養頂禮稱讚 隨
喜勸請正信增長 乃至志求無上菩提 爲佛法僧威力所護 業障
淸淨善根不退 以眞如離一切障具一切功德故 隨順眞如修行善
業 是名生長善根方便

<셋째, 선근을 낳고 키우는 방편이다. 말하자면 삼보가 있는 곳에서 사랑하고 공경하는 마음을 일으켜 존중하고 공양하며 정중히 예배하고 칭찬하여 기쁨으로 권하고 청하며 바른 믿음을 키우고 나아가 위없는 깨달음을 얻고자 뜻을 세우는 것이다. 불법승 삼보의 위신력이 보호해 주어 업장이 청정해 지고 선근이 물러서지 않는다. 진여는 모든 장애를 벗어나 모든 공덕을 갖추었기 때문이다. 진여를 수순하여 선업을 닦으므로 선근을 낳고 키우는 방편이라 말한다.>

역 세 번째는 선근(善根)을 일으켜 늘리고 키우는 방편[發起善根增長方便]이니, 소위 부지런히 삼보(三寶)를 공양하고 예배하며 삼보를 찬탄하고 남의 선행이나 남의 좋은 일을 자기 일처럼 기뻐하며 여러 부처님께 설법을 청하는 것을 말한다. 삼보를 사랑하고 공경하는 순수하고 돈독한 마음 때문에 믿음이 늘고 자라며 드디어는 최고의 깨달음을 얻으려는 뜻을 세운다. 또한 불법승(佛法僧) 삼보의 힘으로 말미암아 보호받기 때문에 업장(業障)을 소멸하고 선근이 물러나지 않는다. 법성을 순리적으로 따라 어리석음의 장애를 벗어나기 때문이다.

참▶ 수희(隨喜)는 아누모다나-(anumodanā)의 번역인데, 이 말은 접두사 아누(anu)와 모다나(modana)의 여성형이 합성된 말입니다. 접두사 아누(anu)는 '같이', '함께'라는 의미이고,485) 모

---

485) S.E.D. P-31 col1. 3. anu.

다나(modana)는 기뻐하는 행위를 뜻하므로 같이 기뻐한다는 뜻입니다.486) 아누모다(anumoda)를 보통 수희(隨喜)라고 번역하기도 하는데, 아누모다나(anumodana)는 보시를 받은 이가 시주(施主)를 위해 기원(祈願)하는 것을 말합니다.

> 四者는 大願平等方便이니 所謂發願하기를 盡於
> 사 자   대원평등방편   소위발원   진어
> 未來에 化度一切衆生하야 使無有餘하며 皆令究
> 미래   화도일체중생   사무유여   개령구
> 竟無餘涅槃케 하나니 以隨順法性이 無斷絶故니라
> 경무여열반   이수순법성   무단절고
> 法性이 廣大하야 遍一切衆生하고 平等無二하야 不
> 법성   광대   변일체중생   평등무이   불
> 念彼此하니 究竟寂滅故니라
> 념피차   구경적멸고
> 四大願平等方便 謂發誓願盡未來際 平等救拔一切衆生 令其安
> 住無餘涅槃 以知一切法本性無二故 彼此平等故 究竟寂滅故
> 隨順眞如此三種相發大誓願 是名大願平等方便
> <넷째, 대원평등방편이다. 말하자면 미래제(未來際)가 다하도록 평등하게 모든 중생을 구제하여 무여열반에 편히 머물도록 하겠다고 서원하는 것이다. 일체법의 본성은 둘이 없기 때문이요, 피차가 평등하기 때문이요 궁극적으로 적멸함을 알기 때문이다. 진여를 수순하는 이와 같은 세 가지 모습으로 대서원(大誓願)을 일으키므로 대원평등방편(大願平等方便)이라고 한다.>

[역] 네 번째는 모두가 하나가 되기를 바라는 방편[大願平等方便]이니, 소위 미래세가 다하도록 모든 중생들을 교화하고 제도하여 한 중생도 예외 없이 모두 궁극적으로 무여열반(無餘涅槃)에 들도록 원력을 세우는 것이다. 법성을 순리적으로 따르는 것이 단절(斷絶)이 없기 때문이다. 법성(法性)이 넓고 커서 모든 중생들에게 두루 하며 평등하고 둘이 없기 때문에 이것저것을 생각

---
486) S.E.D. P-835.

하지 않아서 마침내는 적멸(寂滅)이기 때문이다.

[참]▶ 열반에 대해 무여열반(無餘涅槃)이나 유여열반(有餘涅槃)과 같은 구분은 부처님이 돌아가신 후에 생긴 말입니다. 부처님이 서른다섯 살에 깨달음을 얻고 여든 살에 세상을 떠나실 때까지의 삶이 바로 열반(涅槃)이었습니다. 그러나 부처님이 여든 살에 세상을 떠나시는 사건이 있게 되자 부처님의 죽음이란 도대체 무엇이냐는 의문이 생겼고, 부처님의 임종을 설명하면서 무여열반과 유여열반이란 말을 하게 되었습니다.

무여열반(無餘涅槃)은 산스끄리뜨로 니루빠디쉐샤 니르와-나(nirupadhiśeṣa nirvāṇa)인데, 니루빠디쉐샤(nirupadhiśeṣa)는 니르(nir)와 우빠디(upadhi)와 쉐샤(śeṣa)가 합성된 말로 니르(nir)는 부정의 접두사이고, 우빠디(upadhi)는 '간직해두다, 숨겨두다'라는 제3류동사 어근(upa-√dhā)에서 온 남성명사로 '고통을 받게 하는 어떤 조건'이라는 뜻이고,487) 쉐샤(śeṣa)는 '남기다'라는 제7류동사 어근(√śiṣ)에서 온 남성명사로 '남은 것, 남겨진 것'이라는 말이니,488) 니루빠디쉐샤는 고통을 받게 하는 어떤 조건도 남아 있지 않다는 뜻입니다.

열반은 니르와나(nirvāṇa)의 음역으로 '불어서 끄다, 진화(鎭火)하다, (열정이나 분노를) 가라앉히다, 기쁘게 하다' 등의 뜻을 가진 제2류동사 어근(nir-√vā)의 과거수동분사입니다.489) 따라서 고통을 받게 하는 어떤 조건도 남아있지 않은 열반이 무여열반이니 완벽한 열반을 의미합니다.

무여열반에 반대되는 말이 유여열반인데, 유여열반(有餘涅槃)이라는 말은 소빠디쉐샤 니르와-나(sopadhiśeṣa nirvāṇa)입니다. 소빠디쉐샤는 사 우빠디쉐샤(sa upadhiśeṣa)의 연성(連聲)으

---

487) S.E.D. P-199.
488) S.E.D. P-1088.
489) S.E.D. P-557.

로 접두사 사(sa)는 '가지고, 더불어, 함께'라는 의미이니, 유여열반은 고통을 받게 하는 어떤 조건이 남아 있는 열반이란 뜻입니다. 그러니까 고통을 받게 하는 어떤 조건이란 부처님이 살아있는 동안의 육신(肉身)을 의미합니다. 그러니까 부처님이 살아계시는 동안은 유여열반이고 육신마저 거두고 돌아가시는 죽음을 무여열반이라 설명한 것입니다.

그러나 위의 본문에서 말하는 무여열반은 부처님의 죽음과 연관지어서 말하는 유여열반(有餘涅槃)의 상대적인 개념이 아니라 깨달음을 통해 일체의 번뇌로부터 벗어난 해탈의 경지를 말합니다. 무여열반(無餘涅槃)을 부처님의 죽음과 연결하여 생각하게 되면 어느 철학자의 말대로 불교는 죽음을 찬양하는 종교라는 망발을 하게 됩니다.490)

▶ 적멸(寂滅)은 샨-띠(śānti)나 니로다(nirodha)로 열반(涅槃)을 의미합니다. 샨띠는 '노여움, 슬픔, 싸움 등을 진정시키다'라는 뜻의 제4류동사 어근(√śam)에서 온 여성명사로 '침착하여 마음의 동요가 없는 평정(平靜)이나 마음의 평화'를 의미하고,491) 니로다는 '억제하다, 진압하다'라는 동사(ni-√rudh)에서 온 남성명사로 '제지, 억제'를 뜻하며492) 흔히 열반이란 번역하는 니르와-나(nirvāṇa)도 적멸이라고도 합니다. 경에 모든 존재는 본래부터 항상 스스로 적멸(寂滅)의 모습이라고 했고,493) 신라의 원효(元曉) 스님은 적멸(寂滅)은 일심(一心)을 말하며, 일심은 여래장(如來藏)을 이른다고 했습니다. 494)

---

490) 『도올 김용옥의 금강경강해』 167쪽에 '그럼 불교는 죽음의 예찬의 종교인가? 그렇다! 다음의 시구를 보라! 乾坤一戱場 人生一悲劇 건곤은 하나의 연극무대 인생은 하나의 비극일 뿐………나는 불교를 생각할 때, 비극을 생각한다. 나는 불타를 생각할 때 비극적 삶에 대한 연민을 생각한다. 존재한다는 것, 그것 바로 그것이 비극이련만, 아무것도 의미하지 않는 이야기이련만, 그토록 울부짖으며 우리는 매달려야 하는가?'
491) S.E.D. P-1064.
492) S.E.D. P-554.
493) 法華經1:<9-8중> 諸法從本來 常自寂滅相.

B-Ⅲ-3-①-㈑
신성취발심의 공덕

> 菩薩은 發是心故로 則得少分으로 見於法身이니
> 보살   발시심고   즉득소분   견어법신
> 以見法身故로 隨其願力하야 能現八種하고 利益
> 이견법신고   수기원력   능현팔종   이익
> 衆生하나니 所謂從兜率天退하야 入胎 住胎 出胎
> 중생   소위종도솔천퇴   입태 주태 출태
> 出家 成道 轉法輪 入於涅槃하나니라
> 출가 성도 전법륜 입어열반
>
> 菩薩如是發心之時 則得少分見佛法身 能隨願力現八種事 謂從
> 兜率天宮來下入胎住胎出 胎出家成佛轉法輪般涅槃
>
> <보살이 이와 같이 발심할 때, 부분적으로 부처의 법신을 보고 원력에 따라 여덟 가지 모습을 나타낼 수 있다. 말하자면 도솔천궁에서 내려와 태속에 들어가 머물다가 태에서 나오고, 태에서 나와 출가하여 성불하고 법륜을 굴리다가 열반에 들어가는 것이다.>

【역】 보살이 이런 마음을 내기 때문에 약간이나마 법신을 볼 수 있으니, 법신을 보기 때문에 그 원력(願力)에 따라 여덟 가지 방식으로 자신을 나타내 중생을 이익이 되게 할 수 있다. 소위 저 도솔천(兜率天)에서 물러나, 어머니 뱃속에 들어가고, 뱃속에 머물다, 뱃속에서 나와, 출가하고, 도를 이루고, 법을 전하고, 대열반인 임종에 드는 것이다.

【해】 이것을 부처님의 일생을 나타내는 팔상(八相)이라 하고, 오늘날 사찰 벽화의 화제(畵題)가 되고 있습니다. 소위 팔상(八相)은 도솔래의상(兜率來儀相), 비람강생상(毘藍降生相), 사문유관상(四門遊觀相), 유성출가상(踰城出家相), 설산수도상(雪山修道相), 수하항마상(樹下降魔相), 녹원전법상(鹿苑傳法相), 쌍림열반

---

494) 金剛三昧經論 上:<34-964중> 寂滅者名爲一心 一心者名如來藏.

상(雙林涅槃相)을 말합니다.

> 然이나 是菩薩은 未名法身이니 以其過去無量世
> 연   시보살   미명법신   이기과거무량세
> 來로 有漏之業을 未能決斷이요 隨其所生에 與微
> 래   유루지업   미능결단   수기소생   여미
> 苦로 相應하나 亦非業繫니 以有大願自在力故니라
> 고   상응   역비업계   이유대원자재력고
> 然猶未得名爲法身 以其過去無量世來有漏之業未除斷故 或由惡
> 業受於微苦 願力所持非久被繫
> <그러나 아직은 법신이라 부르지 않는다. 과거 무량한 세월의 유루업(有漏業)을 아직 끊어버리지 않았기 때문에 혹 악업으로 말미암아 미미한 고통을 받지만 원력을 가지고 있어 오래도록 업에 묶여 있지는 않는다.>

역 그러나 이 보살은 아직 법신(法身)이라 하지 않는다. 과거 한량없는 세월 이래로 유루(有漏)의 업(業)을 아직은 완전히 끊어버리지 못하여 그 태어남을 따라 미미한 고(苦)와 서로 부합하지만 그 또한 업에 얽혀 매인 것은 아니니 대원력(大願力)의 자유자재한 힘이 있기 때문이다.

참▶ 유루(有漏)는 사-스라와(sāsrava)인데, 이 말은 접두사 사(sa)와 아-스라와(āsrava)가 합성된 것으로 접두사 사(sa)는 '첨부하여, 함께, …을 가진'이란 뜻이고, 아-스라와(āsrava)는 '흐르다'라는 동사 어근(ā-√sru)에서 온 남성명사로 '밥이 끓을 때 나는 거품이나 외부대상을 향해 쏟는 감각적 활동'이란 뜻입니다. 따라서 사-스라와(sāsrava)는 외부에 관심을 기울이는 마음을 가졌다는 뜻입니다. 밥이 끓을 때 솥에서 거품이 나오듯이 자기 밖의 대상을 향해 관심을 쏟으면 자기 마음의 평정을 잃는다는 뜻이라 하겠습니다.

> 如修多羅中에 或說有退墮惡趣者는 非其實退니
> 여 수 다 라 중   혹 설 유 퇴 타 악 취 자   비 기 실 퇴
> 但爲初學菩薩이 未入正位하야 而懈怠者를 恐怖니
> 단 위 초 학 보 살   미 입 정 위   이 해 태 자   공 포
> 라 令使勇猛故니라
>   령 사 용 맹 고
>
> 有經中說 信成就發心菩薩 或有退墮惡趣中者 此爲初學心多懈
> 怠不入正位 以此語之令增勇猛 非如實說
> <경에 '신성치발심을 한 보살도 혹 악취(惡趣) 가운데 떨어지기도 한다'고
> 하였는데, 이는 처음으로 배우는 마음에 게으름이 많아 정위(正位)에 들어
> 가지 못하기 때문에, 이것을 말해 용맹심을 발휘하도록 하는 것이지 사실
> 을 말한 것은 아니다.>

【역】 경중에 혹 물러나서 악취(惡趣)에 떨어지는 자가 있다고 말하는 것은 그것은 실제로 물러난다는 것이 아니라 다만 처음 배우는 보살이 아직 바른 자리에 들어가지 못했는데도 나태하다면 겁나고 두렵게 하여 용맹정진하게 하고자 하기 때문이다.

【참】▶ 악취(惡趣)는 두르가띠(durgati)로 두르(dur)는 '아주 나쁘고 어려운'이란 의미이고, 가띠(gati)는 간다는 제1류동사 어근(√gam)에서 온 여성명사로 '들어간다'는 말입니다. 따라서 두르가띠는 험악하고 힘든 곳으로 들어간다는 의미입니다. 악취(惡趣)는 악업을 지어 그 과보로 가게 되는 험악한 세계를 뜻합니다.

【해】 불교에서 말하는 악취(惡趣)는 절대자의 심판에 의해 억지로 끌려가는 세상이 아니라 내 자신의 행동의 결과로 내가 받는 과보이니 내가 그 세상을 만들고 그쪽으로 향해 간다는 의미를 가지고 있습니다. 따라서 내가 잘못한 만큼 대가를 치루고 나면 그 세계에서 벗어날 수 있으니, 선취(善趣)라고 영원한 행복이 아니고 악취(惡趣)라고 해서 영원한 고통은 아닙니다. 선취

는 내가 선업을 닦은 만큼만 복을 누릴 뿐 영원한 행복이 보장되지 않습니다. 그러니까 불교의 업설(業說)에서 말하는 선취나 악취는 이미 숙명적(宿命的)으로 결정되어 있는 운명(運命)이 아니고 나의 자유의사(自由意思)에 따른 행동의 결과일 뿐입니다. 이런 점에서 신학(神學)에서 말하는 지옥과 불교(佛敎)에서 말하는 지옥은 다릅니다. 신학에서 말하는 지옥은 언제 끝날지 알 수 없는 고통이지만 불교에서 말하는 지옥은 잘못한 만큼만 죗값을 치루면 벗어날 수 있는 것입니다.

> 又是菩薩은 一發心後에 遠離怯弱하야 畢竟不畏
> 우시보살   일발심후   원리겁약   필경불외
> 墮二乘地니라 若聞無量無邊阿僧祇劫에 勤苦難
> 타이승지   약문무량무변아승기겁   근고난
> 行하야 乃得涅槃이라도 亦不怯弱하나니 以信知一
> 행   내득열반   역불겁약   이신지일
> 切法이 從本已來로 自涅槃故니라
> 체법   종본이래   자열반고
> 又此菩薩一發心後 自利利他修諸苦行 心無怯弱尚不畏墮二乘之地 況於惡道 若聞無量阿僧祇劫勤修種種難行苦行方始得佛 不驚不怖 何況有起二乘之心及墮惡趣 以決定信一切諸法從本已來性涅槃故
> <또 이 보살은 한번 발심한 후 자리이타(自利利他)의 모든 고행을 닦는다. 마음에 비겁하고 나약함이 없어서 이승에 떨어지는 것도 두려워하지 않겠거늘 악도에 떨어지는 것을 두려워하겠는가. 만약 한량없는 아승기겁에 부지런히 갖가지 난행고행(難行苦行)을 닦아야만 비로소 부처가 된다는 말을 들어도 놀라지도 않고 두려워하지도 않거늘 하물며 이승의 마음을 내어 악취에 떨어지기까지 하겠는가. 일체 모든 법은 본래부터 열반이라는 것을 확고하게 믿기 때문이다.>

[역] 또한 이 보살은 한 번 발심한 후에 겁이 많고 마음이 약한 것을 멀리 떨쳐버려 끝끝내 성문이나 연각의 경지로 떨어지는 것을 두려워하지 않는다. 만약 헤아릴 수도 없고 끝도 없는 아

승기겁(阿僧祇劫)에 걸쳐 부지런히 고통스럽고 어려운 수행을 해야만 드디어 열반을 얻는다는 말을 듣더라도 그 또한 겁내거나 심약(心弱)해지지 않는다. 일체법이 본래부터 그 자체가 열반이라는 것을 알고 확신하기 때문이다.

참▶ 아승기겁(阿僧祇劫)의 아승기는 아상키야(asaṃkhya)로 '셀 수 없다'는 뜻에서 무수(無數)로 번역하는 말인데, 십진법(十進法)으로 10^{59}[10의 59승(乘)]이나 되는 큰 수라고 합니다.

또한 겁(劫)은 깔빠(kalpa)의 음역으로 '헤아릴 수 없이 긴 시간'을 뜻합니다. 용수(龍樹)보살은 겁을 반석겁(盤石劫)과 개자겁(芥子劫)으로 비유하여 설명했습니다.495)

개자겁은 사방 4십 리나 되는 성(城)에 개자를 가득 채워놓고 100년마다 한 알씩 꺼내어 모두 없어지는 세월이라 합니다. 그리고 반석겁은 사방 4십 리나 되는 돌산을 천인(天人)이 가볍고 얇은 천의(天衣)를 입고 100년 마다 한 번씩 스치고 지나가 그 돌산이 닳아 없어지는 세월이라고 합니다.

아승기(阿僧祇)가 상상하기조차 어려운 큰 수인데, 겁(劫)마저 연월일(年月日)로 계산할 수 없는 길고긴 세월이니, 아승기겁(阿僧祇劫)은 천문학적(天文學的)인 시간 단위로는 도저히 계산할 수 없는 긴 세월이라는 것을 알 수 있습니다.

보살이 발심하여 부처가 되기까지 걸리는 시간이 그토록 아득하므로 이미 부처가 되신 분의 공덕은 상상할 수 없이 많다는 것입니다. 그래서 부처님에 대한 믿음을 강조합니다.

---

495) 大智度論 5:<25-100하>

B-Ⅲ-3-②
해행발심(解行發心)

> 解行發心者는 當知하라 轉勝이니라 以是菩薩이 從
> 해행발심자 당지   전승   이시보살   종
> 初正信已來로 於第一阿僧祇劫이 將欲滿故니라
> 초정신이래   어제일아승기겁   장욕만고
> 於眞如法中에 深解現前하야 所修가 離相이니라
> 어진여법중   심해현전   소수   이상
> 解行發心者當知轉勝 初無數劫將欲滿故 於眞如中得深解故 修
> 一切行皆無著故
> <해행발심은 더 훌륭한 것임을 알아야 한다. 애초의 무수겁(無數劫)을 채우려고 할 때 진여 가운데서 깊은 이해를 얻기 때문이고 모든 수행을 하면서 집착이 없기 때문이다.>

[역] 이해하고 수행하는 발심[解行發心]은 신성취발심(信成就發心)보다 더 훨씬 훌륭한 단계라는 것을 알아야만 한다. 이 보살은 처음 바른 믿음으로부터 첫 번째 아승기겁(阿僧祇劫)을 막 채우려하기 때문에 진여에 대한 깊은 이해가 목전에 나타나 닦는 것은 상(相)을 버리는 것이니라.

【해】보살이 발심하여 성불하기까지의 기간을 삼아승기겁(三阿僧祇劫)이라고 하는데, 십신(十信)·십주(十住)·십행(十行)·십회향(十廻向)까지 40위(位)를 닦는데 1아승기겁이 걸리고, 십지(十地) 가운데 초지(初地)에서 제7지까지 닦는데 1아승기겁이 걸리고, 보살십지(菩薩十地) 가운데 제8지에서 보살진지(菩薩盡地)인 제10지까지 닦는데 1아승기겁이 걸린다고 했습니다. 그러니까 제1아승기겁은 십신·십주·십행·십회향 등 40위를 닦는 기간을 말합니다.

보살이 깨달음을 얻는 기간이 상상할 수조차 없는 긴 세월이므로 사람들은 아예 자신의 노력으로 깨닫는다는 것을 포기한다고 보아 중국 선종에서는 돈(頓:yugapad)이라는 새로운 개념을 제시하였습니다. 유가빠드(yugapad)는 어떤 일이 동시에 일어난다는 말입니다.496)

무념(無念)이나 일념(一念)만 얻을 수 있다면 무량겁의 시간도 초월할 수 있다고 하여 일념즉시무량겁(一念卽是無量劫)이요 무량원겁즉일념(無量遠劫卽一念)을 주장합니다.

以知法性體가 無慳貪故로 隨順修行檀波羅蜜하며
이 지 법 성 체   무 간 탐 고   수 순 수 행 단 바 라 밀
以知法性이 無染하야 離五欲過故로 隨順修行尸
이 지 법 성   무 염   이 오 욕 과 고   수 순 수 행 시
波羅蜜하며 以知法性이 無苦하야 離瞋惱故로 隨
바 라 밀   이 지 법 성   무 고   이 진 뇌 고   수
順修行羼提波羅蜜하며 以知法性이 無身心相하야
순 수 행 찬 제 바 라 밀   이 지 법 성   무 신 심 상
離懈怠故로 隨順修行毘梨耶波羅蜜하며 以知法
이 해 태 고   수 순 수 행 비 리 야 바 라 밀   이 지 법
性이 常定하야 體無亂故로 隨順修行禪波羅蜜하며
성   상 정   체 무 란 고   수 순 수 행 선 바 라 밀
以知法性이 體明하야 離無明故로 隨順修行般若
이 지 법 성   체 명   이 무 명 고   수 순 수 행 반 야
波羅蜜하니라
바 라 밀
此菩薩知法性離慳貪相是淸淨施度 隨順修行檀那波羅蜜 知法性離五欲境無破戒相是淸淨戒度 隨順修行尸羅波羅蜜 知法性無有苦惱離瞋害相是淸淨忍度 隨順修行羼提波羅蜜 知法性離身心相無有懈怠是淸淨進度 隨順修行毘梨耶波羅蜜 知法性無動無亂是淸淨禪度 隨順修行禪那波羅蜜 知法性離諸癡闇是淸淨慧度 隨順修行般若波羅蜜

---

496) S.E.D. p-854. at the sametime, simultaneously.

> <이 보살은 법성(法性)이 아끼고 탐욕스런 모습을 벗어난 것이 청정한 보시바라밀이라는 것을 알고 수순하여 보시바라밀을 닦는다. 법성이 오욕의 경지를 벗어나 파계의 모습이 없는 것이 청정한 계의 바라밀이라는 것을 알아 수순하여 지계바라밀을 닦는다. 법성은 고뇌(苦惱)가 없어 성내고 해치는 모습을 벗어난 것인 청정한 인욕바라밀이라는 것을 알아 수순하여 인욕바라밀을 닦는다. 법성은 몸과 마음의 모습을 벗어나 게으름 없는 것이 청정한 정신바라밀이라는 것을 알아 수순하여 정진바라밀을 닦는다. 법성은 동요함도 없고 산란함도 없는 것이 선(禪)바라밀이라는 것을 알아 수순하여 선정바라밀을 닦는다. 법성은 모든 어리석음을 벗어난 것이 청정한 지혜바라밀이라는 것을 알아 수순하여 반야바라밀을 닦는다.>

역 법성의 본체에는 인색하고 탐욕스러움이 없다는 것을 알기 때문에 보시바라밀을 닦고 행하는데 거스르지 않고 순종한다.

법성이 물드는 것이 없어 오욕의 허물을 벗어났다는 것을 알기 때문에 지계바라밀을 닦고 행하는데 거스르지 않고 순종한다.

법성이 고통이 없어 성내고 괴로워함을 벗어났음을 알기 때문에 인욕바라밀을 닦고 행하는데 거스르지 않고 순종한다.

법성이 몸과 마음의 모양이 없어서 나태함을 벗어났다는 것을 알기 때문에 정진바라밀을 닦고 행하는데 거스르지 않고 순종한다.

법성이 항상 선정(禪定)에 들어 있어 법성 자체는 혼란스러움이 없다는 것을 알기 때문에 선정바라밀을 닦고 행하는데 거스르지 않고 순종한다.

법성 자체가 밝아서 무명을 벗어났다는 것을 알기 때문에 반야바라밀을 닦고 행하는데 거스르지 않고 순종한다.

참▶ 법성체(法性體)에서 법성(法性)은 제법실상(諸法實相)이니[497] 법성체는 존재의 근원적인 바탕을 말하는 것입니다. 제법실상은 바로 진여(眞如)입니다. 존재의 근원적인 바탕은 우리의 목전(目前)에 드러나는 삼라만상(森羅萬象)으로 '그것'일 뿐 선악정사미추(善惡正邪美醜)와 같은 인위적인 개념과는 거리가 멉니다. 다시 말해 무위

---

497) 大智度論 89:<25-692상> 諸法實相卽是法性.

(無爲)이지 유위(有爲)가 아닙니다. 모든 존재의 근원적 바탕이 무위로 차별이 없다는 것을 자각하고 발심하는 것이 해행발심입니다. 진여의 존재는 하나라는 것을 깨달음이라 했으니 이 깨달음은 해오(解悟)입니다. 해오(解悟)는 이성적으로 납득하는 것이니 해행발심은 해오(解悟)하고 실천으로 나아가는 것을 의미합니다.

B-Ⅲ-3-③
증발심(證發心)

증발심(證發心)의 증(證)은 증득(證得)이니, 수행하여 득도(得道)한다거나 체험적으로 터득한다[體得]는 뜻입니다.

증득(證得)이라는 말은 산스끄리뜨로 '쁘라-쁘띠 사-끄샤-뜨끄리띠'(prāpti-sākṣāt-kṛti)인데, 이 말의 의미는 '자신의 눈을 가지고 직접 보아 더 이상 의심할 여지가 없이 명확함을 얻었다'는 뜻입니다. 자기의 눈으로 직접 보는 것이란 머리에 떠오르는 생각이나 남들이 말하는 것을 받아들여 믿는 것이 아님을 의미합니다.

증득(證得)이란 의미의 깨달음은 지식이나 이론으로 이해하는 것이 아니라 체험을 통한 것임을 의미합니다. 다시 말해 존재를 언어로 설명하려는 한계를 직시하고 언어를 포기하고 존재와 직접 마주치는 것이 깨달음의 삶입니다. 그래서 깨달은 이들은 아는 것과 보는 것을 일치시킵니다. 그것을 동산양개(洞山良价:807~869) 화상은 이렇게 노래했습니다.

참으로 기특하고 신기하구나!	也大奇 也大奇
무정설법(無情說法)의 불사의함이여!	無情說法不思議
귀로 들으려할 때 소리가 들리지 않더니	若將耳聽聲不現
눈으로 들으니 비로소 알겠네.	眼處聞聲方可知498)

---

498) 景德傳燈錄 15:<51-321하>

그래서 지극한 도는 말이 없으나 말을 빌려 도를 드러낸다[至道無言 借言顯道]고499) 말하는가 하면 그와는 반대로 지극한 도는 말이 없으니, 말을 하면 지극함에 어긋난다[至道無言 言則乖至]고500) 말하기도 합니다. 지극한 도는 말이 없으나 말을 빌려 도를 드러낸다는 것은 언어에 대한 긍정적 견해이고, 지극한 도는 말이 없으니 말을 하면 지극함에 어긋난다는 것은 언어에 대한 부정적 견해를 밝히고 있습니다.

> 證發心者는 從淨心地로 乃至菩薩究竟地니 證何境界닛고
> 증발심자　종정심지　내지보살구경지　증하 경계
> 證發心者 從淨心地乃至菩薩究竟地證何境界
> <증발심은 정심지(淨心地)에서부터 보살구경지(菩薩究竟地)까지에 걸쳐 어떤 경계를 증득하는 것을 말한다.>

역 증득하는 발심은 정심지(淨心地)에서부터 보살구경지(菩薩究竟地)까지 해당한다. 증득의 대상은 무엇인가?

【해】정심지(淨心地)는 보살 십지(十地) 가운데 초지(初地)이고, 보살구경지는 제10지(第十地)인 법운지(法雲地)를 말합니다. 그러니까 제2아승지겁에서 제3아승지겁까지의 기간을 의미합니다. 보살이 구경지(究竟地)인 십지(十地)에 이르면 불각(不覺)의 미세한 현상이었던 경계상(境界相), 능견상(能見相), 무명업상(無明業相)의 생상(生相)이 없어집니다. 다시 말해 최초에 마음이 일어나는 것을 깨닫게 된다[覺心初起]는 뜻입니다.

---

499) 景德傳燈錄 25:<51-412하>
500) 楞伽師資記:<85-1283중>

> 所謂眞如이니 以依轉識하야 說爲境界나 而此證
> 者는 無有境界요 唯眞如智니 名爲法身이니라
> 所謂眞如 以依轉識說爲境界 而實證中無境界相 此菩薩以無分
> 別智 證離言說眞如法身故
> <이른바 진여는 전식(轉識)에 근거하여 경계라고 말하지만 사실상 증득에 경계의 모습이 없다. 이 보살들은 분별이 없는 지혜로 언설(言說)을 벗어난 진여법신을 증득하기 때문이다.>

[역] 소위 진여(眞如)이다. 전식(轉識)에 근거하여 경계(境界)라고 말하지만 이 증득에는 경계가 없고 오로지 진여의 지혜[眞如智]뿐이므로 법신(法身)이라 말한다.

[참] ▶ 경계(境界)는 위샤야(viṣaya)인데, 이는 '실행에 옮긴다'는 뜻을 가지고 있는 제3류동사 어근(√viṣ)에서 온 남성명사로 '오관(五官)이 미칠 수 있는 영역'을 의미합니다.
▶ 진여지(眞如智)는 따타-따- 즈냐-나(Tathātā jñāna)로 우리의 목전에 펼쳐지는 변화무쌍한 현실 그대로 직시(直視)하는 것이니, 무념(無念)의 상태에서 사물을 직시하는 무분별지(無分別智)를 의미합니다.
▶ 법신(法身)은 제법실상(諸法實相)을 의인화한 것이니, 진여가 바로 몸이라는 뜻입니다. 그래서 법계의 한 모습이 바로 여래의 상주하는 법신이라 말합니다.501)

【해】 해오(解悟)하고 다시 실천으로 들어간 수행자는 더 이상 시비분별이 없는 지혜[無分別智]로 진여의 존재는 하나[眞如法一]라는 것을 체득(體得)하므로써 법신(法身)이 되는 것입니다.
이 법신은 지혜를 몸으로 삼으니 지신(智身)이기도 합니다.

---

501) 觀無量壽佛經疏妙宗鈔1:<37-195상> 法界一相卽是如來常住法身.

是菩薩이 於一念頃에 能至十方無餘世界하야 供
시 보살   어 일 념 경   능 지 시 방 무 여 세 계   공
養諸佛하고 請轉法輪하나니 唯爲開導利益衆生이언
양 제 불   청 전 법 륜   유 위 개 도 이 익 중 생
정 不依文字하며 或示超地하야 速成正覺하나니 以
   불 의 문 자   혹 시 초 지   속 성 정 각   이
爲怯弱衆生故며 或說我於無量阿僧祇劫에 當成
위 겁 약 중 생 고 혹 설 아 어 무 량 아 승 기 겁   당 성
佛道하나니 以爲懈怠衆生故니라
불 도   이 위 해 태 중 생 고
能於一念遍往十方一切世界 供養諸佛 請轉法輪 唯爲衆生而作
利益不求聽受美妙音詞 或爲怯弱衆生故示大精進 超無量劫速成
正覺 或爲懈怠衆生故 經於無量阿僧祇劫 久修苦行方始成佛
<한 생각에 시방의 모든 세계를 고루 가서 부처님들을 공양하고 설법해
주실 것을 청할 수 있다. 오직 중생을 위해서 일뿐 이익을 위해 칭찬을 듣
고자 하는 것이 아니다. 혹 겁내고 나약한 중생을 위해 큰 정진을 보여 한
량없는 겁을 초월하여 속히 정각(正覺)을 이루도록 하며, 혹은 게으른 중
생을 위해 한량없는 아승기겁을 지나 오래도록 고행을 닦아야 비로 성불
하는 것을 보여준다.>

역 이 보살은 한 생각 사이에 온 세상을 빠짐없이 도달하여 부처님들을 공양하고 설법을 청할 수 있나니, 오직 중생을 개도(開導)하여 이익이 되게 하기 위함이지 문자(文字)에 의지하려는 것이 아니다. 때로는 지위를 초월하여 빨리 정각을 이루는 것을 보이기도 하니, 겁이 많고 심약한 중생을 위하기 때문이다. 때로는 나는 한량없는 아승지겁에 걸쳐 수행해야 불도(佛道)를 이룬다고 말하니, 이는 게으르고 나태한 중생을 위하기 때문이다.

참▶ 개도(開導)라는 말은 니르네뜨리뜨와(nirṇetṛtva)인데, 이 말은 '데리고 간다'(nir-√nī)는 말에서 온 추상적 개념의 중성명사로 지도자의 직무라는 뜻입니다.502) 폐쇄적(閉鎖的)인 생각을

열게 하여 깨달음의 밝은 세상으로 인도한다는 의미입니다. 경에 '어느 한 중생도 부처의 지혜를 갖추고 있지 않은 사람이 없건만 다만 망상(妄想)과 전도(顚倒)와 집착(執著) 때문에 부처의 지혜를 증득(證得)하지 못한다'고 하였으니,503) 중생의 폐쇄적인 생각은 망상(妄想), 전도(顚倒), 집착(執著)을 들 수 있습니다.

> 能示如是無數方便不可思議나 以實菩薩은 種性
> 능시여시무수방편불가사의   이실보살   종성
> 根이 等하야 發心도 則等하며 所證도 亦等하야 無
> 근   등   발심   즉등   소증   역등   무
> 有超過之法이니라 以一切菩薩이 皆經三阿僧祇劫
> 유초과지법   이일체보살   개경삼아승기겁
> 故니라 但隨衆生의 世界不同이며 所見所聞의 根
> 고   단수중생   세계부동   소견소문   근
> 欲性이 異故로 示所行도 亦有差別이니라
> 욕성   이고   시소행   역유차별
> 如是示現無數方便 皆爲饒益一切衆生 而實菩薩種性諸根發心作
> 證 皆悉同等無超過法 決定皆經三無數劫成正覺故 但隨衆生世
> 界 不同所見所聞根欲性異 示所修行種種差別
> <이와 같이 수없는 방편을 나타내는 것은 모두가 일체 중생을 이롭게 하기 위해서이지 사실상 보살종성(菩薩種性)이나 여러 근기들은 발심하여 증득하는 것은 모두 다 같아 초과(超過)하는 법이 없다. 분명 모두가 삼아승기겁을 지나야 정각을 이루기 때문이다. 다만 중생의 세계에 따라 보고 듣는 것이 같지 않아 근기와 욕망과 성품이 다르므로 수행에 여러 가지 차별 있음을 보여주는 것이다.>

㊉ 이와 같이 셀 수 없이 많은 방편의 불가사의함을 보일 수 있으나 사실 보살은 성품과 근기가 같아 발심 역시 같으며 증득하는 것 역시 같아 특별이 뛰어넘는 법이란 있을 수 없다. 보살은 모두 아승기겁을 세 번 경과해야 하기 때문이다. 다만 중생의 세계가 같지 않으며 보고 듣는 근기와 하고자 하는 성품이 다르기

---

502) S.E.D. P-555 col. 1.
503) 80華嚴 51:<10-272하> 無一衆生而不具有如來智慧但以妄想顚倒執著而不證得.

때문에 행하는 것을 보여주는데도 역시 차별이 있게 된다.

참▶ 종성근등(種性根等)이라는 의미는 태어난 가문[種], 성격[性], 능력[根]이 평등하다는 의미로 보살의 경우입니다.
▶ 근욕성이(根欲性異)라는 말은 근기(根機)와 욕망(慾望)과 성격(性格)이 다르다는 뜻으로 중생의 경우입니다. 초기 경전에 중생은 인식이 다르고 견해가 다르며 감정이 다르고 배움이 다르다고 했습니다.504)

又是菩薩의 發心相者에 有三種心微細之相이니
우시보살   발심상자   유삼종심미세지상
云何爲三이닛고 一者는 眞心이니 無分別故요 二者
운하위삼   일자   진심   무분별고   이자
는 方便心이니 自然遍行利益衆生故며 三者는 業
   방편심   자연편행이익중생고   삼자   업
識心이니 微細起滅故니라
식심   미세기멸고
此證發心中有三種心 一眞心 無有分別故 二方便心 任運利他故
三業識心 微細起滅故
<이 증발심에 세 가지 마음이 있다. 첫째, 진심(眞心)이니 분별이 없기 때문이다. 둘째, 방편심(方便心)이니 자유롭게 남을 이롭게 하기 때문이다. 셋째, 업식심(業識心)이니 미세하게 일어나고 소멸하기 때문이다.>

역▶ 또 이 보살의 발심의 모습에는 마음의 미세한 모습이 세 가지 있으니, 첫 번째는 순수한 마음[眞心]이니 분별이 없기 때문이요, 두 번째는 방편이 되는 마음[方便心]이니 저절로 모든 행을 두루하여 중생을 이익되게 하기 때문이며, 세 번째는 업식의 마음[業識心]이니 일어나고 없어짐이 미세하기 때문이다.

참▶ 업식심(業識心)은 알-라야식을 의미합니다. 연수(延壽) 스님

---

504) 大本經:<1-8중> 衆生異忍異見異受異學.

이 말하기를, '진심(眞心)은 자체의 앎이니 반연(攀緣)이 없는 마음이요 일부러 무엇을 하려는 마음을 빌리지 않고 저절로 항상 알며 유무(有無)에 간섭하지 않고 길이 능소(能所)를 초월한다'고 했습니다.505)

【해】 증발심(證發心)한 지상보살(地上菩薩)의 세 가지 미세한 심상(心相)을 진심(眞心), 방편심(方便心), 업식심(業識心)을 밝히고 있습니다. 이러한 보살은 법신을 증득하여 불지(佛地)에 이른다고 합니다.

> 又是菩薩의 功德이 成滿하면 於色究竟處에 示一切世間最高大身이니 謂以一念相應慧로 無明이 頓盡하니 名一切種智니라 自然而有不思議業하야 能現十方利益衆生이니라
>
> 又此菩薩福德智慧二種莊嚴悉圓滿已 於色究竟得一切世間最尊勝身 以一念相應慧 頓拔無明根 具一切種智 任運而有不思議業 於十方無量世界普化衆生
>
> <또 이 보살들은 복덕과 지혜 두 가지 장엄이 모두 완전하게 채워져 색구경(色究竟)에서 일체 세간에서 가장 존엄하고 훌륭한 몸을 얻어 한 생각에 부합하는 지혜로써 단번에 무명의 뿌리를 뽑고 일체종지(一切種智)를 갖추어 자유자재하는 불가사의한 업이 있어 시방의 한량없는 세계에서 중생을 두루 교화한다.>

역 또한 이 보살이 공덕을 완벽하게 이루게 되면 색계에서 가장 높은 경지에서 온 세상에서 가장 높고 큰 몸을 보인다. 한 생각에 서로 부합하는 지혜로 무명을 순간적으로 없애는 것을 말

---

505) 宗鏡錄 34:<48-615중> 眞心自體之知 卽無緣心 不假作意 任運常知 非涉有無 永超能所.

하니, 모든 차별적 현상을 사실대로 파악하는 지혜[一切種智]라고 한다. 자연 불가사의한 업이 있어서 온 세상에 나타나 중생을 이익 되게 할 수 있기 때문이다.

참▶ 색구경(色究竟)은 아까니슈타(akaniṣṭha)로 색계(色界)에서 가장 높은 하늘이고, 그 이상은 물질적 영역이 아닌 무색계(無色界)입니다.
▶ 일체지(一切智)는 사르와 즈냐(sarva jña)로 삼라만상을 평등하게 꿰뚫어 아는 지혜이고, 일체종지(一切種智)는 사르와-까-라 즈냐따-(sarvākāra jñatā)로 삼라만상의 차별적 의미를 꿰뚫어 살펴 연민심을 펼치는 마음입니다. 사르와-까-라는 사르와(sarva)와 아-까-라(ākāra)인데, 사르와는 모두라는 뜻이고, 아-까-라는 '다가간다'는 동사(ā-√kṛi)에서 온 남성명사로 몸뚱이의 모습을 의미합니다.506) 즈냐(jña)는 '아는 것'이고, 즈냐따-(jñatā)는 여성명사로 이해력이나 지성을 의미합니다.

問曰 虛空이 無邊故로 世界가 無邊이며 世界가
문왈 허공   무변고 세계 무변   세계
無邊故로 衆生도 無邊이며 衆生이 無邊故로 心行
무변고 중생   무변   중생   무변고 심행
의 差別도 亦復無邊하니 如是境界는 不可分齊하야
   차별   역부무변   여시경계   불가분제
難知難解라 若無明이 斷하면 無有心想이거늘 云何
난지난해   약무명   단   무유심상   운하
能了하야 名一切種智닛고
능료   명일체종지
問虛空無邊故世界無邊 世界無邊故衆生無邊 衆生無邊故心行差

---

506) S.E.D. P-127.

別亦復無邊 如是境界無有齊限難知難解 若無明斷永無心相 云何能了一切種 成一切種智

<📖 허공이 끝이 없어서 세계마저 끝이 없고, 세가 끝이 없기 때문에 중생도 끝이 없다. 중생이 끝이 없기 때문에 마음 흐름[心行]의 차별 또한 끝이 없다. 이처럼 경계가 한계가 없고 알기도 어렵고 납득하기도 어렵다. 만약 무명을 끊는다면 영원히 마음의 모습[心相]도 없게 되거늘 어떻게 일체종을 깨달아 일체종지를 이루겠는가?>

[역문] 허공이 끝이 없기 때문에 세계가 끝이 없고, 세계가 끝이 없기 때문에 중생도 끝이 없으며, 중생이 끝이 없기 때문에 마음과 행동의 차별 역시 끝이 없다. 이와 같아 인식의 대상[境界]은 한계를 지을 수 없고 알기도 어렵고 이해하기도 어렵다. 만약 무명이 끊어진다면 마음의 지각(知覺)마저 없게 될 터인데, 어떻게 대상들을 파악할 수가 있기에 모든 차별적 현상을 사실대로 파악하는 지혜라고 부르는가?

[참]▶ 심행(心行)은 찟따 쁘라으릿띠(citta pravṛtti)로 쁘라으릿띠는 '구르다'는 뜻을 가진 제1류동사(pra-√vṛit)에서 온 여성명사로 어느 쪽으로 움직인다는 뜻입니다.507) 다시 말해 심행은 마음속에서 일어나는 의식의 움직임을 말하는데, 이 의식은 주관적이고 이기적인 의(意)를 바탕에 두고 일어나는 것이므로 분별(分別)로 이어지므로 망념(妄念)인 상념(想念)이 됩니다.

答曰 一切境界는 本來一心이며 離於想念이나 以衆生이 妄見境界故로 心有分齊이며 以妄起想念하야 不稱法性故로 不能決了어니와 諸佛如來는 離於見想하야 無所不遍이시니 心眞實故로 卽是諸法
답왈 일체경계 본래일심 이어상념 이중생 망견경계고 심유분제 이망기상념 불칭법성고 불능결료 제불여래 이어견상 무소불편 심진실고 즉시제법

之性이 自體顯照一切妄法하니 有大智用하야 無
지성　　자체현조일체망법　　　유대지용　　　무
量方便으로 隨諸衆生의 所應得解하야 皆能開示
량방편　　　수제중생　　소응득해　　　개능개시
種種法義하나니 是故로 得名一切種智니라
종종법의　　　　시고　　득명일체종지

答一切妄境從本已來理實唯一心爲性 一切衆生執著妄境 不能
得知一切諸法第一義性 諸佛如來無有執著 則能現見諸法實性
而有大智顯照一切染淨差別 以無量無邊善巧方便 隨其所應利
樂衆生 是故妄念心滅 了一切種成一切種智

<答> 모든 망경계는 본래 이치가 사실은 오직 한 마음을 성품으로 한다. 모든 중생들이 망경계를 집착하여 일체 모든 법이 제일의성(第一義性)이라는 것을 알 수가 없다. 하지만 모든 부처님은 집착이 없어 제법의 실성(實性)을 나타내 보일 수 있고, 큰 지혜가 있어서 모든 염정차별(染淨差別)을 드러내 비춘다. 무량무변한 선교방편(善巧方便)으로 그 응하는 대상에 따라 중생을 이롭고 기쁘게 한다. 그러므로 망령된 염심(念心)을 없애고 일체종을 깨달아 일체종지를 이룬다.>

<譯> <答> 인식의 대상은 모두가 본래 일심(一心)이어서 상상과 망념을 벗어났으나 중생들이 대상들을 이치에 어긋나게 보기 때문에 마음에 한계 지을 수 있고 이치에 어긋나게 상상하고 망념을 일으켜 법성(法性)과 부합하지 않기 때문에 분명하게 알 수가 없다. 부처님들께서는 본다는 생각을 떨쳐버려 보지 못하는 곳이 없고 마음이 진실하기 때문에 그것이 바로 제법의 속성[諸法之性]이며, 그 자체가 모든 허망한 법을 분명하게 드러내어 견주어 본다. 큰 지혜의 작용이나 한량없는 방편이 있어서 모든 중생들이 반응하고 이해함을 따라 갖가지 법의 뜻을 모두 드러내어 보인다. 이 때문에 모든 차별적 현상을 사실대로 파악하는

---

507) S.E.D. P-694.

지혜라고 말한다.

참▶ 상념(想念)은 상깔빠(saṃkalpa)로 마음에서 일어나는 잡념을 의미합니다. 사념(思念)이기도 하고, 의망(疑網)이기도 하며, 억상분별(憶想分別)도 되고, 오온의 상(想)이나 분별(分別)이기도 합니다.

▶ 일체경계 본래일심 이어상념(一切境界 本來一心 離於想念)이라는 말은 우리의 목전에 펼쳐지는 삼라만상은 상념(想念)을 벗어난 것이어서 본래가 일심(一心)인 무념(無念)으로 직시해야 한다는 뜻입니다. 여기서 일체경계(一切境界)는 눈에 보이는 대상들이니 색법(色法)이고, 그것은 이언설상(離言說相)이요 이명자상(離名字相)이며 이심연상(離心緣相)이라 필경평등(畢竟平等)이라고 했었습니다.

▶ 심유분제(心有分齊)는 마음은 이리저리 구분하여 나누고 그 나눈 것을 정리하는 속성이 있다는 뜻입니다. 우리의 마음은 사물을 자기입장에서 분제(分齊)하는 성질이 있어서 사실대로 보지 못하고 자기입장에 따라 보게 되는 것입니다.

▶ 법성에 부합하지 않는다[不稱法性]고 할 때의 법성(法性)은 다르마 스와바-와(dharma svabhāva)로 우리의 목전에 현존하는 대상 자체를 의미합니다. 제법실상과 같은 말이다.508)

▶ 제불여래 이어견상 무소불편(諸佛如來 離於見想 無所不遍)은 부처님들께서는 본다는 생각[見想]을 떨쳐버려서 보지 못하는 곳이 없다는 뜻인데, 앞에서 진여자체상(眞如自體相)을 말할 때 <291쪽> '만약 마음이 본다는 생각을 일으키면 보이지 않는 모습이 있게 되나니, 심성이 본다는 생각을 벗어나는 것이 바로 법계를 두루 비춘다는 뜻이기 때문[若心起見 則有不見之相 心性離見 卽是遍照法界義故]이라 하였습니다.

---

508) 大智度論 89:<25-692상> 色性實相卽是法性同一性… 諸法實相卽是法性.

승조(僧肇:384~414)는 아는 것이 있으면 알지 못하는 것이 있다고 했고,509) 양(梁)의 담란(曇鸞:476~542)은 마음에 분별하는 것이 있으면 분별하지 못하는 것이 있는데, 부처님은 분별이 없으므로 분별하지 못하는 것이 없다고 했습니다.510)

又問曰 若諸佛이 有自然業하야 能現一切處하고
우 문 왈 약 제 불   유 자 연 업   능 현 일 체 처
利益衆生者라면 一切衆生이 若見其身커나 若觀
이 익 중 생 자   일 체 중 생   약 견 기 신   약 관
神變커나 若聞其說하면 無不得利어늘 云何하야 世
신 변   약 문 기 설   무 불 득 리   운 하   세
間에 多不能見이닛고
간   다 불 능 견
問 若諸佛有無邊方便 能於十方任運利益諸衆生者 何故衆生不
常見佛 或覩神變 或聞說法
<문> 만약 모든 부처님에게 한없는 방편이 있어서 시방에서 자유롭게 모든 중생을 이롭게 할 수 있다면 어찌하여 중생들이 항상 부처님을 보지 못하고 신통변화도 보지 못하고 설법을 듣지 못하는가?〉

【역】【문】 만약 모든 부처님이 자연스럽게 행동하는 능력이 있어서 어느 곳에나 나타나 중생들을 이익이 되게 할 수 있다면 모든 중생들이 부처님 몸을 보거나 신통변화를 목격하거나 그 말씀을 듣는다면 이익을 얻지 못하는 이가 없겠거늘 어찌하여 세상의 대부분의 사람들이 볼 수가 없는가?

【해】 경에 부처님 몸이 법계(法界)에 가득 차 두루 중생들 앞에 나타낸다고 하였는데511) 왜 우리가 그 부처님을 보지 못하고 있느냐는 것입니다.

---

509) 肇論:〈45-153상〉 夫有所知則有所不知.
510) 無量壽經優婆提舍願生偈註:〈40-839하〉凡心有知則有所不知 聖心 無知故 無所不知.
511) 大方廣佛華嚴經 6:如來現相品:〈10-30상〉 佛身充滿於法界 普現一切衆生前.

> 答曰 諸佛如來의 法身은 平等하야 遍一切處하고 無有作意故로 而說自然이나 但依衆生心으로 現하나니 衆生心者는 猶如於鏡하야 鏡若有垢하면 色像이 不現이니 如是衆生도 心若有垢하면 法身이 不現故니라

答 如來實有如是方便 但要待衆生其心淸淨 乃爲現身 如鏡有垢 色像不現 垢除則現 衆生亦爾 心未離垢 法身不現 離垢則現

<답> 부처님은 사실 이와 같은 방편이 있다. 다만 중생의 마음이 청정해지기를 기다려 몸을 나타내 준다. 마치 거울에 때가 있으면 사물의 모양이 나타나지 않고 때를 없애면 나타난다. 중생 또한 마찬가지로 마음에 때를 떨쳐버리지 않으면 법신이 나타나지 않고 때를 벗어나면 나타난다.>

[역] [답] 여래의 법신은 모두 평등하여 어느 곳에나 두루 하며, 의도적으로 하는 일이 없기 때문에 자연스럽다고 말하지만 다만 중생들의 마음에 따라 나타낸다. 중생의 마음이란 마치 거울과 같아서 거울에 때가 있으면 물체의 형상이 나타나지 않는다. 이와 같이 중생도 마음에 때가 있게 되면 법신(法身)이 나타나지 않기 때문이다.

[참]▶ 여래의 법신은 모두 평등하여 의도적(意圖的)으로 하는 일이 없다[諸佛如來 法身平等 無有作意]는 말은 『금강경』의 일체현성 개이무위법이유차별(一切賢聖 皆以無爲法而有差別)과 같습니다. 『금강경』의 이 말은 '아상스끄리따 쁘라바-위따- 히 아-리야 뿌드갈라-하(asaṃskṛta-prabhāvitā hy ārya-pudgalāḥ)'로 '사실 성인(聖人)들은 일부러 꾸미거나 조작하는 것이 없이 있는

그대로 순수하게 드러낸다'는 뜻입니다. 아상스끄리따 쁘라바-위따-는 인위적으로 조작하지 않고 있는 그대로 드러낸다는 말이고, 히는 사실상이라는 뜻이고, 아-리야 뿌드갈라-하는 성인들이라는 말입니다.

【해】 거울은 사물을 반사할 수 있는 기능이 본래 있지만 그 거울에 때가 끼면 사물을 반사되지 않는 것과 같다고 했습니다. 부모의 관심이 항상 자식들에게 쏟아지고 있지만 자식들이 관심이 없으면 부모의 관심은 효력이 없는 것과 같이 부처님을 뵙고 뵙지 못하고는 부처님에게 문제가 있는 것이 아니라 우리의 자세에 문제가 있다는 것입니다. 이미 앞에서 말했듯이 중생들은 분별심을 가지고 보기 때문에 보지 못하는 것이 있다는 것을 말합니다. 진실한 반야는 허공처럼 청정하고 분별도 없고 본다는 것도 없고 조작함도 없고 의지하는 것도 없다고 했습니다.512)

---

512) 般若心經略疏連珠記:<33-556상> 眞般若者 淸淨如虛空 無知無見無作無緣.

B-IV
수행신심분(修行信心分)
On Faith and Practice

【해】정종분의 네 번째 항목입니다. 신심을 내어 수행하는 것을 언급합니다. 불교는 이론이 아니라 실천되어야 할 삶입니다. 행동으로 옮겨지지 않는 이론은 사견(邪見)을 초래한다고 했습니다. 실천되지 않는 불교는 그림속의 떡에 지나지 않습니다. 용수보살(龍樹菩薩)이 이르기를, 입으로 외우면서 몸으로 실천하지 않는 것을 중병(重病)이 든 사람이 약은 먹지 않고 쓸데없이 약의 효력만 말하는 것과 같다고 했습니다.513)

```
已說解釋分하고 次說修行信心分하리라 是中에 依
이설해석분      차설수행신심분         시중  의
未入正定聚衆生故로 說修行信心이니라
미입정정취중생고   설수행신심
云何修習信分 此依未入正定衆生說
<무엇이 신심을 닦아 익히는 부분인가? 이는 정정취(正定聚)에 아직 들어가지 못한 중생에 근거하여 설한다.>
```

[역] 해석분의 설명을 마치고 다음으로 수행신심분을 설명하리라. 이 가운데는 아직 확고부동한 믿음에 들어가지 못한 중생들을 대상으로 하기 때문에 수행신심이라 말한다.

[참]▶ 정정취(正定聚)란 니야따 라-쉬(niyata rāṣi)인데, 니야따는 …와 관계가 있다는 말이고, 라-쉬는 무리라는 말입니다. 이때의 관계는 깨달음이므로 정정취를 삼약뜨와 니야-마 아와끄라마나(samyaktva niyāma avakramaṇa)라고도 합니다.

삼약뜨와는 삼약(samyak)의 추상명사로 완벽이라는 뜻이고,

---

513) 菩提行經 1:<32-547중> 口誦身不行 當得何所喩 譬如重病人 空談於藥力.

니야-마(niyāma)는 '붙잡다, 억제하다'(ni-√yam)라는 동사에서 온 남성명사로 억제하는 어떤 조건 아래에 있는 것, 즉 필연(必然)이란 뜻이며,514) 아와끄라마나(avakramaṇa)는 밑으로 내려간다는 의미의 동사(ava-√kram)의 미래분사로 …로 내려간다는 뜻입니다.515) 그러니까 삼약뜨와 니야-마 아와끄라마나는 필연적으로 완벽을 향해 간다는 뜻입니다. 다시 말해서 깨달음이 정해져 있다는 의미입니다.

이 또한 결정론(決定論)이고, 이러한 결정론은 초기 불교에서는 잘 볼 수 없는 견해입니다. 인간은 무엇이 될 것이라고 정해진 것이 없이 가능성으로 세상에 태어나 그가 태어난 사회에서 길들여지고 있을 뿐입니다. 그가 어떤 사람이 되느냐는 그가 사는 사회의 교육과 깊은 관련이 있습니다.

불교에서는 교육을 교화(敎化)라 합니다. 가르쳐서 변화시킨다는 뜻인 교화를 의미하는 말은 빠리빠-까(paripāka)인데,516) 이 말은 성숙(成熟)이라는 뜻이기도 합니다. 그러니까 교화(敎化)와 성숙(成熟)은 같은 말이라는 뜻입니다. 빠리빠-까는 익힌다는 뜻을 가지고 있는 동사 빠리빠즈(pari-√pac)에서 온 남성명사입니다.

【해】 깨달음을 향해 필연적으로 나아가는 길에 아직 들어서지 못한 이들을 그 길에 들어서게 하기 위해서 수행신심분(修行信心分)을 말한다는 것입니다. 그러니까 이제까지 말한 이론에 의지하여 행동하게 함으로써 보다 성숙의 단계로 인도한다는 것입니다. 앞의 신성취발심(信成就發心:B-Ⅲ-3-①)에 부정취중생(不定趣衆生)은 십선업(十善業)을 쌓으면서 1만겁(一萬劫)을 지나야 믿음을 성취하게 된다고 했습니다. 그리고 믿음을 성취해야 정정취(正定聚)에 들어가 끝내 물러서지 않고 여래의 종족[如來

---

514) S.E.D. p-552 niyāma는 niyama 와 같다.
515) S.E.D. p-97.
516) S.E.D. p-596.

種] 가운데 머물게 된다고 했습니다.

『상적유경(象跡喩經)』에 사성제(四聖諦)를 코끼리 발자국에 비유하였는데, 그것은 사성제가 불교교리 중에서 실천으로 이끄는 최고의 가르침이기 때문이요, 실천되지 않는 이론은 한낱 쓸모없는 이론인 희론(戲論:prapañca)에 지나지 않는다고 보기 때문입니다. 『대승기신론』에서도 해석분에서 부처님과 같은 완벽함을 가졌던 중생이 어떻게 오늘의 입장으로 물들었는지를 설명하고, 이제 다시 원상태인 완벽함으로 돌아가기 위해서는 어떻게 실천해야 할 것인가를 설명하고 있습니다. 이제까지는 이론적 차원(理論的 次元)이었지만 이제부터는 실천적 차원(實踐的 次元)으로 나아가는 것이므로 신심(信心)을 내어 행동으로 옮기는 결단이 필요합니다. 말로 깨달음을 얻는 것이 아니라 굳고 강한 의지로 실천 하는 자가 얻는다는 것이 반드시 필요하다고 했습니다.517) 우리를 변화시키는 것은 지식(知識)으로 아는 것이 아니라 알고 있는 것을 실천하는 행동이라는 것을 명심해야 합니다. 정각(淨覺) 스님은 『능가사자기』에 '가르침이 비록 바다처럼 한량없이 많아도 그것을 실천하라는 한 마디에 있다. 뜻을 알았으면 이내 말을 버려라. 버리라는 이 한마디도 필요 없다. 이와 같이 분명이 알았으면 부처님의 뜻을 얻은 것'이라고 했습니다.518)

B-Ⅳ-1
신심(信心)

```
何等이 信心이며 云何修行이닛고 略說하면 信心에
하 등   신 심   운 하 수 행   약 설   신 심
有四種하니 云何爲四닛고
유 사 종   운 하 위 사
```

---

517) 月燈三昧經 3:<15-568중> 非但口言得菩提 要須堅固行者得.
518) 楞伽師資記:<85-1288하> 法海雖無量 行之在一言 得意卽亡言 一言亦不用 如此了了知 是爲得佛意.

> 何者爲信心　云何而修習　信有四種
> <무엇을 신심이라 하고 어떻게 하여 닦고 익히는가? 믿음에 네 가지가 있다.>

역 무엇이 신심(信心)이며, 어떻게 수행하는가?
　간단히 말하면 신심에 네 가지가 있으니, 무엇이 넷인가?

참▶ 신심(信心)은 쁘라사-다(prasāda)인데, 쁘라사-다(prasāda)는 '깨끗하게 되다, 밝게 하다, 침착하게 되다'라는 제1류동사 어근(pra-√sad)에서 온 남성명사로 '청정, 광명, 투명, 빛남, 밝음'이라는 뜻입니다.
　불교에서는 모든 중생들이 원래 이런 마음을 가졌다고 하며, 바로 이런 마음이 부처가 될 수 있는 기질이나 가능성이라는 뜻에서 불성(佛性)이라고 합니다. 그런데 이 맑고 순수함이 어리석음으로 더럽혀졌다는 것입니다.『기신론』에서는 그 과정을 불각(不覺)의 현상[B-Ⅲ-1-②-㊉-㉠]으로 삼세(三細)와 육추(六麤)로 설명했습니다.

【해】누구나 다 가지고 있는 본래의 맑고 순수한 청정함이 진여심(眞如心), 또는 정심(淨心)이고 더럽혀진 마음이 생멸심(生滅心), 또는 염심(染心)입니다. 수행은 바로 더럽혀진 염심(染心)에서 본래의 맑고 순수한 마음인 정심(淨心)으로 되돌아가려는 의지적 노력을 의미합니다.
　경에 수행이란 '내면적으로 스스로 사유(思惟)하여 바다와 같은 번뇌를 넘어서려는 것'이라 했는데,519) 그 사유는 자신의 본래 마음이 맑고 순수했는데 어리석음으로 더럽혀졌다는 것을 자각하고 원래의 맑고 순수한 마음을 회복(回復)하려는 것을 의미합니다. 자신의 본마음이 맑고 깨끗하고 순수했다는 것을 확고부동하게 믿어야 본마음을 회복시키려는 의지가 흔들리지 않을

---

519) 達摩多羅禪經 卷下:<15-320중> 修行者 內自思惟欲渡煩惱海.

수 있게 됩니다.

그래서 명(明)나라 때의 위림(爲霖:1615~1702) 선사는 말하기를, 소위 믿는다는 것은 첫째 부처님의 말씀을 믿는 것이요, 둘째는 자기 마음을 믿는 것이다. 지금 부처님의 말씀을 믿지 않는 자는 단지 부처님의 말씀을 믿지 못하는 것이 아니라 자기의 마음을 믿지 못하는 것이라고 하였습니다.520)

따라서 수행에는 자신의 존재에 대한 확신하는 내면적 사유가 있어야 하고, 본래의 자신으로 되돌아가고자하는 자발적 발심이 필요하고, 중도에 포기하지 않는 노력이 요구됩니다.

『파상론』에 참 성품을 공경하고 무명을 굴복시키는 것을 예배(禮拜)라 한다고 하였으니,521) 불상 앞에 절하는 것은 우상숭배가 아니라 자기 내면 깊숙한 곳에 자리 잡고 있는 맑고 순수한 깨끗한 마음을 회복하려는 지혜로운 행동임을 알아야 합니다. 불상 앞에 절하는 것도 자신에 대한 확고한 신뢰를 바탕으로 자기를 계발(啓發)하려는 적극적인 행동인 것입니다. 예배의 이런 뜻을 알지도 못하고 불상 앞에 예배하는 것을 우상숭배라 비난하는 이들이 있는데, 불교를 몰라도 너무 모르는 무지(無知)의 소치(所致)라 할 것입니다. 불자들 자신이 먼저 불교를 정확하게 알아야 할 필요가 있습니다.

一者는 信根本이니 所謂樂念眞如法故요
일자   신근본   소위낙념진여법고
一信根本　謂樂念眞如法故
<첫째 근본을 믿음이니, 이른바 진여법을 기꺼이 생각하기 때문이다.>

㊣ 첫째는 근본에 대해 믿는 것이다. 진여를 기쁘게 마음에 두기 때문이다(the faith in the Ultimate Source).

---

520) 爲霖禪師雲山法會錄:<卍續藏經: 125-985상> 所謂信者 一信佛語 二信自心 今之不信佛語者 非不信佛語是不信自心也.
521) 破相論:<48-369상> 所謂恭敬眞性 屈伏無明 名爲禮拜.

【참】▶ 진여법(眞如法)이란 진여라고 말하는 것이란 뜻입니다. 여래는 진여(眞如)의 다른 이름이라고 했고,522) 여(如)의 뜻은 적멸(寂滅)이라 하였으니,523) 진여를 믿는다는 것은 부처님을 믿는다는 것이므로 자신이 바로 부처님과 다를 것이 없는 존재라는 것을 기쁨으로 받아들여야 합니다.

『화엄경』에 보살십지(菩薩十地)의 첫 단계인 초지(初地)를 환희지(歡喜地:pramuditā bhūmiḥ)라 하였는데, 보살이 성불의 꿈을 안고 출발하는 것은 바로 즐겁고 기쁜 마음이어야 한다는 의미를 담고 있습니다. 자신은 반드시 부처의 경지에 도달할 수 있다는 기대에 부푼 즐겁고 행복한 마음으로 시작해야 한다는 뜻입니다.

▶ 낙념(樂念)의 염(念)은 아-누스므리띠(anusmṛti)인데, 망각하지 않고 항상 깨어있는 의식으로 붙잡고 있는 것을 의미합니다. 그렇게 하는 것을 즐거운 마음으로 한다는 것이 낙(樂)입니다. 강요받았기 때문에 어쩔 수 없이 하는 것이 아니라 자발적으로 나서서 기쁜 마음으로 한다는 뜻입니다. 그러니까 낙념진여법(樂念眞如法)은 낙념진여법일(樂念眞如法一)이니 진여라는 측면에서 모든 존재는 결국 하나라는 사실을 기꺼이 받아들인다는 말입니다. 염진여법일(念眞如法一)은 료법계의(了法界義)요, 여실지진여법일(如實知眞如法一)이니 깨달음이기도 합니다.

【해】인간을 심리적으로 나누면 긍정적인 견해를 가진 사람[樂觀的 人間]과 부정적인 견해를 가진 사람[悲觀的 人間]으로 나눌 수 있는데, 같은 어려움이라도 긍정적인 생각을 가진 사람은 돌파해 낼 수 있지만 부정적인 견해를 가진 사람은 좌절하고 맙니다. 보살이 성불의 꿈을 안고 발심할 때 즐겁고 행복하다는 긍정적인 견해를 가지고 있어야 한다는 것이 보살초지(菩薩初地)를 환희지

---

522) <8-764하> 如來者眞如別名.
523) 金剛三昧經:<9-372중> 寂滅卽如義.

(歡喜地)라 한 것입니다. 불교인은 난관(難關)에 처하더라도 이겨낼 수 있다는 긍정적인 생각으로 살아야 합니다.

> 二者는 信佛有無量功德이니 常念親近하야 供養恭敬하며 發起善根하야 願求一切智故니라
> 二信佛具足無邊功德 謂常樂頂禮恭敬供養 聽聞正法如法修行 迴向一切智故
> <둘째, 부처님은 한없는 공덕을 갖추었음을 믿음이니, 이른바 항상 기꺼이 머리 숙여 예배하고 공경하여 공양하며 정법을 듣고 법답게 수행하여 일체지에 회향하기 때문이다.>

역 둘째는 부처님에게 한량없는 공덕이 있다는 것을 믿는 것이다. 항상 친근하게 마음에 두어 공양하고 공경하며 선근(善根)을 일으켜 모든 사상(事象)을 꿰뚫어 아는 지혜[一切智]를 얻고자 원하기 때문이다(the faith in the numberless excellent qualities of the Buddha).

참▶ 일체지(一切智)는 사르와 즈냐(sarva-jña)로 삼라만상을 골고루 파악하는 부처의 지혜를 말합니다. 불교는 우리가 넘어서야만할 모든 고(苦)가 무지(無智)에서 비롯되고 있다고 보고 있으므로 무지를 극복하는 일이 가장 중요하다고 봅니다. 무지의 극복이 바로 일체지(一切智)의 터득입니다. 이 일체지는 사물을 직관(直觀)하는 반야(般若)이고, 이 반야는 무심에서 솟아나기 때문에 반야를 터득하기 위해서는 반드시 무심(無心)에 이르는 수행이 필요합니다.

징관(澄觀:738~839)이 이르기를, 반야는 마음 밖에서 새롭게 생기는 것이 아니라 우리가 본래 갖추고 있는 것이지만 저절로 나타나는 것이 아니므로 지혜롭게 공력(功力)을 쏟아야 한다고 하였습니다.524) 불교의 수행은 반야를 터득하려는 것이요, 반야

는 우리 내면에 구족하여 있으므로 그것을 밖으로 끄집어내려면 산란한 마음을 거두어 일념(一念)이나 일심(一心)이 되게 해야 합니다. 일념(一念)이나 일심(一心)은 바로 무념(無念)이고, 무심(無心)에 이르는 수행의 대표적인 예가 뒤[B-Ⅳ-2-⑤]에서 말하는 지관문(止觀門)입니다.

【해】 어떤 형태가 되었든 불교의 믿음체계는 불(佛)·법(法)·승(僧) 삼보(三寶)를 저변에 깔고 있습니다. 그럼에도 『대승기신론』에서 믿음의 첫 번째로 신근본(信根本)이라 하여 진여(眞如)를 믿는 것을 우선한 것은 『대승기신론』의 특성으로 진여를 역설하고 있기 때문이라 하겠습니다. 그러나 앞에서 말하기를, 여실불공(如實不空)한 진여는 자체에 무루성(無漏性)의 공덕을 구족하였다고 했으니, 진여를 믿는 신근본(信根本)과 부처님에게 한량없는 공덕이 있음을 믿는 것[信佛有無量功德]은 같은 의미라 하겠습니다.

불교에서 말하는 믿음은 자기 밖의 어떤 절대자의 권능을 믿고 매달리는 것이 아니라 자신의 내면에 부처님과 같은 기질과 능력이 있음을 확신하는 것입니다. 다시 말해서 자신에 대한 신뢰입니다.

> 三者는 信法有大利益이니 常念修行諸波羅蜜故니라
> 삼 자   신 법 유 대 이 익   상 념 수 행 제 바 라 밀 고
> 三信法有大利益　謂常樂修行諸波羅蜜故
> <셋째, 법에는 큰 이익이 있다는 것을 믿음이니, 이른바 항상 기쁘게 모든 바라밀을 수행하기 때문이다.>

[역] 셋째는 법(法)에 큰 이익이 있다는 것을 믿는 것이다. 모든 바라밀을 닦고 행하기를 항상 마음에 두기 때문이다(the faith in the great benefits of the Dharma).

---

524) 景德傳燈錄 30:<51-459하> 般若非心外新生 智性乃本來具足 然本寂不能自現 實由般若之功.

참▶ 바라밀(波羅蜜)은 빠-라미따(pāramita)의 여성형인 빠-라미따-(pāramitā)를 음역하여 줄인 말입니다. 빠-라미따는 '넘다'라는 제9류동사 어근(√pṛi)의 과거수동분사로 '넘었다, 건넜다, 맞은 편 언덕으로 갔다'는 뜻인데,525) 흔히 피안에 이르렀다는 뜻에서 도피안(到彼岸)이라 한역합니다. 이 말의 여성명사인 빠-라미따-(pāramitā)는 보통 '완성'을 의미합니다.

보시바라밀(布施波羅蜜)은 베풀어주는 행위의 완성을 말하고, 지계바라밀(持戒波羅蜜)하면 금계(禁戒)를 청정하게 지키는 것을 의미합니다.

【해】법을 믿는다고 할 때의 법은 붓다다르마(Buddhadharma)로 불법(佛法㊉)을 말합니다. 이미 말했듯이 법이라고 한역(漢譯)하는 다르마(dharma)라는 말은 불교에서만 쓴 것이 아니라 힌두(Hindu)나 자이나(Jaina) 등 인도에 뿌리를 두고 있는 종교나 사상은 모두 법이라는 말을 공통적으로 쓰고 있습니다.

따라서 불교에서 말하는 법과 힌두에서 말하는 법은 다르기 때문에 이것을 구분하기 위해 힌두에서 말하는 법을 힌두 다르마(Hindu-dharma)라 하고, 부처님이 설하신 가르침은 붓다 다르마(Buddha-dharma)라고 합니다. 붓다다르마가 바로 불법(佛法㊉)입니다. 경에 소가 물을 먹으면 우유가 되고, 뱀이 먹으면 독이 되듯이 지혜로운 이가 배우면 깨달음이 되고, 어리석은 자가 배우면 생사(生死)를 이룬다고 했습니다.526) 같은 물이지만 누가 마시느냐에 따라 결과가 달라지듯이 법이라는 말을 어떤 의미로 쓰느냐에 따라 힌두교도가 되고 불교도가 되기도 합니다. 정법을 지킨다는 것은 불교를 바르게 이해하고 부처님이 말씀하신대로 쓰는 것입니다.

---

525) S.E.D. P-619.
526) 華嚴經 12:<10-717하> 牛飲水成乳 蛇飲水成毒 智學成菩提 愚學爲生死.

> 四者는 信僧能正修行自利利他이니 常樂親近諸
> 사 자   신 승 능 정 수 행 자 리 리 타   상 락 친 근 제
> 菩薩衆하야 求學如實行故니라
> 보 살 중   구 학 여 실 행 고
> 四信正行僧 謂常供養諸菩薩衆正修自利利他行故
> <넷째, 바르게 수행하는 스님들을 믿음이니, 이른바 바르게 수행하여 자리이타행(自利利他行)을 하는 모든 보살대중을 항상 공양하기 때문이다.>

[역] 넷째는 스님들이 바르게 수행하여 자신도 이익되게 하고, 남들에게도 이익되게 할 수 있다는 것을 믿는 것이니, 언제나 즐거운 마음으로 보살님들을 친밀하게 가까이 하여 진실한 수행을 추구하고 배우기 때문이다[the faith in the saṃgha(Buddhist Community)].

[참]▶ 신승(信僧)은 신승가(信僧伽)이고 승가는 상가(saṃgha)를 음역한 것입니다. 상가라는 말은 원래 서로 공통된 목적을 이루기 위해 모인 단체를 의미하므로 상인조합(商人組合)이나 정당(政黨)도 일종의 상가입니다.527) 부처님 당시 깨달음의 목표를 가지고 출가자들이 모였기 때문에 출가자들의 모임을 상가라 했습니다. 불교가 일반화되면서 승가라고 하면 출가한 스님들을 상징하게 되었습니다.

【해】석가모니 부처님은 불교인들이 믿고 의지해야 할 대상으로 부처님[佛:Buddha]과 부처님의 가르침인 법(法:Dharma)과 부처님의 가르침을 보다 적극적으로 실천하고자 나선 출가자들[僧:saṃgha:buddhist community]을 들었는데, 부처님이 세상을 떠나신 뒤에는 부처님이 했던 역할을 출가자들이 도맡아 해내야 할 이들이라 보았기 때문입니다. 그러므로 승(僧)은 역사의 현장에 서 있는 부처님의 대리자입니다. 부처님의 역할을 담당

---

527) S.E.D. P-1129.

해야 할 출가자는 지적(知的)으로나 도덕적(道德的)으로 모범(模範)이 되어야 하고, 대중의 사표(師表)가 되어야 하며, 응공(應供)으로 존경받아 마땅합니다. 경에 다음과 같이 말했습니다.

> 출가한 사문(沙門)은 욕망을 끊고 사랑을 버리고 자기 마음의 근원을 알아 부처님의 깊은 이치를 통달하여 부처는 무위(無爲)임을 깨달아 안으로 얻을 것이 없고 밖으로 추구하는 것이 없어서 마음이 도(道)에 얽매이지도 않고 업(業)에 얽히지도 않으며 무념(無念)하고 무작(無作)하며 무수(無修)하고 무증(無證)하여 어떤 위계(位階)도 거치지 않고 스스로를 가장 높이는 것을 일러 도(道)로 여긴다.528)

삼보(三寶)의 구성원인 출가자들이 곱씹어야 할 말입니다. 신불(信佛)·신법(信法)·신승(信僧)은 서분(序分)[A-1] 귀명삼보게(歸命三寶偈)에서 말한 불·법·승 삼보에 귀의하는 것과 같은 맥락입니다. 삼보에 귀경(歸敬)하는 것이야말로 불교신행(佛敎信行)의 시작이요 끝입니다. 초기불교에서는 삼보에 대한 확신과 계에 대한 확신을 합쳐 사불괴정(四不壞淨)이라 하여 네 가지 파괴할 수 없는 청정함을 역설했습니다.

출가자가 제 역할을 다 하지 못할 때 승가의 권위는 의심받게 되고, 도전(挑戰)에 직면(直面)하게 됩니다. 그래서 때로는 불보(佛寶)에 귀의하고, 법보(法寶)에 귀의할 뿐 승보(僧寶)에 귀의하지 않는다고 말하는 이들도 있는데, 경에서는 '불·법·승이 다르다고 말한다면 삼귀의가 될 수 없다'고 하였으니,529) 비록 일부 승가가 바람직하지 못한 모습을 보였다고 해서 승가 전체를 의심하고 도전하는 것은 옳지 않습니다. 한밤에 횃불을 들고 가는 사람이 나쁜 사람이라고 해서 어둠속에 길을 가는 사람이 나

---

528) 四十二章經 脚註 16:<17-722하> 出家沙門者 斷欲去愛 識自心源 達佛深理 悟佛無爲 內無所得 外無所求 心不繫道 亦不結業 無念無作無修無證 不歷諸位而自崇最 名之爲道.
529) 大般涅槃經 3:<12-622하> 若言如來異法僧者則不能成三歸依處.

뿐 사람이 들고 있는 횃불의 불빛마저 더럽다고 거부할 수는 없는 노릇입니다.

B-Ⅳ-2
수행(修行)

【해】불교는 수행(修行)의 종교라 말합니다. 수행이 따르지 않는 불교는 불교학(佛敎學)에 지나지 않습니다. 수행이 없는 불교학은 메마른 지혜[乾慧]와 사견(邪見)만을 키울 뿐입니다. 경에 이르기를, 만약 신심(信心)은 있으나 지혜가 없으면 무명(無明)만 늘고, 지혜는 있으나 신심이 없으면 사견(邪見)만 는다고 했으니530) 신심 없는 불교인도 안 되어야 하고, 지혜가 없는 불교인도 되지 않아야 합니다.

修行에 有五門하야 能成此信하니 云何爲五닛고
一者는 施門이요 二者는 戒門이며 三者는 忍門이며
四者는 進門이고 五者는 止觀門이니라

修五門行 能成此信 所謂施門 戒門 忍門 精進門 止觀門
<다섯 가지 수행을 닦아 이 믿음을 이룰 수 있으니, 이른바 베품의 길이요, 계를 지키는 길이며, 억울함을 참는 길이며, 정진의 길이며, 참선수행[止觀]의 길이다.>

【역】수행에 다섯 가지 길이 있어서 이 믿음을 이룰 수 있으니, 첫 번째는 베품의 길[施門]이요, 두 번째는 계의 길[戒門]이며, 세 번째는 인내의 길[忍門]이며, 네 번째는 정진의 길[進門]이고, 다섯 번째는 참선수행의 길[止觀門]이다.

---

530) 大般涅槃經33:<12-827하> 若人信心 無有智慧 是人則能增長無明.
若有智慧 無有信心 是人則能增長邪見.

참▶ 이 믿음[此信]은 앞에서 말한 삼보에 귀경하는 마음을 의미합니다. 앞에서도 언급했듯이 불교신행의 알파(α)이자 오메가(ω)는 삼보에 귀의하는 것입니다. 그래서 초기 불교에서 삼보에 대한 믿음을 무너뜨려서는 안 된다는 뜻에서 불괴신(不壞信)을 말했고, 그 믿음이 순수하지 않으면 안 된다고 해서 불괴정(不壞淨)을 말했습니다.

▶ 오문(五門)에서 문(門)은 출입하는 문이기보다는 '길'이나 '방법'의 의미이므로 시문(施門)은 베풂의 길, 계문(戒門)은 계의 길 등으로 번역했습니다. 보살만행(菩薩萬行)이라 하여 불교의 수행은 헤아릴 수 없이 다양하고 많지만 대표적으로 초기불교에서는 출가자들에게 팔정도(八正道)를 말했고, 재가 중심의 신불교운동인 대승불교에서는 육바라밀(六波羅蜜)을 듭니다. 여기서 말한 오문(五門)은 육바라밀과 같습니다. 육바라밀의 선정(禪定)은 오문의 지(止)에 해당하고, 육바라밀의 지혜(智慧)는 오문의 관(觀)에 해당합니다.

오문(五門)의 수행에 있어서 베풂은 탐욕을 억제하기 위함이고, 지계는 방자(放恣)함을 억제하며, 인욕은 분노를 억제하고, 정진은 나태함을 억제하며, 지관(止觀)은 혼란스런 마음을 억제하여 지혜를 터득하기 위함입니다.

【해】 수행(修行)은 앞에서 말한 삼보(三寶)에 귀경하는 마음을 실천으로 옮기는 구체적인 방법의 제시입니다. 삼보를 믿고 따르는 사람들이 어떻게 마음을 가지고 처신(處身)할 것인가를 실천하는 것입니다. 머리로만 이해하는 것이 아니라 발로 행동에 옮겨야 열반에 이른다고 하여 지목행족도청량지(智目行足到淸凉池)라 했습니다. 눈과 같은 지혜와 발과 같은 실천으로 열반에 이르게 된다는 뜻입니다. 청량지(淸凉池)은 열반을 시원한 연못에 비유한 것입니다. 행능성지(行能成智)라거나 행만지원(行滿智圓)이라는 말이 있습니다. 행능성지(行能成智)는 행동은 지

혜를 이룰 수 있다는 뜻이고, 행만지원(行滿智圓)이란 실천이 완성되면 지혜 역시 완벽해진다는 뜻입니다.

B-Ⅳ-2-①
보시(布施)

> **云何修行施門**이닛고
> 운 하 수 행 시 문
> 云何修施門
> <무엇이 베풂의 길인가?>

역 무엇이 베풂을 닦고 행하는 길(charity)인가?

참▶ 보시는 다-나(Dāna)로 단나(檀那)라 음역하여 줄여서 단(檀)이라 합니다. 다-나(Dāna)는 '주다'라는 제3류동사 어근(√dā)의 과거수동분사가 중성명사로 쓰여 '주는 행위'를 말합니다. 재가신도를 시주(施主)라고 하는데, 이는 다-나 빠띠(dāna-pati)의 번역으로 흔히 단월(檀越)이라 음역하기도 합니다. 빠띠는 주인이라는 의미입니다. 단월은 절이나 스님들에게 물건을 베풀어 주는 신자(信者)나 절의 후원자라는 뜻입니다.

출가한 비구들을 상대로 말한 팔정도(八正道)에는 보시라는 덕목이 없습니다. 그렇지만 대승불교는 재가불자들이 중심이 되어 출발하기 때문에 수행의 첫째를 물질적으로 베푸는 시여(施與)의 덕(德)에 두고 있습니다.

누구에게인가 물질적으로 베푼다는 것은 인색함이나 탐욕을 억제하지 않고서는 자연스럽게 실천할 수 없는 일이기도 합니다. 중생고(衆生苦)의 대부분이 탐욕의 문제와 직간접으로 연결되고 있다는 점에서 탐욕의 조절이나 억제는 인간성숙의 중요한 덕목입니다.

若見一切來求索者면 所有財物을 隨力施與하고
약견일체래구색자   소유재물   수력시여
以自捨慳貪하야 令彼歡喜하며 若見厄難恐怖危逼
이자사간탐   령피환희   약견액난공포위핍
하면 隨己堪任하야 施與無畏하며 若有衆生來求法
     수기감임   시여무외   약유중생래구법
者면 隨己能解하야 方便爲說하되 不應貪求名利
자   수기능해   방편위설   불응탐구명리
恭敬하고 唯念自利利他하야 回向菩提故니라
공경   유념자리리타   회향보리고

謂若見衆生來從乞求 以己資財隨力施與 捨自慳著令其歡喜 若
見衆生危難逼迫 方便救濟令無怖畏 若有衆生而來求法 以己所
解隨宜爲說 修行如是三種施時 不爲名聞不求利養 亦不貪著世
間果報 但念自他利益安樂 迴向阿耨多羅三藐三菩提

<말하자면 만약 중생이 찾아와 구걸하는 것을 보면 자기 재물을 능력에 따라 베풀어주되 아끼고 집착하는 것을 버려 그들을 기쁘게 한다. 만약 위험에 위험과 어려움에 핍박받는 것을 보면 방편으로 구제하여 두려워하고 겁내지 않도록 한다. 만약 찾아와 법을 구하는 중생을 보면 자기가 이해하는 것을 마땅함에 따라 설해준다. 이와 같은 세 가지 베풂을 수행할 때 명성을 위하지 않고 이양을 구하지 않으며 또한 세간의 과보를 탐내고 집착하지 않는다. 다만 나와 남의 이익과 안락을 생각하여 아눗다라삼약삼보리에 회향해야 한다.>

[역] 만약 누구라도 와서 구하는 것을 보면 가지고 있는 재물을 능력에 따라 베풀어 준다. 그리하여 스스로 인색함과 탐욕스러움을 버리고 저들을 기쁘게 한다.

만약 액난(厄難)과 공포, 위협이나 핍박을 당하는 사람을 보면 자신이 감당할 수 있는 능력에 따라 베풀어 주어 두려움을 없애고, 만약 어떤 중생이 와서 법을 찾으면 자기가 이해함을 따라 방편을 말해 주되 명예나 이익, 공경을 얻으려 하지 말고 오로지 자신의 이로움과 남들의 이로움만을 마음에 두어 깨달음에 돌려야 하기 때문이다.

【해】물질적으로 베푸는 것을 재시(財施:āmiṣa dāna)라 하고, 액난이나 공포에 떠는 이를 구해주는 것을 무외시(無畏施:abhaya dāna)라 하며, 부처님의 가르침을 일깨워주는 것을 법시(法:dharma dāna)라고 합니다. 무외시(無畏施)로서 흔히 방생(放生)을 듭니다. 방생은 『금광명경(金光明經)』 유수장자자품(流水長者子品)의 가르침을 따르는 것입니다.

 원래 보시(布施)는 재가자가 출가자들에게 먹을 것을 제공하는 것이 중심이었으나, 대승불교로 발전하면서 출가자의 베풂이라는 문제가 제기되고, 법을 가르치는 것이 베풂이 되면서 명리(名利)나 공경(恭敬)을 추구하지 않아야 한다는 전제(前提)를 두었습니다. 죽어가는 생명을 풀어주는 방생(放生)은 자비심의 보편적 실천이라 할 수 있습니다.

 경에 재물이 있는 사람이 구걸하는 사람을 보고 없다고 말하는 것은 내생의 빈궁(貧窮)과 박덕(薄德)을 말하는 것이라 했는가 하면,531) 대가를 바라는 자선(慈善)은 장사와 다를 것이 없다고 하여532) 무주상보시(無住相布施)를 역설하였고, 불쌍히 여기는 마음에서 축생에게 베푸는 것이나 공경하는 마음으로 부처님께 베푸는 것이나 그 복은 조금도 차이가 없다고 하여533) 사랑의 손길이 동물에게까지 미쳐야 한다는 것을 가르쳤습니다.

 지극한 마음으로 부처님을 공양하는 것이나 부지런히 부모에게 효도하고 공양하는 것은 전혀 다를 것이 없다고 하여534) 부모 공경을 소홀히 하면서 부처님만 떠받들려는 이기적 섬김을 경계하기도 하였습니다.

---

531) 優婆塞戒經 4:<24-1056상> 若人有財 見有求者 言無言慮 當知是人已說 來世貧窮薄德.
532) 優婆塞戒經 5:<24-1058하> 若求果施 市易無異.
533) 優婆塞戒經 5:<24-1058하> 若能至心大憐愍 施於畜生 專心恭敬 施於諸佛 其福正等無有差別.
534) 大乘本生心地觀經 3:<3-302중> 若人至心供養佛 復有精勤修孝養 如是二人福無異 三世受報亦無窮.

B-Ⅳ-2-②
지계(持戒)

> **云何修行戒門**이닛고
> 운 하 수 행 계 문
> 云何修戒門
> <무엇이 계를 닦는 길인가?>

[역] 무엇이 계의 길을 수행함인가(the observance of precepts)?

[참] 계(戒)라는 말은 '쉴-라'(Śīla ⓟsīla)를 번역한 말인데,535) 이 말은 '반복해서 실천한다'라는 의미를 가진 제1류동사 어근(√śīl)에서 파생된 중성명사로 '습관성'·'행위' 등의 의미를 가졌습니다. 그러니까 계는 좋은 습관을 가진 행위를 키운다는 의미를 내포하고 있습니다.

송나라 때 연수(延壽) 스님은 계에 대해 이렇게 말했습니다.

    계는 모든 착한 법의 사다리요, 돌다리며, 또한 모든 착한 법의 근본이니, 마치 땅이 모든 수목(樹木)을 나게 하는 근본인 것과 같다.
    계는 모든 선근(善根)의 안내하는 우두머리니 마치 상주(商主)가 여러 상인들을 안내하는 것과 같다.
    계는 모든 착한 법에서 승리를 표시하는 깃발이니 마치 하늘의 제석(帝釋)이 세운 승리의 깃발과 같다.
    계는 모든 악과 삼악도를 영원히 끊을 수 있고, 나쁜 병을 치료할 수 있으니, 마치 약초와 같다.
    계는 나고 죽은 험한 길에서 양식이요,
    계는 번뇌인 사악한 도적을 꺾는 갑옷이요 무기이며,
    계는 번뇌인 독사(毒蛇)를 없애는 좋은 주문이요,
    계는 악업행(惡業行)을 건너게 하는 다리이다.
    만약, 이와 같이 살펴볼 수 없는 사람이라면 계를 닦지도 않고 마음을 닦지도 않는 사람이라 할 것이다.536)

---
535) S.E.D. p-1079. P.E.D. p-712.

> 所謂不殺不盜不婬하며 不兩舌不惡口不妄語不
> 소위불살 부도불음   불양설불악구불망어불
> 綺語하며 遠離貪嫉詐欺諂曲瞋恚邪見이니라
> 기 어   원리탐질사기첨곡진에사견
> 所謂在家菩薩當離殺生偸盜邪婬妄言兩舌惡口綺語慳貪瞋嫉諂誑
> 邪見
> <이른바 재가보살은 살생, 투도(偸盜), 사음(邪婬), 망어(妄語), 양설(兩舌),
> 악구(惡口), 기어(綺語), 간탐(慳貪), 분노와 질투[瞋嫉], 아첨과 속임[諂
> 誑], 사견(邪見)을 멀리해야만 한다.>

[역] 소위 죽이지 않고, 훔치지 않고, 음행하지 않고, 이간하지 않고, 악담하지 않고, 거짓말하지 않고, 허풍떨지 않는 것이며, 탐욕과 질투, 사기와 아첨, 성냄과 삿된 견해를 멀리 떨쳐 버림이다.

【해】일반적으로 계율(戒律)이라고 말하지만 원래 쉴-라(Śīla)인 계(戒)와 위나야(vinaya)인 율(律)를 합쳐서 부르는 말입니다. 계는 재가나 출가를 막론하고 불교도라면 반드시 자발적(自發的)으로 받들어야 할 윤리덕목(倫理德目)이라면, 율(律)은 출가의 신분을 가진 사람들이 출가자로서 지켜야 할 타율적(他律的)이고 강제적(强制的)인 생활규범(生活規範)입니다.

계는 불자다움을 고양(高揚)시키기 위하여 좋은 습관(習慣)을 길러나가는 길인데 비해 율은 출가자들의 위의(威儀)를 지키기 위한 길입니다.

불교는 신구의(身口意) 삼업(三業)을 바람직한 방향으로 쌓아갈 것을 권(勸)하고 있습니다. 인간은 누구인가와 더불어 살고 있고, 더불어 살아가는 삶의 현장에서 그의 말과 행동, 나아가 마음 쓰는 것이 더불어 사는 삶을 보다 밝게 하고 협조적(協調的)으로 이끌면 선(善)하고 착한 것으로 바람직한 것이요, 더불

---

536) 宗鏡錄 32:<48-604중> 戒是一切善法梯磴 亦是一切善法根本 如地悉是一切樹木所生之本 戒是諸善根之導首也 如彼商主導諸商人 戒是一切善法勝幢 如天帝釋所立勝幢 戒能永斷一切惡業及三惡道 能療惡病猶如藥樹 戒是生死險道資糧 戒是摧結惡賊鎧仗 戒是滅結毒蛇良呪 戒是度惡業行橋梁 若有不能如是觀者 名不修戒 不修心者.

어 사는 삶을 어둡게 하고 비협조적(非協調的)으로 나아가게 하면 악(惡)하고 나쁜 것으로 바람직하지 못한 것입니다. 선(善)하다거나 악(惡)하다는 것은 그때 그 현장에서 결정될 수 있는 것이지 이미 고정되어 있는 어떤 틀이 아닙니다. 그래서 대용현전 부존궤칙(大用現前 不存軌則)이라 말합니다.537)

활달무애(豁達無礙)한 행동거지는 그때 그 자리의 상황에서 결정되는 것이지 부동의 어떤 법칙이 정해져 있지 않다는 뜻입니다. 이것을 임제(臨濟)는 '네가 살아가는 삶의 현장에서 주체적 입장되라. 그러면 네가 사는 그 현장이 진실이 실현되는 곳'이라는 뜻에서 수처작주 입처개진(隨處作主 立處皆眞)을 말했습니다.538) 바로 이러한 삶의 자세가 불교가 추구하는 지혜로운 삶입니다.

若出家者인댄 爲折伏煩惱故로 亦應遠離憒鬧하고
약 출 가 자   위 절 복 번 뇌 고   역 응 원 리 궤 료
常處寂靜하야 修習少欲知足頭陀等行하며 乃至小
상 처 적 정   수 습 소 욕 지 족 두 타 등 행   내 지 소
罪라도 心生怖畏하야 慚愧改悔하고 不得輕於如來
죄   심 생 포 외   참 괴 개 회   부 득 경 어 여 래
의 所制禁戒하며 當護譏嫌하야 不令衆生으로 妄起
   소 제 금 계   당 호 기 혐   불 령 중 생   망 기
過罪故니라
과 죄 고
若出家者爲欲折伏諸煩惱故 應離憒鬧常依寂靜 修習止足頭陀等行 乃至小罪心生大怖慚愧悔責 護持如來所制禁戒 不令見者有所譏嫌 能使衆生捨惡修善
<만약 출가자라면 모든 번뇌를 꺾어 굴복시켜야 하기 때문에 시끄러운 곳을

---

537) 佛果圜悟禪師碧巖錄 1:<48-142하>
538) 鎭州臨濟慧照禪師語錄:<47-498상>

> 벗어나 항상 고요하고 조용한 곳에 살면서 만족에 머물러 두타 등의 행을 닦아 익히고 나아가 작은 죄일지라도 큰 두려움과 부끄러움을 내어 뉘우치고 꾸짖어 부처님이 제정한 금계(禁戒)를 보호하고 지켜보는 사람이 싫어하고 꺼려하지 않도록 하고 중생들로 하여금 악을 버리고 선을 닦도록 해야 한다.>

[역] 만약 출가자라면 번뇌를 꺾고 굴복시키려는 까닭에 변화하고 시끄러운 곳을 멀리 벗어나, 항상 고요한 곳에서 적은 욕심으로 만족함을 알고, 번뇌를 떨쳐버릴 수 있는 수행을 익히고, 비록 작은 허물일지라도 마음에 두렵게 생각하여 부끄러워하며, 과오(過誤)를 뉘우치고 부처님이 제정한 금지(禁止)하는 계를 가볍게 여기지 않고, 당연히 비난이나 혐오로부터 보호해야 할 것이니, 중생으로 하여금 함부로 과오와 죄를 저지르지 않도록 하기 때문이다.

[참]▶ 두타(頭陀)는 산스끄리뜨 두-따(Dhūta)를 음역한 것인데, 이 말은 '흔들다'라는 뜻을 가진 제5류동사 어근(√dhū)의 과거수동분사로 '흔들어버렸다'는 뜻입니다.539) 자기 몸에 달라붙은 먼지를 떨어버리듯이 번뇌를 떨쳐버렸다는 의미입니다.

   부처님 당시 가장 모범적으로 두타행을 한 사람으로 마하가섭(摩訶迦葉:Mahā Kassapa)을 들고 있습니다. 그래서 마하가섭을 두타제일(頭陀第一)의 존자라고 전합니다.540)

▶ 참괴(慙愧)는 산스끄리뜨로 흐리 아빠뜨라빠-(hry-apatrapā)인데, 참(慙)이라 번역하는 흐리-(hrī)는 자신의 잘못에 대해 스스로 자신에게 부끄러워하는 것이고, 괴(愧)라고 번역한 아빠뜨라빠-(apatrapā)는 부끄럽게 되다라는 뜻을 가진 동사(apa-√trap)에서 온541) 이 말은 남에 대해 부끄러워하는 마음입니다. 그러니까 참은 양심(良心)의 가책(呵責)이고, 괴는 남들에게 부끄러움을 느끼는 미안한 마음입니다.

---

539) S.E.D. p-517.
540) 佛本行集經 46:<3-868중> 佛授記 諸比丘中 所欲知足 頭陀第一 摩訶迦葉比丘是也.
541) S.E.D. p-49.

경에 부끄러움이라는 물로 마음을 피로하게 만드는 때를 씻어
내 몸과 마음이 모두 청정한 그릇이 되게 한다고 했습니다.542)

【해】 마음을 닦는 수행에서 첫 관문은 계를 지키는 것입니다.
경에 이렇게 말합니다.

> 만약 법답게 계를 받았으면 마땅히 죄를 참회하여 소멸하도록 하라.
> 죄를 일으키는 원인에 열 가지 인연이 있으니 몸으로 짓는 것이
> 셋[身三]이요 입으로 짓는 것이 넷[口四]이며 뜻으로 짓는 것이 셋
> [意三]이다. 생사의 시작을 알 수 없듯이 죄 또한 끝이 없다. 큰 바
> 다가 깊어 바닥을 알 수 없듯이 번뇌 또한 끝이 없다. 마치 수미산
> 이 높고 아득하듯이 업장(業障)도 높고 크다.
> 업을 짓는 이유는 두 가지로 말미암으니 이른바 현행(現行)과 종
> 자(種子)니라. 알라야식[藏識]은 모든 종자를 인연으로 가지고 있어
> 형체에 그림자가 따르듯이 우리 몸을 떠나지 않고 언제나 성도(聖
> 道)를 가로 막는다.
> 가까이는 인천(人天)의 미묘한 즐거움을 얻지 못하게 가로 막고,
> 멀리는 위없는 깨달음의 길을 가로 막는다. 가족을 거느린 자는 번
> 뇌의 원인을 불러들이고, 가족을 버린 자 역시 청정한 계를 깨뜨린
> 다.543)

B-Ⅳ-2-③
인욕(忍辱)

云何修行忍門이닛고
운 하 수 행 인 문
云何修忍門
<무엇이 인욕의 길인가?>

---

542) 大乘本生心地觀經 3:<3-304상> 以慚愧水洗塵勞 身心俱爲淸淨器.
543) 大乘本生心地觀經 3:<3-303중> 若欲如法受戒者 應當懺罪令消滅 起罪之因有十緣
　　　　身三口四及意三　生死無始罪無窮　煩惱大海深無底　業障峻極如須彌　造業由因二種起
　　　　所謂現行及種子　藏識持緣一切種　如影隨形不離身　一切時中障聖道　近障人天妙樂果
　　　　遠障無上菩提果　在家能招煩惱因　出家亦破淸淨戒.

【역】 어떻게 인욕(patience)을 수행하는가?

【참】 인욕(忍辱)은 끄샨-띠(kṣānti)를 말합니다. 이 말은 '인내심이 강하다, 잘 견디다, 분노를 억누르다, 평정을 지키다'라는 뜻의 제1류동사 어근(√kṣam)에서 온 여성명사입니다.544) 분하고 억울함을 참아내는 것을 의미합니다.

특히 자기보다 약자가 화나게 했을 때 분노하지 않고 참아 이겨내는 것을 중시하고 있습니다. 자기를 이기는 자 앞에서 참는 것은 두려워 참는 것이고, 자기와 같은 자 앞에서 참는 것은 다투고 싸우는 것이 겁나기 때문이고 자기보다 약한 자 앞에서 참는 것이 진정한 참음이라고 했습니다.545)

所謂應忍他人之惱하야 心에 不懷報하며 亦當忍
소위응인타인지뇌   심   불회보   역당인
於利衰毁譽稱譏苦樂等法故니라
어 이 쇠 훼 예 칭 기 고 락 등 법 고
所謂見惡不嫌遭苦不動 常樂觀察甚深句義
<이르자면 악을 보고 혐오하지 않고 고통을 만나도 흔들리지 않고 항상 즐겁게 심오한 경전 구절의 뜻을 관찰해야 하는 것이다.>

【역】 다른 사람의 괴롭힘을 참아내어 마음에 보복하려는 생각을 품지 않아야 한다. 또한 이익[利]과 손실[衰], 헐뜯음[毁]과 찬양[譽], 칭찬[稱]과 비방[譏], 괴로움[苦]과 즐거움[樂] 등도 당연히 참아내야 하기 때문이다.

【해】 빨-리로 이(利)는 랄-바(lābha)로 물질적으로 이득을 보는 것이고, 쇠(衰)는 아랄-바(alābha)로 물질적으로 손실을 보는 것입니다. 훼(毁)는 아야소(ayaso)로 보이지 않는 뒤에서 험담하는 것이고, 예(譽)는 야소(yaso)로 보이지 않는 뒤에서 칭찬하는

---

544) S.E.D. p-326.
545) 雜寶藏經 3:<4-463상> 忍勝己者 名怖忍 忍等己者 畏鬪諍 忍下劣者 名盛忍.

것입니다. 칭(稱)은 빠상사-(pasaṇsā)로 보는 면전(面前)에서 칭찬하는 것이고,546) 기(譏)는 닌다-(nindā)로 보는 면전에서 비방하는 것입니다.547) 고(苦)는 둣카(dukkha)로 불만족이나 고통스러움을 뜻하고, 락(樂)은 수카(sukha)로 기쁨을 말합니다.

이·쇠·훼·예·칭·기·고·락(利衰毁譽稱譏苦樂) 등 여덟 가지는 바람이 나무를 흔들듯이 사람의 마음을 흔드는 여덟 가지라 하여 팔풍(八風)이라고 합니다. 여덟 가지 바람에 마주할 때 흔들리지 않는 것이 수행이기도 합니다.

B-Ⅳ-2-④
정진(精進)

> 云何修行進門이닛고
> 운 하 수 행 진 문
> 云何修精進門 <무엇이 정진의 길인가?>

[역] 어떻게 정진(zeal)을 수행하는가?

【해】 정진(精進)은 위-리야(Vīrya)의 번역인데, 이 말은 '남자다운 기상을 가졌다'는 뜻의 제10류동사 어근(√vīr)에서 온 중성명사로 '영웅적 행위'를 뜻합니다.548)

목표를 설정하였으면 그 목표를 달성할 때까지 포기하지 않고 밀고나가는 굳건한 정신력을 의미합니다. 인간은 가능성의 존재이므로 그 가능성을 현실화하는 데는 무엇보다도 목표를 설정하고 노력하는 정진이 중요합니다. 부지런히 정진을 닦아 몸과 입과 마음을 단정하게 하고 행동에 과실(過失)이 없으면 도(道)를 얻음에 어려움이 없다고 하였습니다.549)

---

546) P.E.D. P-445.
547) P.E.D. P-359.
548) S.E.D. p-1006.
549) 佛般泥洹經 上:<1-161중> 勤修精進 端身口意 行無過失 取道不難.

所謂於諸善事에 心不懈退이며 立志堅強하고 遠
소위어제선사   심불해퇴   입지견강   원
離怯弱하야 當念하되 過去久遠已來로 虛受一切
리겁약   당념   과거구원이래   허수일체
身心大苦하야 無有利益일새 是故로 應勤修諸功
신심대고   무유이익   시고   응근수제공
德하야 自利利他하며 遠離衆苦이니라
덕   자리리타   원리중고

所謂修諸善行心不懈退 當念過去無數劫來 爲求世間貪欲境界
虛受一切身心大苦 畢竟無有少分滋味 爲令未來遠離此苦 應勤
精進不生懈怠 大悲利益一切衆生

<이른바 모든 선행을 닦되 마음에 게으름이나 물러나지 않는 것이다. 과거 무수겁 이래(無數劫以來) 세간의 탐욕경계를 좇느라 모든 몸과 마음의 큰 고통을 헛되이 받아 결국 작은 재미도 없었다는 것을 생각해야만 한다. 미래에는 이 고통을 멀리 떨쳐버리기 위해 마땅히 부지런히 정진하여 게으름이 생기지 않게 하며 대비로 모든 중생을 이익이 되게 해야 한다.>

【역】 이른바 좋은 일에서는 마음이 게으르거나 물러나지 않고 뜻을 굳건하게 세워 겁나고 심약함을 멀리 떨쳐 버리고 아득한 과거로부터 공연히 몸과 마음에 많은 고통을 당해도 아무런 이익이 없었다는 것을 마음에 깊이 새기기 때문에 부지런히 온갖 공덕을 닦아 나와 남을 이롭게 하며 온갖 고통을 멀리 벗어난다.

【해】 인간은 게으르기 쉬운 존재라고 합니다. 좋은 일을 알면서 하지 않는 것이 게으름입니다. 인간은 바람직한 행동보다는 그렇지 않은 행동을 하는 것을 더 쉽게 여기고 익숙해 합니다. 그래서 나쁘다는 것을 알면서 그것을 억제하려는 의지력이 필요합니다. 정진(精進)은 바로 바람직하지 않은 것을 경계하고 바람직한 행동을 권장하고 북돋우는 노력입니다.

사정근(四正勤)이라 하여 이미 저지른 악행을 끊도록 노력하고, 아직 발생하지 않은 악행은 미리 방지(防止)하도록 하며, 이

미 행한 선행은 북돋아 키우고자 노력하고, 아직 일어나지 않은 선행은 일으키도록 하는 것을 말합니다.550) 사정근을 사정단(四正斷)이나 사의단(四意斷)이라고도 합니다.

復次 若人이 **雖修行信心**이나 **以從先世來**로 **多有**
부차 약인   수수행신심   이종선세래   다유
重罪惡業障故로 **爲邪魔諸鬼之所惱亂**하며 **或爲**
중죄악업장고   위사마제귀지소뇌란   혹위
世間事務의 **種種牽纏**하며 **或爲病苦所惱**니라
세간사무   종종견전   혹위병고소뇌
其初學菩薩雖修行信心 以先世來多有重罪惡業障故 或爲魔邪所
惱 或爲世務所纏 或爲種種病緣之所逼迫
<저 처음으로 배우는 보살은 신심으로 수행하더라도 이미 지나간 세월에 중죄와 악업의 장애가 있기 때문에 혹 악마의 사사로운 고뇌를 당하기도 하고, 혹은 세상의 일에 얽어 매이기도 하고, 혹은 이런저런 병의 인연으로 핍박을 당하기도 한다.>

역 다시 만약 어떤 사람이 비록 신심(信心)을 닦고 실천해도[修行] 앞 세상으로부터 내려오는 무거운 죄와 악업의 장애가 많기 때문에 삿된 악마나 이런 저런 귀신들의 괴롭힘을 당한다. 때로는 세상의 복잡한 일에 얽혀 들기도 하고, 때로는 병고(病苦)에 시달리기도 한다.

참▶ 업장(業障)은 까르마-와라나(karmāvaraṇa)의 번역인데, 이 말은 까르마(karma)와 아-와라나(āvaraṇa)의 합성어입니다. 까르마는 업(業)이라 번역하는 말이고, 아-와라나(āvaraṇa)는 숨기거나 가로막는 행위를 의미합니다. 그러니까 자신의 업이 자기가 하려는 것을 가로막고 방해한다는 뜻이 업장입니다.

---

550) 信佛功德經<1-256중> 四正勤者 已作惡令斷 未作惡令止 已作善令增長 未作善令發生.

有如是等衆多障礙하니 是故로 應當勇猛精勤하되
유여시등중다장애   시고   응당용맹정근
晝夜六時에 禮拜諸佛하야 誠心으로 懺悔하며 勸請
주야육시   예배제불   성심   참회   권청
隨喜하야 回向菩提하기를 常不休廢하면 得免諸障
수희   회향보리   상불휴폐   득면제장
하고 善根增長故니라
     선근증장고

如是等事爲難非一 令其行人廢修善品 是故宜應勇猛精進 晝夜
六時禮拜諸佛 供養讚歎懺悔勸請 隨喜迴向無上菩提 發大誓願
無有休息 令惡障銷滅善根增長
<이런 등등의 일로 어려움을 당하는 것이 하나가 아니어서 수행하는 사람으로 하여금 선을 닦는 것을 그만두도록 한다. 그러므로 마땅히 용맹정진 하되 주야(晝夜)로 여섯 번에 걸쳐 모든 부처님에게 예배하고 공양하며 찬탄하고 참회하며 설법을 청하며 기쁨으로 무상보리(無上菩提)에 회향해야 한다. 끝임 없이 큰 서원을 세워 사악한 장애를 녹여 없애고 선근을 늘리고 키우도록 해야 한다.>

역▶ 이런 등등의 온갖 장애가 있기 때문에 용맹심을 내어 정진하되 밤낮으로 하루 여섯 번 부처님들께 예배하고 진솔한 마음으로 참회하며 설법을 청해듣고, 남의 선행을 보면 내일처럼 기뻐하고 칭찬하여 깨달음을 위해 되돌리기를 중단하지 않고 계속하면 온갖 장애를 벗어나 선근을 더욱 키울 수 있기 때문이다.

참▶ 주야육시 예배제불 성심참회(晝夜六時禮拜諸佛 誠心懺悔)는 '밤낮으로 하루 여섯 번 부처님들께 예배하고 진솔한 마음으로 참회한다'는 것인데, 초기 불교에서는 보이지 않던 말입니다. 하께다는 'the six four-hour intervals of the day and night should pay homage to the Buddhas, repent with sincere heart'라고 영역하였습니다.

▶ 참회(懺悔)는 자기가 지은 죄나 잘못을 뉘우치고 반성하는 것으로 산스끄리뜨로 끄샤마(kṣama)인데, 참(懺)은 끄샤마를 음사

(音寫)한 것이고, 회(悔)는 끄샤마를 의역(意譯)한 것입니다.
끄샤마의 어원인 끄샴((kṣam)이란 동사에는 '분노를 이긴다. 참다. 평정을 유지한다. 용서한다' 등의 뜻을 가지고 있습니다.551) 참회는 분노를 참아 이긴다는 점에서 인욕(忍辱)과 맞닿아 있습니다. 경에 이렇게 말합니다.

> 만약 법답게 참회할 수 있다면 가지고 있는 번뇌를 모두 다 없앨 것이니, 그것은 마치 겁화(劫火)가 수미산을 태워버리고 큰 바다를 말려버리듯이 세상을 무너뜨리는 것과 같을 것이다.
> 참회는 번뇌의 섶을 태우고, 참회는 천상(天上)에 가서 태어나게 하며, 참회는 색계(色界)의 네 가지 선의 즐거움을 얻게 하며, 참회는 비를 내리듯이 마니주(摩尼珠)를 쏟아지게 하며, 참회는 금강(金剛) 같은 목숨으로 인도하며, 참회는 항상 즐거움의 궁전에 들어가게 하며, 참회는 삼계의 감옥을 벗어나게 하며, 참회는 깨달음의 화려한 꽃을 피어나게 하며, 참회는 둥글고 큰 거울과 같은 부처님을 보게 하며, 참회는 보물이 쌓인 곳에 이르게 한다.552)

▶ 권청(勸請)은 부처님에게 간곡하게 부탁을 드리는 것을 말하는데, 이 말은 우빠만뜨리따(upamantrita)로 '가까이 부른다'는 뜻을 가지고 있습니다.553) 부처님이 깨달음을 얻고 침묵하고 있을 때 범천(Brahmadeva)이 부처님께 설법해주실 것을 권청했다고 합니다. [beseech the Buddhas for their guidance]
▶ 수희(隨喜)는 아누모다나-(anumodanā)의 번역인데, 이 말은 접두사 아누(anu)와 모다나(modana)의 여성형이 합성된 말입니다. 접두사 아누(anu)는 '같이', '함께'라는 의미이고,554) 모다나

---
551) S.E.D. P-326.
552) 大乘本生心地觀經 3:<3-303하> 若能如法懺悔者 所有煩惱悉皆除 猶如劫火壞世間 燒盡須彌幷巨海 懺悔能燒煩惱薪 懺悔能往生天路 懺悔能得四禪樂 懺悔雨寶摩尼珠 懺悔能延金剛壽 懺悔能入常樂宮 懺悔能出三界獄 懺悔能開菩提華 懺悔見佛大圓鏡 懺悔能至於寶所.
553) S.E.D. P-203.
554) S.E.D. P-31 col1. 3. anu.

(modana)는 기뻐하는 행위를 뜻하므로 수희는 같이 기뻐한다는 뜻입니다.555) [rejoice in the happiness of others]

▶ 회향(廻向)이란 빠리나-마나-(pariṇāmanā)인데 '성숙시키다, 익히다'라는 뜻을 가진 동사(pari-√ṇam)에서 온 여성명사로 '변화'를 의미합니다.556)[direct all the merits to the attainment of enlightenment]

【해】산다는 것은 행동하는 것이고, 행동은 몸뚱이 동작[身業]과 말하기[口業]와 행동하고 말하기 전에 생각하기[意業] 등 세 가지 업[三業]에 지나지 않습니다. 시작을 알 수 없는 아득한 옛날부터 부지불식간(不知不識間)에 이런 저런 업을 지어왔으니 나로 인해 서운함이나 원망을 가졌던 사람들이 없다고 말할 수 없을 것입니다. 그래서 지난날 내 업의 장애[業障]로부터 자유롭기 위해 부단히 참회(懺悔:kṣama)하고, 권청(勸請:upamantrita)하고, 수희(隨喜:anumodanā)하며, 회향(回向:pariṇāmanā)하는 자세가 필요합니다. 권청이란 말은 가까이 부른다거나 초청한다는 동사(upa-√mantr)의 과거수동분사입니다.

달마(達磨) 스님은 억울하다는 생각이 드는 경우를 당했을 때, 내가 이미 저지르는 원망에 대해 갚음을 당한다고 생각하라고 보원행(報怨行)을 권고했습니다.557)보원(報怨)이란 쁘라띠야빠까-라(pratyapakāra)로 보복(報復)이나 앙갚음을 의미합니다.558)

원망을 원망으로 갚을 수는 없나니 원망을 자비로 감쌀 때만이 원망은 영원히 멈추게 된다는 유명한 말씀이 있듯이,559) 불자는 억울함을 당해도 분해하거나 복수하겠다는 생각을 갖기에 앞서 내가 지은 악업을 되받고 있다고 생각해야 한다는 것입니다.

---

555) S.E.D. P-835.
556) S.E.D. P-584.
557) 小室六門:<48-370상>
558) S.E.D. P-675.
559) 法集要頌經2:<4-784중> 不可怨以怨 終已得快樂 行忍怨自息 此名如來法.

B-Ⅳ-2-⑤
선정(禪定)

선(禪)은 선나(禪那)를 줄인 말인데, 선나는 산스끄리뜨 디야-나(dhyāna), 빨-리로 자-나(jhāna)의 음사(音寫)한 것이므로 이는 빨-리어 자-나(jhāna)에서 왔다고 보는 것이 타당할 것 같습니다. 이 말의 의역(意譯)이 정(定), 정려(靜慮), 사유수(思惟修)입니다. 그러니까 선정(禪定)이라는 말은 빨-리를 음사하여 줄인 선(禪)과 중국어로 의역한 정(定)이 합성(合成)된 말로 좌선(坐禪)하여 마음의 안정을 얻는다는 의미입니다.

경에 말합니다.

> 정려(靜慮)는 지혜를 낳을 수 있다. 마음의 안정은 지혜에서 생긴다. 불과(佛果)인 큰 깨달음은 정혜(定慧)가 근본이 된다. 만약 안정된 마음을 닦기를 좋아한다면 반드시 텅 비고 고요한 집으로 돌아가야 한다. 중생이 망심(妄心)을 일으키는 것이 마치 눈병 난 사람이 공화(空花)를 보는 것과 같아서 오직 정혜(定慧)로만 고칠 수 있다.560)

정려(靜慮)는 흔히 선(禪)이라 말하는 디야-나(dhyāna)의 번역입니다. 그러니까 깨달음은 정혜(定慧)를 바탕으로 얻어진다는 것입니다. 보고 듣고 냄새 맡는 등의 감각으로 흐트러지는 마음을 한 곳으로 거두어들이는 섭심일처(攝心一處)야말로 불교수행의 요점이라 할 것이니 지관(止觀)의 연마가 그만큼 중요한 것입니다. 함허기화(涵虛己和:1376~1433) 스님이 말합니다.

> 대개 수행은 삼학(三學)을 벗어나지 않는다. 계(戒)로 말미암아 정(定)이 생기고, 정으로 말미암아 혜(慧)가 생긴다. 이것이 배움의 차례이다. 선정은 지계가 아니면 완성되지 못하고, 지혜는 선정이

---

560) 大乘理趣六波羅蜜多經 8:<8-899중> 靜慮能生智 定復從智生 佛果大菩提 定慧爲根本 若人樂修定 必歸空寂舍 衆生妄心起 如翳見空花 唯定慧能治.

아니면 꽃을 피우지 못한다.…

　선정이 없이 관(觀)에 들어가는 것은 참된 지혜가 아니고. 지계가 없이 선정에 들어가는 것은 참된 선정이 아니다. 만약 정념관찰(正念觀察)하고자 하면 먼저 선정에 들어갈 필요가 있고, 만약 선정에 들어가고자 하면 먼저 금계(禁戒)를 지켜야 참으로 이른바 사마타행이다.…

　먼저 계를 지키고 선정에 들어가야만 참된 사마타행을 실천한 뒤에 관찰을 생각할 수 있거늘 어떻게 먼저 사마타를 행한 뒤에 비로소 계를 지킨다고 하겠는가! 먼저 지혜를 닦고 다음에 선정에 든다든가 먼저 선정에 들고 다음에 계를 지킨다는 것은 이치에 맞지 않는다.561)

　함허기화 스님은 계정혜(戒定慧) 삼학(三學)과 지관(止觀)의 선후관계(先後關係)를 밝히고 있습니다. 지관(止觀)이나 정혜(定慧)는 같은 의미의 말인데, 옛날 천태(天台)나 교학(敎學)에서는 지관(止觀)을 선호(選好)하였고, 선종(禪宗)에서는 정혜(定慧)를 선호했다고 생각됩니다.

云何修行止觀門이닛고
운 하 수 행 지 관 문
云何修止觀門
<무엇이 지(止)와 관(觀)을 닦는 길인가?>

[역] 어떻게 지(止:cessation)와 관(觀:clear observation)을 닦아가는가?

【해】불교 수행의 세 가지 요점은 윤리적인 면과 심리적인 면과 지성적인 면이 있습니다. 윤리적인 것이 계(戒)고, 심리적인

---

561) 大方廣圓覺修多羅了義經說誼 上:<韓國佛敎全書 7-135중> 大凡修行 不出三學 因戒生定 因定生慧 此爲學之序也 定非戒而不成 慧非定而不發…
　　無定而入觀 非眞慧也 無戒而入定 非眞定也 若欲正念觀察 先須入定 若欲入定 先持禁戒 持戒入定 眞所謂奢摩他行也…
　　先須持戒入定 行眞奢摩他行然後 作念觀察也 豈謂先奢摩他而後 方持戒也 先慧而次定 先定次戒 無有是理也.

것이 정(定)이며, 지성적인 것이 혜(慧)입니다. 그 중에서 마음 닦는 수행은 주로 심리적인 것과 밀접하기 때문에 우리의 마음을 어떻게 동요하지 않고 침착하게 안정시킬 수 있느냐로 집중되고 있습니다. 산란한 마음을 안정시키는 방법이야 많이 있겠지만 부처님을 비롯하여 역대의 고승들이 가장 효과를 거두었던 것은 좌선(坐禪)을 통해 마음을 안정시키는 선정(禪定)입니다.

천태지의(天台智顗:538~597) 스님이 말하기를, 한 마음이 선정에 들면 마치 깨끗한 거울과 같아 파도가 없는 잔잔한 물[止]이 삼라만상을 비추어 다 나타내는 것[觀]과 같다고 했습니다.562)

소위 『원각경(圓覺經)』에 '막힘이 없는 맑고 깨끗한 지혜는 모두 선정(禪定)에서 생긴다'고 하였고,563) 고려시대의 진각 국사(眞覺國師:1178~1234)는 이렇게 말했습니다.

> 수행의 요점은 지관(止觀)과 정혜(定慧)를 벗어나지 않는다. 모든 법이 텅 비었음을 비추는 것이 관(觀)이고 모든 분별하는 의식을 멈추는 것이 지(止)이다. 자기 밖의 대상들에 휘둘리지 않는 것이 정(定)인데, 그렇다고 대상에 휘둘리는 마음을 억지로 제압하는 것이 아니라 대상들의 본성을 보아 그 현상에 미혹되지 않는 것을 혜(慧)라고 한다.564)

용수보살은 이렇게 말했습니다.

> 가부좌(跏趺坐)한 그림만 보아도
> 마왕(魔王)은 근심하며 두려워하거늘
> 하물며 수행하는 사람이
> 편히 앉아 꿈쩍도 않음이랴!565)

---

562) 法界次第初門:<46-672상> 一心在定 猶如明鏡 不動淨水無波湛然而照萬像皆現.
563) 大方廣圓覺修多羅了義經:<17-919상> 無礙淸淨慧 皆依禪定生.
564) 曹溪眞覺國師語錄:<韓國佛敎全書: 6-40상> 修行之要不出止觀定慧 照諸法空曰觀 息諸分別曰止…對境不動是定 非力制之見性不迷是慧.
565) 大智度論 7:<25-111중> 見畫跏趺坐 魔王亦愁怖 何況入道人 安坐不傾動.

> 所言止者는 謂止一切境界相이니 隨順奢摩他觀
> 소 언 지 자　　위 지 일 체 경 계 상　　수 순 사 마 타 관
> 義故니라
> 의 고
> 謂息滅一切戱論境界是止義
> <말하자면 일체의 희론 경계를 쉬고 없애는 것이 지(止)의 뜻이다.>

역 지(止)라고 말하는 것은 우리의 의식 안에 비쳐지는 대상들의 모습을 모두 멈추게 하는 것이니, 사마타관(奢摩他觀)의 뜻을 거스르지 않고 순종하기 때문이다.

참▶ 지(止)는 샤마타(Śamatha)의 번역으로 이 말은 '고요하다'는 뜻을 가진 제4류 동사 어근(√sam)에서 온 남성명사로 '평정', '열정을 가라앉힘'이라는 의미입니다.566)

경에 이르기를, 샤마타는 능멸(能滅)이라 하니, 번뇌를 없애기 때문이요, 능조(能調)라 하니, 감각기관의 악하고 착하지 않음을 조절하기 때문이며, 적정(寂靜)이라 하니 삼업(三業)으로 하여금 적정을 이루게 하기 때문이며, 원리(遠離)라 하니 중생이 오욕(五欲)을 벗어나도록 하기 때문이며, 능청(能淸)이라 하니 탐진치(貪瞋癡)의 세 가지 탁법(三濁法)을 청정하게 하기 때문이라고 했습니다.567)

경에 마음을 한 곳에 묶어두는 것이 지(止)라고 했는데,568) 용수보살(龍樹菩薩)은 마음을 한 곳에 묶어두면 청정해지고 온화해져 실지(實智)를 일으킬 수 있는데, 마치 물이 맑고 조용하여 사물을 반사하여 비치는 것이 또렷함과 같다고 했습니다.569)

---

566) S.E.D. P-1054.
567) 大般涅槃經 28:<12-792하> 奢摩他者 名爲能滅 能滅一切煩惱結故 又奢摩他者名曰能調 能調諸根惡不善故 又奢摩他者名曰寂靜 能令三業成寂靜故 又奢摩他者名曰遠離 能令衆生離五欲故 又奢摩他者名曰能淸 能淸貪欲瞋恚愚癡三濁法故.
568) 坐禪三昧經:<15-275중> 繫心一處 是名爲止.
569) 大智度論 80:<25-625중> 繫心一處淸淨柔輭則能生實智 如水澄靜照鑒分明.

실지(實智)는 부-따 즈냐-나(bhūta jñāna)로 진지(眞智)라고도 하는데, 깨달음을 여는 진실지(眞實智)로 능소대립(能所對立)을 초월하여 분별이 없는 직관지(直觀知)를 의미합니다.
 지(止)인 샤마타를 정(定)이라 번역하는데, 용수보살은 이렇게 말했습니다.

 정(定)은 일심이 되어 흔들리지 않는 것을 말한다. 흔들리는 마음에서는 실사(實事)를 볼 수 없기 때문이다. 그것은 마치 물이 파도쳐서 흔들리면 얼굴을 볼 수 없는 것과 같고, 바람 속에 등불이 있으면 잘 비칠 수가 없는 것과 같다.570)

 여기서 실사(實事)는 드라위아(dravya)로 '감각적으로 경험되는 사물'을 말합니다. 실제(實際:bhūta koṭi)라고도 합니다.
▶ 수순(隨順)은 거스르지 않고 순종하는 것을 말하는데, 수순에 해당하는 산스끄리뜨는 접두사(prefix) 아누(anu-)로 대신할 수 있을 것 같습니다.571) 아누슈타-나(anuṣṭhāna)는 수순건립(隨順建立)이고, 아누다르마(anudharma)는 수순법(隨順法)이며, 아누랄끄샤나(anulakṣana)는 수순상(隨順相)이고, 아누샤야나(anuś-ayana)는 수순증장(隨順增長)이며, 아누위롤까나(anuvilokana)는 수순관찰(隨順觀察)입니다. 접두사 아누(anu)는 '예의 바르게, 정숙하게, 되풀이하여'라는 뜻을 가지고 있습니다.

【해】 대승불교는 부처님이 되는 것보다 부처님이 되고나서 중생들과 더불어 사는 보살행을 통해서 부처님의 진정한 위대함을 보려고 하였습니다. 대승경전속의 부처님 모습은 지상(地上)의 역사(歷史) 안에 존재하는 인간으로서 부처님이 아니라 시공(時

---

570) 大智度論 26:<25-248상> 定名一心不亂 亂心中不能得見實事 如水波蕩不得見面 如風中燈不得好照.
571) S.E.D. p-31.

空)을 초월한 불가사의(不可思議)한 신적(神的)인 존재입니다.
 대승불교도들은 부처님이 되기 위해서는 삼아승기겁(三阿僧祇劫)이라는 길고긴 억겁(億劫)의 세월을 수행해야만 부처님이 될 수 있다고 했는데 석가모니 부처님은 이미 구원겁 전(久遠劫前)에 성불했다는 것입니다. 부처님이 되기 위해서는 아승기(阿僧祇)의 세 배나 되는 어마어마하게 큰 수의 겁(劫)이란 세월에 걸쳐 난행고행(難行苦行)을 해야만 한다고 하니, 백 년을 살까 말까하는 우리가 깨달음을 얻겠다는 꿈을 갖는 것은 되지도 않을 헛된 꿈을 꾸는 것에 지나지 않습니다. 부처가 되어보겠다는 것은 감히 상상도 할 수 없는 일이기에 오로지 이미 부처가 되신 분을 믿고 의지하고 따르는 신앙(信仰)만이 남게 됩니다. 이렇게 되면 불교 역시 릴리전(religion)이 되어 버립니다. 역사적으로 말하면 바라문교나 힌두교와 다를 것이 없다는 뜻입니다. 이와 같은 불타관(佛陀觀)으로 말미암아 자력수행(自力修行)의 불교가 의타신앙(依他信仰)의 불교로 바뀌게 됩니다.
 대승불교도들의 풍부한 상상력과 뜨거운 열정이 낳은 신앙심에서 우러나온 부처님에 대한 예찬(禮讚)이 부처님을 더 없이 위대한 성자(聖者)로 떠받드는 데는 성공적이었지만 누구라도 옛날의 석가모니 부처님과 같은 굳건한 의지와 노력을 쏟는다면 끝내는 부처님의 경지로 올라설 수 있을 것이라는 범성불이(凡聖不二)의 평등사상은 그만 뒷전으로 밀려나고 말았습니다. 다시 말해 믿고 매달리는 신앙(信仰)만 강조되는 대승불교에서는 자력수행(自力修行)의 길은 닫혀버렸습니다.
 깨달음은 무량무수겁(無量無數劫)의 난행고행(難行苦行)을 거쳐야만 가능하다는 신앙 중심(信仰中心)의 불교를 중국불교의 고승들이 비판하고 나섰습니다. 경에 무량무수겁(無量無數劫)도 일념의 순간에 일으킬 수 있어 길지도 않고 또한 짧지도 않다고 하였고,572) 청량징관(淸凉澄觀:738~839)은 말하기를, '무량무수

---

572) 華嚴經 12<9-473중> 無量無數劫 能作一念頃 非長亦非短.

겁(無量無數劫)이라지만 그것을 깨달으면 바로 일념(一念)이다. 일념(一念) 또한 무념(無念)임을 알라. 일념은 모두를 초월(超越)하여 무량겁(無量劫)을 지난다고 했습니다.573)

연수(延壽:904~975) 스님은 이렇게 말합니다.

> 만약 몸뚱이가 깨달음을 따라 바뀐다고 말한다면 얼굴이 깨침을 따라 달라질 것이니, 성자인 부처님은 싯달타의 몸뚱이가 바뀌어야 석가모니가 되었을 터요, 유마(維摩)의 모습이 달라져야 마침내 금속(金粟)이 될 것이다.
> 그러니 깨달음은 마음의 문제이지 몸뚱이가 바뀌는 것이 아니라는 것을 알라. 깨달음은 지혜가 변하는 것이지 모양이 달라지는 것과는 상관이 없다. 비유하면 세간에서 관직에 있는 사람과 같아서 벼슬이 바뀐다고 얼굴이 달라지지 않는 것과 같은 것이다.…
> 성품에서 무명이 끊어지면 바로 부처님이다. 한 생각이 같아지면 한 생각이 부처요 하루 동안 같아지면 하루 동안 부처이다. 어찌 삼아승기(三阿僧祇)라는 길고 긴 세월의 고통스런 죽음이 필요하겠는가? 단지 스스로 삼계의 업을 깨달아 업을 텅 비울 수만 있다면 자유로이 태어남을 만나는 것이 바로 부처이거늘 어찌 변하고 바뀌어야만 부처가 된다고 하겠는가.574)

금속(金粟)은 금속여래(金粟如來)이고, 유마거사(維摩居士)의 전신(前身)을 여래라고 보고 그 때의 이름을 금속여래(金粟如來)라고 합니다.

특히 선종(禪宗)에서는 삼아승기겁(三阿僧祇劫)을 닦아야 한다는 것을 점(漸)이라 비판하고, 깨달음의 꿈을 안고 마음을 다잡아 일념(一念)으로 지혜를 연마하는 수행에 힘을 쏟는 자신들의

---

573) 大方廣佛華嚴經隨疏演義鈔 12:<36-87중> 無量無數劫 解之卽一念 知念亦無念 一念悉超越 經於無量劫.
574) 宗鏡錄 제15:<48-497상·하> 若言形隨證改 貌逐悟遷 是聖者則瞿曇形改方成釋迦 維摩相遷乃成金粟 卽知證是心 證非是形遷 悟是智變 非關相異 譬如世間任官之人 爲遷改官 官高豈卽貌別…性絶無明卽是佛故 一念相應一念佛 一日相應一日佛 何須苦死要三僧祇 但自了三界業能空業處 任運接生卽是佛也 何須變易方言成佛.

입장을 돈(頓)이라고 말했습니다. 억겁의 세월에 걸쳐 어둠에 갇혀 있는 동굴일지라도 빛이 들어가는 그 순간에 억겁 동안의 어둠은 사라지고 문득 밝아진다는 것이 돈(頓)의 논리입니다.

선종의 고승들은 대비(大悲)·대원(大願)의 의타적(依他的) 신앙불교(信仰佛敎)에서 대지(大智)·대행(大行)의 자력적(自力的) 수행불교(修行佛敎)로 일대전환(一大轉換)을 일으켰습니다. 즉 선종을 이끌었던 이들은 당시의 언설중심(言說中心)의 교학불교(敎學佛敎)를 점교(漸敎)라고 일축(一蹴)하고 좌선(坐禪)을 통해 무념(無念)을 이루기만 하면 깨달음을 얻을 수 있다는 수행 위주(修行爲主)의 불교를 펼쳤습니다.

중국 선종에서 수행의 방법으로 발달한 것이 바로 샤마타(Samatha)라 부르는 지(止)입니다. 샤마타는 자기 밖의 대상을 향해 쏟아지는 관심을 억제하여 마음의 작용을 고요하게 하여 일심(一心)이 되려는 것입니다. 그렇다면 일심을 얻은 이의 모습은 어떤 것인지 경에 다음과 같이 자세하게 말합니다.

얼굴빛이 온화하고 윤택하며 걸음걸이가 점잖고 편안하고 올바르며 한마음을 잃지 않아 눈은 보이는 것에 집착하지 않는다. 덕과 선정의 힘을 소중히 여겨 명리(名利)를 탐내지 않고 교만(憍慢)을 깨뜨려 버려 심성(心性)이 부드럽고 연해 남을 해칠 독을 품지 않고 또한 인색하거나 질투하지 않는다. 솔직한 믿음으로 마음이 청정하고 사리를 따짐에 다투지 않는다. 행동거지에 남을 속이는 일이 없어 편안하게 말을 할 수가 있다. 말이 부드럽고 부끄러워하나 마음은 항상 법에 두고 있다. 끈기 있게 정진하여 계를 지킴이 완벽하고 경을 외워 바르게 기억하며 법을 따라 행동할 것을 생각한다. 항상 기쁨에 뜻을 두어 성낼 곳에 성내지 않고 네 가지 공양도 청정하지 않으면 받지 않고 청정하여 받더라도 필요한 양을 알아서 충분하면 더 이상 받지를 않는다. 잠에서 깨어 일어나면 이익을 가볍게 여겨 재시(財施)나 법시(法施)를 하고 욕됨을 참아 이겨 삿됨을 물리친다. 사리(事理)를 따지는데 자만(自滿)하지 않고 말수가 적으며 겸손하고 삼가 윗사람이나 아랫사람을 공경하며, 선지식을 잘 스승삼아 항상 가까이 하고 따른다. 먹는 것에 절제할 줄 알아 맛에 집착하지 않는다. 다만 조용한 곳을 좋아하고 괴롭거나 즐겁거나 마음이 흔들리지 않는다. 남을 원망하는 일이 없고 이기려고 경쟁하지 않으며 다투고 송사(訟事) 하는 것을 좋아하지 않는다. 이와 같은 여러 가지 모습들이 일심(一心)을 얻은 모습임을 알 수 있다.575)

所言觀者는 謂分別因緣生滅相이니 隨順毘鉢舍
소 언 관 자   위 분 별 인 연 생 멸 상   수 순 비 발 사
那觀義故니라
나 관 의 고
明見因果生滅之相是觀義
<인과(因果)가 생기고 없어지는 모습을 밝게 보는 것이 관(觀)의 뜻이다.>

역] 관(觀)이라 말하는 것은 인연이 생기고 사라지는 모습을 분별하는 것이니, 위빠쉬야나-관의 뜻을 거스르지 않고 순종하기 때문이다.

참▶ 관(觀)은 위빠쉬야나-(Vipaśyanā)의 번역인데, 옛날에는 흔히 비발사나(毘鉢舍那)로 음역하였습니다. 원래 이 말은 '자세히 보다. 식별하다'라는 동사(vi-√paś)에서 온 중성명사로 '내면적 통찰'이나 '바른 앎'을 의미합니다.576)

샤마타(Śamatha)가 동요하는 마음을 침착하게 가라앉히는 것이라면, 위빠쉬야나-는 침착하게 가라앉은 마음으로 삼라만상을 응시(凝視)하는 것을 말합니다.

산스끄리뜨 위빠쉬야나-(Vipaśyanā)에 해당하는 빨-리가   위

---

575) 坐禪三昧經 卷下:<15-277하> 面色悅澤徐 行靖正不失一心目不著色 神德定力不貪名利擊破憍慢其性柔軟不懷毒無復慳嫉 直信心淨論議不諍 身無欺誑易可與語 柔軟慚愧心常在法 慇修精進持戒完具 訟經正憶念隨法行 意常喜悅瞋處不瞋 四供養中不淨不受 淨施則受知量止足 竊起輕利能行二施忍辱除邪 論議不自滿 言語尠少 謙恪恭敬上中下座 善師善知識常親近隨順 飮食知節不著欲味 樂獨靜處若苦若樂心忍不動 無怨無競不喜鬪訟 如是等種種相 得知一心相.

576) S.E.D. p-974.

빳사나-(Vipassanā)이고,577) 선종에서 보통 혜(慧)라고 했습니다. 경에 위빠쉬야나-를 정견(正見), 요견(了見), 능견(能見), 변견(遍見), 차제견(次第見), 별상견(別相見)이라 하나니 이를 일러 혜(慧)라 한다고 했습니다.578)

> 云何隨順이닛고 以此二義를 漸漸修習하야 不相捨
> 운하수순   이차이의   점점수습   불상사
> 離하면 雙現前故니라
> 리   쌍현전고
> 初各別修漸次增長 至于成就任運雙行
> <처음에는 각기 따로 닦다가 점차적으로 늘리고 키워 성취에 이르러 자유롭게 겸비하여 닦는다.>

【역】 어떻게 거스르지 않고 순종하는가? 지(止)와 관(觀) 이 두 가지 뜻을 점진적으로 닦아 몸에 익혀서 서로 배척하거나 벗어나지 않으면 둘 모두 목전에 드러나기 때문이다.

【참】▶ 현전(現前)은 아디무카(adhimukha)로 '…의 위에, …을 넘어서'의 뜻인 접두사 아디(adhi)와 '얼굴'을 뜻하는 중성명사 무카(mukha)의 합성어로 현전이라 지금 목전(目前)에 드러낸다는 뜻입니다.

【해】 경에 샤마타는 혼란하지 않은 한마음[一心不亂]이고, 위빠쉬야나-는 사실대로 법을 보는 것[如實見法]이라 했습니다.579)

하지만 영역에서 샤마타(Śamatha:止)는 tranquilization(평온), stabilization(안정), cessation(정지) 등을 함축하고, 위빠쉬야나

---

577) P.E.D. p-627.
578) 大般涅槃經 28:<12-792하> 毘婆舍那名爲正見 亦名了見 名爲能見 名曰遍見 名次第見 名別相見 是名爲慧.
579) 勝天王般若波羅蜜 2:<8-699상> 奢摩他者 一心不亂 毘婆舍那 如實見法.

-(Vipaśyanā:觀)는 discerning(통찰력 있는), clear observati-on (분명한 관찰), distinct perception(명백한 인식) 등을 나타냅니다.

마음이 안정되어야 삼라만상을 있는 사실 그대로 직시할 수 있으므로 수행의 순서상 샤마타가 먼저이고, 그다음에 위빠쉬야나-를 연마해야 할 것입니다. 그러나 서로 배척하거나 벗어나지 않아야 한다(not separate one from the other, for only then will both be perfected)고 하였듯이 샤마타와 위빠쉬야나-는 상호보완(相互補完)이 되어야 할 것이지 어느 것이 더 가치 있고 더 중요한 것은 아닙니다. 그래서 지관겸수(止觀兼修)를 말하고 정혜쌍수(定慧雙修)를 말해왔습니다.

특히 중국선종의 조사선(祖師禪)에서는 돈(頓)을 강조하였으나 『기신론』의 저자는 점점수습(漸漸修習:step by step practice)이라 하여 점(漸)의 입장에 있음을 엿볼 수 있습니다.

경에 어떻게 해야 자기 마음이 흐름으로 나타나는 것을 깨끗이 없애겠는가? 순서를 밟아 깨끗해지는가? 일시(一時)에 되겠는가? 부처님이 성자(聖者) 대혜보살마하살에게 말했다. 대혜야 자기 마음이 흐름으로 나타나는 것을 깨끗이 하는 것은 순서를 밟아 점차적으로 깨끗해지는 것이지 일시(一時)에 되는 것이 아니다. 대혜야, 비유하면 마치 암마라라는 과일이 점차적으로 익어가는 것이지 일시(一時)에 되는 것이 아님과 같다.580)

이론적으로는 돈오(頓悟)이지만 깨침을 타고서야 녹이게 된다. 현실적으로는 돈제(頓除)가 아니므로 순서를 밟아야 없어진다고 하여581) 점(漸)의 입장을 말하고 있습니다.

진각 국사(眞覺國師:1178~1234)가 이렇게 말합니다.

수행의 요점은 지(止)와 관(觀), 정(定)과 혜(慧)에 있다. 제법(諸

---

580) 入楞伽經 2:<16-525상> 云何淨除自心現流 爲次第淨 爲一時耶 佛告聖者大慧菩薩摩訶薩言 大慧 淨自心現流 次第漸淨 非爲一時 大慧 譬如菴摩羅果漸次成熟 非爲一時.
581) 大佛頂如來蜜因修證了義諸菩薩萬行首楞嚴經 10:<19-155상> 理則頓悟乘悟倂銷 事非頓除因次第盡.

法)이 실체가 없다는 것을 규명하는 것이 관(觀)이고, 이것저것을 가르고 따지는 것을 하지 않는 것이 지(止)이다.…

　우리가 마주치는 대상에 마음이 휘둘리지 않는 것이 정(定)인데, 그렇다고 해서 대상에 휘둘리는 마음을 억지로 제압하는 것이 아니라 대상의 속성을 보아 그 현상에 미혹되지 않는 것을 혜(慧)라 한다.582)

　경에 이르기를, 만약 삼매가 많으면 혜를 닦아 익히고, 만약 혜가 많으면 삼매를 닦아 익힌다고 했습니다.583) 삼매와 혜, 다시 말해 샤마타와 위빠쉬야나-를 균형 있게 닦아야 한다는 말입니다.

若修止者는 住於靜處하야 端坐正意하되 不依氣息하며 不依形色하며 不依於空하며 不依地水火風하며 乃至不依見聞覺知하야 一切諸想을 隨念皆除요 亦遣除想이니 以一切法이 本來無相이라 念念에 不生하며 念念에 不滅이니라 亦不得隨心外念境界後에 以心除心이니라

其修止者 住寂靜處結加趺坐端身正意 不依氣息 不依形色 不依虛空 不依地水火風 乃至不依見聞覺知 一切分別想念皆除 亦遣除想 以一切法不生不滅皆無相故 前心依境次捨於境 後念依心復捨於心

<지(止)를 닦는 사람은 고요하고 조용한 곳에 머물러 결가부좌로 앉아 몸을 단정하게 하고 마음을 바르게 한다. 호흡에 매달리지 말고 형색(形色)

---

582) 韓國佛敎全書:<6-40상> 修行之要 不出止觀定慧 照諸法空曰觀 息諸分別曰止…對境不動是定 非力制止 見性不迷是慧.

583) 大般涅槃經 28:<12-792하> 若三昧多者則修習慧 若慧多者則修習三昧 三昧慧等則名爲捨.

> 에 의지하지 않고 텅텅 빈 공(空)에 매달리지도 말고, 지수화풍 사대에 의
> 지하지도 말고 나아가 보고 듣고 느끼고 아는 것[見聞覺知]에 매달리지도
> 않아야 한다. 일체의 분별이나 상념(想念)을 모두 없애고 또 없앴다는 생
> 각마저 버려야 한다. 일체법은 생기지도 않고 없어지지도 않으니 모두가
> 무상(無相)이기 때문이다. 앞의 마음이 경계에 매달리기 때문에 다음에 경
> 계를 버리고, 뒤의 생각이 마음에 매달리기 때문에 다시 마음을 버린다.>

[역] 만약 샤마타[止]를 닦는 사람은 조용한 곳에 머물러 단정하게 앉아 마음을 바르게 하되, ⓐ호흡에 매달리지 않고, ⓑ몸뚱이에 매달리지 않고, ⓒ공(空)에 매달리지 않고, ⓓ지수화풍(地水火風)에 매달리지 않고, ⓔ나아가 보고 듣고 느끼고 아는 것에도 매달리지 않아야 한다. ⓕ일체 모든 상상[一切諸想]은 그 생각을 따라 빠짐없이 없앤다. ⓖ그리고 없앤다는 생각마저 없앤다.

일체법(一切法㉮)은 본래 고정된 모습이 없으니, 매순간마다 생기는 것이 없고, 매순간마다 없어지는 것도 없다. 마음을 따라 바깥의 대상들을 이리저리 생각해서도 안 된다. 그런 뒤에 마음으로 마음을 다스린다.

【해】『대승기신론』의 저자는 샤마타를 수행하는 사람이 넘어서야할 것들을 다섯 가지나 들고 있는데, ⓐ의 불의기식(不依氣息)은 수식관(數息觀)을 넘어설 것을 말하고, ⓑ의 불의형색(不依形色)은 부정관(不淨觀)을 넘어설 것을 말하며, ⓒ의 불의어공(不依於空)은 허무주의를 넘어설 것을 말하며, ⓓ의 불의지수화풍(不依地水火風)은 육신의 집착을 넘어설 것을 말하며, ⓔ의 불의견문각지(不依見聞覺知)는 감각적 지각을 넘어설 것을 말합니다. 조선초기(朝鮮初期)의 함허기화(涵虛己和:1376~1433)가 말하기를, 몸과 마음의 환화(幻化)만 장애가 되는 것이 아니고, 조용히 공견(空見)을 응시하는 것 역시 장애가 되기 때문에 그 모두에 매달리지 않아야 한다고 했습니다.584)

---

584) 圓覺經說誼 卷中:<韓國佛敎全書: 7-253중> 非但身心幻化爲礙 靜觀空見 亦皆是礙 故 皆不依也.

본문에 일체 모든 상상은 그 생각을 따라 빠짐없이 없앤다[一切諸想 隨念皆除]고 한 ⓕ에서 상(想)과 염(念)은 이리저리 생각하거나 머리를 짜내는 것을 의미하므로 망상(妄想)이요 망념(妄念)입니다. ⓕ는 일체 모든 상을 떨쳐버려야 부처라 한다[離一切諸相 則名諸佛]고 한 『금강경』의 말씀과 상통합니다. 구마라집이 상(相)이라고 번역한 말은 원래 상즈냐(samjñā)로 의미상 상(想:ideation)이고, 그것은 바로 망상(妄想)입니다. 황벽(黃檗:?~850) 선사(禪師)가 이르기를, 망념을 쉬고 이리저리 생각하는 것을 없애면 부처님이 저절로 앞에 드러난다고 했습니다.585) 의(意)에 뿌리를 두고 있는 사고 작용인 상(想)·사(思)·려(慮)·염(念) 등은 심수(心水)에 파도를 일으키는 요소들이므로 샤마타를 통해 없애야 할 것들입니다.

ⓖ의 없앤다는 생각마저 없앤다[亦遣除想]는 말은 소위 『원각경』의 다음의 말씀을 생각하면 됩니다.

> 일체보살과 말세중생(末世衆生)은 응당 일체 환화(幻化)의 허망한 경계를 멀리 떨쳐버려야만 할 것이니, 멀리 떨쳐버려야 할 마음을 꼭 붙들고 있기 때문에 환(幻)과 같은 마음도 멀리 떨쳐버려야 한다. 멀리 떨쳐버리는 것을 떨쳐 버리는 것도 환(幻)이므로 그 역시 멀리 떨쳐버려야 할 것이니, 멀리 떨쳐버려야 할 것이 없어야만 모든 환(幻)은 없어지느니라.586)

경에 '모든 법은 생겨남이 없으니, 모든 법은 없어지는 것도 없다. 만약 이와 같이 이해한다면 모든 부처님들이 항상 목전에 드러나리라'고 하였는데,587) 여기서 말하는 모든 법은 연기법(緣起法)을 의미합니다.

---

585) 黃檗斷際禪師傳心法要:<48-379하>息念忘慮 佛自現前.
586) 大方廣圓覺修多羅了義經:<17-914상> 一切菩薩及末世衆生 應當遠離一切幻化虛妄境界 由堅執持遠離心故 心如幻者 亦復遠離 遠離爲幻 亦復遠離 離遠離幻 亦復遠離 得無所離卽除諸幻.
587) 大方廣佛華嚴經 7:<9-442중> 一切法無生 一切法無滅 若能如是解 諸佛常現前.

心若馳散하면 卽當攝來하야 住於正念이니라 是正
심약치산   즉당섭래   주어정념   시정
念者는 當知하라 唯心이요 無外境界니 旣復此心이
념자 당지   유심   무외경계   기부차심
亦無自相이요 念念不可得이니라
역무자상   념념불가득
以心馳外境攝住內心 後復起心不取心相 以離眞如不可得故
<마음이 바깥 경계로 치달으면 거두어 안의 마음[內心]에 머물게 한다. 뒤에 다시 마음이 일어나더라도 심상(心相)에 집착하지 않아야 한다. 진여를 벗어나서는 얻을 것이 없기 때문이다.>

[역] 만약 마음이 밖으로 치달아 흩어지면 이내 거두어들여 정념(正念)에 머물게 해야 한다. 이 정념(正念)은 오로지 마음뿐이고 바깥의 대상들은 없다는 것을 알아두어야 한다. 이 마음 역시 자체의 모습 같은 것은 없다. 그래서 생각마다 움켜잡을 수 있는 것이란 없다.

[참]▶ 정념(正念)에 머무는 문제에 대해 세친보살(世親菩薩)은 이렇게 말합니다.

    부지런히 정진하면 정념(正念)에 머문다. 정념에 머물러야 마음이 삼매를 얻는다. 마음이 삼매를 얻어야 사실대로 알 수 있다. 사실대로 알아야 다스리지 못하는 일이 없게 된다.588)

▶ 염염불가득(念念不可得)은 『금강경』의 과거심 불가득(過去心不可得) 현재심불가득(現在心不可得) 미래심불가득(未來心不可得)과 같은 의미입니다. 마음은 실체가 아니라 언설(言說)에 지나지 않으므로 움켜잡을 수가 없다는 뜻입니다.

  이때의 불가득은 노빨라비야떼(nopalabhyate)인데, 이는 나

---

588) 辯中邊論 中:<31-472상> 勤精進已便住正念 住正念已心則得定 心得定已能如實知 旣如實知無事不辦.

우빨라비야떼(na upalabhyate)의 연성(連聲)입니다. 나(na)는 부정사이고, 우빨라비야떼(upalabhyate)는 인식된다. 파악된다. 손에 넣다 등의 뜻이니, 노빨라비야떼는 인식되지 않는다. 손에 잡히지 않는다는 의미입니다.

【해】오직 마음이요 외부의 경계가 없다[唯心 無外境界]라는 말은 유식(唯識)의 입장을 밝히고 있습니다.
   용수보살이 말하기를, 사람의 마음이 산란함이 많게 되면 미치광이 같고, 도적과 같으며, 술에 취한 것과 같다. 그러나 한마음을 공경하고 삼가는 것이 바로 모든 공덕의 첫 관문이다. 마음을 껴잡아 선정을 얻으면 이내 여실한 지혜를 얻게 된다. 여실한 지혜를 얻으면 바로 해탈하게 되고, 해탈을 얻으면 이내 모든 고통을 다하게 된다. 이와 같은 일들은 모두가 한마음으로부터 얻게 된다고 했습니다.589)

B-Ⅳ-2-⑥
진여삼매(眞如三昧)

若從坐起하야 去來進止와 有所施作을 於一切時
약 종 좌 기　　거 래 진 지　　유 소 시 작　　어 일 체 시
에 常念方便하야 隨順觀察하고 久習淳熟하면 其心
　 상 념 방 편　　수 순 관 찰　　구 습 순 숙　　기 심
이 得住히리리 以心住故로 漸漸猛利하야 隨順得入
　 득 주　　　이 심 주 고　　점 점 맹 리　　수 순 득 입
眞如三昧하리니 深伏煩惱하고 信心이 增長하야 速
진 여 삼 매　　　심 복 번 뇌　　신 심　　증 장　　　속
成不退하리라 唯除疑惑할지니 不信하고 誹謗커나 重
성 불 퇴　　　유 제 의 혹　　　불 신　　　비 방　　　중

---

589) 大智度論 10:<25-129중> 人心多散如狂如賊如醉 一心敬愼則是諸功德初門 攝心
　　 禪 便得實智慧 得實智慧便得解脫 得解脫便得盡苦 如是事皆從一心得.

> 罪業障커나 我慢懈怠하면 如是等人은 所不能入이니라
> 죄업장   아만해태   여시등인   소불능입
> 行住坐臥於一切時如是修行恒不斷絶 漸次得入眞如三昧 究竟折
> 伏一切煩惱 信心增長速成不退 若心懷疑惑誹謗不信業障所纒我
> 慢懈怠 如是等人所不能入
> <가거나 머물거나 앉거나 눕거나 언제라도 이와 같이 수행하여 항상 단절되지 않도록 하면 점차 진여삼매(眞如三昧)에 들어가 결국에는 모든 번뇌를 꺾어 굴복시켜서 신심(信心)의 증장(增長)을 속히 이루고 물러나지 않는다. 만약 마음에 의혹(疑惑)을 품어 비방하고 업장을 불신하면 아만(我慢)에 꽁꽁 묶여 수행하는 마음이 느슨해지고 게을러져 이런 사람들은 진여삼매에 들어갈 수가 없게 된다.>

역 만약 앉았다가 일어나 가고 오고 나아가고 멈추는 모든 동작을 하는 어느 때라도 항상 방편을 염두에 두고 순리적으로 관찰하고 따라야 한다. 이것을 오랫동안 익혀서 자연스럽게 익숙해지면 그 마음이 머물게 된다. 마음이 머물기 때문에 점점 더 예리해져 순리를 따라 진여삼매(眞如三昧)에 들어간다. 번뇌를 더 깊이 굴복시키고 신심(信心)이 늘어나고 자라서 빨리 불퇴(不退)의 경지를 이루게 된다. 다만 의혹(疑惑)을 품은 자, 불신하는 자, 비방하는 자, 죄로 업장(業障)이 두터운 자, 아만(我慢)이 있는 자, 게으르고 나태한 자, 이런 사람들은 삼매에 들어갈 수 없어 제외한다.

참▶ 삼매(三昧)는 사마-디(samādhi)의 음역(音譯)인데, 삼마지(三摩地)나 삼마제(三摩提)라고 음사(音寫)하기도 하고, 정(定)·정수(正受)·등지(等持)라고 한역(漢譯)하기도 합니다.

사마-디는 '마음을 가라앉히다'라는 제3류동사(sam-ā-√dhā)에서 온 남성명사로 마음을 한곳에 집중시켜 무념의 상태가 된 것을 의미합니다.

경에 마음이 하나의 대상에 있으면 삼매라 한다. 만약 색상(色相)을 취하되 색(色)이 항상하다거나 덧없다는 모양을 살피지

앉으면 삼매(三昧)라 한다고 했습니다.590)
▶ 진여삼매(眞如三昧)는 일행삼매(一行三昧)라고도 하는데, 마음이 무념이 된 상태에서 우리의 목전에 펼쳐지는 삼라만상은 변화무쌍하여 정해진 모습이 따로 없다는 것을 살피는 것을 말합니다.

> 復次 依如是三昧故로 則知法界一相이니라 謂一切諸佛法身이 與衆生身으로 平等無二니 卽名一行三昧니라 當知하라 眞如는 是三昧根本이다. 若人이 修行하면 漸漸能生無量三昧하리라
>
> 復次依此三昧證法界相 知一切如來法身與一切衆生身平等無二 皆是一相 是故說名一相三昧 若修習此三昧 能生無量三昧 以眞如是一切三昧根本處故
>
> <다시 또 이 삼매에 의지하여 법계의 실상을 증득한다. 모든 여래의 법신과 중생들의 몸이 평등하여 모두가 둘이 없는 한 모습이라는 것을 안다. 그러므로 일상삼매(一相三昧)라 한다. 만약 이 삼매를 닦아 익히면 한량없는 삼매[無量三昧]를 낼 수 있다. 진여는 일체 삼매의 근본처소이기 때문이다.>

역 다시 이런 삼매에 의지하기 때문에 법계(法界)가 하나의 모습이라는 것을 알게 된다. 모든 부처님의 법신이 중생들의 몸과 평등하여 둘이 없음을 말하는 것이다. 곧 일행삼매(一行三昧)라고 한다. 진여는 이 삼매의 근본이라는 것을 알아야 한다. 만약 누구든 수행하면 점차적으로 무량한 삼매를 이룰 수 있느니라.

참▶ 법계일상(法界一相)은 소위 무상(無相)이라거나591) 법계일상은 무상지상(無相之相)이라 하였으니,592) 어떤 정해진 모습이 없

---

590) 大般涅槃經 28:<12-792중> 若心在一境則名三昧 若取色相 不能觀色常無常相是名三昧.
591) 奮迅王問經 下:<13-943중> 法界一相所謂無相.
592) 大乘起信論纂註:<卍續藏經 71-900상> 法界一相卽無相之相也.

다는 말입니다. 법계[ⓒ]는 고정된 한 모양이라는 뜻이 아니라 우리의 목전에 변화무쌍하게 펼쳐지는 법계[ⓒ]는 특별히 모양이라고 할 것도 없는 모양이므로 무상(無相)은 상이 없어진 몰상(沒相)이요, 상이라고 할 것도 없는 모양이 법계의 참모습(實相)이고,593) 그것이 바로 여래의 상주하는 법신(法身)인 것입니다.594)

다시 말해 제법(諸法ⓓ)의 참다운 모습은 정해진 모습이 없다는 점에서 모두가 같다는 것이 진여법일(眞如法一)이고, 깨닫지 못했다고 말하는 것은 진여한 존재가 하나라는 것을 사실 그대로 알지 못하기 때문[所言不覺義者 謂不如實知眞如法一故]이라고 했습니다.

양(梁)나라 무제(武帝) 때의 부대사(傅大士:497~569)가 노래하기를, 부처님과 중생은 동일한 바탕이니, 중생은 부처님이 빌려 쓴 이름이라고 했습니다.595)

▶ 무량삼매(無量三昧)라는 의미는 삼매도 여러 가지 형태가 있다는 것을 의미합니다. 팔정도(八正道)의 정정(正定)은 여러 가지 삼매 가운데 바람직한 삼매를 말합니다. 책을 읽는데 정신을 집중하여 무념이 된 상태를 독서삼매(讀書三昧)라고 하듯이 어떤 일이 되었든 그 일에 푹 빠져 정신이 집중되어 있으면 그것이 바로 삼매이기 때문에 백천삼매(百千三昧)라거나 무량삼매(無量三昧)라고 말합니다. 그러나 정정(正定)이라 말하듯이 그릇된 삼매인 사정(邪定)도 있다는 것을 알아야 합니다. 놀음에 정신을 빼앗겨도 삼매고, 춤을 추는데 열중하여도 삼매입니다. 그러나 이러한 종류의 삼매는 사정(邪定)일 뿐입니다.

【해】 정해진 모습이 없이 매순간 변화무쌍한 목전의 사실을 있는 그대로 보려면 산란한 마음을 껴잡아 안정시켜 여실지(如實

---

593) 讚禪門詩:<85-1292상> 無相 釋云相無所相 卽是實相 是名離相…法界一相 一相謂無相 無相沒相 沒相是無相卽是實相.
594) 金光明經文句記:<39-145중> 法界一相卽是如來常住法身.
595) 宗鏡錄 29:<48-589중> 佛共衆生同一體 衆生是佛之假名.

知)를 얻어야 합니다. 용수보살이 말합니다.

만약 깊은 마음으로 생각을 거두면 사실대로 제법실상을 보게 된다. 제법실상은 견문각지(見聞覺知)로 터득할 수 없다. 왜냐하면 육정(六情)과 육진(六塵)은 모두가 거짓된 인연의 과보이며, 이 과정에서 알게 된 것이나 보게 된 것은 역시 모두 허망하다. 이 허망한 지(知)는 도무지 믿을 수 없다. 믿을 수 있는 것은 오직 부처님이 아승기겁(阿僧祇劫)에 얻은 실상지혜(實相智慧)뿐이다. 선정일심(禪定一心)에 의지한 이 지혜로 제법실상을 살피는 것을 일러 선정(禪定) 가운데 반야바라밀(般若波羅密)이 생긴다고 말한다.596)

B-Ⅳ-2-⑦
마사(魔事)

【해】당말 5대기(唐末五代期)의 전오법사(傳奧法師)가 말하기를, 다만 속에 나쁜 업이 있으면 바깥으로 삿된 악마를 느끼고, 만약 내면에 착한 마음을 일으키면 바깥에서 부처님을 만날 뿐이다. 이는 선악(善惡)은 자기에게 있는 것이거늘 어찌 남에게서 비롯된다고 하겠는가라고 했습니다.597)

송(宋)의 연수(延壽:904~975) 스님은 '마음이 바른 것이 성자(聖者)이므로 마음이 바르면 삿된 귀신[邪鬼]을 물리친다고 했으니 마치 해나 달이 하늘 정중앙(正中央)에 떠 있으면 초목(草木)의 비딱한 그림자가 없는 것과 같다'고 하였습니다.598)

---

596) 大智度論 18:<25-196하> 若深心攝念能如實見諸法實相 諸法實相者 不可以見聞念知能得 何以故 六情六塵皆是虛誑因緣果報 是中所知所見皆是虛誑 是虛誑知都不可信 所可信者 唯有諸佛於阿僧祇劫 所得實相智慧 以是智慧依禪定一心觀諸法實相 是名禪定中生般若波羅蜜.

597) 淨土資糧全集:<卍續藏經 108-610상> 傳奧法師云 但以內有惡業則外感邪魔 若內起善心則外值諸佛 斯則善惡在己而由人乎哉. 宗鏡錄 34:<48-611하>

598) 宗鏡錄 34:<48-611하> 心正卽聖 故云心正可以辟邪 如日月正當天 草木無邪影.

或有衆生이 無善根力이면 則爲諸魔外道와 鬼神
혹유중생   무선근력   즉위제마외도   귀신
之所惑亂하리니 若於坐中에 現形恐怖커나 或現端
지소혹란   약어좌중   현형공포   혹현단
正男女等相이어든 當念하라 唯心이니 境界則滅하면
정남녀등상   당념   유심   경계즉멸
終不爲惱니라
종불위뇌

或有衆生善根微少 爲諸魔外道鬼神惑亂 或現惡形以怖其心 或示美色以迷其意

<혹 어떤 중생이 선근이 미약하고 적어 모든 악마나 외도나 귀신의 미혹과 혼란을 당하는 경우도 있다. 혹은 사악한 형상을 나타내어 마음을 두렵게도 하고, 혹은 아름다운 자태를 보여 생각을 어지럽게도 한다.>

역 혹 선근의 힘이 없는 중생의 경우에는 모든 마구니나 외도나 귀신에게 홀리기도 할 것이다. 만약 앉아 있는 가운데 두렵고 떨리는 모습을 나타내기도 하고, 때로는 단정한 남자나 여자의 모습을 나타내기도 할 것이니 이 모두가 오직 마음뿐임을 알면 나타나던 모습[境界]이 사라지고 마침내는 괴롭히지 못할 것이다.

참▶ 『기신론』의 저자는 선정력(禪定力)이 미약한 수행자를 홀리는 것들을 제마외도귀신(諸魔外道鬼神)라고 했는데, 이는 제마(諸魔), 외도, 귀신이 아니라 제마(諸魔)요, 제 외도(諸外道)이며, 제 귀신(諸鬼神)이라는 말입니다. 그러니까 제(諸)가 마(魔)만을 말하는 것이 아니고 외도나 귀신에게도 해당된다는 뜻입니다.

▶ 마(魔)는 마-라(māra)로 악마(惡魔)나 마왕(魔王)을 뜻하는데, 마-라(māra)는 욕계(欲界)를 지배한다는 욕계 제6천(欲界第六天)인 타화자재천(他化自在天)의 주(主)인 빠-삐야스(Pāpiyas)를 말합니다. 빠-삐야스는 흔히 파순(波旬)이라 번역합니다.

▶ 외도(外道)는 띠-르티까(Tīrthika)를 말하는데, 석가모니 부처님 이외의 가르침을 따르는 자들을 말합니다. 띠-르타(Tīrtha)는

갠지스 강물을 성수(聖水)라 여기는 사람들이라는 의미를 가지고 있습니다.599)

▶ 귀신(鬼神)은 사람이 죽은 뒤에 남는다고 하는 혼령으로 선신(善神)과 악신(惡神)이 있으나 보통은 사람을 해친다는 무서운 존재로 악신을 말합니다. 그런데 원효(元曉) 스님은 귀신을 귀(鬼)와 신(神)으로 구분하여 귀(鬼)는 퇴척귀(堆惕鬼)이고, 신(神)은 정미신(精媚神)이라 하였습니다.600)

【해】악마나 귀신들이 나타나 수행자를 홀리는 것은 역경(逆境)과 순경(順境)으로 마음을 흔들어 놓는 것인데, 역경은 겁나고 두렵게 하는 것[可畏事]이고, 순경은 마음에 들어 애착하게 만드는 것[可愛事]입니다. 공포심(恐怖心)을 갖게 하는 역경이나 애착심(愛着心)을 갖게 하는 순경이거나 수행자의 마음을 흔들기는 마찬가지입니다. 불교에서는 악마(惡魔)를 군대에 비유하여 마군(魔軍)이라 합니다. 마군은 마-라세나-(mārasenā)의 번역으로 마-라는 마(魔)로 음역하는데, 죽음을 뜻하며,601) 세나-는 군대(軍隊)을 의미하는데, 세나-의 어근 시(√si)에는 집어던진다는 뜻을 가지고 있습니다.602)

或現天像菩薩像하고 亦作如來像하야 相好具足하
혹현천상보살상   역작여래상   상호구족
며 或說陀羅尼하며 或說布施持戒忍辱精進禪定
혹설다라니   혹설보시지계인욕정진선정
智慧하며 或說平等空無相無願無怨無親無因無果
지혜   혹설평등공무상무원무원무친무인무과

---

599) S.E.D. p-449.
600) 起信論疏:<44-223중> 鬼者 堆惕鬼也 神者 精媚神也.
601) S.E.D. p-811.
602) S.E.D. p-1213. col.1. 2. si

한 **畢竟空寂**이 **是眞涅槃**이라 한다.
   필경공적   시진열반
或現天形或菩薩形 乃至佛形相好莊嚴 或說總持或說諸度 或復
演說諸解脫門 無怨無親無因無果 一切諸法畢竟空寂本性涅槃
<혹 천사의 모습을 나타내기도 하고 혹 보살의 형상이나 부처의 형상으로 상호(相好)를 장엄하기도 한다. 혹 다라니[總持]를 설하기도 하고 혹은 여러 바라밀을 설하기도 한다. 혹은 반복하여 이런저런 해탈문이 원한이 없고 친함도 없으며 원인도 없고 결과도 없어 일체 모든 법이 궁극에는 텅 비고 고요하여 본성이 열반이라고 연설(演說)하기도 한다.>

[역] 때로는 천인(天人)의 형상이나 보살의 형상으로 나타나기도 하고, 또한 거룩한 모습을 갖추신 부처님의 형상을 만들기도 하며, 때로는 다라니(陀羅尼)를 설하고, 때로는 보시(布施), 지계(持戒), 인욕(忍辱), 정진(精進), 선정(禪定), 지혜(智慧)를 설하기도 하고, 때로는 평등하고, 텅 비었으며, 정해진 모습이 없고, 바람도 없고, 원망도 없고, 친함도 없고, 원인도 없고, 결과도 없어 결국 텅 비고 적막한 것이 참된 열반이라 설하기도 한다.

【해】『수능엄경』에 이와 같이 말합니다.

 귀신과 천마(天魔)들과 도깨비나 요정들이 삼매를 닦는 중에 몰려와서 너를 괴롭힐 것이다. 하지만 저 마구니들이 비록 크게 성내더라도 저들은 번뇌 속에 살고 있고, 너는 오묘한 깨달음 속에 있으므로 마치 바람이 햇빛을 불어내고 칼로 물을 베는 듯하여 조금도 저촉(抵觸)되지 못한다는 것을 알지며, 너는 마치 끓는 물과 같고 저들은 얼음덩이와 같아서 더운 기운이 점점 가까이가면 저 얼음은 머지않아 녹아 없어질 것이니, 아무리 신통력을 믿는다고 하더라도 다만 그것은 객(客)이 될 뿐이므로 성취하거나 깨뜨려 흩으러 버리는 것은 네 마음속에 있는 오온(五蘊)의 주인에게 달렸느니라.
 만약 오온의 주인이 혼미하면 객이 그 틈을 노리겠지만 그 때를 당해서 선나(禪那)를 깨달아 미혹함이 없으면 저 마구니들도 너를

어찌하지 못할 것이다.603)

수행자가 마(魔)의 유혹에 떨어지지 않으려면 합리적(合理的)이고 이성적(理性的)인 사고(思考)를 가져야 합니다. 조금이라도 신비주의적(神秘主義的)인 것에 관심을 가지게 되면 바로 마(魔)가 파고 들어올 수 있는 기회(機會)를 주는 것임을 알아야 합니다. 부처님도 악마의 속삭임을 들었다는데, 아직 정각(正覺)을 이루지 못한 중생이야 더 말할 것이 있겠습니까? 그러므로 수행하는 사람은 항상 마(魔)에 노출되어 있다는 생각으로 긴장(緊張)할 필요가 있습니다.

或令人으로 知宿命過去之事하며 亦知未來之事하
혹령인   지숙명과거지사   역지미래지사
야 得他心智하고 辯材無礙하며 能令衆生으로 貪着
   득타심지   변재무애   능령중생   탐착
世間名利之事니라
세간명리지사

或復令知過去未來及他心事 辯才演說無滯無斷 使其貪著名譽利養
<혹은 과거나 미래 및 다른 사람의 마음속 일을 알게 하며 변재로 연설이 막힘이 없고 끊어짐이 없게 한다. 그들이 명예와 이익에 탐하고 집착하도록 한다.>

[역] 혹은 사람들로 하여금 숙명(宿命)인 과거의 일들을 알게도 하고, 앞으로 다가올 미래의 일들도 알게 하며, 남의 마음을 아는 지혜와 청산유수와 같은 말재주를 얻게도 하여 중생들로 하여금 세상의 명예나 이익과 같은 일에 탐내고 집착하도록 한다.

【해】어떤 사람은 백일기도(百日祈禱)를 하고 나서 남의 운세(運勢)를 기가 막히게 잘 보게 되었다고 말하는 이가 있는데, 대

---

603) 首楞嚴經 9:<19-147중> 鬼神及諸天魔魍魎妖精 於三昧時 僉來惱汝 然彼諸魔雖有大怒 彼塵勞內汝妙覺中 如風吹光如刀斷水了不相觸 汝如沸浪彼如堅氷 煖氣漸隣不日銷殞徒恃神力 但爲其客 成就破亂 由汝心中五陰主人 主人若迷客得其便 當處禪那 覺悟無惑 則彼魔事無奈汝何.

개 그런 소리를 하는 사람이야말로 지금 마(魔)의 유혹에 걸려 들었다고 보아야 할 것입니다. 대개 그런 사람들은 처음에는 사람들의 관심을 끌다가 얼마가지 않아 흔적조차 없이 사라지는 경우를 이따금 보게 됩니다. 그것이 바로 마(魔)의 순경(順境)에 빠지는 것입니다.

> 又令使人으로 數瞋數喜하야 性無常准하며 或多慈
> 우령사인   삭진삭희   성무상준   혹다자
> 愛하며 多睡多病하야 其心이 懈怠하고 或卒起精進
> 애   다수다병   기심   해태   혹졸기정진
> 하나 後便休廢하야 生於不信하고 多疑多慮하며
>   후편휴폐   생어불신   다의다려
> 或捨本勝行하고 更修雜業하며 或着世事하야 種種
> 혹사본승행   갱수잡업   혹착세사   종종
> 牽纏한다
> 견전
> 或數瞋數喜 或多悲多愛 或恒樂昏寐 或久不睡眠 或身嬰疹疾
> 或性不勤策 或卒起精進卽便休廢 或情多疑惑不生信受 或捨本
> 勝行更修雜業 愛著世事溺情從好
> <혹 자주 화내거나 자주 기뻐하며, 혹은 지나치게 비심을 내거나 지나치게 애착하기도 한다. 혹은 항상 즐겨 잠에 빠지게도 하고 오랫동안 잠들지 않게도 하며, 혹은 몸에 병이 걸리게도 한다. 혹 성격이 부지런하지 않다고 책망하거나 혹은 갑자기 정진을 일으켰다가 이내 포기하도록 한다. 혹은 마음이 지나치게 의혹을 많게 하여 믿음을 내어 받아들이지 않게 하며 본래 훌륭한 수행을 버리고 잡업(雜業)을 닦게 하여 세상일에 애착하여 정(情)에 빠져 좋아하는 것을 따르게 한다.>

역 또 사람들로 하여금 자주 화나게 하거나 자주 기쁘게 하여 성격이 변함없는 기준이 없게 하여 변덕스럽게 하며, 때로는 너그러운 마음이 넘치게 하거나 잠이 쏟아지게 하거나 병에 시

달리게 하여 그 마음이 늘어지고 약해지게 하고, 때로는 느닷없이 일어나 정진하다가 얼마가지 않아 그만두어 불신(不信)을 일으켜 의심케 하고 걱정에 빠뜨린다.

때로는 본래 훌륭한 수행을 저버리고 잡스런 행동에 빠져들게 하며, 때로는 세상일에 매달려 온갖 속박에 얽매이게 한다.

> 亦能使人으로 得諸三昧하야 少分相似하나니 皆是
> 역 능 사 인   득 제 삼 매   소 분 상 사   개 시
> 外道의 所得이요 非眞三昧니라 或復令人으로 若一
> 외 도   소 득   비 진 삼 매   혹 부 령 인   약 일
> 日若二日若三日乃至七日에 住於定中하야 得自
> 일약이일약삼일내지칠일   주 어 정 중   득 자
> 然香美飮食하고 身心適悅하야 不飢不渴하면 使人
> 연 향 미 음 식   신 심 적 열   불 기 불 갈   사 인
> 愛着한다
> 애 착
> 或令證得外道諸定 一日二日乃至七日 住於定中得好飮食 身心
> 適悅不饑不渴 或復勸令受女等色
> <혹은 외도들의 이런저런 선정을 증득하여 하루, 이틀 나아가 이레까지 머물도록 하거나 선정에 머물러 좋은 음식을 먹게 하고 몸과 마음을 쾌적하고 기쁘게 하여 배고프지도 않고 목마르지도 않게 한다. 혹은 반복하여 여색을 받아들이도록 권하기도 하다.>

[역] 또 사람들로 하여금 조금은 비슷한 이런 저런 삼매를 얻게 하지만 모두가 외도가 얻는 삼매뿐이요 진짜 삼매는 아니다. 때로는 사람들로 하여금 하루, 이틀, 사흘 나아가 이레 동안 선정 중에 자연의 향기롭고 맛있는 음식을 얻어 몸과 마음이 쾌적하고 배고프지도 않고 목마르지도 않아 사람들이 좋아하고 집착하도록 한다.

或亦令人으로 食無分齊하야 乍多乍少하면 顏色變
혹역령인   식무분제   사다사소   안색변
異하나니 以是義故로 行者는 常應智慧觀察하야 勿
이   이시의고   행자   상응지혜관찰   물
令此心으로 墮於邪網하고 當勤正念하야 不取不着
령차심   타어사망   당근정념   불취불착
하면 則能遠離是諸業障하리라
     즉능원리시제업장

或令其飮食乍少乍多 或使其形容或好或醜 若爲諸見煩惱所亂
卽便退失往昔善根 是故宜應審諦觀察 當作是念 此皆以我善根
微薄業障厚重 爲魔鬼等之所迷惑

<혹 음식을 적게 먹게도 하고 많이 먹게도 한다. 혹은 용모와 형상을 좋게 하기도 하고 추하게 하기도 한다. 만약 모든 견해의 번뇌의 혼란함을 당하면 옛날의 선근에서 물러나거나 잃게도 한다. 그러므로 마땅히 잘 살펴 이 모두가 나의 선근이 미약하고 엷은데 업장을 두텁고 무거워 악마나 귀신의 미혹을 당하는 것이라 생각해야만 한다.>

[역] 때로는 사람들로 하여금 음식을 먹는데 한계가 없게 하여 갑자기 많이 먹거나 적게 먹도록 하여 얼굴 색깔이 변하게 한다. 이런 의미에서 수행자는 지혜롭게 항상 관찰하여 자기 마음이 삿된 곳에 빠져들지 않도록 하고 바른 생각[正念]을 가지도록 힘써 취하거나 집착하지 않으면 이 모든 업장을 멀리 떨쳐버릴 수 있을 것이다.

應知하라 外道의 所有三昧는 皆不離見愛我慢之
응지   외도   소유삼매   개불리견애아만지
心이니 貪着世間名利恭敬故니라
심   탐착세간명리공경고

如是知已 念彼一切皆唯是心 如是思惟刹那卽滅

<이와 같이 알고 나면 그 모두가 다 마음임을 생각하게 된다. 이렇게 생각하면 찰나에 사라지고 말 것이다.>

[역] 마땅히 알라. 외도들의 삼매는 모두 편견(偏見)과 애착(愛着), 그리고 아만(我慢)의 마음을 벗어나지 못하여 세상의 명예나 이

익, 공경을 바라고 집착하게 된다.

【해】 외도는 오로지 몸뚱이만 다스리고 마음을 다스릴 수 없다고 했습니다.604)

> 眞如三昧者는 不住見相이요 不住得相이며 乃至 出定에도 亦無懈慢하니 所有煩惱가 漸漸微薄이니라 遠離諸相 入眞如三昧 心相旣離眞相亦盡 從於定起諸見煩惱皆不現行 以三昧力壞其種故 殊勝善品隨順相續 一切障難悉皆遠離 起大精進恒無斷絶
> <이런저런 모습들을 멀리 떨쳐버리고 진여삼매에 들어가면 심상(心相)도 벗어나고 진여삼매라는 모습[眞相]까지도 다한다. 선정에서 일어나면 모든 견해의 번뇌마저 모두 나타나지 않는다. 삼매의 힘이 번뇌의 종자를 파괴했기 때문이다. 뛰어나고 훌륭한 선의 종자만이 수순하고 상속하여 모든 장애와 어려움은 모두 다 멀리 떨쳐버리고 큰 정진을 일으켜 항상 단절함이 없게 된다.>

[역] 그에 비해 진여삼매(眞如三昧)는 본다는 생각에 매달리지 않고, 얻었다는 생각에도 매달리지 않으며, 선정에서 나왔을 때에도 또한 해이(解弛)해지거나 자만(自慢)함이 없어 모든 번뇌가 점점 희미해지고 엷어진다.

[참]▶ 견상(見相)이나 득상(得相)의 상(相)은 상(想:ideation)의 의미입니다.
　마치 구마라집이 번역한 『금강경』에 아상(我相)·인상(人相)·중생상(衆生相)·수자상(壽者相)에서 상(相)은 상즈냐-(saṃjñā)로 상(想)인 것과 같습니다.

---

604) 釋禪波羅蜜次第法門:<46-475하> 外道但能治色 不能治心.

若諸凡夫가 不習此三昧法하면 得入如來種性은
약 제 범 부   불 습 차 삼 매 법   득 입 여 래 종 성
無有是處니라 以修世間諸禪三昧하되 多起味着하
무 유 시 처   이 수 세 간 제 선 삼 매   다 기 미 착
고 依於我見하야 繫屬三界하면 與外道共이니 若離
   의 어 아 견   계 속 삼 계   여 외 도 공   약 리
善知識所護면 則起外道見故이니라
선 지 식 소 호   즉 기 외 도 견 고
若不修行此三昧者 無有得入如來種性 以餘三昧皆是有相 與外道
共 不得値遇佛菩薩故 是故菩薩於此三昧當勤修習 令成就究竟
<만약 이 삼매를 닦지 않는 사람은 여래종성(如來種性)에 들어갈 수 없다.
이 삼매 이외의 삼매는 모두가 다 모양[相]이 있어서 외도와 같다. 부처나
보살을 만날 수 없기 때문이다. 그러므로 이 삼매에서 부지런히 닦고 익혀
야만 궁극적인 목표를 이루게 된다.>

역▶ 만약 범부들이 이 진여삼매법을 익히지 않고서 여래의 문중
[如來種性]에 들어가는 것은 불가능하다. 세상의 이런저런 선정
삼매(禪定三昧)를 닦으면 대개 선정의 맛에 집착을 일으키고 아
견(我見)에 매달려 삼계(三界)에 얽매여 외도와 함께 엮인다. 이
렇게 되면 선지식의 보살핌을 벗어나 외도의 견해를 일으키기
때문이다.

참▶ 득입여래종성(得入如來種性)이라는 말을 '여래의 문중(門中)
에 들어간다'고 번역하였습니다. 종성(種性)의 종(種)은 곡식의
씨, 동물의 씨, 혈통이나 부족을 뜻하고, 성(性)은 앞에서 말한
종(種)의 바탕이나 성질을 의미하기 때문에 여래종성(如來種性)
은 여래의 일족으로 가지는 공통된 성질이라는 말이므로 득입여
래종성(得入如來種性)은 여래의 집안에 들어간다거나 태어난다
는 뜻입니다.

▶ 선지식(善知識)은 깔야-나미뜨라(kalyāṇa mitra)인데, 깔야-나

는 형용사로 '아름답다, 마음에 든다'는 뜻이고, 미뜨라는 남성 명사로 친구나 동료를 의미합니다. 일반적으로 훌륭한 선생님이라는 의미로 사용하지만 선우(善友)나 승우(勝友)라고 번역하기도 합니다. 부처님은 '좋은 벗'이나 '좋은 이웃'을 중요하게 여겼습니다. 인간은 누구와 만나느냐에 따라 좋은 사람도 되고, 나쁜 사람도 된다고 보기 때문입니다.

▶ 약리선지식소호(若離善知識所護)라는 말에서 약(若)은 '이렇게 되면'이나 '…에 이르러'라는 의미입니다.

B-Ⅳ-2-⑧
선정수행의 이익

```
復次 精勤하야 專心修學此三昧者는 現世에 當得
부차 정근    전심수학차삼매자      현세  당득
十種利益하나니 云何爲十이닛고
십종이익        운하위십
修此三昧 現身卽得十種利益
<이 진여삼매를 닦으면 현재의 몸으로 열 가지 이익을 얻는다>
```

[역] 다시 부지런히 정진하여 진여삼매를 닦고 배우는데 온 마음을 기울이는 사람은 현세에서 열 가지 이익을 얻을 수 있다.

[참]▶ 정근(精勤)은 정신을 집중하여 어떤 일에 힘쓰는 것을 말합니다. 정근(精勤)이란 아비유끄따(abhiyukta)인데, 아비와 유끄따의 합성어인 이 말은 아비(abhi)는 접두사로 '…에, …쪽으로, …로 향해'라는 의미이고, 유끄따(yukta)는 '얽어맨다거나 묶는다'는 의미의 제7류동사 어근(√yuj)의 과거수동분사형으로 '단단하게 묶였다'는 뜻입니다. 그러니까 정근이란 불교가 지향하는 목표를 향해 단단하게 연결되어 있다는 의미입니다. 의미상으로 정진(精進)과 상통하는 말이라 하겠습니다.

> 一者는 常爲十方諸佛菩薩之所護念이요
> 일자   상위시방제불보살지소호념
> 一者常爲十方諸佛菩薩之所護念
> <첫째, 항상 시방의 부처님이나 보살들의 보호를 받는다.>

역 첫째는 항상 온 세상의 부처님이나 보살들의 보호를 받는다.

참▶ 호념(護念)이란 아누빠리그리히-따(anuparigṛhīta)인데, 아누(anu)는 접두사로 '예의 바르게, 정숙하게, 되풀이 하여'라는 뜻이고, 빠리그리히-따(parigṛhīta)는 '기꺼이 받아들이다. 두루 포용하다, 감싸다'라는 제9류동사 어근(pari-√grah)의 과거수동분사입니다. 그러니까 호념이라는 말은 '정숙하게 받아들여졌다' 라거나 '예의 바르게 두루 감싸졌다'는 뜻입니다.

> 二者는 不爲諸魔惡鬼의 所能恐怖니라
> 이자   불위제마악귀   소능공포
> 二者不爲一切諸魔惡鬼之所惱亂
> <둘째, 모든 악마나 악귀들의 괴롭힘이나 혼란함을 당하지 않는다.>

역 둘째는 모든 악마와 악귀(惡鬼)를 겁내거나 두려워할 필요가 없다.

참▶ 마(魔)는 마-라(Māra)의 번역으로 마라(魔羅)나 악마(惡魔)라고도 합니다. 마-라(māra)는 '죽인다'는 뜻의 제5류동사 어근(√mṛi)에서 온 말로 '살해'(殺害), '전염병을 퍼뜨리는 귀신'과 같은 의미입니다.

 석가모니 부처님은 깨달음을 얻기 전이나 부처가 된 뒤에도 악마의 속삭임을 들었다고 합니다. 그래서 도고마성(道高魔盛)이라는 말이 있습니다. 수행이 높으면 그 수행을 방해하는 것도 왕성해 진다는 뜻인데 부처님이 악마의 속삭임을 들었다는 이야기도 그런 유(類)에 속한다고 하겠습니다.

 부처님의 깨달음을 악마를 항복시켰다는 뜻에서 '마-라 드왕사나'(māra dhvaṃsana)라고 하는데, 마-라 드왕사나는 항마(降魔)라고 번역합니다. 드왕사나(dhvaṃsana)는 파괴라는 말입니다.605)

```
三者는 不爲九十五種外道鬼神之所惑亂이요
  삼자    불위구십오종외도귀신지소혹란
三者不爲一切邪道所惑
<셋째, 일체 사도(邪道)의 미혹을 당하지 않는다.>
```

[역] 셋째는 아흔다섯 부류의 외도귀신(外道鬼神)이 미혹케 하거나 혼란스럽게 하지 못한다.

[참]▶ 귀신(鬼神)은 눈에 보이지 않는 초인적 신비력을 가진 것들을 말하는데, 보통은 쁘레따(preta)로 죽은 자의 혼으로 보았으나 특히 대승불교에서는 야차(夜叉:yakṣa)나 나찰(羅刹:rākṣasa) 등 흉포한 정령(精靈)을 모두 귀신이라 말했습니다.

【해】『기신론』의 저자는 95종외도(九十五種外道)라고 하였는데, 어디에 근거하는지 알 수 없습니다. 초기경전이 전하는 바에 의하면, 부처님 당시 왕사성에 96종외도(九十六種外道)가 있었다거나606) 그 대표로 육사외도(六師外道)를 말하는 것이 보통입니다.

```
四者는 遠離誹謗甚深之法하야 重罪業障이 漸漸
  사자    원리비방심심지법        중죄업장   점점
微薄이요
 미 박
四者令誹謗深法重罪業障皆悉微薄
<넷째,심오한 법을 비방하는 중죄업장을 모두 다 미약하고 엷어지도록 한다.>
```

[역] 넷째로 깊고 심오한 불법을 비방하는 일에서 멀리 벗어나 무거운 죄의 업장이 점점 희미해지고 엷어진다.

---

605) S.E.D. P-522. col. 1.
606) 別譯雜阿含經 3:<2-390중>一時佛在王舍城耆闍崛山中 爾時王舍城有九十六種外道.

참▶ 중죄(重罪)는 보통 오역죄(五逆罪)를 말하는데, 아버지를 해치고[殺父], 어머니를 해치며[殺母], 부처님 몸에 피를 흘리게 하고[出佛身血], 아라한을 죽이고[殺阿羅漢], 상가(僧伽)의 화합을 파괴하는 것[破和合僧]을 말합니다.

【해】 심심지법(甚深之法)이란 부처님이 깨달은 연기(緣起)를 의미하는 것이기도 합니다. 초기경전에 '내 지금 이 더 이상이 없는 법을 얻었으니 심심미묘(甚深微妙)하여 이해하기도 어렵고 보기도 어렵다. 번뇌를 없애 마음이 맑고 깨끗하여 지혜로운 사람만이 아는 것이지 어리석은 범부들이 미칠 수 있는 것이 아니다'라고 했습니다.607) 무상심심미묘법(無上甚深微妙法) 백천만겁난조우(百千萬劫難遭遇)라는 말을 자주 합니다.

五者는 滅一切疑와 諸惡覺觀한다
오 자 멸 일 체 의   제 악 각 관
五者滅一切疑諸惡覺觀
<다섯째, 모든 의혹과 사악한 각관(覺觀)을 없앤다.>

역▶ 다섯째는 모든 의혹과 모든 사려분별[覺觀]을 없앤다.

참▶ 각관(覺觀)의 각(覺)은 위따르까(vitarka)의 번역으로 신역에서는 심(尋)이라 하는데, 이 말은 '추측하다, 깊이 생각하다, 상상하다'라는 뜻의 동사(vi-√tark)에서 온 남성명사로 '억측(臆測), 추측(推測), 상상(想像)'을 의미합니다.

▶ 관(觀)은 위짜-라(vicāra)로 신역에서는 사(伺)라고 하며, 그 의미는 '다른 방향으로 움직이다, 마음속에서 이리저리 움직이다'라는 뜻의 동사(vi-√car)에서 온 남성명사로 '고려(考慮), 숙고(熟考), 행동양식'을 의미합니다.

각(覺)은 견문각지(見聞覺知)의 각(覺:mata)으로 느끼거나 알

---

607) 大本經:<1-8중> 我今已得此無上法 甚深微妙難解難見 息滅淸淨智者所知 非是凡愚所能及也.

아차리는 것이고, 관은 살펴보거나 관찰하는 것을 의미합니다.

논(論)에 '다섯 가지 인식의 세계는 항상 각·관(覺·觀)과 더불어 상응(相應)한다'고 하였는데,608) 오관(五官)인 눈[眼]·귀[耳]·코[鼻]·혀[舌]·피부[身]가 외부세계인 물체[色]·소리[聲]·냄새[香]·맛[味]·감촉[觸] 등 오진(五塵)을 처음 만나서 생기는 '조잡하고 꼼꼼하지 못한 심리상태'가 각(覺)이고, 다시 마음에서 일어나는 '미세하고 꼼꼼한 심리상태'가 관(觀)이라 했습니다.609)

눈의 예를 들자면 우리가 어떤 사람을 만났을 때, 처음 만나자마자 그가 남자인가 여자인가로 개괄적으로 전체적인 모습을 인식하는 것을 각(覺)이라 한다면, 만난 다음에 그 사람의 모습이나 옷차림, 성격, 태도 등 보다 구체적으로 상세하게 파악하려는 것이 관(觀)이라 할 수 있습니다.

물에서 일어나는 파도로 비유하자면 각(覺)은 세차게 일어나는 파도이고, 관(觀)은 아주 잔잔하게 일어나는 파도와 같다고 하겠습니다. 큰 파도가 되었건 잔잔한 파도가 되었던 물에서 일어나는 현상이고, 크던 작던 파도가 있는 한 물에 반사되는 영상(影像)이 일그러지기는 마찬가지입니다.

불교에서 말하는 삼매(三昧)는 무념무상(無念無想)의 상태가 되어 일체의 분별이 없는 것을 말하는데, 각관(覺觀)은 아직도 마음속에 사려분별(思慮分別)이 남아 있다는 것을 의미합니다. 제악각관(諸惡覺觀)에서 제악(諸惡)은 모든 악(惡)이라는 뜻이라기보다 여러 가지 바람직하지 못한 것이란 의미이니 멸제악각관(滅諸惡覺觀)은 '바람직하지 않은 이런저런 크고 작은 사려분별을 없애야 한다'는 뜻입니다.

연수(延壽) 스님이 말하기를, '언어는 각(覺)과 관(觀)으로부터 생기므로 각관(覺觀)을 쉬면 말도 끊어진다. 말과 생각이 끊어지면 상대(相待)도 끊어진다'고 했습니다.610)

---

608) 阿毘達磨俱舍釋論 제1:<29-168상> 五識界恒與覺觀相應.
609) 法界次第初門:<46-671중> 初心在緣名爲覺 細心分別名爲觀.
610) 宗鏡錄 40:<48-652상> 言語從覺觀生 息覺觀則名言絶 言思絶則待絶亡.

【해】 경에 이르기를, '각(覺)과 관(觀) 이 두 가지는 선정심(禪定心)을 어지럽힌다. 마치 물이 맑고 고요하나 파도에 흔들리면 맑은 물이 흐려지는 것과 같다'고 했습니다.611)

```
六者는 於如來境界에 信得增長한다
 육자    어여래경계    신득증장
六者於如來境界信得增長
<여섯째, 여래의 경계에서 믿음이 늘어나고 자란다.>
```
역 여섯째는 모든 여래의 경계(境界)에 대한 확신이 더욱 더 자란다.

참▶ 경계(境界)라는 말은 여러 가지 의미를 내포합니다. 위의 본문에서처럼 여래경계(如來境界)라고 하면 부처의 경지로 어떤 단계에 이른 상태라는 뜻이고, 마갈국경계(摩竭國境界)나 취락경계(聚落境界)와 같이 쓸 때는 영역(領域)이라는 뜻이며, 육진경계(六塵境界)라고 할 때는 감각적 인식의 대상이라는 뜻입니다.

```
七者는 遠離憂悔하며 於生死中에 勇猛不怯한다
 칠자    원리우회     어생사중    용맹불겁
七者遠離憂悔於生死中勇猛不怯
<일곱째, 근심과 후회를 멀리 벗어나 생사 중에서 용맹하여 겁내지 않는다.>
```
역 일곱째는 근심과 후회를 떨쳐버려 나고 죽는 가운데 용감하여 겁내지 않는다.

```
八者는 其心이 柔和하고 捨於憍慢하야 不爲他人
 팔자   기심   유화     사어교만    불위타인
所惱요
 소뇌
八者遠離憍慢柔和忍辱常爲一切世間所敬
<여덟째, 교만을 멀리 벗어나 부드럽고 온화하게 욕됨을 참아 항상 세상의 존경을 받는다.>
```
역 여덟째는 마음이 부드럽고 온화하여 교만하지 않고 다른 사

---

611) 坐禪三昧經 卷下:<15-277下末> 覺觀二事亂禪定心 如水澄靜波蕩則濁.

람들에게 괴롭힘을 당하지 않는다.

> 九者는 雖未得定이나 於一切時와 一切境界處에
> 구자 수미득정   어일체시   일체경계처
> 則能減損煩惱하고 不樂世間이다
> 즉능감손번뇌   불락세간
> 九者設不住定於一切時一切境中煩惱種薄終不現起
> <아홉째, 설령 선정에 머물지 않더라도 언제 어떤 상황에서도 번뇌의 종자가 얇아져 끝내 일어나지 않는다.>

[역] 아홉째는 비록 아직 삼매를 얻지 못했더라도 언제 어떤 상황에서도 번뇌를 줄일 수 있으며 세속적인 것을 즐기지 않는다.

[참]▶ 불락세간(不樂世間)은 불요세간(不樂世間)이라 읽어도 좋습니다. 락(樂)은 즐긴다는 뜻이고, 요(樂)는 좋아한다는 뜻입니다.

【해】 정(定)은 선정(禪定)으로 삼매(三昧)와 같은 말입니다.

> 十者는 若得三昧하면 不爲外緣一切音聲之所驚
> 십자   약득삼매   불위외연일체음성지소경
> 動하니라
> 동
> 十者若住於定不爲一切音聲等緣之所動亂
> <열째, 만약 선정에 머물면 어떤 소리의 인연으로도 마음이 흔들리거나 혼란스럽지 않게 된다.>

[역] 열째는 만약 삼매를 얻으면 자기 밖의 인연으로 들리는 어떤 말이나 소리에 놀라거나 흔들리지 않는다.

> 復次 若人이 唯修於止하면 卽心沈沒하야 或起懈怠
> 부차 약인   유수어지   즉심침몰   혹기해태
> 하고 不樂衆善하며 遠離大悲하나니 是故로 修觀이니라
>   불락중선   원리대비   시고   수관
> 復次若唯修止 心則沈沒或生懈怠 不樂衆善遠離大悲 是故宜應

> **兼修於觀**
> <또 다시 만약 오로지 지(止)만 닦으면 마음이 가라앉아 게으름을 일으켜 이런저런 선행을 좋아하지 않고 대비(大悲)를 멀리 하게 된다. 그러므로 마땅히 관(觀)을 겸해서 닦아야 한다.>

역 다시 만약 누구라도 오로지 지(止)만 닦으면 마음이 침체되거나 혹은 나태함을 일으켜 선(善)한 것들을 좋아하지 않고 남을 불쌍히 여기는 마음을 멀리하게 되기 때문에 관(觀)을 닦아야 한다.

【해】 여기 바람에 흔들리는 호수가 있다고 하자. 지(止)는 바람에 흔들리는 호수의 물을 가라앉히는 것이라면 관(觀)은 맑고 잔잔한 물에 반사되는 삼라만상의 모습을 보는 것과 같다고 하겠습니다. 우리가 산란한 마음을 차분하고 침착하게 가라앉히는 것은 내 마음을 흔드는 온갖 욕망이나 망상(妄想)을 제거하고 세상을 있는 모습 그대로 보자는 것이니, 마음을 가라앉히는 지(止)만 닦아도 부족하고, 지(止)를 닦지 않고 세상을 응시하여 굴절되고 빗나간 모습을 보는 것도 바람직하지 못합니다. 그래서 산란(散亂)한 마음을 진정시키는 일과 차분하고 침착한 마음으로 세상을 살피는 것이 모두 필요합니다.

중국의 간화선(看話禪)은 샤마타로 지(止)에 중심을 두고 있다면 인도의 위빠쉬야나-는 관(觀)에 중심을 두고 있다고 할 수 있습니다. 수행의 중심을 샤마타에 두는지 위빠쉬야나-에 두는지의 차이가 있을 뿐 샤마타를 닦는다고 위빠쉬야나-가 없다는 것이 아니고 위빠쉬야나-를 닦는다고 샤마타가 없다는 것은 아닙니다.

현각(玄覺:647~713) 스님이 말하기를, 적적(寂寂)이 비록 난상(亂想)을 다스릴 수 있으나 다시 무기(無記)를 일으키고, 성성(惺惺)이 무기를 다스릴 수 있으나 다시 난상(亂想)을 일으킨다. 그러므로 성성(惺惺)하고 적적(寂寂)함은 옳지만 무기(無記)한 적적(寂寂)은 옳지 않다. 성성(惺惺)한 적적(寂寂)은 옳지만 난상(亂想)한 성성(惺惺)은 옳지 못하다. 적적(寂寂)은 보조[助]가 되고,

성성(惺惺)은 주[正]가 된다고 했습니다.612)

그러니까 현각 스님은 위빠쉬야나-에 무게를 두고 있다고 할 것입니다.

또 연수(延壽:904~975) 스님이 이르기를, 지(智)는 유(有)를 통달할 수 있고, 혜(慧)는 공(空)을 살필 수 있다. 만약 유(有)에 통달하였으면서도 공(空)을 알지 못하면 혜안(慧眼)을 잃고, 공(空)을 살피면서 유(有)를 성찰하지 못하면 지혜로운 마음[智心]을 잃는다고 했습니다.613) 따라서 연수 스님은 지(智)와 혜(慧)의 균형 잡힌 수행을 말하고 있습니다. 인격(人格)은 윤리적인 면, 정서적인 면, 지성적인 면이 밸런스(balance)를 이루는 성숙(成熟)이어야하므로 계정혜(戒定慧)의 삼학(三學)의 균형잡힌 연마가 필요합니다. 그래서 계정혜 삼학을 솥을 떠받드는 세 발에 비유했습니다. 삼발이 솥은 세 발 가운데 어느 하나라도 길거나 짧으면 바로 서지를 못하고 쓰러지고 맙니다.

> 修習觀者는 當觀一切世間의 有爲之法이 無得久
> 수습관자   당관일체세간   유위지법 무득구
> 停하야 須臾變壞하며 一切心行이 念念에 生滅하나
> 정   수유변괴   일체심행   념념   생멸
> 니 以是故로 苦니라
>   이시고   고
> 云何修耶 謂當觀世間一切諸法生滅不停 以無常故苦 苦故無我
> <어떻게 닦는가? 이르자면 세간의 모든 법이 생기고 없어짐이 멈추어 서지 않아 무상하기 때문에 괴로우며[苦] 괴롭기 때문에 무아(無我)라는 것을 마땅히 살펴야만 한다.>

[역] 관(觀)을 닦고 익히는 사람은 인연을 따르는 이 세상 모든 것이 오래 머물 수 없고 잠깐 사이에 변하고 파괴되며, 마음에

---

612) 禪宗永嘉集<48-390하> 寂寂雖能治亂想而復還生無記 惺惺雖能治無記而復還生亂想 故曰惺惺寂寂是 無記寂寂非 惺惺寂寂是 亂想惺惺非 寂寂爲助 惺惺爲正.
613) 宗鏡錄 84:<48-880중> 智能達有 慧能觀空 若達有而不知空則失慧眼 觀空而不鑒有 則喪智心.

서 일어나는 모든 움직임은 순간순간 일어나고 사라지기 때문에 고(苦)라고 살펴야만 한다.

참▶ 유위지법(有爲之法)이란 인연으로 만들어지는 것들을 말합니다. 인연의 이합집산(離合集散)에 따라 나타나기도 하고 사라지기도 하는 것들이므로 영원하지 못한 무상(無常:anitya)이요, 고정되어 있는 모습조차도 없다고 하여 무상(無相:alakṣaṇa)입니다. 인연집산(因緣集散)에 따르는 변화무쌍한 목전의 모습을 우리의 언어적 개념으로 표현하는데 한계가 있어서 불교에서는 '그렇다'고 하여 여(如)라고 합니다. 이 여(如)가 따타-(Tathā)입니다. 그리고 이 말의 추상적 명사가 진여(眞如:Tathātā)입니다.

경에 이르기를, 모든 유위법(有爲法)을 사실과 같이 살피면, 이른바 무상(無常)하고 괴로움[苦]이며, 청정하지 못하고[不淨], 편안하지 못하며[不安穩], 부서지고 무너짐[敗壞]이며, 오래 머물지 못하고[不久住], 순간에 생기고 없어진다[刹那生滅]고 했습니다.614)

▶ 수유(須臾)는 무후-르따(muhūrta)로 가장 짧은 순간(瞬間)을 의미합니다. 보통 찰나(刹那:kṣaṇa)나 염염(念念:pratikṣaṇa)과 같은 개념입니다. 염염을 뜻하는 쁘라띠끄샤나는 찰나에 가깝다는 말입니다.

▶ 고(苦)는 듯카(duḥkha)를 번역한 것인데, 원래 '바람직하지 못한 상태가 되다'라는 뜻의 제4류동사 어근(√duś)에서 온 중성명사로 '불안함, 기분이 언짢음, 불쾌, 고통, 슬픔, 걱정' 등을 뜻합니다. 그러니까 사람들이 마음속으로 바라고 있는 것들이 이루어지지 않아 심리적으로 기분이 언짢고, 육체적으로 불쾌하고 고통스러운 것이 고(苦)의 의미입니다.

---

614) 大方廣佛華嚴經 35:<10-187중> 觀一切有爲法如實相 所謂無常苦 不淨不安穩 敗壞 不久住 刹那生滅… 又觀此法 無救無依 與憂與悲 苦惱同住 愛憎所繫 愁感轉多 無有 停積 貪恚癡火 熾然不息 衆患所纏 日夜增長 如幻不實.

【해】 종밀(宗密:780~841)이 말하기를, 관(觀)은 법을 보는 지혜로운 눈이라고 하면서 관(觀)하는 사람은 마음의 눈으로 법을 구하는 것을 말한다고 했습니다. 구도자(求道者)는 반드시 지혜의 안목을 가져야 한다면서 지혜의 안목을 스스로 열지 못한다면 반드시 스승을 찾아 눈을 떠야 한다고 했습니다.615)

應觀過去所念諸法이 恍惚如夢하며 應觀現在所
응 관 과 거 소 념 제 법   황 홀 여 몽   응 관 현 재 소
念諸法이 猶如電光이며 應觀未來所念諸法이 猶
념 제 법   유 여 전 광   응 관 미 래 소 념 제 법   유
如於雲하야 忽爾而起니라
여 어 전   홀 이 이 기

應觀過去法如夢 現在法如電 未來法如雲 忽爾而起
<지나가 버린 과거의 법은 꿈과 같고, 현재의 법은 번개 같으며, 미래의 법은 구름과 같아서 홀연히 일어난다고 살펴야만 한다.>

[역] 과거에 생각했던 모든 법[諸法㈏]은 몽롱한 꿈과 같다고 통찰하고, 현재 생각하는 모든 법[諸法㈏]은 스쳐지나가는 번개와 같다고 통찰해야 할 것이며, 미래에 생각하게 될 모든 법[諸法㈏]은 마치 문득 일어나는 뜬 구름과 같다고 통찰해야만 할 것이다.

[참]▶ 황홀(恍惚)은 무엇에 마음이 팔려 멍한 모양이나 흐릿하고 희미한 모양을 말합니다. 몽롱(朦朧)한 모양을 말합니다.
▶ 홀이(忽爾)는 불변화사인 아까스마-뜨(akasmāt)인데, 이유나 원인이 없다는 뜻으로 홀연(忽然)과 같습니다. 그러니까 홀이이기(忽爾而起)는 홀연이기(忽然而起)와 같다는 말입니다.

---

615) 注華嚴法界觀門:<45-684상> 觀者見法之智眼…夫觀者以心目求之謂也…夫求道者必資於慧目 慧目不能自開 必求師以抉其膜也.

【해】 우리의 의식이 만들어내는 것들은 실체가 없어서 잠깐 동안 있는 듯하다가 사라지는 것들임을 말하고 있습니다.

> 應觀世間一切有身이 悉皆不淨이며 種種穢汚라
> 응 관 세 간 일 체 유 신　 실 개 평 등　 종 종 예 오
> 無一可樂이니라
> 무 일 가 락
> 應觀有身悉皆不淨 諸蟲穢汚煩惱和雜 觀諸凡愚所見諸法 於無物中妄計爲有 觀察一切從緣生法 皆如幻等畢竟無實 觀第一義諦非心所行 不可譬喩不可言說
> <몸뚱이가 있으면 모두 다 깨끗하지 않아서 온갖 벌레들에 더럽혀지고 번뇌와 어울려 잡되다고 관찰해야만 한다. 범부들이 보이는 모든 법이 실체가 없는 가운데 망령되게 있는 것으로 헤아린다고 관찰해야 한다. 일체는 인연[緣]를 따라 생기는 법이라 모두가 환상과 같이 결국 실체가 없다고 관찰해야 한다. 제일의제(第一義諦)는 마음이 만드는 것이 아니라서 비유할 수 없고 말로 설명할 수도 없다고 살펴야 한다.>

[역] 이 세상에 살고 있는 몸뚱이는 모두 다 청정하지 않아서 온갖 더러움이라 좋아할 만한 것이라고는 하나도 없다고 통찰해야만 한다.

【해】 몸뚱이를 가진 이에게 1차적인 감옥은 자신의 몸뚱이입니다. 그래서 불교의 수행은 자기 몸뚱이의 포로가 되지 말라고 하여 사념처(四念處)에서 제일먼저 관신부정(觀身不淨)을 말합니다. 네 가지 념처(念處)는 수행자가 늘 마음에 두고 있어야 할 네 가지 생각으로 자신의 몸뚱이를 살피는 신념처(身念處), 몸뚱이를 통해 받아들이는 외부자극인 감각[受]을 살피는 수념처(受念處), 자신의 마음을 살피는 심념처(心念處), 마음속의 생각인 법(法㉯)을 살피는 법념처(法念處)로 몸뚱이는 부정(不淨)하다고 살피고, 외부의 자극인 감각[受]은 고(苦)라고 살피며, 마음은 무상(無常)하다고 살피고, 마음으로 사유하는 생각인 법(法)은

실체가 없다[無我]고 살펴야 한다는 것입니다. 이 사념처를 사념주(四念住)라고도 합니다.

> 如是當念하라 一切衆生이 從無始世來로 皆因無
> 여시당념   일체중생   종무시세래   개인무
> 明의 所熏習故로 令心生滅하야 已受一切身心大
> 명   소훈습고   령심생멸   이수일체신심대
> 苦하며 現在에 即有無量逼迫하며 未來所苦도 亦
> 고   현재   즉유무량핍박   미래소고   역
> 無分齊하며 難捨難離하야 而不覺知니 衆生도 如
> 무분제   난사난이   이불각지   중생   여
> 是하야 甚爲可愍이니라
> 시   심위가민
> 觀一切衆生 從無始來皆因無明熏習力故 受無量身心大苦 現在
> 未來亦復如是無邊無限難出難度 常在其中不能覺察 甚爲可愍
> <일체 중생은 무시 이래로 모두 무명이 훈습한 힘으로 말미암기 때문에
> 한량없는 몸과 마음의 큰 고통을 받는다. 현재나 미래도 또한 마찬가지라
> 서 끝이 없고 한계가 없어서 벗어나기도 어렵고 제도하기도 어렵다. 항상
> 그런 속에 있어서 깨닫고 살필 수가 없으니 매우 가련하구나.>

역 이와 같이 마땅히 생각하라. 모든 중생이 시작을 알 수 없는 그 때부터 모두 무명으로 말미암아 훈습되었기 때문에 마음을 생멸토록 하여 이미 몸과 마음의 큰 고통을 받았고, 현재에도 한량없는 핍박이 있고, 미래에 받게 될 고통 역시 한계가 없어서 버리기 어렵고 벗어나기도 어려워 깨닫고 알지도 못하니, 중생도 이와 같아서 심히 불쌍하고 가련하다고 생각하라.

참▶ 분제(分齊)란 빠릿체다(pariccheda)로 절단한다는 뜻을 가진 제7류 동사(pari-√chid)에서 온 남성명사로 '절단, 거짓과 진실의 정확한 구별, 경계, 범위(範圍), 정도' 등의 뜻입니다.[616]

---
616) S.E.D. p-594.

미래수고역무분제(未來受苦亦無分齊)는 장차 받아야 할 고통 또한 한계가 없을 것이라는 말입니다.

作此思惟하야 卽應勇猛으로 立大誓願하되 願令我
작차사유   즉응용맹   입대서원   원령아
心이 離分別하리라 故로 遍於十方하야 修行一切諸
심   이분별   고   변어시방   수행일체제
善功德하고 盡其未來에 以無量方便으로 救拔一切
선공덕   진기미래   이무량방편   구발일체
苦惱衆生하야 令得涅槃第一義樂하리라
고뇌중생   령득열반제일의락

如是觀已生決定智起廣大悲 發大勇猛立大誓願 願令我心離諸顚倒斷諸分別 親近一切諸佛菩薩 頂禮供養恭敬讚歎 聽聞正法如說修行 盡未來際無有休息 以無量方便拔濟一切苦海衆生 令住涅槃第一義樂

<이와 같이 관찰하고 나면 결정적인 지혜가 생겨 넓고 큰 대비(大悲)가 일어나 큰 용맹심을 발휘하여 큰 서원을 세운다. 내 마음이 모든 전도에서 벗어나 모든 분별이 끊어지기를 원하며, 모든 부처님과 보살님을 가까이 친하고 머리 숙여 예배하고 공양하며 공경하고 찬탄하며 정법을 듣고 설한대로 수행하기를 바라 미래세가 다하도록 쉬는 일이 없이 한량없는 방편으로 모든 고해중생(苦海衆生)을 구제하여 열반 제일의의 즐거움에 머물기를 원해야 한다.>

[역] 이것을 생각하면 당연히 용기 내어 떨치고 일어나 크나 큰 서원을 세우되, 내 마음이 분별을 벗어나게 하리라. 그래서 온 세상 두루두루 모든 선한 공덕을 닦고 행하여 미래가 다하도록 한량없는 방편으로 고뇌(苦惱)하는 중생들을 빠짐없이 구제하여 열반이라는 최상의 즐거움[涅槃第一義樂]을 얻도록 하리라.

【해】수행이 자기만을 위한 것일 때는 아무리 높은 경지에 이른다고 할지라도 소승(小乘)이라는 비난을 벗어날 수 없습니다. 그래서 대승에서는 자신은 아직 깨닫지 못했을지라도 먼저 남을 깨닫게 한다[自未得度先度他]는 선언을 하고 중생제도(衆生濟

度)의 굳은 결의를 다져야 한다고 말합니다. 남을 위해 자기를 희생하는 것이 대비(大悲)의 발로(發露)이며, 대비행이야말로 수행자로서 가장 큰 보람이요 기쁨이라는 것입니다. 이것이 바로 보살의 회향(回向)입니다. 대승불교의 핵심은 바로 남을 위해 자기를 희생하는 마음을 자발적으로 펼치는 데에 있습니다. 그래서 용수보살은 말하기를, 만약 나쁜 사람이라고 버린다면 그것을 바로 부처님의 은혜를 등지는 것이니, 나쁜 사람도 중도에 버려서는 안 된다고 했습니다.617)

> 以起如是願故로 於一切時와 一切處에 所有衆善을 隨己堪能하야 不捨修學하고 心無懈怠하나니 唯除坐時에 專念於止니라 若餘一切에 悉當觀察應作不應作할지니라
>
> 作是願已於一切時 隨己堪能修行自利利他之行 行住坐臥常勤觀察應作不應作 是名修觀
>
> <이렇게 원을 세우고 나서 언제나 자기가 감당할 수 있는 능력에 따라 자리이타행(自利利他行)을 닦되, 가거나 머물거나 앉거나 눕거나 항상 부지런히 해야 할 것과 해서는 안 되는 것을 살피는 것을 관(觀)을 닦는다고 한다.>

역 이와 같이 원(願)을 일으키기 때문에 언제 어디에서라도 온갖 가지 선(善)을 자기가 할 수 있는 능력에 따라 버리지 않고 닦고 배워 마음에 나태함이 없어야 한다. 오직 앉아서 지(止)에 전념할 때를 제외하고는 나머지 시간에는 언제나 해야만 할 것과 하지 않아야만 할 것을 마땅히 자세히 살펴보아야만 한다.

---

617) 十住毘婆沙論 15:<26-105상> 若捨一惡人 則爲背佛恩 是故惡衆生不應於中捨.

참▶ 응작불응작(應作不應作)은 끄리띠야-끄리띠야(krityākritya)인데 이 말은 끄리띠야 아끄리띠야(kṛtya-akṛtya)로 된 것과 안 된 것(what is to be done and what is not to be done)으로 마땅히 해야 할 것과 해서는 안 될 것(right and wrong)이라는 말입니다.618) 해야 할 것은 선행(善行)이고 해서는 안 될 것은 악행(惡行)입니다. 우리의 삶은 말하고 행동하는 것인데, 말과 행동은 그때 그 자리에서 바람직한 것이 있고, 바람직하지 못한 것이 있기 때문에 말 한마디, 행동 하나도 깊이 생각하고 해야 한다는 것입니다.

若行커나 若住커나 若臥커나 若起라도 皆應止觀俱
약행   약주   약와   약기   개응지관구
行할지니 所謂雖念諸法의 自性이 不生이나 而復卽
행   소위수념제법   자성   불생   이부즉
念因緣和合인 善惡之業과 苦樂等報가 不失不壞
념인연화합   선악지업   고락등보   불실불괴
하며 雖念因緣善惡業報나 而亦卽念性不可得할지니라
     수념인연선악업보   이역즉념성불가득

復次若唯修觀則心不止息 多生疑惑不隨順第一義諦 不出生無分別智 是故止觀應並修行 謂雖念一切法皆無自性不生不滅本來寂滅自性涅槃 而亦卽見因緣和合善惡業報不失不壞 雖念因緣善惡業報 而亦卽見一切諸法無生無性乃至涅槃

<다시 또 오로지 관(觀)만 닦으면 마음이 멈추고 쉬지를 않아 자주 의혹이 생겨 제일의제(第一義諦)를 수순하지 않고 분별이 없는 지혜를 내지도 않는다. 그러므로 지(止)와 관(觀)을 함께 닦아야만 한다. 말하자면 비록 일체법이 다 자성(自性)이 없어서 불생불멸(不生不滅)이라 본래가 적멸(寂滅)이요 자성(自性)이 열반이라고 염두에 두더라도 또한 인연이 화합하여 선악의 과보는 어긋나지 않고 파괴되지도 않는다는 것을 본다. 바로 인연의 선악 업보를 염두에 두더라도 역시 일체 모든 법은 무생(無生)이며 무성(無性)이라는 것을 보아 열반에 이른다.>

618) S.E.D. p-303. col.3.

역 길을 가거나 머물거나 잠자리에 눕거나 일어나거나 언제나 지(止)와 관(觀)을 함께 수행해야 한다. 이른바 모든 법[諸法㉯]의 본래 속성[自性]이 일어나지 않음을 생각하더라도 다른 한편으로는 인연이 어우러져 생기는 선과 악의 업과 그에 따른 괴롭거나 즐거운 결과는 사라지지 않고 파괴되지도 않는다는 것을 염두에 두어야 한다. 비록 선악업보(善惡業報)의 인연을 생각한다고 해도 바로 선이나 악의 본질[性]은 파악될 수 없다는 것도 명심해야 한다.

잠▶ 제법자성불생(諸法自性不生)에서 제법자성은 사르와 다르마 스와바-와(sarva dharma svabhāva)인데, 사르와(sarva)은 모두의 뜻이므로 제(諸)라 했고, 다르마(dharma)는 법(法)이니 사르와 다르마가 제법(諸法)입니다. 스와바-와의 스와(sva)는 자기 자신을 뜻하고, 바-와(bhāva)는 남성명사로 우리의 의식이나 주관과는 관계없이 독립하여 객관적으로 존재하는 것이란 뜻입니다.619)
▶ 불생(不生)은 아누뜨빳띠(anutpatti)로 무생(無生)이라고도 하는데 생기지 않음을 말합니다. 생기지 않으므로 없어지는 일도 없으므로 제법자성은 변화가 없다는 뜻입니다.
▶ 성불가득(性不可得)의 성(性)은 쁘라끄리띠(prakṛti)인데. 쁘라끄리띠는 낳는다라는 뜻을 가진 제8류동사(pra-√kṛi)에서 온 여성명사로 '타고난 바탕'이라는 의미입니다.620) 여기서 성(性)은 선악(善惡) 그 자체라는 의미입니다. 선악은 그 자체로서 파악할 수 없고 오직 행동을 통해서 말할 수 있습니다. 그때 그 자리에서 한 똑같은 행동일지라도 바람직한 때가 있고, 바람직하지 못한 때가 있습니다. 그때 그 자리에서 한 어떤 행동이 바람직하면 선행(善行)이고, 바람직하지 못하면 악행(惡行)이 됩니다. 그래서 논에 이르기를, 남들이 즐겁고 기쁘도록 하면 호(好)가 되고, 선(善)이라 하며, 복(福)이 된다고 했습니다.621)

---

619) S.E.D. p-754.
620) S.E.D. p-653.

若修止者는 對治凡夫住着世間이나 能捨二乘怯
약 수 지 자   대 치 범 부 주 착 세 간   능 사 이 승 겁
弱之見이며 若修觀者는 對治二乘의 不起大悲와
약 지 견   약 수 관 자   대 치 이 승   불 기 대 비
狹劣心過며 遠離凡夫의 不修善根이니라 以此義
협 열 심 과   원 리 범 부   불 수 선 근   이 차 의
故로 是止觀二門은 共相助成하야 不相捨離니 若
고   시 지 관 이 문   공 상 조 성   불 상 사 리   약
止觀을 不具하면 則無能入菩提之道니라
지 관   불 구   즉 무 능 입 보 리 지 도

然修行止者 對治凡夫樂著生死 亦治二乘執著生死而生怖畏 修
行觀者 對治凡夫不修善根 亦治二乘不起大悲狹劣心過 是故止
觀互相助成不相捨離 若止觀不具 必不能得無上菩提

<하시만 지(止)를 수행하는 사람은 범부가 생사에 기꺼이 집착하는 것을 대치(對治)하고 또한 이승이 생사에 집착하여 겁을 내고 두려워하는 것을 대치한다. 관(觀)을 수행하는 사람은 범부가 선근을 닦지 않는 것을 대치하고, 또한 이승이 대비를 일으키지 않는 협소(狹小)한 마음의 허물을 대치한다. 그러므로 지(止)와 관(觀)은 서로서로 도와 이루므로 서로 버리고 버릴 수 없다. 만약 지(止)와 관(觀)이 구비되지 않으면 기필코 무상보리(無上菩提)를 얻을 수 없다.>

㊂ 만약 지(止)를 닦으면 범부들이 세상에 매달려 집착하는 것을 대치(對治)하고, 성문(聲聞)이나 연각(緣覺)과 같은 이들이 가진 비겁하고 나약한 견해를 버릴 수 있게 한다. 만약 관(觀)을 닦으면 성문이나 연각과 같은 이들이 불쌍히 여기는 마음을 일으키지 못하는 좁고 용열한 마음의 허물을 대치(對治)하고, 범부들이 선근(善根)을 닦지 않는데서 멀리 벗어나게 한다. 이런 의미 때문에 지(止)와 관(觀) 두 가지 길은 함께 서로 돕고 이루게 하므로 서로 버리고 떠나지 않는 것이니, 만약 지(止)와 관(觀)을 구비하지 않으면 깨달음의 길[菩提之道]에 들어갈 수가 없다.

---

621) 成實論 7:<32-292상> 令他得樂是名爲好 亦名爲善 亦名爲福.

참▶ 대치(對治)는 쁘라띠빠끄샤(pratipakṣa)로 쁘라띠는 '가까이'라는 의미의 접두사이고, 빠끄샤는 붙잡는다는 제1류동사 어근(√pakṣ)에서 온 남성명사로 '쪽, 측'으로 쁘라띠빠끄샤는 반대편을 말하는데 진리로 번뇌를 끊는다는 뜻입니다.

【해】샤마타와 위빠쉬야나-를 구비하지 않으면 깨달음에 들어갈 수 없다고 결론지어 말합니다. 산란한 마음을 안정시키는 문제와 안정된 마음으로 사물을 살피지 않고서는 깨달을 수는 없다는 것입니다. 그래서 현각(玄覺) 스님이 사마타송(奢摩他頌)에서 성성(惺惺)한데다 적적(寂寂)한 것은 옳다[惺惺寂寂是]거나 적적(寂寂)한데다 성성(惺惺)한 것은 옳다[寂寂惺惺是]라고 한 것입니다.

復次 衆生이 初學是法하야 欲求正信이나 其心이
부차 중생   초학시법   욕구정신   기심
怯弱이면 以住於此娑婆世界하야 自畏不能常值諸
겁약   이주어차사바세계   자외불능상치제
佛하야 親承供養하며 懼謂信心이 難可成就라하야
불   친승공양   구위신심   난가성취
意欲退者는 當知하라 如來는 有勝方便하야 攝護
의욕퇴자   당지   여래   유승방편   섭호
信心이니 謂以專意念佛因緣이며 隨願得生他方佛
신심   위이전의념불인연   수원득생타방불
土하야 常見於佛하고 永離惡道하나니라
토   상견어불   영리악도

復次初學菩薩住此娑婆世界 或值寒熱風雨不時飢饉等苦 或見不善可畏衆生 三毒所纏邪見顚倒 棄背善道習行惡法 菩薩在中心生怯弱 恐不可值遇諸佛菩薩 恐不能成就淸淨信心 生疑欲退者 應作是念 十方所有諸佛菩薩 皆得大神通無有障礙 能以種種善巧方便 救拔一切險厄衆生 作是念已發大誓願 一心專念佛及菩薩 以生如是決定心故 於此命終必得往生餘佛刹中 見佛菩薩信

> 心成就永離惡趣
> <다시 또 초학보살(初學菩薩)은 이 사바세계에 머무는 동안 혹 추위와 더위 바람이나 비가 때에 맞지 않아 기근(饑饉) 등의 고통을 만나기도 하고, 혹 선하지 않아 삼독(三毒)에 결박당해 사견(邪見)에 전도(顚倒)되어 착한 길을 등지고 악을 일삼는 두려운 중생을 만나기도 한다. 보살이 그 가운데 있어서 마음에 겁내고 나약함이 생겨 부처님이나 보살을 만나지 못할까 두려워하며, 청정한 신심을 성취하지 못할까 두려워 의혹을 일으키고 물러나고자 하는 사람은 온 세상의 부처님이나 보살들은 모두가 큰 신통을 얻고 장애가 없어서 온갖 선교방편으로 위험에 빠진 중생들을 구원하고 꺼낸다는 것을 반드시 생각해야만 한다. 이렇게 생각하고 큰 서원을 발휘하여 일심으로 부처님이나 보살님만을 생각한다. 이와 같은 결정심(決定心)을 내기 때문에 여기서 목숨을 마치면 반드시 다른 불국토에 왕생하여 부처님이나 보살님을 뵙고 신심을 성취하여 영원히 삼악도를 벗어난다.>

역▶ 또 중생이 처음 이 법을 배울 때 바른 믿음을 얻고자 하지만 그 마음이 비겁하고 나약하면 이 사바세계에 머물면서 자신이 언제나 부처님들을 직접 받들어 공양하지 못할까봐 두려워하며 신심을 성취하기란 참으로 어렵다고 걱정하며 말하는 의욕상실자(意慾喪失者)는 여래에게는 신심을 거두어 보호하는 훌륭한 방편이 있다는 것을 알아야 하리라. 말하자면 온 마음을 기울여 염불하는 인연으로 바라는 대로 타방불토(他方佛土)에 태어나 항상 부처님을 뵙고 영원히 악도(惡道)를 벗어난다는 것을 의미한다.

참▶ 사바세계(娑婆世界)는 사하-롤까 다-뚜(sahā loka dhātu)인데622) 사하-(sahā) 견딘다거나 참는다는 제1류동사 어근(√sah)에서 온 말이고,623) 롤까(loka)는 본다거나 지각한다는 동사 어근(√lok)에서 왔으며, 다-뚜는 구역(區域)으로 롤까다-뚜(loka dhātu)는 세계나 우주의 부분(region)을 말하므로 사바세계는 참고 견디는 지방을 의미합니다.

▶ 정신(正信)은 아비쁘라산나(abhiprasanna)인데, 밝음이나 순수

---
622) S.E.D. P-1194. col.2.
623) S.E.D. P-1193.

함을 뜻하는 쁘라산나(prasanna)에624) 강조나 어느 쪽으로 향한다는 의미의 접두사 아비(abhi)가 합쳐진 말입니다. 그러니까 아비쁘라산나라는 정신(正信)은 잡티 없이 맑고 순수한 믿음을 의미합니다.

▶ 전의염불인연(專意念佛因緣)에서 염불(念佛)은 초기불교에서 말하는 붓다-눗사띠(ⓅBuddhānussati)로서 염불(念佛)이 아니라 선도(善導:613~681)류(類)의 칭명염불(稱名念佛)을 말합니다. 선도류의 정토교(淨土敎)를 순정정토교(純淨淨土敎)라고 합니다.

▶ 수원득생(隨願得生)은 바라는 대로 태어난다는 것인데 염불신앙(念佛信仰)의 관건(關鍵)입니다.

『대보적경』에 이렇게 말합니다.

> 만약 보살이 네 가지 법을 성취한다면 바라는 불국토에 바라는 대로 태어난다. 무엇이 네 가지인가? 남들이 얻는 명예나 이양(利養)에 대해 미워하거나 질투하지 않고, 심혈을 기울여 육바라밀을 닦아 익히며, 모든 보살에 대해 부처님이라는 생각을 내고, 처음 발심해서 깨달음에 이르기까지 항상 평등한 마음으로 살펴보되 결코 자신의 이익이나 명예를 위하지 않고 아첨하거나 빈 칭찬[虛讚]을 하지 않아야 한다.625)

바라는 대로 태어날 수 있느냐의 문제는 경에서 말한 이 네 가지를 실천할 수 있느냐의 문제라 하겠습니다.

▶ 타방불토(他方佛土)에서 타방은 데샨-따라(deśāntara)인데, 이 말은 어느 지점이나 지역을 말하는 데-샤(deśa)와 멀다는 뜻을 가진 안따라(antara)가 합성된 말입니다. 또한 불토(佛土)는 붓다 끄세뜨라(buddha kṣetra)인데, 끄쉐뜨라(kṣetra)는 '머물다,

---

624) S.E.D. p-696.
625) 大寶積經 100:<11-562하> 若菩薩成就四法 所願佛土隨願得生 何謂爲四 於他名譽利養法中 不生憎嫉 專心修習六波羅蜜 於一切菩薩 生世尊想 從初發心乃至道場常等心觀 終不爲利養名譽諂曲虛讚故.

살다'라는 어근(√kṣi)에서 온 중성명사로 땅을 말합니다.626) 그러니까 불토(佛土)는 부처님이 머무는 땅이나 부처님이 살고 있는 땅을 뜻합니다. 사찰(寺刹)이라고 할 때의 찰(刹)은 끄쉐뜨라(kṣetra)의 번역입니다.

B-IV-2-⑨
염불

如修多羅說하되 若人이 專念西方極樂世界阿彌
여 수 다 라 설   약 인   전 념 서 방 극 락 세 계 아 미
陀佛하야 所修善根을 回向하야 願求生彼世界하면
타 불   소 수 선 근   회 향   원 구 생 피 세 계
卽得往生이라 하시니 常見佛故로 終無有退하며 若
즉 득 왕 생   상 견 불 고   종 무 유 퇴   약
觀彼佛眞如法身하야 常勤修習하면 畢竟得生하야
관 피 불 진 여 법 신   상 근 수 습   필 경 득 생
住正定故니라
주 정 정 고

如經中說 若善男子善女人 專念西方極樂世界阿彌陀佛 以諸善根迴向願生決定得生 常見彼佛信心增長永不退轉 於彼聞法觀佛法身 漸次修行得入正位

<경에 설하기를, '만약 선남자 선여인이 오로지 서방극락세계 아미타불을 염불하여 모든 선근을 회향하여 극락세계에 태어나기를 원한다면 결정코 태어나 항상 아미타불을 뵙고 신심이 늘고 자라 영원히 물러나지 않으며, 법문을 듣고 부처님의 법신을 관찰하면 점차 수행하여 정정위(正定位)에 들어간다'고 하였다.>

역 마치 경에 누구라도 일심으로 서방극락세계의 아미타 부처님을 마음에 품고 간직하고 닦은 선근(善根)을 저 극락세계에 태어나기를 원하는 쪽을 향해 돌리면[回向] 원하는 쪽으로 가서 태어날 수 있다고 설하신 것과 같다. 항상 부처님을 대면하기 때문에 결코 이루지 못할까봐 움츠러들 필요가 없다. 만약 그

---
626) S.E.D. P-332.

부처님의 진여법신을 살펴보고 항상 부지런히 닦고 익히면 끝내는 가서 태어나 바른 선정[正定]에 머물 수 있기 때문이다.

참▶ 여수다라설(如修多羅說)의 여(如)는 부사로 그렇게 말들을 하지만 확신할 수는 없을 것 같다는 뉘앙스(nuance)로 '마치…와 같다'는 뜻입니다. 즉 경전을 인용하지만 그 출처가 정확하지 않다는 것을 말합니다. 오늘날에는 맞지 않는 표현입니다. 오늘날에는 출처를 정확하게 밝혀야만 하기 때문입니다.

▶『무량수경』에 부처님이 미륵보살에게 말합니다.

> 만약 어떤 중생이 의혹심(疑惑心)으로 공덕을 닦고 극락세계에 태어나기를 바라되, 불지(佛智)·불사의지(不思議智)·불가칭지(不可稱智)·대승광지(大乘廣智)·무등무륜최상승지(無等無倫最上勝智)를 깨닫지 못하고 이들 지혜에 의혹 불신하지만 그래도 아직 죄와 복을 믿고 선본(善本)을 닦아 익히며 극락세계에 태어나기를 바라면 이들 중생들도 극락세계 칠보궁전(七寶宮殿)에 태어나 5백 세를 누리되 항상 부처님을 보지 못하고 경법(經法)을 듣지 못하고 보살성문(菩薩聲聞)과 같은 거룩한 대중을 보지도 못한다. 그래서 극락세계에서 그들을 일러 태생(胎生)이라 한다.627)

따라서 극락세계에 왕생하는 지름길은 의혹하는 일이 없는 앙신(仰信)임을 명심해야 합니다. 원효 스님은 『유심안락도』에서 불사의지(不思議智)를 성소작지(成所作智)로, 불가칭지(不可稱智)를 묘관찰지(妙觀察智)로, 대승광지(大乘廣智)를 평등성지(平等性智)로, 무등무륜최상승지(無等無倫最上勝智)를 대원경지(大圓鏡智)로 설명하고, 이들 지혜를 총체적으로 드러내는 것이 불지

---

627) 無量壽經卷下:<12-278상> 佛告慈氏 若有衆生 以疑惑心 修諸功德 願生彼國 不了佛智不思議智不可稱智大乘廣智無等無倫最上勝智 於此諸智 疑惑不信 然猶信罪福 修習善本 願生其國 此諸衆生生彼宮殿 壽五百歲 常不見佛不聞經法 不見菩薩聲聞聖衆 是故於彼國土 謂之胎生.

(佛智)라고 했습니다.628)

【해】염불하여 왕생극락(往生極樂)한다는 정토교학(淨土敎學)은 원래 초기불교의 믿음과는 다른 신앙(信仰)입니다. 신앙은 무조건적(無條件的)인 복종(服從)이지 이치적으로 맞는가를 의심해서는 안 됩니다. 그래서 명(明)나라 때의 대우(大佑) 스님은 괴이하게 여기는 마음으로 선(善)을 닦으면 부처님의 지혜를 깨닫지 못해 태궁(胎宮)에 태어나 5백 세(五百歲)를 살면서 삼보(三寶)를 보지 못한다고 했습니다.629)

대승불교의 꽃을 정토신앙(淨土信仰)이라고 한다면 원래의 불교와는 거리가 좀 멀다고 할 것입니다. 정토교(淨土敎)에서는 부처님이 안내자(案內者)가 아니라 구원자(救援者)가 되었고, 삼라만상의 도리(道理)를 깨달은 지혜인(智慧人)이 아니라 깨달았다는 이름의 신(神)이 되고 있습니다. 그러나 염불은 이행도(易行道)라고 평가되어 옛날부터 널리 권고되어 왔습니다. 만약 불교를 릴리전(Religion)으로 분류한다면 그 불교는 정토교학에 한정해야 할 것입니다.

---

628) 遊心安樂道:<47-112상>
629) 淨土指歸集 1:<卍續藏經 108-121상> 疑心修善不了佛智 生彼胎宮 壽五百歲 不見 三寶.

B-V
권수이익분(勸修利益分)

【해】 정종분의 다섯 번째 항목입니다. 수행을 권고하여 이익이 되게 하는 부분입니다. 망아지를 냇가까지 끌고 갈 수는 있으나 물을 먹는 것은 결국 망아지의 선택입니다. 불교는 자발적(自發的)으로 실천하는 것이어야지 강요되어 억지로 실천될 수 없습니다. 공덕은 자발적으로 나서는 수행을 말합니다. 좋은 일일지라도 누구의 권유(勸誘)로 하는 것이라면 별(別)일이 아니라고 했습니다. 수행은 자기 자신을 위하는 것이므로 자발적으로 나서는 것이 중요합니다.

已說修行信心分하고 次說勸修利益分하리라 如是
이설수행신심분　　　차설권수이익분　　　　여시
摩訶衍諸佛秘藏을 我已總說하니라
마하연제불비장　　아이총설
云何利益分 如是大乘秘密句義今已略說
<어찌하여 이익분인가? 이와 같은 대승의 비밀스런 법의 뜻은 지금 이미 간략하게 말했다.>

㈎ 수행신심분의 설명을 마치고 다음에 권수이익분을 설명하리라. 이와 같이 대승의 모든 부처님의 비밀스런 가르침을 내가 이미 모두 말했다.

㈏▶ 마하연(摩訶衍)은 마하-야-나(mahāyāna)의 음역이고, 대승(大乘)이라 번역합니다.

若有衆生이 欲於如來甚深境界에 得生正信하야
약유중생　　욕어여래심심경계　　득생정신
遠離誹謗하고 入大乘道면 當持此論하야 思量修
원리비방　　　입대승도　　　당지차론　　사량수

> 원리비방   입대승도   당지차론   사량수
> 習하면 究竟能至無上之道하리라
> 습   구경능지무상지도
>
> 若有衆生 欲於如來甚深境界廣大法中生淨信覺解心 入大乘道無
> 有障礙 於此略論當勤聽受思惟修習 當知是人決定速成一切種智
>
> <만약 어떤 중생이 여래의 매우 심오한 경계의 넓고 큰 가르침 가운데 청정한 믿음과 깨닫고 이해하는 마음을 내어 대승의 길에 장애가 없이 들어가려고 한다면 이 간략한 논을 부지런히 듣고 받아들여 생각하며 닦아 익혀야만 한다. 이 사람은 결정코 속히 일체종지(一切種智)를 이루게 된다는 것을 알아만 한다.>

역 만약 어떤 중생이 여래의 깊고 깊은 경지에 대한 바른 믿음을 내고 비방을 멀리 벗어나 대승의 길에 들어가고자 한다면, 마땅히 이『기신론』을 지녀 사량(思量)하고 닦고 익히면 끝내는 더 이상 없는 깨달음에 이를 수 있다.

> 若人이 聞是法已하고 不生怯弱하면 當知하라 此人
> 약인   문시법이   불생겁약   당지   차인
> 은 定紹佛種하야 必爲諸佛之所授記하리라
>   정소불종   필위제불지소수기
>
> 若聞此法不生驚怖 當知此人定紹佛種速得授記
>
> <만약 이법을 듣고서 놀라거나 겁내지 않는다면 이 사람은 분명 부처의 종자를 이어 속히 수기(授記)를 얻게 된다는 것을 알아야 한다.>

역 만약 누구라도 이 법을 듣고 나서 비겁하거나 나약하지 않으면 이 사람은 기필코 부처의 종자를 이어 반드시 부처님들로부터 수기(授記) 받게 된다는 것을 알라.

참▶ 수기(授記)는 위야-까라나(vyākaraṇa)로 미래나 탄생에 대하여 예언한다는 의미를 가지고 있는 동사(vy-ā-√kṛi)에서 온 중성명사입니다.630)

용수보살(龍樹菩薩)은 대승(大乘)에는 네 종류의 수기(授記)가

있다면서 발심도 하기 전에 성불을 예언하여 믿음을 더욱 증진시키는 미발보리심수기(未發菩提心授記), 발심한 사람이 불퇴전(不退轉)하도록 북돋우는 공발보리심수기(共發菩提心授記), 본인에게 알리지 않고 다른 사람 앞에서 성불을 예언하는 은부수기(隱覆授記), 대중 앞에서 공개적으로 성불을 예언하는 현전수기(現前授記)를 들었습니다.631) 부처님의 이러한 설법은 신심을 북돋우고 정진에서 물러나지 않도록 하려는 하나의 예방적 조치로서 방편이었습니다.

【해】이상은 문혜(聞慧)를 말합니다. 문혜는 슈루따마이- 쁘라즈냐-(śrutamayī prajñā)로 슈루따마이-(śrutamayī)는 슈루따마야(śrutamaya)의 여성형(女性形)인데 '견문(見聞)으로 이루어진'(consisting of knowledge)이란 뜻이니, 보고 듣는 앎으로 이루어진 지혜라는 의미입니다.

쁘라즈냐-(prajñā)는 접두사 쁘라(pra)가 즈냐-(jñā)에 붙여진 말인데, 접두사 쁘라는 '충만하다, 가득 찼다'는 뜻이고, 즈냐-는 사실을 파악하고 그 뜻을 완전히 안다는 의미의 동사에서 온 여성명사입니다. 쁘라즈냐-는 흔히 지혜라고 번역하는데, 산스끄리뜨 쁘라즈냐-에 해당하는 빨-리가 빤냐-(Paññā)로 보통은 반야(般若)라고 음역합니다.

```
假使有人이 能化三千大千世界에 滿中衆生하야
가 사 유 인   능 화 삼 천 대 천 세 계   만 중 중 생
令行十善이라도 不如有人이 於一食頃에 正思此
령 행 십 선         불 여 유 인    어 일 식 경    정 사 차
法이니 過前功德이 不可爲喩니라
법      과 전 공 덕    불 가 위 유
```

---

630) S.E.D. P-1035.
631) 菩提心資糧論3:<32-528중> 大乘中說四種授記 謂未發菩提心授記 共發菩提心授記 隱覆授記 現前授記.

> 假使有人 化三千大千世界衆生 令住十善道 不如於須臾頃正思
> 此法過前功德無量無邊
> <설령 어떤 사람이 삼천대처세계에 모든 중생을 교화여 십선(十善)의 길에 머물도록 하더라도 잠깐 사이에 이 법이 앞의 공덕을 지나침이 무량무변(無量無邊)함을 바르게 생각하는 것보다 못하다.>

역 설사 어떤 사람이 삼천대천세계(三千大天世界)에 가득 한 중생을 교화하여 열 가지 선행을 하도록 할 수 있더라도 어떤 사람이 한 끼 밥을 먹는 동안과 같은 잠깐사이에 이 법을 바르게 생각하는 것만 못하니 앞 사람의 공덕을 뛰어넘어 비유조차 할 수 없다.

참▶ 삼천대천세계(三千大千世界:Tri sāhasra-mahā-sāhasra-loka-dhātu)는 옛날 인도사람들이 생각하던 세계관(世界觀)인데, 옛날 인도 사람들은 아주 큰 바다 가운데 높이가 8만 유순(由旬)이나 되는 수미산(須彌山)이 솟았고, 수미산 중턱에 사왕천(四王天)이 있고, 수미산 꼭대기에 도리천(忉利天)이 있는데, 도리천은 중앙에 제석천(帝釋天)이 거주하는 선견성(善見城)이 있고, 사방에 각각 여덟 개의 성(城)이 있다고 생각했습니다. 그래서 도리천을 사방의 32성과 중앙의 선견성을 합하여 33천(三十三天)이라고도 합니다. 또한 수미산의 동서남북 사방에 대륙이 하나씩 있는데 그 중 남쪽에 우리가 살고 있는 곳을 잠부디-빠(Jambudīpa:南贍部州)라고 했습니다. 수미산을 중심으로 한 네 개의 대륙과 해와 달을 포함한 것을 하나의 세계라 하였습니다. 하나의 세계를 천 개 합한 것이 소천세계(小千世界)이고, 소천세계를 다시 천 개 합한 것이 중천세계(中千世界)이며, 중천세계를 다시 천 개 합한 것이 대천세계(大千世界)입니다. 소천세계, 중천세계, 대천세계를 모두 합쳐 삼천대천세계(三千大千世界) 또는 줄여서 삼천세계(三千世界)라 합니다. 이 삼천대천세계를 한 분의 부처님이 교화하는 나라라고 합니다.

【해】이 부분은 사혜(思慧)를 말합니다. 사혜(思慧)는 찐따-마이- 쁘라즈냐-(cintāmayī prajñā)인데, 찐따-마야(cintāmaya)는 순전히 사고(思考)로 이루어졌다(consisting of mere idea)는 뜻입니다.

復次 若人이 受持此論하고 觀察修行하니 若一日一夜하면 所有功德이 無量無邊하야 不可得說이니 假令十方一切諸佛이 各於無量無邊阿僧祇劫에 歎其功德하야도 亦不能盡이니 何以故이 謂法性의 功德이 無有盡故니 此人의 功德도 亦復如是하야 無有邊際니라

若一日一夜如說修行 所生功德無量無邊不可稱說 假令十方一切諸佛 各於無量阿僧祇劫 說不能盡 以眞如功德無邊際故 修行功德亦復無邊

<만약 하루밤낮을 설한 것과 같이 수행하면 생기는 공덕이 한량없고 끝이 없어 말로 다 할 수 없다. 설사 시방의 모든 부처님이 각기 한량없는 아승기겁을 설하더라도 다 할 수가 없다. 진여의 공덕이 끝이 없기 때문이며 수행의 공덕도 역시 끝이 없기 때문이다.>

【역】또 어떤 사람이 이 논을 받아들여 지키며 관찰하고 수행하기를 낮과 밤으로 하루만 해도 그 공덕이 헤아릴 수 없고 끝도 없어서 말할 수조차 없다. 가령 온 세상의 모든 부처님들이 각각 무량무변(無量無邊)한 아승기겁(阿僧祇劫) 동안 그 공덕을 칭찬한다고 하더라도 다할 수가 없다. 왜냐하면 법성(法性)의 공덕이 끝이 없기 때문이다. 이 사람의 공덕도 또한 그와 같아서 끝이 없기 때문이다.

【해】 이 부분을 수혜(修慧)라고 합니다. 수혜(修慧)는 수행하여 얻은 지혜라는 뜻인데, 산스끄리뜨로는 바-와나-마이-쁘라즈냐-(bhāvanāmayī prajñā)인데, 바-와나-마야(bhāvanāmaya)는 마음이나 명상에 의해 만들어 냈다(produced by imagination or meditation)는 뜻입니다. 문혜(聞慧)보다는 사혜(思慧)가 더 낫고, 사혜보다는 수혜(修慧)가 낫다고 하여 문혜는 성문(聲聞)의 지혜, 사혜는 연각(緣覺)의 지혜, 수혜는 보살(菩薩)의 지혜라고 말합니다.

B-V-1
불신죄(不信罪)

其有衆生이 於此論中에 毀謗不信하면 所獲罪報
기 유 중 생   어 차 론 중   훼 방 불 신   소 획 죄 보
는 經無量劫토록 受大苦惱하리라 是故로 衆生은
   경 무 량 겁   수 대 고 뇌   시 고   중 생
但應仰信이언정 不應誹謗이니라 以深自害로 亦害
단 응 앙 신   불 응 비 방   이 심 자 해   역 해
他人하야 斷絶一切三寶之種이니라
타 인   단 절 일 체 삼 보 지 종

若於此法生誹謗者 獲無量罪 於阿僧祇劫受大苦惱 是故於此應
決定信 勿生誹謗自害害他斷三寶種
<만약 이 법을 비방하는 사람은 한량없는 죄를 얻어 아승기겁 동안 큰 고뇌를 받게 될 것이다. 그러므로 이 법을 결정적으로 믿어 자신도 해치고 남들도 해쳐 삼보의 씨앗을 끊어지게 하는 비방을 일으키지 말아야 한다.>

【역】 그 어떤 중생이 이 논에 대해 헐뜯고 비방하며 불신한다면 그가 얻게 될 죄의 과보는 한량없는 겁을 지나도록 큰 고통과 괴로움을 받을 것이다. 이 때문에 중생은 오로지 믿고 우러러야 할 뿐이며 비난하고 훼방해서는 안 된다. 자기를 해치고 또 남을 해치며 모든 삼보의 씨를 끊어 버림이 심각하기 때문이다.

참▶ 중생은 오로지 믿고 우러러야 할 뿐[衆生 但應仰信]이란 말은 『대승기신론』에서만 볼 수 있는 말인 것 같습니다. 앙신(仰信)이라는 말은 위슈와-시야따-(viśvāsyatā)인데, 위슈와-시야따-는 위슈와-시야(viśvāsya)의 추상명사입니다. 위슈와-시야는 '의지하다'는 뜻을 가진 동사(vi-√śvas)에서 온 말로 신뢰한다거나 동의(同意)한다는 뜻입니다.

▶ 오로지 앙신(仰信)해야 할 뿐 비방(誹謗)해서는 안 된다[但應仰信 不應誹謗]는 것은 무조건적으로 복종할 것을 요구하는 것이니 불교의 신해(信解:adhimukti)나 신수(信受:pratiyati)와는 거리가 멀다고 하겠습니다. '헐뜯고 불신(不信)하면 죄의 과보를 얻어 영겁의 세월에 걸쳐 큰 고통을 받을 것[毀謗不信 所獲罪報 經無量劫 受大苦惱]'이라는 말은 초기의 경전인 『아함경(阿含經)』에서는 볼 수 없었던 말입니다. 부처님은 그런 식의 말투를 경계하고 있었습니다. 부처님께서는 목갈라나에게 이렇게 말하고 있습니다.

　　마하목갈라나야! 너는 법을 설할 때 상대를 이기려고 다투는 말을 쓰지 마라. 논쟁적인 언사를 쓰면 말이 많아진다. 말이 많아지면 비웃음이 생기고, 비웃음이 있으면 마음이 번거롭게 된다. 마음이 번거롭게 되면 마음이 안정되지 않는다.
　　마하목갈라나야! 너는 법을 설할 때 사자가 우르릉대듯이 너무 과격하게 말하지 마라.
　　마하목갈라나야! 너는 설법할 때 마음을 낮추어 설법하되, 힘을 버리고 힘을 없애고 힘을 부수어 사자가 우르릉대듯이 과격하게 설법하지 않아야 한다.632)

　　강설(强說)이나 쟁설(諍說)을 삼가라는 말은 '오로지 앙신(仰信)

---

632) 長老上尊睡眠經:<中阿含經 20:1-560상> 大目揵連 汝說法時莫以諍說 若諍說者便多有所說 因多說故則便生調 因生調故便心不息 因心不息故便心離定 大目揵連 汝說法時莫強說法如師子 大目揵連 汝說法時下意說法 捨力滅力 破壞於力 當以不強說法如師子.
※ 調:조롱하다. 비웃다.

할 뿐 비방해서는 안 된다'는 것과는 거리가 멀다고 하겠습니다.

초기시대에는 '처음도 친밀하고 중간도 친밀하며 마지막 역시 친밀하여 뜻도 있고 아름다움도 있게 청정함을 갖추어 범행을 드러내라'고 하여633) 이성적(理性的)으로 설득(說得)하라고 했을 뿐 위협적인 말을 피하라고 했는데, 대승불교로 진행되면서 이성적인 면은 사라지고 점차 감정적인 파토스(pathos)가 역설되고 있습니다. 그것은 믿고 복종할 것을 요구하기 때문인데, 그것이 바로 릴리전(religion)의 특징이 아닐까요? 그것은 지성인으로서 부처님보다 신적인 부처님을 앞세우기 때문이라 봅니다. 그래서 필자는 초기불교와 대승불교는 프레임(frame)이 다르다고 말하는 것입니다.

> 以一切如來는 皆依此法하야 得涅槃故며 一切菩薩이 因之修行하야 入佛智故니라 當知하라 過去菩薩이 已依此法하야 得成淨信하고 現在菩薩도 今依此法하야 得成淨信하며 未來菩薩도 當依此法하야 得成淨信하리라 是故로 衆生이 應勤修學이니라
>
> 一切諸佛依此修行成無上智 一切菩薩由此證得如來法身 過去菩薩依此得成大乘淨信 現在今成未來當成 是故欲成自利利他殊勝行者 當於此論勤加修學
>
> <모든 부처님이 이 수행에 의지하여 무상지(無上智)를 이루었고, 모든 보살이 이것으로 말미암아 여래법신을 증득하였고, 지난날 보살들도 이것에 의지하여 대승의 청정한 믿음을 이루었으며, 현재의 보살들도 지금 이루고

---

633) 中阿含經 4:<1-445중> 初善中善竟亦善有義有文 具足淸淨顯現梵行.

> 있고, 미래의 보살도 이룰 것이다. 그러므로 자리리타(自利利他)의 뛰어나고 훌륭한 보살행을 이루고자 하는 사람은 응당 이 논을 부지런을 더해 닦고 배워야 할 것이다.〉

【역】 모든 여래는 다 이 법에 따라 열반을 얻기 때문이며, 모든 보살이 이것에 근거해서 수행하여 부처님의 지혜에 들어가기 때문이다. 마땅히 알라, 과거에 보살이 이미 이 법에 의지하여 청정한 믿음[淨信]을 성취했고, 현재의 보살도 이제 이 법에 의지하여 청정한 믿음을 얻으며, 미래의 보살도 당연히 이 법을 의지하여 청정한 믿음을 성취할 것이다. 이 때문에 중생이 부지런히 닦고 배워야만 할 것이다.

【참】▶ 정신(淨信)은 쁘라산나(prasanna)로 신심(信心)이라고도 말합니다. '깨끗하게 되다, 밝게 하다, 침착하게 되다'라는 제1류동사 어근(pra-√sad)에서 온 말로, 맑고 분명하다는 뜻입니다.

【해】 역대의 제불보살(諸佛菩薩)이 모두 『기신론(起信論)』의 이치를 따랐다는 것을 역설하고 누구라도 해탈하고자 하면 이 『기신론』을 부지런히 배워야 할 것이라고 했습니다. 『기신론』은 대승불교의 전체적인 흐름을 밝히는 논서(論書)인 만큼 대승불교를 지향하는 이들은 『기신론』을 공부해야 할 것입니다. 그러나 초기불교와 많은 점에서 다르다는 것을 명심해야 합니다. 불교라는 이름의 새로운 불교 안내서이니, 초기불교와 대승불교가 왜 달라지고 있는지를 역사를 통해 읽어야 할 것이라 봅니다.
 석가모니 부처님의 가르침은 신학(神學)의 시대를 마감하고 그 자리에 인간 이성의 깃발을 세웠습니다. 석가모니 부처님은 인간 이성의 빛을 높이 평가하고 그 무엇에도 구속받지 말고 주체적이고 자유로운 삶을 살 것을 말했지만 대승불교는 믿음이란 이름으로 부처라는 신(神)에게 꽁꽁 묶어 매고 그 울타리 안에서 자유를 누리라고 말합니다. 다시 말해 울타리 없는 자유에서 울타리 안에서의 자유를 얻으라고 말하고 있습니다.

불교(佛敎)는 릴리전(religion)이 될 수 없음에도 대개의 사람들은 불교를 릴리전(religion)이라는 신학적 개념으로 접근하려는 모습을 보이고 있습니다. 파사현정(破邪顯正)의 기치를 들었던 나-가-르주나(Nāgārjuna)가 '남의 가르침을 무너뜨리려고 한다면 반드시 자기의 뜻을 이루어야 한다. 어찌 남의 허물을 즐겨 말하면서 자기 가르침은 바로 세우지 않느냐'는634) 말을 곱씹어 봅니다. 정말로 우리 불자들의 자각(自覺)을 일깨우는 말이라 하겠습니다.

이제 『기신론』을 이해했으면 실천하는 길에 들어서야 합니다. 실천하지 않는 이해는 허망할 뿐입니다. 선종 제4조 도신(道信:580~651) 스님이 말합니다.

> 비록 가르침이 바다처럼 한량없지만 그것을 실천하라는 한마디 말에 있다. 뜻을 얻었으면 말을 잊어야 할 것이니, 한마디 말 역시 쓸모가 없다. 이와 같이 깨달아 안다면 그게 바로 부처님의 뜻을 얻은 것이다.635)

스님의 말처럼 불교전적이 대장경(大藏經)이라 불릴 정도로 많아도 결국은 실천으로 이끌기 위한 수단이요 방편이니 이제 모두 내려놓고 실천하는 길뿐입니다.

조선조 초기의 함허기화(1376~1433) 스님이 말했습니다.

> 여러 부처님이 수행의 점차(漸次)를 열어 보이시어 모든 중생들로 하여금 깨우침에 의지하여 수행하도록 했다. 등잔기름[膏]과 등잔의 밝음[明]은 서로 의뢰하고, 길을 감에 눈[目]과 발[足]은 서로 돕는다. 밝음이 기름을 얻지 못하면 그 밝음은 반드시 그치게 되고, 발이 눈을 얻지 못하면 그 나아감에 반드시 한계가 있다. 등잔의 밝음은

---

634) 廣百論本:〈30-186중〉 諸欲壞他宗 必應成己宗 何樂談他失而無立己宗.
635) 楞伽師資記:〈85-1288하〉 法海雖無量 行之在一言 得意卽忘言 一言亦不用 如此了知是爲得佛意.

기름으로 말미암아 더욱 밝아지니 그 밝음이 그치지 않게 되고, 발은 눈으로 말미암아 더 나아갈 수 있으니 그 나아감에 한계가 없게 된다. 행동에서 이해는 마치 기름과 밝음의 관계와 같고, 이해에서 행동은 마치 눈과 발의 관계와 같다.

　이해했으나 행동하지 않는 것은 그 이해가 반드시 허망하게 되고, 행동에 이해가 없으면 그 행동에 반드시 한계가 있다. 그러므로 만약 수행하고자 한다면 반드시 먼저 깨침과 이해가 있어야 하고. 만약 이미 깨치고 이해했다면 반드시 다시 행동에 옮겨야만 한다.636)

함허기화 스님의 말대로 『기신론』의 가르침을 실천으로 옮길 수 있어야 이제까지 『기신론』을 공부한 보람이 있을 수 있습니다.

---

636) 大方廣圓覺修多羅了義經說誼 上:<韓國佛敎全書 7-131상> 諸佛開示修行漸次 復令一切 依悟起修也　夫膏明相賴　目足更資　明不得膏　其明必窮　足不得目　其進必局　明因膏而益明　其明不窮　足因目而益進　其進不局　行之於解　猶膏之於明也　解之於行　猶目之於足也　解不得行　其解必虛　行不得解　其行必局　由是　若欲修行　須先悟解　若已悟解　須復起行.

C 【유통분(流通分)】

【해】 유통분(流通分)은 흔히 결론(結論)에 해당하는데, 불교에서는 보통 부처님의 뜻을 받들어 널리 전파하겠다는 뜻을 밝히거나 자신이 쌓은 공덕을 중생들과 함께 나누겠다는 회향(廻向)이 중심이 됩니다.

석가모니 부처님이 처음이자 마지막으로 제자들에게 당부(當付)한 것이 전도(傳道)였듯이 부처님의 가르침을 널리 전파하는 것이 불교도(佛敎徒)가 짊어져야할 역사적 의무(義務)이기 때문입니다.

C-Ⅰ
회향게(廻向偈)

【해】 회향(廻向)이란 회전취향(廻轉趣向)을 줄인 말로 보다 성숙한 단계로 변화하는 것을 의미합니다. 특히 대승불교에서 회향은 자기를 남에게 바치는 헌신(獻身)의 의미로 보살행의 하나로 강조하고 있습니다.

『화엄경』 십회향품(十回向品)에 금강당보살(金剛幢菩薩)은 이렇게 원을 세웁니다.

　　내 마땅히 일체중생을 위해 모든 땅 모든 지옥 가운데에서 모든 고통을 받고 끝끝내 버리고 떠나지 않을 것이다.
　　내 마땅히 낱낱의 악도(惡道)에서 영겁(永劫)이 다하도록 모든 중생들을 대신하여 모든 고통을 받으리라.
　　왜냐하면 내 차라리 혼자 모든 고통을 받아 중생들로 하여금 고초(苦楚)를 받지 않도록 하기 위해서요, 마땅히 내 몸으로 모든 악도 중생들의 죄를 대신 받고 그들을 해탈하려 하기 때문이다.[637]

금강당보살이야말로 회향의 정신이 어떤 것인지를 잘 말하고 있다고 하겠습니다.

회향은 무엇을 목표로 하느냐에 따라 중생회향(衆生廻向), 보리회향(菩提廻向), 실제회향(實際回向) 등이 있습니다. 자기가 지은 선행을 이웃에게 돌려 이익을 주려는 것이 중생회향이고, 자기가 지은 모든 공덕을 깨달음을 얻고자 쏟는 것이 보리회향이며, 자기가 닦은 선행을 바쳐 무위적정(無爲寂靜)한 열반을 얻고자 하는 것이 실제회향입니다.

그러나 수(隋)나라 때, 중국 정토교의 선구자로 최초로 칭명염불(稱名念佛)을 가르쳤던 담란(曇鸞:476~542)은 정토교학의 선구자답게 회향을 왕상회향(往相廻向)과 환상회향(還相廻向) 두 가지로 나누었는데, 자기의 공덕을 일체중생에게 되돌려 함께 아미타불의 정토(淨土)에 왕생(往生)하기를 바라는 것이 왕생회향이고, 정토에 왕생한 뒤에 사마타와 위빳사나-를 터득하고 방편력을 성취하여 다시 나고 죽음이 끊어지지 않는 사바세계로 되돌아와 일체중생을 교화하여 함께 불도(佛道)를 향하게 하려는 것이 환상회향입니다.638)

자기가 쌓은 공덕을 남에게 바친다는 점에서 회향은 하나지만 무엇을 전념하느냐에 따라 회향의 내용은 달라질 수 있습니다. 『기신론』의 저자는 이렇게 말합니다.

> **諸佛甚深廣大義**를
> 제 불 심 심 광 대 의
> **我今隨分總持說**하니
> 아 금 수 분 총 지 설

---

637) 大方廣佛華嚴經 14:金剛幢菩薩十回向品:<9-489하> 我當爲一切衆生 於一切刹 一切地獄中 受一切苦 終不捨離 我當於一一惡道 盡未來劫 代諸衆生 受無量苦 何以故 我寧獨受諸苦 不令衆生 受諸楚毒 當以我身 免贖一切惡道衆生 令得解脫.

638) 無量壽經優婆提舍願生偈註:<40-836상> 廻向有二種相 一者往相 二者還相 往相者 以己功德 廻施一切衆生 作願共往生彼阿彌陀如來安樂淨土 還相者 生彼土已 得奢摩他毗婆舍那方便力成就 廻入生死稠林 敎化一切衆生 共向佛道.

> 回此功德如法性하야
> 회 차 공 덕 여 법 성
> 普利一切衆生界하노이다
> 보 리 일 체 중 생 계
>
> 我今已解釋
> 甚深廣大義
> 功德施群生
> 令見眞如法
>
> <내 이제 이미 해석했으니,
> 매우 깊고 넓고 큰 뜻과
> 공덕을 뭇 중생들에게 베풀어
> 진여법(眞如法)을 보게 하소서!>

역 부처님들의 꽤나 깊고 넓고 큰 뜻을
 내 이제 차례를 따라 빠짐없이 설하였으니
 이 공덕을 법성(法性)과 같이 돌려주어
 널리 중생들마다 빠짐없이 이익하게 하리라

참▶ 아금수분(我今隨分)이라고 할 때의 분(分)을 따른다는 수분(隨分)은 이 『기신론』의 차례인 인연분(因緣分)·입의분(立義分)·해석분(解釋分)·수행신심분(修行信心分)·권수이익분(勸修利益分)을 따른다는 말입니다.

▶ 법성(法性)은 다르마따-(dharmatā)로 법이라고 번역하는 다르마의 추상명사입니다.

 용수보살은 법성(法性)은 여(如)나 제법실상(諸法實相)과 같은 의미라고 했고,639) 제법실상(諸法實相)을 관찰하면 여(如)·법성(法性)·실제(實際)는 무위(無爲)의 멸상(滅相)이라는 것을 안다고 했습니다.640)

---

639) 大智度論 32:<25-297하> 如 法性 實際 是三事爲一····是三皆是諸法實相異名.

참고문헌

大乘起信論講義　吳杲山 編譯	도서출판 寶蓮閣, 1980.
元曉思想 1 世界觀 李箕永 著	도서출판 弘法院, 1993.
대승기신론 강의 상권	한국불교연구원, 2004.
대승기신론 강의 하권	한국불교연구원, 2004.
대승기신론강설 이평래 강설	민족사, 2014.
대승기신론강해　한자경 지음	불광출판사, 2013.
대승기신론소·별기 은정희 역주	일지사, 1991.
대승기신론소병별기 오형근 번역	도서출판 대승, 2013.
대승기신론통석　이홍우 지음	김영사, 2006.
대승기신론열망소 명오 옮김	민족사, 2014.
Sanskrit-English Dictionary	Oxord, 1960.
敎學 大漢韓辭典	(柱) 敎學社, 2004.
佛敎語大辭典　中村 元 著	東京書籍, 昭和56(1980).
佛敎漢梵大辭典　平川 彰 編	靈友會, 1997.
虛辭辭典　金元中 編著	玄岩社, 1995.
佛敎學大辭典	弘法院, 1996.

---

640) 大智度論 29:<25-271하> 觀諸法實相 知如法姓實際 是無爲滅相.

대승기신론공부

발행일 초판 1쇄 2017년 4월 15일
지은이 성열
펴낸이 고진숙
펴낸곳 도서출판 문화문고
책임편집 김종만
표지디자인 배경태
CTP출력·인쇄 천일문화사
제본 대흥제책
물류 문화유통북스
출판등록 제300-2004-89호(2005년 5월 17일)
주소 03020 서울시 종로구 자하문로 266(부암동 129-8), 612
전화 02-379-8883, 723-1835
팩스 02-379-8874
이메일 mbook2004@naver.com

값은 뒤표지에 있습니다.
이 책의 무단전재 및 복제를 금합니다.

ISBN 978-89-7744-036-2 03690

이 도서의 국립중앙도서관 출판시도서목록(CIP)은 서지정보유통지원시스템 홈페이지(http://seoji.nl.go.kr)와 국가자료공동목록시스템(http://www.nl.go.kr/kolisnet)에서 이용하실 수 있습니다. (CIP제어번호:2017007223)